AF871067

FOTOGRAFIA DIGITALE
LE BASI

STABROEK
MARKET

TOMANG

FOTOGRAFIA DIGITALE LE BASI

APOGEO

DK | Penguin Random House

Prima pubblicazione in Gran Bretagna
2011 by Dorling Kindersley Limited
A Penguin Random House Company

© 2010 Dorling Kindersley Limited
Per il testo © 2011 Tom Ang
i capitoli 7 e 8 © 2011 Dorling Kindersley Limited

Prima edizione italiana
© 2012 Mondadori Electa SpA Milano
Traduzione Lia Orlandi

Tutti i diritti riservati

Fotografia digitale le basi
Partire dai fondamenti e migliorare la tecnica

Titolo originale
Digital Photography step by step

Dorling Kindersley Limited

in collaborazione con

Apogeo - Giangiacomo Feltrinelli Editore S.r.l.
Via Quadrio 17, 20154 Milano
Centralino 02 74815715
libri@apogeonline.com / www.apogeonline.com

Terza edizione 2026
ISBN 978-88-503-3431-5

Stampato in Cina

www.dk.com

SOMMARIO

008 Introduzione

1. INIZIARE A FOTOGRAFARE

014 Le prime fotografie
016 I dieci pilastri della fotografia
020 Impostare la fotocamera
022 Conoscere la fotocamera
024 Scene preimpostate
026 Guardare e condividere

2. TECNICA FOTOGRAFICA

030 Elementi della composizione
034 **Analisi dell'immagine:** Usare le linee
036 Prospettiva e punti di ripresa
038 **Soluzioni veloci:** Problemi di inquadratura
040 Composizione con il colore
044 **Analisi dell'immagine:** Ordine dal caos

046 **Strumenti visivi:** Soluzioni per la composizione

048 Obiettivi zoom

050 Ottimizzare la qualità

052 Messa a fuoco

054 Close-up

056 **Analisi dell'immagine:** Mondo macro

058 **Soluzioni veloci:** Problemi durante la ripresa

060 Misurazione dell'esposizione

062 Gamma dinamica eccessiva

064 **Analisi dell'immagine:** Gamma iperdinamica

066 **Soluzioni veloci:** Esposizione scorretta

068 High-key e low-key

070 Tempo di posa ed effetto mosso

072 Lavorare con luce scarsa

074 **Analisi dell'immagine:** Donna con lampada

076 Stabilità durante le riprese

078 Uso dell'apertura

080 **Analisi dell'immagine:** Il fascino della sfocatura

082 Piano focale

084 **Strumenti visivi:** Lunghezza focale

086 Le basi dell'illuminazione

088 **Analisi dell'immagine:** Fari nella notte

090 **Strumenti visivi:** Luce come alleata

092 Flash portatile

096 Illuminazione da studio

098 Illuminare piccoli oggetti

100 **Analisi dell'immagine:** Scenografia nuziale

102 ISO e rumore

104 Impostazioni del colore

106 Dimensione e formato

108 **Soluzioni veloci:** Tecniche ottiche

110 Panorami estesi

112 Filtri ed effetti

3. SOGGETTI FOTOGRAFICI

116 Ritratto

120 **Strumenti visivi:** Pose informali

122 Ritrarre i bambini

124 **Analisi dell'immagine:** Conversazione

126 Fotografia artistica

128 **Strumenti visivi:** Arti visive

130 **Analisi dell'immagine:** Luna metropolitana

132 **Soluzioni veloci:** Blocco creativo

134 Piante e giardini

136 Fotografie di animali

138 **Analisi dell'immagine:** Acqua e nuvole

140 Eventi dal vivo

142 **Analisi dell'immagine:** Notte trasfigurata

144 Fotografia documentaria

148 **Analisi dell'immagine:** Vita quotidiana
150 Fotografia di viaggio
154 **Analisi dell'immagine:** Cliché visivi
156 **Soluzioni veloci:** Deontologia
158 Fotografia di architettura
160 Interni
162 Fotografia di paesaggio
166 **Analisi dell'immagine:** Inseguire l'arcobaleno

4. OTTIMIZZARE IL FLUSSO DI LAVORO

170 Strategie di lavoro
172 **Soluzioni veloci:** Problemi con i file
174 Formati di file
176 Organizzare le immagini
178 Gestire il colore
180 Selezionare le fotografie
182 Fotografie ad hoc
184 Lavorare in RAW
186 L'elaborazione di file RAW
188 Gestire l'archivio

5. VALORIZZARE LE IMMAGINI

192 Procedura di elaborazione
194 Rimuovere la polvere
196 **Soluzioni veloci:** Pulire e cancellare
198 Controllare il rumore
200 Rifilare e ridimensionare
202 Perfezionare le forme
204 Correggere i livelli
206 Regolare i toni
208 **Strumenti visivi:** Effetti di Livelli e Curve
210 Brucia e Scherma
212 **Analisi dell'immagine:** Raccontare con la luce
214 Regolare luci e ombre
216 Tone-mapping
218 Correggere il bilanciamento del bianco
220 Perfezionare il colore
222 Valorizzare tono e colore
224 **Analisi dell'immagine:** Riflessi colorati
226 Saturazione e vividezza
228 **Soluzioni veloci:** Correzioni digitali
230 Nitidezza e sfocatura
232 Nitidezza localizzata

6. ELABORARE LE IMMAGINI

236 Tecniche di clonazione
238 Metodi di selezione
240 Maschere di protezione
242 **Soluzioni veloci:** Selezionare i pixel
244 Rimuovere parti del contenuto
246 **Soluzioni veloci:** Ritoccare i volti

248 Immagini su più livelli

250 **Strumenti visivi:** Metodi di fusione dei livelli

252 Scontorno e fotomontaggio

254 Convertire in bianco e nero

256 Usare la bicromia

258 **Analisi dell'immagine:** Toni evocativi

260 Simulare stampe e pellicole tradizionali

262 **Strumenti visivi:** Ricreare gli effetti da camera oscura

264 Cambiare i colori

266 **Analisi dell'immagine:** Abbellire la realtà

268 Ritaglio a effetto

270 Invecchiare un'immagine

272 Effetti di testo

274 Effetti artistici

276 **Strumenti visivi:** Filtri digitali

278 Scene composite

7. CONDIVIDERE LE IMMAGINI

282 Mostrare le immagini

286 Proteggere i propri diritti

288 Impostare la stampa

290 Presentare le stampe

292 Stampare online

294 Opportunità remunerative

8. GIRARE FILMATI

298 La rivoluzione della cinematografia

300 Attrezzatura

302 Regolazioni per il video

304 Illuminazione per il video

305 Registrare il suono

306 Tecniche di ripresa

308 Scaricare e importare

310 Video editing

312 Gestire il suono

314 Girare il primo film

9. EQUIPAGGIAMENTO E RISORSE

322 Scegliere una fotocamera digitale

326 Scegliere l'obiettivo giusto

328 Accessori

330 Flash e accessori per l'illuminazione

332 Computer e hardware

336 Software per la fotografia

338 Manutenzione

340 Siti web

344 Bibliografia

346 Glossario

354 Indice

360 Ringraziamenti

Introduzione

La fotografia è il mezzo visivo più diffuso e potente che sia mai esistito al mondo. L'enorme diffusione della fotografia digitale, in particolare, è diventata travolgente: ogni anno sono vendute più di un miliardo di fotocamere digitali in tutto il mondo. La cifra include più di 200 milioni di apparecchi di tipo reflex monobiettivo digitali (dSLR) e compatte, mentre la parte restante corrisponde a vendite di telefoni cellulari in grado di catturare immagini di qualità decisamente superiore a quella delle prime fotocamere digitali.

Basta visitare i tre principali siti Internet di photosharing (condivisione di foto) per avere accesso all'incredibile numero di 40 miliardi di immagini. È un numero che vale la pena di ripetere: 40 miliardi di immagini. Le immagini, provenienti da ogni angolo del pianeta, sono in rapida e costante crescita, al punto che gli amministratori dei siti possono solo calcolare una stima di quante immagini ospitano. In pratica, scattiamo sistematicamente in un solo anno più immagini di quante ne siano state prodotte nell'intera storia della fotografia precedente all'era digitale.

L'onnipresenza della fotografia digitale ha aiutato a incrementarne la popolarità: al giorno d'oggi ci sono appassionati di fotografia come non mai. Inoltre le tecnologie digitali permettono ai fotografi di ottenere risultati professionali con una spesa relativamente contenuta. Il risultato è una diffusione estrema: sempre più persone in più paesi, di culture, classi, religioni e razze diverse, sono oggi in grado di apprezzare le soddisfazioni e le sfide della fotografia.

Il mio primo libro sulla fotografia digitale fu pubblicato nel 1999. All'epoca, la pellicola era la scelta d'obbligo per i professionisti e c'erano molti convinti sostenitori dei pregi della pellicola, spesso a scapito del formato digitale. Allora, l'onere di selezionare migliaia di immagini era proprio delle grandi agenzie fotografiche. Nell'arco di un solo decennio la fotografia digitale ha quasi del tutto rimpiazzato quella su pellicola, perfino a livello professionale. I fotografi dilettanti usano fotocamere di gran lunga più potenti dei primi modelli professionali, che potevano costare quanto un'automobile. Abbiamo anche trovato soluzioni per gestire le migliaia di immagini prodotte costantemente per ogni incarico lavorativo o durante una vacanza. A questo si aggiunge l'arrivo sulla scena della possibilità di registrare video, funzione coinvolgente e in rapido sviluppo su tutti i tipi di apparecchi digitali.

Ciò che rimane del tutto immutato è invece il cuore dell'attività fotografica: padroneggiare la composizione e le impostazioni della fotocamera, la vena artistica e l'integrità etica, insieme alla ricerca di soluzioni creative, il tutto completato da una passione per la perfezione visiva.

Il presente libro descrive e approfondisce queste qualità basilari. Con una panoramica completa delle tecniche fotografiche, è il prodotto ideale per chi abbia una certa esperienza con la fotocamera e voglia migliorare la propria comprensione del soggetto e ampliare le proprie capacità tecniche e artistiche.

I primi capitoli vi introdurranno alla conoscenza degli elementi fondamentali per scattare una fotografia, mentre la sezione intermedia esamina il procedimento di lavoro digitale, dalla ripresa e la correzione delle immagini all'elaborazione e la condivisione. Esploreremo poi l'entusiasmante regno dei video girati con una reflex digitale. Infine, il libro vi illustrerà l'equipaggiamento e le opzioni software che rendono la moderna fotografia così affascinante. Questo volume affronta tutti i temi fondamentali, dall'imparare a sfruttare le caratteristiche dell'apparecchio fotografico all'elaborazione e alla condivisione delle immagini.

Questo libro è frutto di 30 anni di esperienza di lavoro ai massimi livelli della fotografia e dell'industria fotografica. Nel frattempo ho anche curato testi, fotografie e illustrazioni di più di 20 libri sulla fotografia, oltre a uno sul video. Nello stesso modo, il gruppo che ha seguito la pubblicazione è dotato di grande esperienza, abilità e passione per la fotografia. Insieme abbiamo dato il massimo.

Ci auguriamo che il libro vi metta in grado di esplorare il mondo con gioia, per guardare con ammirazione e rispetto i suoi doni meravigliosi.

PHARMACY-SHOP
SWARAJ-MEDICALS
OPP. GIRLS SCHOOL.
ROOF TOP RESTAURANT
MAYUR CAFE
INDIAN • SOUTH INDIAN • CHINESE • CONTINENTAL FOOD
LIFT (ELEVATOR) FACILITY

CAPITOLO UNO

INIZIARE A FOTOGRAFARE

Le prime fotografie

La tentazione di accendere la fotocamera e scattare qualche foto, senza leggere il manuale di istruzioni o dare un'occhiata alle impostazioni, è davvero irresistibile. Fortunatamente, le moderne fotocamere sono pensate per funzionare così come escono dalla confezione, quindi divertitevi pure con il vostro nuovo giocattolo.

Per quanta esperienza si possa avere, maneggiare una nuova fotocamera è come guidare una nuova automobile: anche se sapete dove si trovano i comandi fondamentali, non funzionerà nello stesso identico modo a cui eravate abituati. Se prendete in mano una fotocamera per la prima volta, è ancora più appagante conoscere bene la *vostra* fotocamera. Abituatevi a toccare pulsanti, selettori e interruttori, e prendete familiarità con il tempo di risposta di ciascuno. Prestate attenzione alla posizione dei comandi, in modo da poterli trovare con facilità nel momento del bisogno. I comandi più complessi sono situati nelle sezioni meno accessibili delle opzioni del menu: non cercate di padroneggiarle fin dall'inizio. Se alcuni termini del menu vi risultano sconosciuti, non preoccupatevi: non vi serve capire tutto per usare la fotocamera. Potete beneficiare del fatto che è stata impostata per poter scattare subito fotografie.

JACQUES-HENRI LARTIGUE

È meraviglioso, meraviglioso! Nulla potrà mai essere tanto divertente. Voglio fotografare tutto, tutto!

Une delle prime cose da capire è che voi e la vostra fotocamera "vedete" cose differenti. Alcuni elementi in una scena saranno più nettamente definiti se visti a occhio nudo, i colori non saranno gli stessi, e di sicuro la fotocamera sarà in grado di catturare solo una piccola parte della scena. Per imparare come vede la fotocamera, scattate un gran numero di fotografie e osservatele con attenzione e imparzialità. Non badate alle immagini per come si vedono sul display sul retro della fotocamera; vagliatele solo guardandole sullo schermo di un computer. Controllare le immagini mentre state scattando compromette seriamente l'attenzione che andrebbe invece riservata al soggetto. Interrompe il flusso e potrebbe farvi perdere il momento giusto. Inoltre è un'abitudine difficile da perdere una

Un diverso punto di vista
C'è sempre più di un punto di vista da cui scattare una foto (vedi pp. 36-37). Scegliete un soggetto e osservatelo dall'alto, di lato, da vicino, da lontano e perfino da sotto.

Imparate ad apprezzare il modo in cui la fotocamera può farvi guardare con occhi nuovi il mondo intorno a voi: qualunque cosa può diventare straordinaria se colta attraverso l'obiettivo. Che si tratti di oggetti comuni colti in un particolare dettaglio, o momenti della vita quotidiana così come si svolgono davanti a voi, la fotocamera può cogliere la vostra vita e le cose che vi circondano con infinite immagini.

volta acquisita. Con l'esperienza, provate ad anticipare o visualizzare l'immagine prima di vederla attraverso la fotocamera. Per sviluppare questa abilità provate a scattare senza nemmeno guardare attraverso l'obiettivo.

Iniziate dovunque siete

Se avete acquistato la fotocamera per un viaggio, dovete prenderne familiarità prima della partenza, e per questo non occorre essere in una località esotica. Ci sono miriadi di occasioni fotografiche ovunque, in ogni istante. Non è necessario uscire di casa, e nemmeno alzarsi dalla sedia: gli oggetti sulla scrivania, il gatto, le piante, ciò che vedete dalla finestra: sono tutti soggetti perfetti per le prime foto. Cercate di rendere gli scatti più interessanti con un punto di vista insolito. In alternativa, recatevi in un vicino parco o luogo pubblico e scattate a raffica, senza preoccuparvi troppo a priori del risultato. Non dovete superare un esame né vincere il primo premio a un concorso fotografico. Più immagini scatterete, provando casualmente impostazioni diverse, più a fondo arriverete a conoscere la vostra fotocamera e più potrete divertivi con essa.

Sorprendetevi
Più immagini scatterete, più possibilità avrete di creare qualcosa di inaspettatamente sofisticato a partire da un semplice soggetto, come la luce del sole che filtra tra gli alberi.

I dieci pilastri della fotografia

Mai come ora, un numero così alto di persone di tutto il mondo ha avuto accesso alla fotografia. Tra di esse, migliaia di fotografi pieni di entusiasmo aspirano a raggiungere un livello più alto, altri di farne la propria professione. Di certo, non serve avere grandi abilità per trarre piacere dalla fotografia. Più approfondite sono le conoscenze, migliori saranno però i risultati, sia a livello amatoriale sia a livello professionale.

ERNST HAAS

I limiti della fotografia sono in noi stessi, dal momento che quello che vediamo è solo ciò che siamo.

Sia che siate neofiti della fotografia o più esperti, vale la pena di tenere sempre presenti questi "pilastri" mano a mano che progredite: possono essere un aiuto per migliorare le vostre capacità. Con l'esperienza, sarete senza dubbio in grado di aggiungere le vostre personali regole d'oro all'elenco.

Comporre con la luce

Se c'è un elemento che accomuna tutti i grandi fotografi di ieri e di oggi è che tutti lavorano a stretto contatto con la luce; per loro la luce diventa un alleato, non un nemico. Creano le immagini sfruttando le sue proprietà; non si limitano a esporre con il suo aiuto. Potrete trarre le maggiori soddisfazioni dalla fotografia quando accetterete di buon grado tutti i tipi di luce adattando la fotografia alle condizioni di luce dominanti. Non spazientitevi se c'è troppa o troppo poca luce: con i potenti sensori odierni, è più che mai vero che, se potete vedere qualcosa, potete anche fotografarla.

Lo scatto determina la qualità

Il destino di un'immagine è deciso e scritto nel momento in cui si scatta. L'elaborazione potrebbe migliorarne l'aspetto, ma non si può recuperare quello che non c'è. Se la fotocamera si muove durante l'esposizione, o se la messa a fuoco, l'inquadratura o il tempo di esposizione non sono corretti, saranno necessarie numerose correzioni per rendere il risultato presentabile. Gli errori al momento dello scatto comportano lavoro e, più sono gravi, più sarà difficile dare

L'equipaggiamento giusto
In qualsiasi situazione vi troviate, in vacanza, alla ricerca di uno scatto per un luogo o un soggetto specifico, o semplicemente in giro, è sempre una buona idea organizzarsi in anticipo e cercare di prevedere l'equipaggiamento di cui potreste avere bisogno. In alcune situazioni possono servire la reflex digitale, un treppiede e accessori per il flash; altre volte può essere più utile una fotocamera compatta da poter tenere in tasca.

SFRUTTARE AL MEGLIO IL SOGGETTO

Trovare un soggetto interessante è solo l'inizio della vostra esperienza da fotografi. Per ogni soggetto ci sono innumerevoli punti di vista e angolazioni da esplorare che daranno sempre risultati diversi. Abbiate pazienza, sperimentate e non scartate nulla a priori: solo così inizierete ad accrescere le vostre capacità e a scoprire quale tipo di fotografia vi risulta congeniale.

all'immagine l'aspetto di uno scatto perfetto. Prestare la massima attenzione possibile nel momento in cui si cattura l'immagine farà risparmiare ore di lavoro al computer.

Conservare il ritmo

Il termine *chimping* significa "controllare l'anteprima di un'immagine" e si riferisce ai fotografi che esclamano "Oo! Uu! Aah! Aah!" mentre riguardano le foto appena scattate, emettendo versi che ricordano uno scimpanzé (*chimp*). La visualizzazione immediata è stata accolta come un punto di forza della rivoluzione digitale e alcuni fotografi dicono di trarne grande vantaggio per mettere a punto le impostazioni. Il rischio è passare guardando le anteprime quanto tempo si usa per guardare nel mirino. Così si perdono però molti scatti e si spezza il ritmo, interrompendo la concentrazione che andrebbe riservata al soggetto. Provate a rimandare il controllo delle immagini ai momenti di pausa o in cui siete certi che non succeda nulla. Non occorre arrivare a tappare lo schermo come fanno alcuni fotografi, ma disattivando l'anteprima si è più coinvolti verso il soggetto e si scattano più fotografie.

Ciò che si cancella è perduto per sempre

Molti fotografi cancellano con solerzia le fotografie non riuscite, compiaciuti di rimuovere ogni traccia di imbarazzanti errori e di risultati ritenuti non soddisfacenti. Altri eliminano immagini per liberare spazio sulla scheda di memoria. Il rischio è sempre lo stesso: la perdita irripetibile di quanto esce dagli schemi convenzionali e prevedibili.

Fragile: maneggiare con cura

Le immagini che sono al meglio al momento dello scatto contengono la qualità più elevata di dati che potranno mai avere in seguito. A ogni passaggio dell'elaborazione, la qualità scende: l'immagine potrebbe apparire migliore, ma

LO SAPEVATE?

Grande non sempre è bello. C'è stato un periodo in cui molti problemi potevano essere evitati lavorando con file alla massima dimensione consentita, con l'ambizione di superare la risoluzione della pellicola. Da qui nasce il mito che i file più grandi, con un maggior numero di pixel, siano quelli di migliore qualità. Grazie alle tecniche più avanzate e all'elaborazione più sofisticata, le immagini delle moderne fotocamere sono di qualità più alta di quelle di risoluzione doppia dei primi modelli (pp. 106-107). Cercare di ottenere la migliore qualità possibile con i mezzi che avete vi darà migliori risultati che non una fotocamera con risoluzione più alta. File più grandi del necessario rallentano le prestazioni e riempiono in fretta le schede di memoria, senza benefici apprezzabili.

Non vi dovete sentire in dovere di riservare la fotografia a occasioni speciali o soggetti tradizionali. Cercate la bellezza nella quotidianità e scoprirete tutto un nuovo mondo di opportunità fotografiche.

Infrangere le regole
Esistono molte regole su come si dovrebbe inquadrare una certa scena, ma ci sono molte più ragioni per infrangerle, se questo significa catturare un'immagine accattivante e piena di carattere.

ci sarà una perdita di dati. Non è un errore di elaborazione, di software o tecnico, ma dipende dalla fisica. È meglio quindi fare il possibile per conservare l'immagine originale. Lavorate sempre su una copia dell'originale o su un file proxy creato da programmi per gestire immagini come Adobe Lightroom o Apple Aperture. Salvate la nuova versione con un nome diverso, così da poter recuperare l'immagine esattamente com'era nel momento in cui è stata scattata.

Il ruolo dell'operatore

Nella catena di lavorazione di un'immagine, dallo scatto all'uscita finale, ogni passaggio influenza la qualità: la risoluzione dei dettagli, la precisione dei colori e dell'esposizione, e il livello di distorsione. L'anello debole al momento dello scatto è in genere l'operatore, perché gli errori di esposizione o messa a fuoco si ripercuotono su tutto il processo. Se anche il fotografo agisce alla perfezione, la qualità dell'obiettivo può costituire il fattore limitante. La qualità è comunque legata all'uso finale dell'immagine: se si devono rispettare i limiti imposti da un sito di photosharing, o se occorrono solo stampe di piccolo formato, si riduce drasticamente la necessità di avere file con una risoluzione molto alta. Impostate il lavoro in base al risultato finale. Le fotocamere compatte danno risultati realmente eccellenti per la pubblicazione online, mentre le reflex digitali sono decisamente uno spreco per immagini destinate unicamente a Internet. E non preoccupatevi se non avete l'ultimo modello: ricordate che quasi tutte le foto famose del passato sono state scattate con macchine tecnicamente inferiori a quelle odierne.

Monitor e colori

Il monitor del computer è al centro dell'universo della fotografia digitale: tutti lo usano per riguardare, organizzare ed elaborare le immagini. La chiave di un controllo e un'elaborazione delle fotografie metodica e affidabile risiede nella qualità e nella configurazione del monitor; troppi fotografi spendono soldi per la fotocamera per poi lavorare con schermi di qualità inferiore e senza regolare i colori. Per avere risultati affidabili durante l'esame e l'elaborazione delle immagini, calibrate il monitor con un profilo specifico (p. 334). È l'unico modo per essere certi che i

Fotografare con il telefono cellulare
Ora che con la maggior parte dei telefoni cellulari si possono scattare fotografie, a volte anche con effetti speciali, le occasioni di cogliere scene interessanti sono infinite.

colori sullo schermo corrispondano a quelli registrati. Invece di cambiare fotocamera, prendete uno schermo di qualità superiore. Un buon monitor può fare la differenza, mostrando con precisione l'effetto delle diverse regolazioni.

Fotografia per tutta la vita

A differenza di molti hobby, la fotografia può essere praticata ovunque, in qualsiasi momento e da chiunque a qualunque età. Potete fotografare le vostre attività quotidiane, dalla colazione al momento di andare a letto, sul lavoro, in giardino, o sulla cima di una montagna. È esaltante scoprire che non esistono limiti alla fotografia, sia in termini di soggetti disponibili sia in termini di approccio. Tutto dipende da quanto siete pronti a esprimervi attraverso questo mezzo e a condividere con gli altri i vostri risultati.

Rispettare il soggetto

Come prima cosa, abbiate cura di ciò che vi piace fotografare. Trattate i soggetti con rispetto: nel caso di piante o animali selvatici, fate ciò che potete per aiutarne la sopravvivenza e conservazione. Cercate di esprimere l'affetto e l'interesse che provate attraverso le fotografie, poiché da ciò derivano le maggiori soddisfazioni per un fotografo. In campi come la fotografia di viaggio e della natura, ricordate che i fotografi che vi hanno preceduto hanno lasciato persone, animali e luoghi nelle condizioni che vi consentono di fotografarli con soddisfazione. Fate lo stesso: assicuratevi che ogni vostro comportamento accresca la reputazione dei fotografi e altri dopo di voi possano apprezzare nello stesso modo luoghi, paesaggi e soggetti.

Studio di approfondimento

Se anche fotografate di tutto, potreste scoprire di avere una tendenza a premere di più il pulsante di scatto in certi momenti e con particolari soggetti. Seguite questa pista: più approfondirete un certo approccio, più la fotografia sarà gratificante. Produrre serie di fotografie è una buona pratica e migliorerà le vostre capacità.

▼ COMPITO

▷ Chiedete a un amico o a un familiare di citare un oggetto a caso, il primo che gli viene in mente. Realizzate una serie di fotografie che abbiano per tema questo soggetto, con l'approccio che vi risulta più spontaneo.

▼ PUNTI DA RICORDARE

▷ **Lasciatevi la libertà** di ritrarre o considerare il soggetto nel modo che sentite più appropriato, o nel modo che sapete vi piacerà di più.

▷ **Prefissatevi un certo numero** di immagini e provate a rivedere e migliorare i risultati una volta raggiunto il limite stabilito (per esempio, cinque o dieci) invece che scattare semplicemente altre fotografie.

▷ **Divertitevi con l'idea** di essere obbligati a fotografare qualcosa che non avreste pensato fosse degno di attenzione o che non vi sarebbe venuto in mente come soggetto.

▷ **Provate a sondare le relazioni** possibili tra le immagini della serie: potrebbero avere una correlazione di tipo narrativo, o astratta, o ancora di commento al soggetto stesso.

DA CERCARE IN INTERNET

- ☐ **Dagherrotipo**
- ☐ **Fotografia di strada**
- ☐ **Collodio umido**
- ☐ **Robert Capa**
- ☐ **Bruce Gilden**
- ☐ **Bill Owens**
- ☐ **Martin Parr**
- ☐ **Man Ray**
- ☐ **Garry Winogrand**
- ☐ **Magnum Photos**

Impostare la fotocamera

Impostare correttamente la fotocamera prima di iniziare a scattare significa risparmiare tempo e fatica al momento di usare le immagini: e nell'arco di un anno le ore perdute possono essere davvero tante. Tra le impostazioni fondamentali della fotocamera ci sono la dimensione dell'immagine, la qualità del colore e le impostazioni personalizzate per varie condizioni.

Con il giusto insieme di impostazioni e la tecnica fotografica adatta potreste non aver bisogno del tutto di elaborare le immagini, o perlomeno questo è il punto di arrivo a cui si dovrebbe aspirare. Oltretutto, più sarete in grado di gestire la fotocamera, più sarà divertente usarla. E non dovrete più vivere la frustrante esperienza di cercare la soluzione giusta mentre avete fretta di catturare un momento irripetibile.

DATA E ORA

1 Impostate la data e l'ora in base al fuso orario in cui vi trovate, in particolare se siete all'estero. Sincronizzate l'ora con la fotocamera del partner così che le foto abbiano lo stesso ordine cronologico.

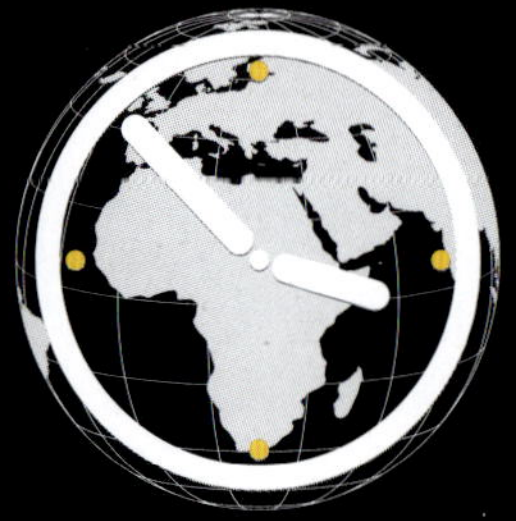

QUALITÀ DELL'IMMAGINE

2 Non è necessario né proficuo registrare sempre immagini alla massima qualità e risoluzione. Impostate una dimensione ridotta e un'alta compressione (qualità inferiore) per scatti informali, per esempio ritratti di amici destinati a siti di social network. Impostate qualità e risoluzione elevate durante viaggi o se vi cimentate con una fotografia più impegnata.
Con le fotocamere ad alta risoluzione odierne, un'impostazione di circa sei megapixel è in genere adatta a molti scopi e occupa uno spazio ragionevole sulla scheda di memoria e sull'hard-disk.

FORMATO DELL'IMMAGINE

3 Con alcune fotocamere si può scegliere tra vari formati, da 4:3 (adatto ai vecchi monitor e a molti formati di stampa) a 16:9 (adatto a schermi HD ma non a tutte le stampe); 3:2 (tipico delle dSLR) è una via di mezzo.

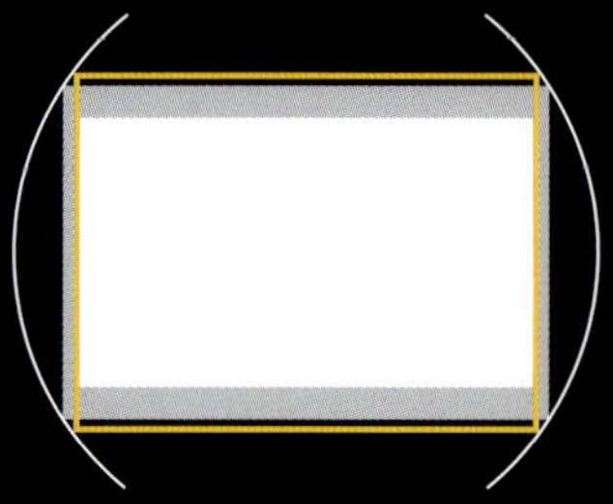

AUTOFOCUS

7 Potete impostare la fotocamera per mettere a fuoco soggetti statici. Questa modalità di autofocus a scatto singolo permette l'esposizione solo quando si raggiunge una messa a fuoco nitida. Per soggetti in movimento, impostate l'autofocus continuo (Follow focus o Servo), che rileva costantemente i cambiamenti della scena e consente l'esposizione in qualsiasi momento. Tutte le fotocamere dispongono di autofocus singolo, molte anche di quello continuo e alcune passano in automatico da una modalità all'altra in base al comportamento del soggetto.

SCATTO SINGOLO O IN SERIE

8 Tutte le camere registrano un'immagine quando si preme il pulsante di scatto: è la modalità più pratica nella maggior parte di situazioni. Nei casi in cui la situazione sia in veloce mutamento, è però utile impostare la fotocamera in modo che registri una serie di esposizioni per il tempo in cui si tiene premuto il pulsante di scatto. Le fotocamere di alta qualità possono registrare cinque esposizioni al secondo o anche di più. Il numero totale di esposizioni possibili varia: le fotocamere più essenziali sono in grado di fare due o tre esposizioni, per poi fermarsi e caricare le foto.

FLASH

9 Il flash automatico serve quando la luce bassa potrebbe generare foto "mosse". Disattivatelo quando non volete creare disturbo ad altre persone con il lampo di luce o per vedute serali con treppiede e lunghe esposizioni.

Il segreto è la pratica: non danneggerete certo la fotocamera provando tutte le opzioni, regolazioni e impostazioni, perciò è questo il modo giusto di iniziare. Premete ogni pulsante per vedere a cosa serve e cercate di familiarizzarvi sia con il suo funzionamento sia con la sua sensibilità e posizione. Giocate con i comandi e selettori: abituatevi a quanto sono morbidi o rigidi, e fate pratica per regolarli con precisione.

Prendete la fotocamera e seguite il diagramma di flusso sottostante: impostate un'opzione e fate uno scatto da dove vi trovate seduti. Controllate il risultato. Passate alla successiva, scattate e controllate di nuovo; ripetete finché non ne avete compreso la funzione. È l'unico caso in cui riguardare ogni foto è positivo e aiuta a capire come agisce la fotocamera e cosa significano termini e icone.

BILANCIAMENTO DEL BIANCO

4 Le fotocamere sono progettate per compensare le variazioni nel colore della luce con il bilanciamento del bianco automatico. Impostatelo sulle condizioni specifiche, per esempio con luce artificiale o cielo coperto.

QUALITÀ DEL COLORE

5 Possono esserci diverse opzioni per il colore, dal bianco e nero ai toni pastello ai colori brillanti. Usate i colori più tenui per ritratti o matrimoni, quelli più forti per illustrazioni di tipo grafico o paesaggi in giornate uggiose.

ESPOSIZIONE AUTOMATICA

6 Nella maggior parte dei casi la modalità completamente automatica (o Programma) , che regola sia il tempo di esposizione sia l'apertura, ottiene buoni risultati. Alcune fotocamere hanno modalità "ISO automatico" o "Intelligent Auto" che regolano la sensibilità (pp. 102-103). Per cogliere azioni veloci, la priorità dei tempi dà i risultati migliori. Se desiderate un'apertura specifica, per esempio grande per ritratti, o piccola per still life o paesaggi, dovete invece dare priorità ai diaframmi. Per provare diversi tipi di esposizione, scegliete la modalità manuale.

SCENE PREIMPOSTATE

10 La quantità e la varietà di opzioni diverse disponibili può creare confusione. I set di preimpostazioni per diversi tipi di scena (pp. 24-25) riducono la necessità di scorrere tutto il menu per scegliere le varie opzioni appropriate a una determinata situazione. Per esempio, la modalità Ritratto imposta un'apertura elevata, privilegia colori morbidi e disattiva il flash, mentre Ritratto notturno combina il flash con un tempo di esposizione relativamente lungo per catturare anche la luce ambientale.

CONNESSIONE

11 Se la fotocamera può comunicare con dispositivi Bluetooth, 3G o 4G, stampanti PictBridge, o altri telefoni cellulari o servizi via Internet, dovrete attivare il servizio in modo che il dispositivo possa identificare la fotocamera. Seguite le istruzioni sullo schermo: se dovete inserire un codice numerico sul dispositivo da connettere, assicuratevi di avere il codice a portata di mano.

IMPOSTAZIONI PARTICOLARI

12 Se la fotocamera dispone di funzioni speciali, impostatele e sfruttatele. Per esempio, se è abilitata per il GPS (Global Positioning System) dovete inserire le coordinate iniziali fin dall'inizio. Una volta che la fotocamera sa dove si trova, può associare alle fotografie l'esatta posizione in cui sono state scattate. Se volete inviare le immagini al vostro sito di social network preferito, dovrete inserire nella fotocamera i dati dell'account, compresa la password.

Conoscere la fotocamera

Anche la fotocamera più sofisticata e professionale può oggi essere usata come una compatta: appena tolta dalla confezione funziona già perfettamente in automatico. Potete divertirvi anche senza avere la più pallida idea di che cosa la macchina stia facendo o di come controllare le sue innumerevoli funzioni. Qui trovate elencate le funzioni basilari di compatte e dSLR.

LO SAPEVATE?

Pixel deriva da "picture element". È l'elemento più piccolo di un'immagine digitale e ha in genere una forma quadrata. In teoria, i dettagli visibili dipendono dal numero di pixel: più è alto, maggiore sarà il livello potenziale di dettaglio dell'immagine (pp. 106-107).

FOTOCAMERA COMPATTA

Esiste un'ampia varietà di fotocamere digitali compatte, ma quelli qui descritti sono i componenti fondamentali presenti nella maggior parte di marche e modelli.

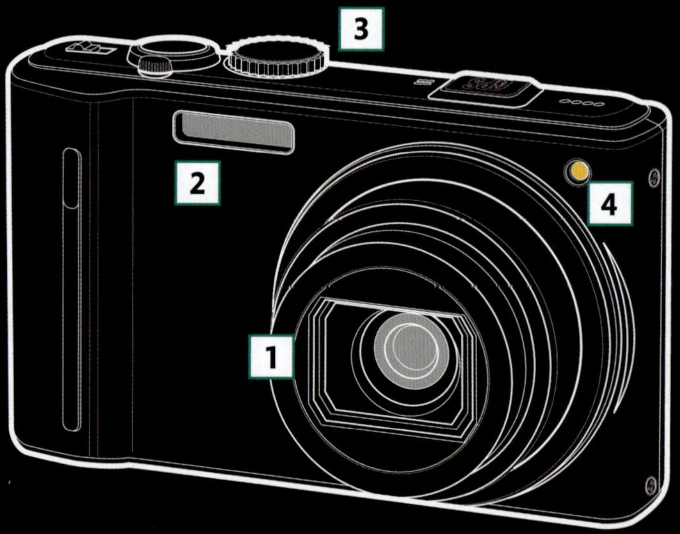

1 Obiettivo zoom
Questo tipo di obiettivo può variare l'ingrandimento e cambiare il campo visivo catturato da una fotografia.

2 Flash elettronico
Può accendersi in automatico se c'è poca luce. Emette un breve lampo di luce per esporre l'immagine.

3 Selettore di modalità
Le fotocamere usano un selettore o pulsanti per scegliere le diverse modalità, per esempio l'esposizione automatica.

4 Spia dell'autoscatto
Quando si usa l'autoscatto, questa luce si accende per indicare quando l'otturatore sta per aprirsi.

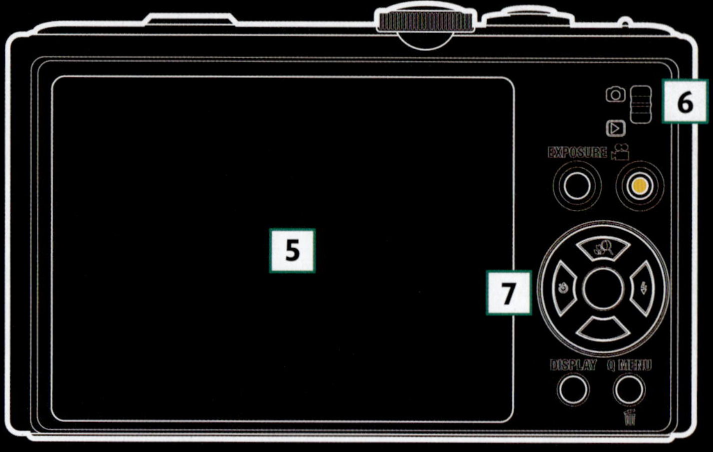

5 Schermo LCD
Serve sia per inquadrare quando si vuole scattare una fotografia sia per selezionare e impostare le voci del menu.

6 Selettore scatta/rivedi
Fa passare dalla modalità di ripresa a quella di visione, per rivedere, stampare o creare presentazioni.

7 Pulsanti di navigazione
Permettono di muoversi tra immagini e voci del menu.

FOTOCAMERA dSLR (REFLEX MONOBIETTIVO DIGITALE)

Trovate qui descritti i componenti fondamentali presenti in tutte le dSLR di base. Quelle più avanzate possono avere selettori e pulsanti aggiuntivi (pp. 324-325).

1 Obiettivo intercambiabile
Poter montare obiettivi diversi aumenta le possibilità di impiego.

2 Apertura
L'apertura nell'obiettivo è controllata da un diaframma a iride attraverso la quale passa la luce.

3 Selettore dei modi
Permette di scegliere tra modalità di scatto, per esempio con priorità dei tempi o dei diaframmi.

4 Flash a scomparsa
Molti modelli hanno un piccolo flash che si apre a comando, ma tutti hanno un attacco per un'unità flash separata.

5 Pulsante di scatto
Pulsante che fa aprire l'otturatore e dà inizio alla messa a fuoco se l'obiettivo è impostato sull'autofocus.

6 Sensore
Posizionato all'interno della fotocamera, dietro l'otturatore, il sensore riceve l'esposizione quando l'otturatore è aperto.

7 Otturatore
Dispositivo meccanico che si apre per consentire l'esposizione del sensore e si richiude dopo il tempo di esposizione.

8 Mirino
Nella maggior parte delle dSLR si usa il mirino per l'inquadratura. Serve a controllare cosa vede l'obiettivo.

9 Schermo LCD
Serve per rivedere immagini e video, impostare le opzioni del menu e, in alcuni casi, per l'inquadratura.

10 Pulsanti di navigazione
Questo set di pulsanti permette di fare scorrere le immagini e le voci del menu, o di regolare altre funzioni.

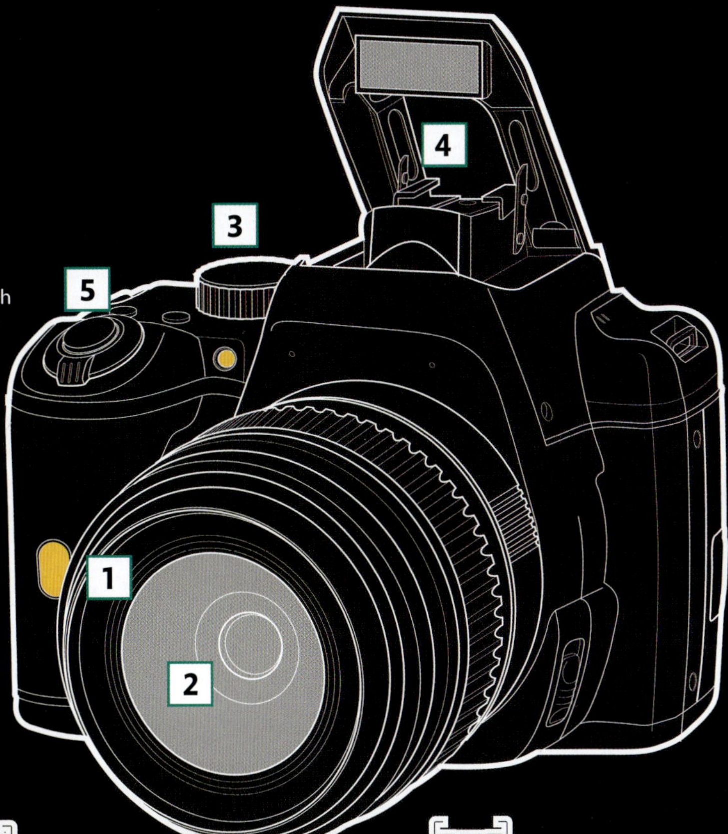

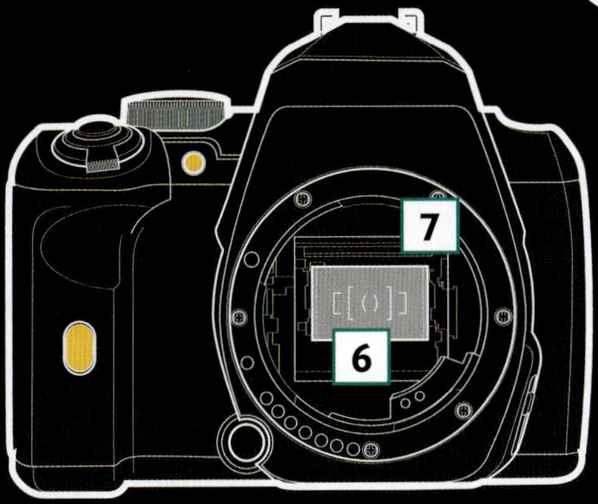

Scene preimpostate

Se vi sentite disorientati di fronte alle innumerevoli funzioni della fotocamera e alle loro possibili combinazioni, non preoccupatevi: non siete i soli. Ecco come semplificarvi la vita. Nel progettare le fotocamere digitali ci si rese presto conto che certe impostazioni si adattano a situazioni ricorrenti. Per esempio, con poca luce si impostano valore ISO elevato e ampia apertura, accendendo eventualmente il flash. Al contrario, su spiagge assolate o piste da sci, serve sovraesporre per conservare luminosità, con un valore ISO basso adatto alla luce forte. I produttori hanno inserito modalità di scene predefinite per le situazioni più ricorrenti. Sono un'utile scorciatoia, ma imparate anche quali sono le impostazioni della fotocamera adatte alle circostanze.

RITRATTO

Toni caldi e saturazione adeguata migliorano l'incarnato della pelle. L'obiettivo deve essere regolato ad almeno 75 mm e si deve impostare la massima apertura del diaframma, con il flash spento e l'otturatore regolato su un tempo di esposizione breve.

PAESAGGIO

Comporta una saturazione più alta del consueto e un aumento del contrasto. Viene impostata una focale grandangolare, con valore ISO basso, risoluzione massima e piccola apertura del diaframma. Sarà applicata anche qualche elaborazione digitale per ampliare la gamma dinamica.

SPIAGGIA O NEVE

L'esposizione relativamente lunga, unita a un valore ISO basso, è in grado di catturare la luminosità di spiagge e neve, anche se molto intensa; una piccola apertura del diaframma aumenta la profondità di campo. Il contrasto tende a essere ridotto per compensare la luce forte.

TRAMONTO

Lo scopo principale della modalità è catturare le tinte intense del sole e del cielo. La saturazione è più alta, l'esposizione può essere ridotta, la sensibilità ISO è impostata su un valore medio e la risoluzione è massima.

PARTY

Una delle modalità di scatto più utili, imposta la fotocamera per bilanciare il flash e una luce ambientale bassa. Consente tempi di esposizione relativamente lunghi, grazie anche a un valore ISO elevato. L'ampia apertura del diaframma evita uno sfondo scuro.

FUOCHI D'ARTIFICIO

Un valore ISO medio-alto insieme a un'esposizione con fotocamera fissa, in genere 1/4 sec *f*/4, e alla messa a fuoco impostata all'infinito, permette di catturare la maggior parte degli spettacoli pirotecnici (pp. 72-73).

Le modalità di scena si differenziano dagli altri modi di esposizione in quanto impostano tutto un insieme di parametri in base al programma scelto e al grado di complessità della macchina. Tali parametri comprendono valori ISO, tempi e apertura, sottoesposizione o sovraesposizione se necessario, saturazione del colore, nitidezza, dimensione del file, compressione e messa a fuoco. Le fotocamere compatte e superzoom possono impostare anche lo zoom, mentre le dSLR con obiettivi intercambiabili modificano solo le impostazioni della camera. Passate in rassegna tutte le modalità del vostro apparecchio e scattate qualche foto per vedere come funzionano. Se avete ancora dubbi, leggete qui le descrizioni e le impostazioni delle modalità di scena più comuni.

DOCUMENTI

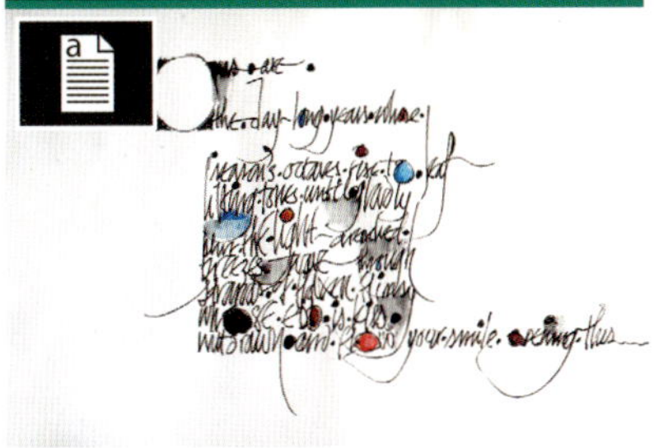

Quando si fotografano opere d'arte o documenti si cerca un'immagine precisa e nitida: questa modalità aumenta molto la nitidezza dell'immagina, accresce il contrasto e usa la massima risoluzione possibile, con colori neutri.

LUME DI CANDELA

La fotocamera imposta il valore ISO massimo e spegne il flash. Anche l'apertura del diaframma è massima e il bilanciamento del bianco spostato verso i toni caldi. La funzione close-up velocizza la messa a fuoco a breve distanza.

CLOSE-UP

Per fotografie di fiori o altri piccoli oggetti, l'obiettivo sarà impostato sulla modalità Macro, con una piccola apertura del diaframma per una massima profondità di campo. Il flash può servire per avere un risultato nitido, inoltre si possono accentuare i colori e aumentare il contrasto.

SPORT

I tempi di esposizione sono ridotti al minimo impostando valori ISO a livelli elevati e grandi aperture, insieme a massima lunghezza focale (su fotocamere compatte) e un ritmo rapido di ripresa. Questa modalità è adatta anche per fotografare bambini e animali domestici.

PAESAGGIO NOTTURNO

Spegne il flash, che non ha alcun effetto su elementi distanti. Imposta valore ISO elevato, apertura del diaframma ampia e massima risoluzione, e forse riduzione del rumore per esposizioni lunghe. Per fotografare di notte, appoggiate la fotocamera su un muro o un treppiede.

FOGLIAME

Questa modalità accentua la saturazione del colore dell'immagine e punta a ottenere un bilanciamento del bianco sui toni caldi, che a sua volta produce intensi colori autunnali, usando un valore ISO medio, risoluzione elevata e piccole aperture del diaframma.

Guardare e condividere

Dopo aver scattato una miriade di fotografie, avrete a disposizione molte possibilità per guardarle e condividerle, dall'esporle incorniciate o mostrarle sullo schermo dello smartphone, a diffonderle tramite email, siti di photosharing e siti Internet o blog personali. Prima di fare una qualunque di queste cose, dovete però cercare di valorizzare le immagini per mostrarle al meglio (Capitolo 5), e cimentatevi con i software per l'elaborazione delle immagini per rafforzare il loro impatto visivo (Capitolo 6).

Le fotografie sono un elemento fondamentale del mutamento sociale del XXI secolo. La circolazione delle immagini agevola la connessione globale: oggi è possibile

STAMPA

Stampate le immagini (Capitolo 7). Anche un'economica stampante a getto d'inchiostro è in grado di dare eccellenti risultati. Fate qualche prova con carta comune e, una volta sicuri, passate a quella di qualità fotografica. Se i colori sono spenti, provate a cambiare le impostazioni.

STAMPA ONLINE

Potete rivolgervi a un servizio online per la stampa delle vostre foto, anche in grande formato. Controllate bene le immagini prima di caricarle; la prima volta ordinate un piccolo quantitativo per valutare la qualità del risultato. In mancanza di una propria stampante, è una soluzione economica.

CORNICE

Esponete le stampe (pp. 290-291) sottolineandone il pregio con una bella cornice: tenete in considerazione colore, materiale e dimensione della cornice, il luogo in cui andrà posizionata (su un tavolo, su un muro) e come si integra con l'ambiente circostante.

LIBRO FOTOGRAFICO

Create un libro illustrato (pp. 292-293) provando diversi servizi che offrono programmi gratuiti per realizzarlo: scegliete quello che vi piace di più a livello di progetto e di praticità d'uso. Ordinate poche copie per saggiare la qualità del prodotto finale e del servizio in generale.

ALBUM SU SMARTPHONE

Potete usare lo smartphone come album fotografico portatile: è in grado di contenere centinaia di fotografie pronte da vedere e può essere un portfolio perfetto per le immagini migliori. Tenete insieme le immagini con lo stesso orientamento per non dover ruotare il telefono di continuo.

EMAIL

Inviate via email le foto a familiari e amici. Per foto di persone va bene una base di 480 pixel, mentre per i panorami funzionano meglio 720 pixel. Comprimere le immagini prima di inviarle in forma elettronica costa meno, velocizza la trasmissione ed evita di sovraccaricare la posta altrui.

condividere momenti preziosi con amici e parenti in qualunque luogo del mondo. Milioni di utenti condividono miliardi di immagini ogni anno e tanta abbondanza di immagini è una prospettiva elettrizzante, ma comporta una mole impressionante di dati trasmessi o caricati. Poiché i file contengono spesso molti più dati del necessario, è bene comprimerli prima. In questo caso, piccolo è bello.

LO SAPEVATE?

Tutti i siti di photosharing e social network chiedono di accettare i termini di utilizzo/servizio come condizione per poter usare il sito. È importante leggere queste note legali prima di accettarle, per capire le esatte implicazioni a livello di privacy e copyright (pp. 286-287).

CORNICE DIGITALE

Usate una cornice digitale per mostrare diverse fotografie. Scaricherà le immagini direttamente dalla fotocamera o dalla scheda di memoria. Riflettete sulla sequenza: un ordine cronologico non sempre è il più efficace. Potreste dover rinominare i file per dargli l'ordine voluto.

DESKTOP

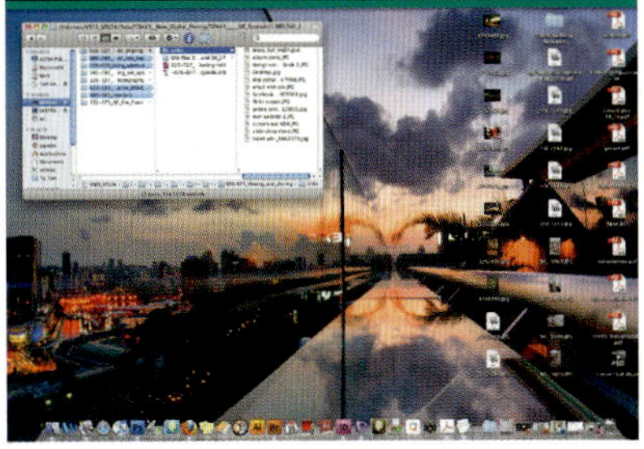

Usate le immagini come sfondo o come salvaschermo del computer. Come sfondo sono adatti gli scatti di paesaggi senza elementi troppo evidenti. Per impostare il salvaschermo, cercate nel pannello di controllo (Windows), o nelle preferenze di sistema (Mac OS).

PRESENTAZIONE

Per una presentazione di pose informali usate transizioni vivaci; scegliete dissolvenze se volete limitare le distrazioni. Le presentazioni acquistano un'ulteriore dimensione se accompagnate dalla musica, che sia un semplice sottofondo o una scelta attenta legata al contenuto.

SITO DI SOCIAL NETWORK

"Postate" fotografie sui vostri siti di social network preferiti; usate un'app per caricare le immagini dal cellulare. Impostate l'album come "privato" per decidere a chi mostrare le immagini. Chiedete il permesso prima di usare foto di persone in situazioni potenzialmente compromettenti.

SITO DI PHOTOSHARING

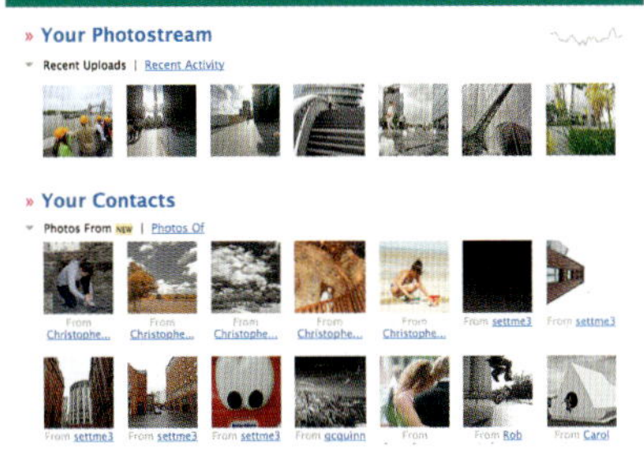

Condividete le fotografie su siti di photosharing; unitevi a gruppi con interessi simili per trovare nuove idee e confrontare i risultati. Molti siti sono gratuiti; alcuni offrono funzioni aggiuntive a pagamento. Controllate i termini di uso/servizio per assicurarvi di conservare i diritti sulle foto.

SITO INTERNET PERSONALE

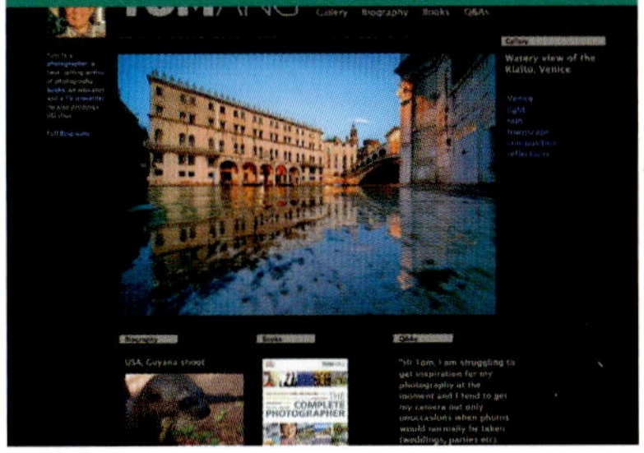

Registrate un dominio e usatelo per esibire le immagini (pp. 282-285). Navigate in rete per trovare uno stile che vi piace: ci sono molti modelli semplici da usare. Alcuni programmi creano un sito Internet da una raccolta di immagini. Iniziate con poco, mostrando solo il meglio del vostro lavoro.

CAPITOLO DUE

TECNICA FOTOGRAFICA

Elementi della composizione

Le teorie sulla composizione funzionano alla perfezione se possiamo posizionare gli elementi della scena esattamente dove li vogliamo. Esclusi i set allestiti in studio, non possiamo realmente comporre l'immagine, ma dobbiamo arrangiarci con quello che c'è. Sarebbe forse più giusto chiamare la composizione fotografica "disposizione fotografica", dato che di fatto sfruttiamo il modo in cui gli elementi sono disposti o posizionati.

ERIC DE MARÉ

La composizione è parte essenziale per un buon fotografo; la fotografia come arte non esiste senza di essa.

Spesso gli elementi di una scena hanno relazioni fisse uno con l'altro. Se vogliamo dare l'impressione che questi elementi siano in posizioni relative diverse, abbiamo tre strumenti a disposizione: punto di ripresa, direzione e ampiezza dell'inquadratura (angolo di campo).

Proporzioni auree

Nell'Antico Egitto e in Grecia era risaputo che un oggetto in cui il rapporto fra due lunghezze differenti è tale per cui il rapporto tra la parte più corta e quella più lunga corrisponde al rapporto fra la parte più lunga e la somma delle due parti, risulterà perfettamente proporzionato. La parte più piccola corrisponde a circa il 61,8 per cento della parte più grande, ovvero la parte più grande è lunga 1,618 volte rispetto a quella più corta. Questo rapporto si ritrova in natura nella proporzione esistente nelle forme più disparate, come conchiglie delle chiocciole, ali di farfalla, petali di fiore e spirali delle pigne. Si trova anche nell'armonia musicale. Questo rapporto è chiamato *phi*, sezione aurea, o rapporto aureo. Non sorprende infine che sia anche alla base della nostra percezione di bellezza umana. Se si analizzano le proporzioni di volti o corpi che incarnano i canoni classici di bellezza, si vedrà che rispettano la sezione aurea.

Senso di armonia

La diffusa regola dei terzi, una griglia immaginaria che divide un'immagine in nove quadrati uguali, è un'approssimazione della sezione aurea. In realtà, la sezione aurea va molto oltre

Sezione aurea
Le istantanee sono spesso inaspettatamente ben composte perché frutto di una scelta istintiva. Questo scatto casuale risulta rispettare alla perfezione la sezione aurea, come dimostra la corrispondenza degli elementi con la griglia sovrapposta all'immagine (nel riquadro).

I colori brillanti dei tavolini di un caffè sono un irresistibile spunto visivo. Nelle foto scattate a livello della strada da breve distanza (le due in alto) tuttavia gli elementi di distrazione inquinano la purezza delle forme astratte. Meglio avvicinarsi e alzare il punto di ripresa (sotto a sinistra e al centro), ma lo scatto più riuscito è quello dall'alto (sotto a destra).

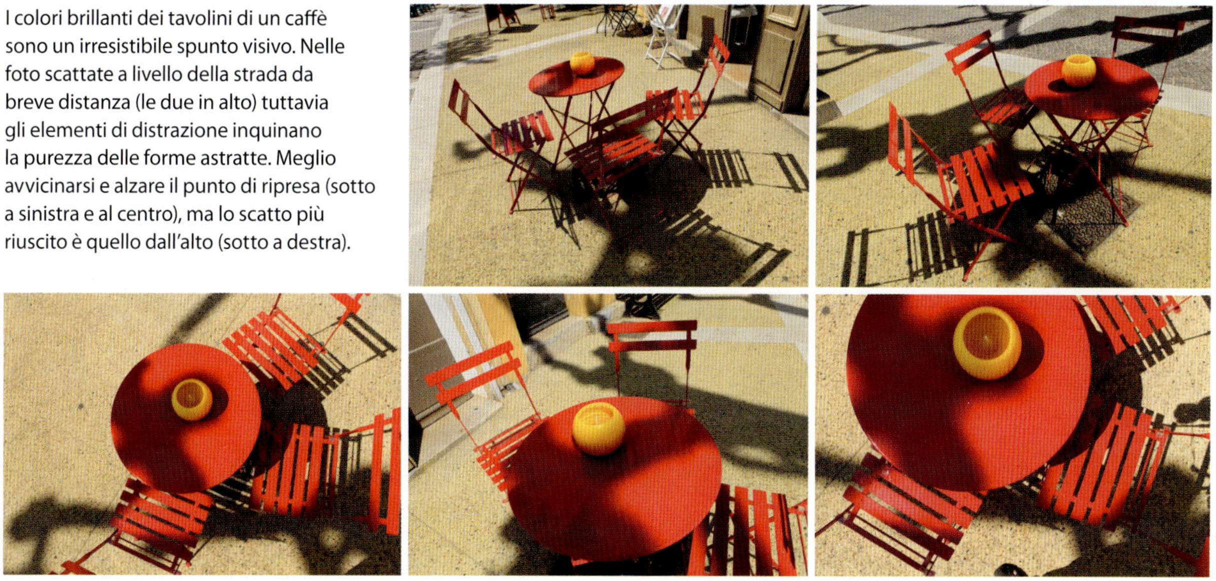

rispetto alla regola dei terzi: quando gli elementi in porzioni più piccole dell'immagine rispettano il rapporto *phi*, la composizione dà un effetto ancora migliore.
In tutti noi c'è un istinto naturale verso la composizione armoniosa, perché *phi* è, possiamo dire, interconnesso al nostro cervello. Quando inquadriamo, posizioniamo gli elementi fondamentali che ci interessano in modo che stabiliscano con il resto della scena una relazione di maggior impatto sul nostro cervello: la "risposta *phi*". La risposta a una composizione equilibrata è simile a quella che abbiamo in modo istintivo ascoltando una canzone orecchiabile.
Al contrario, se si collocano elementi molto vicino al margine dell'inquadratura o al centro esatto dell'immagine, andando *contro* la sezione aurea, si può aumentare il dinamismo o conferire una sensazione di quiete alle immagini.

Usare lo spazio

C'è qualcosa di decisamente teatrale nella fotografia: il modo in cui come per magia crea un'immagine che, per un momento, ci dà l'illusione di una realtà in tre dimensioni. Così come uno scenografo prepara la scena, usiamo le linee

Magia del caos
Gli elementi della composizione possono sembrare disposti casualmente, ma i soggetti principali (come i papaveri e la foglia al centro) seguono tutti la sezione aurea o le si avvicinano.

Le linee convergenti, grazie all'esperienza, fanno percepire a chi osserva come la strada si perde in lontananza. La loro forma è di per sé efficace; anche quando si riducono a un piccolo segno in fondo all'inquadratura, guidano l'occhio nell'immagine.

Incorniciare il protagonista
Le diverse cornici create dalla porta, dalla colonna e dal tubo piegato a gomito agiscono tutte insieme per garantire che l'operaio (anche se relativamente piccolo) sia davvero al centro della nostra attenzione.

convergenti per suggerire la distanza, la sovrapposizione di oggetti per mostrare quali sono più vicini o più lontani, o dimensioni diverse per dare l'idea della prospettiva. Soprattutto, attiriamo lo spettatore nel nostro spazio, invitandolo a percorrere l'immagine e tutto ciò che contiene e insieme guidandolo gentilmente verso la meta: il punto focale. Una strada che si snoda tortuosa in lontananza offre una narrazione visiva, così come un fiume serpeggiante. Come in tutte le storie, serve un inizio deciso per attirare l'attenzione dello spettatore, uno sviluppo per invogliarlo a esplorare l'immagine e una buona conclusione. Il tutto può richiedere appena una frazione di secondo o una riflessione più approfondita, in base alle dimensioni e alla complessità dell'immagine e all'attenzione dedicata dall'osservatore.

Plasmare lo spazio

Un altro modo per dare struttura a un'immagine è raffigurare una forma più grande rispetto alle forme più piccole che la compongono: io le chiamo "iper-figure". Ne sono un esempio le scale a chiocciola, in cui i gradini a spicchio formano la forma più grande della spirale. Stormi di uccelli che volteggiano nel cielo possono formare iper-figure composte dai singoli uccelli. Gli esempi più comuni di iper-figure giungono dal mondo vegetale, in cui piccoli elementi si ripetono per creare spirali, linee disposte a raggiera e nastri. È interessante osservare che molte di queste forme sono espressione della sezione aurea. Il tipo più semplice di iper-figura è prodotto dalla simmetria, in particolare quando una metà dell'immagine è il riflesso dell'altra. Insieme, le due metà creano una nuova figura, con una sua coerenza e che è quasi sempre di forte impatto visivo, perché suggerisce una solida struttura intrinseca.

Elementi come cornice

Una tecnica ampiamente usata per plasmare lo spazio è usare una cornice, in cui un elemento della composizione rimanda ai margini rettangolari dell'immagine stessa. Questo artificio concentra l'attenzione sul soggetto, oltre a dare l'idea della terza dimensione e della profondità generale. Gli elementi che fungono da cornice possono essere sfocati o sottoesposti; in effetti non saranno efficaci allo scopo se troppo nitidi, o se sono sui toni medi o chiari.

Evocare lo spazio
Elementi contrastanti plasmano lo spazio: le piste nelle White Sands del New Mexico guidano l'occhio in lontananza, dove i toni dalle sfumature morbide del cielo evocano ampi spazi.

Dettaglio significativo
Una piccola figura anima l'immagine di una spiaggia altrimenti statica. La dimensione ne rivela la distanza e, una volta individuato l'uomo, l'occhio è condotto ancora più lontano.

Giochi di linee
La ripetizione suscita sempre una forte risposta visiva. L'effetto è ancora più scenico se l'iper-figura, rafforzata dalla simmetria a specchio, si perde in lontananza.

Aprite gli occhi

Le opportunità fotografiche abbondano nella vita di tutti i giorni. Una porta arrugginita inosservata ai più può diventare un poster artistico e un edificio fatiscente può avere belle caratteristiche architettoniche da cogliere con uno scatto da premio. Prendetevi il tempo di osservare ciò che vi circonda, valutando le possibili composizioni.

▼ COMPITO

▷ Portate con voi la fotocamera durante i percorsi abituali, per andare a fare acquisti o al lavoro. Cercate di scattare le fotografie più interessanti che potete, concentrandovi sul metodo e la complessità delle composizioni.

▼ PUNTI DA RICORDARE

▷ **Apportate cambiamenti minimi** e cercate di capire quando "scatta" l'immagine giusta: piccoli aggiustamenti di posizione e altezza, inquadratura, campo visivo e tempismo giusto possono fare una grossa differenza. Vi aiuterà guardare di continuo attraverso il mirino.

▷ **Non cercate composizioni** predeterminate; osservate con mente aperta.

▷ **Usate lo zoom** per stringere sul soggetto. Fotografate in orizzontale e in verticale, per non dovere ritagliare l'immagine dopo.

▷ **Guardate i dettagli vicino a voi** anche a livello del suolo, e più lontano. Volgete lo sguardo verso l'alto; sarete sorpresi da quante cose nuove cose noterete.

▷ **Date il tempo a elementi mobili,** come auto e persone, di entrare e uscire dall'inquadratura.

DA CERCARE IN INTERNET

☐ Jacopo Tintoretto	☐ Wassily Kandinsky
☐ Paul Cézanne	☐ Iwao Yamawaki
☐ Modernismo	☐ Joel Sternfeld
☐ Cubismo	☐ Luca Campigotto
☐ Henri Cartier-Bresson	☐ Ryan Schude

Usare le linee

Il porto per container di Singapore, il più trafficato del mondo, trabocca di opportunità fotografiche. Con le enormi navi, i container colorati e le gru gigantesche, una dopo l'altra si offrivano alla vista composizioni ricche di particolari. Il soggetto era però quasi troppo facile da fotografare, e rischiavo di realizzare solo composizioni astratte. Il mio scopo non era solo cogliere la dimensione e il colore del luogo, ma anche suggerire che, dietro le imponenti macchine, ci sono uomini che le comandano e manovrano.

▷ Sony A900, 70-200 mm *f*/2.8 : 70 mm *f*/5.6 ISO 200 -0.7 EV 1/800 sec

DELLA STESSA SERIE

1 Veduta d'insieme

Con uno zoom ultragrandangolare impostato su 12 mm ho usato il riflesso sull'acqua per creare un'immagine simmetrica che a specchio ricalca le posizioni di container, gru e navi. Anche se ha un punto di vista originale, mancano un soggetto umano e senso delle proporzioni.

2 Ritratto ambientale

Grazie a un gruista che si avvicinava ho colto il contrasto di proporzioni tra uomo e macchine. L'immagine colloca il soggetto tra linee convergenti e la profondità di campo ridotta lo fa emergere dallo sfondo. Non si vede però abbastanza del porto, perdendo così il senso generale.

3 Forme e colori

Il contrasto tra l'ambientazione e gli abiti da lavoro colorati dell'addetto al centro della scena offrivano materiale visivo interessante. La lunghezza focale di 140 mm comprime la distanza tra gli oggetti, con un senso di appiattimento grafico, ma ancora non vediamo abbastanza del porto.

4 Proporzioni e tempismo

Allargando l'inquadratura si vedono meglio i macchinari e la passerella conduce l'occhio verso la figura dell'uomo. La proporzione funziona, ma c'è un problema di tempismo. L'uomo è andato un po' troppo lontano, così lo scatto migliore è quello di qualche secondo prima.

913
910

Prospettiva e punti di ripresa

Sembra quasi impossibile che un piccolo obiettivo possa riprodurre con precisione vasti paesaggi di montagna o vedute di una città su uno schermo piatto, con forme perfette e particolari brillanti. La magia che rende tutto questo possibile è la prospettiva, il processo attraverso il quale si rappresentano oggetti in tre dimensioni su una superficie a due dimensioni.

Le regole della prospettiva della fotografia sono semplici: l'obiettivo proietta il campo visivo sul sensore della fotocamera. Questo si basa su precisi principi ottici per cui un oggetto sarà registrato in proporzione a quanto grande lo vede l'obiettivo. Si crea così la percezione di profondità: gli oggetti distanti sono rappresentati più piccoli di quelli più vicini e le linee parallele sembrano convergere all'orizzonte. Poiché il campo visivo è più grande di quello del sensore (tranne che nei close-up più estremi) l'immagine si rimpicciolisce per combaciare con la superficie del sensore. Di conseguenza la prospettiva di ogni immagine dipende esclusivamente dal punto in cui il fotografo posiziona la fotocamera. La prospettiva non varia cambiando lunghezza focale, né decentrando l'obiettivo. La prospettiva è determinata dalla posizione in cui si scatta la fotografia.

Si può usare una prospettiva da teleobiettivo, che consiste nella tecnica di vedere il soggetto da lontano con un obiettivo a lunghezza focale elevata per far apparire gli oggetti con proporzioni più simili e più vicini tra loro. Per una prospettiva grandangolare della stessa scena si scatta da vicino, includendo ogni cosa, per accentuare le differenze di proporzione e le distanze reciproche tra gli oggetti.

Valori emotivi

La capacità di controllare la prospettiva è l'abilità fotografica più facile da padroneggiare, e non costa nulla: camminate semplicemente intorno al soggetto, guardando cosa succede cambiando punto di vista. Se vi discostate dalla posizione "classica", in genere allo stesso livello del soggetto, e da una certa distanza, potete suggerire significati diversi:

- punti di vista ravvicinati suggeriscono intimità, coinvolgimento emotivo, audacia o invadenza;
- punti di vista distanti suggeriscono freddo distacco, assenza di emozioni o sicurezza grazie alla distanza;
- punti di vista sopraelevati indicano separazione, assenza di coinvolgimento o distacco in una posizione di potere;
- punti di vista dal basso suggeriscono partecipazione all'azione, subordinazione o una posizione di impotenza.

Scorcio inusuale
Venezia è sfarzosamente fotogenica, con scene che meritano di essere fotografate a ogni angolo. Per un punto di vista insolito serve uno sforzo di immaginazione: un'immagine presa dalla consueta altezza del Canal Grande può essere senza dubbio gradevole, ma questo punto di vista, preso dal punto più basso a cui potevo arrivare senza sdraiarmi a terra, mostra riflessi in una pozzanghera che di rado si possono vedere con punti di ripresa tradizionali.

VARIETÀ DI PUNTI DI VISTA

Provate molti punti di vista e prospettive diverse, guardatevi in giro come fate nel fare shopping per i negozi. Cercate punti di ripresa in alto o in basso. Per vedute globali non serve per forza il grandangolo e per quelle ravvicinate non è necessario includere tutta la scena. Se di solito si scatta all'altezza degli occhi, provate a inquadrare guardando verso l'alto, o verso un angolo, e così via. Sperimentare nuove prospettive e punti di vista è un metodo semplice e veloce per migliorare la tecnica fotografica.

Vedute differenti

Scegliete una scena ed esploratela da cima a fondo. Sviluppate la comprensione e la consapevolezza di come le variazioni di prospettiva influenzano l'impatto emotivo delle vostre immagini. All'inizio sperimentate liberamente, poi iniziate via via a prendere decisioni in base alla specifica sensazione che volete suggerire.

▼ COMPITO

▷ Scegliete un soggetto statico con intorno spazio a sufficienza per esplorarlo: un edificio, un albero, una scultura in un parco, o anche qualcosa di più piccolo, come una pianta in casa o un animale domestico addormentato. A ogni cambiamento di posizione, scattate.

▼ PUNTI DA RICORDARE

▷ **Camminate intorno al soggetto** e badate a come cambia il suo rapporto con l'ambiente circostante. Da una certa angolazione potrebbe fondersi con lo sfondo e da un'altra al contrario risaltare.

▷ **Avvicinatevi al soggetto,** quindi andate più lontano: notate come lo spazio tra il soggetto e gli oggetti che lo circondano cambia.

▷ **Da ogni posizione,** provate a scattare tenendo la fotocamera in alto sopra la testa, all'altezza della vita e del suolo.

▷ **Mentre vi spostate intorno al soggetto,** scattate con lo zoom impostato alle lunghezze focali estreme.

DA CERCARE IN INTERNET

- ☐ **Bill Brandt**
- ☐ **Alin Ciortea**
- ☐ **Georg Gerster**
- ☐ **André Kertesz**
- ☐ **Alvin Langdon Coburn**
- ☐ **Alexander Rodchenko**
- ☐ **Alfred Stieglitz**
- ☐ **Paul Strand**
- ☐ **Distorsione prospettica**
- ☐ **Prospettiva nell'arte**

Problemi di inquadratura

PROPORZIONI SBAGLIATE

PROBLEMA
Le proporzioni del soggetto sono tutte sbagliate, il volto è troppo grande e il naso piccolo o il naso è troppo grande rispetto al volto. Allontanarsi dal soggetto non serve.

ANALISI
I volti appaiono distorti quando riempiono l'inquadratura dell'immagine, e alcuni dettagli del soggetto vicino alla fotocamera risultano troppo grandi. State usando una lunghezza focale inferiore a 50 mm, che comporta un campo visivo grandangolare e vi fa stare troppo vicini al soggetto da fotografare.

SOLUZIONE

- Impostate una lunghezza focale superiore a 70 mm (equivalente 35 mm), ma che non superi i 135 mm. Tenete presente che con una lunghezza focale maggiore dovrete posizionarvi molto lontano dal soggetto, con il rischio di spersonalizzare il rapporto.
- Se volete usare un obiettivo grandangolare, mettevi ad almeno un metro di distanza dal soggetto e in seguito ritagliate l'immagine
- Collocate il soggetto al centro dell'inquadratura per ridurre al minimo la distorsione.

ORIZZONTE INCLINATO

PROBLEMA
Le fotografie non sono perfettamente diritte e sembrano pendere da un lato, ma non in modo così accentuato da apparire una scelta voluta. L'effetto è inquietante, in particolare quando gli edifici sembrano sul punto di crollare.

ANALISI
Anche se avete l'impressione di tenere la fotocamera diritta, a causa del peso maggiore su un lato (un caso frequente con le fotocamere dSLR) la state in realtà tenendo inclinata. Probabilmente non guardate nel modo corretto l'intera scena attraverso il mirino.

SOLUZIONE

- Se la fotocamera lo consente, potete attivare la visualizzazione di una griglia che aiuta ad allineare l'inquadratura con l'orizzonte e le linee verticali.
- Se la fotocamera dispone di una livella elettronica, usatela.
- Se volete fotografare un paesaggio o un altro soggetto statico, puntate la fotocamera verso il basso fino a quando l'orizzonte non arriva quasi a toccare il margine dell'inquadratura nel mirino, quindi ricomponete l'inquadratura.

TAGLIO NON VOLUTO

PROBLEMA
Volete stringere l'inquadratura sul soggetto ma, anche se cercate di coglierlo per intero, alcune parti rimangono fuori dall'immagine.

ANALISI
Il soggetto potrebbe muoversi in modo irregolare, rendendo difficile seguirlo e inquadrarlo con precisione. Se siete molto vicino al soggetto, i suoi movimenti risulteranno più evidenti. Se state usando una lunghezza focale elevata, sarà ogni vostro movimento a risultare amplificato.

SOLUZIONE

- Lasciate più spazio intorno al soggetto e osservate se ha la tendenza a spostarsi in una certa direzione per cercare di anticipare le sue azioni.
- Se state usando una fotocamera dSLR, accertatevi di posizionare correttamente l'occhio in modo da vedere tutta la superficie del mirino senza dover spostare la testa.
- Usate impostazioni con qualità o risoluzione elevate, così da poter ritagliare la fotografia in un secondo tempo.

CAMPO VISIVO INSUFFICIENTE

PROBLEMA
Volete includere una certa scena nell'inquadratura, ma l'obiettivo non ha un angolo di ripresa sufficientemente ampio e non potete arretrare per allargare il campo visivo.

ANALISI
Arretrare rispetto alla scena cambia la prospettiva, rischiando di perdere importanti correlazioni tra gli elementi presenti. Forse non state usando un obiettivo sufficientemente corto.

SOLUZIONE

- ▷ Inclinate la fotocamera per trarre vantaggio dal campo visivo più ampio dato dalla diagonale del sensore dell'immagine.
- ▷ Se il soggetto è abbastanza statico, scattate due fotografie, una leggermente più verso sinistra e una più verso destra, in modo che si sovrappongano nel mezzo. Usate un programma per creare panorami o unire le immagini per fondere le due fotografie in una (pp. 110-111).

PERDITA DI CONTESTO

PROBLEMA
Avete zoomato per realizzare uno spettacolare primo piano, ma l'immagine ottenuta non è efficace e interessante quanto avevate sperato.

ANALISI
Il contesto della scena non è chiaro e sono state escluse informazioni utili per avere un termine di paragone con cui raffrontare le dimensioni del soggetto. Potreste avere usato una lunghezza focale troppo elevata, che tende a ridurre gli elementi di contorno.

SOLUZIONE

- ▷ Zoomate indietro per includere l'ambiente circostante, realizzando una composizione che combini tutti gli elementi. Ricordate che un'immagine che insegna qualcosa sarà più significativa di una che vuole solo colpire l'attenzione.
- ▷ Mantenete le stesse impostazioni di lunghezza focale e cambiate punto di vista in modo da includere lo sfondo o mostrare qualche oggetto in primo piano.

INQUADRATURA STRETTA

PROBLEMA
Per introdurre un certo dinamismo nella scena, posizionate elementi chiave vicino al margine dell'inquadratura. Il risultato è però sbilanciato.

ANALISI
Elementi dominanti come colori forti, gesti e occhi danno maggiore spessore emotivo a un'immagine e sembrano occupare più spazio rispetto ad aree meno ricche di spunti interessanti.

SOLUZIONE

- ▷ Elementi chiave posizionati vicino al margine dell'inquadratura possono funzionare se il linguaggio corporeo, lo sguardo o il movimento rimanda al centro dell'immagine.
- ▷ L'uso di inquadrature estreme può sembrare più naturale se gli elementi nell'immagine sono rivolti verso un oggetto di interesse al margine dell'inquadratura.
- ▷ Uno sfondo semplice, scuro o a tinte vivaci, si accosta spesso bene a un colore intenso vicino ai bordi.

Composizione con il colore

Per chi non è fotografo il colore è solo una caratteristica fisica della scena, ma il colore è parte integrale dell'esperienza fotografica: lo usiamo per esprimere sentimenti. Con più consapevolezza verso il colore, potrete acquisire maggiore sensibilità per la tavolozza a disposizione, arricchendo la vostra esperienza visiva.

Avvicinandovi alla fotografia, non è così ovvio che il colore debba essere al centro della vostra attenzione. Per passare dall'essere un dilettante che si diverte a un vero fotografo, dovete imparare a vedere i colori in quanto tali, al punto che il soggetto a cui appartengono diventi una caratteristica secondaria. Potete apprezzare un bel panorama, ma a un livello più alto dovrete anche valutare il cielo: i colori sono intensi quanto vorreste? C'è troppa foschia per colori puri? Le ombre degli alberi sono abbastanza blu? In breve, esaminate la scena anche in base al colore.

Colori primari

Un modo per descrivere i colori è il metodo analitico o di composizione del colore che ci è familiare per l'uso dei canali RGB (rosso, verde e blu) nella fotografia digitale (pp. 178-179). Con questo metodo, un colore è descritto in base alla quantità di colori primari che lo compongono. Il sistema assegna in modo oggettivo un numero a ogni colore, ma è poco intuitivo: per esempio, non è immediatamente evidente che "R71:G26:B238" indichi un viola scuro.

Tonalità, saturazione e luminosità

Il modello più intuitivo classifica i colori sulla base di tre caratteristiche: tonalità (o tinta, il nome che diamo al colore), saturazione (la sua intensità) e luminosità (o brillantezza). Per esempio, possiamo descrivere un viola come ricco e scuro, o tenue e brillante. All'interno di queste tre categorie ci sono altri livelli di variazioni e ognuno è una ricca fonte di spunti per esprimervi con la fotografia, con molti risvolti diversi nel modo in cui si può comporre un'immagine.
Per esempio, sperimentare diverse combinazioni di tonalità dà origine a risultati con diversi livelli di "vitalità", dall'allegria di colori contrastanti (come bancarelle di frutta al mercato), alla tranquillità di colori simili (come una mattina nebbiosa). Una saturazione intensa crea colori accesi che richiamano l'attenzione (pensate a un parco dei divertimenti), mentre le sfumature più tenui e i toni pastello di una giornata nuvolosa sono più discrete. La terza dimensione del colore, la luminosità, è strettamente correlata alla saturazione, con

Effetti cromatici
Le immagini con colori adiacenti, come blu cobalto e acquamarina, sono spesso dotate di coerenza visiva, perché forniscono uno sfondo sul quale la nostra attenzione viene guidata attraverso la texture e la struttura complessiva dell'immagine. Una piccola macchia di colore contrastante serve a ravvivare la composizione e introduce un senso di movimento in un'immagine altrimenti statica.

MACCHIE DI COLORE

Un'ottima prova dell'importanza del colore nell'immagine è vedere che effetto si ottiene trasformandola in bianco e nero. In tutti questi esempi, una piccola zona di colore risalta per il contrasto di tinta o saturazione. Come bandiere sventolate, servono a catturare l'attenzione dello spettatore; se togliamo il colore, perdiamo il nucleo visivo dell'immagine.

significati simili e facilmente intuibili. Le ombre scure, per esempio, si associano alle ombre sinistre della notte, mentre ombre più chiare evocano la rassicurante luce del giorno e tutte le emozioni che questa suscita.

Variazioni di percezione

Una chiazza di colore crea poi un diverso impatto visivo a seconda del contesto in cui la si vede. Una macchia rosso scuro sembra più forte se circondata da rosa, ma sembrerà meno satura se vicino a porpora brillanti. Al contrario, i toni neutri assumono qualcosa dei colori che li circondano e danno armonia alla composizione. Ecco perché immagini con chiazze di colore circondate da toni neutri o a bassa saturazione sono spesso così suggestive.
C'è anche un'altra variabile da considerare: i colori sembrano diversi in base alle condizioni di illuminazione e possono perfino cambiare completamente tonalità. Per esempio, sotto certi lampioni che non emettono quasi per niente luce blu, i blu diventano neri e i rossi diventano gialli.

L'occhio umano contro la fotocamera

Un altro fenomeno sottolinea un'importante differenza tra la percezione visiva e il modo in cui la fotocamera registra il colore. Gli occhi umani si adattano alla luce scarsa aumentando la sensibilità alla luce e riducendo la percezione del colore; il risultato è che i colori appaiono meno intensi con il buio. La fotocamera non può adattarsi nello stesso modo, neppure aumentando il livello di sensibilità: i colori risultano ricchi come alla luce del giorno, anche con le luci più basse. Questo trasforma la nostra visione della notte: ne avevamo avuto un accenno con la pellicola, ma con una digitale ad alta sensibilità possiamo scoprire un intero nuovo

LO SAPEVATE?

La ruota cromatica (chiamata anche disco o cerchio cromatico) è una rappresentazione di tutte le tinte visibili dall'occhio umano. Inizia convenzionalmente con il rosso per continuare con magenta, blu, verde e giallo per poi tornare al rosso. Introdotta per la prima volta da Isaac Newton, la ruota cromatica è all'origine dello spazio colore Lab, il sistema alla base del colore digitale. Questa rappresentazione è utile perché mostra come la relazione tra i colori corrisponde alla loro posizione nel cerchio. Per esempio, i colori opposti sulla ruota (a 180 gradi), come blu e giallo o verde e rosso-bluastro, sono percepiti come opposti. E quando due colori sono usati per la mescolanza additiva (ovvero una mescolanza di fasci di luce), il nuovo colore si troverà tra i due mischiati.

RUOTA CROMATICA

mondo di luce e colori fantastici che prima ci erano invisibili. C'è però una condizione: i colori disponibili dipendono dal tipo di luce. Con gli ultimi bagliori del giorno (di solito pieno di tutti i colori, ma in particolare di toni rossi e gialli), la qualità dei colori sarà estremamente calda e vibrante. Se la luce proviene invece da lampioni ai vapori di sodio di un centro cittadino, sarà limitata a lunghezze d'onda tra il giallo e il verde, con tutti gli altri colori a malapena percepibili.

Cultura e psicologia

In un'epoca in cui qualsiasi immagine può raggiungere nell'arco di una notte il mondo intero, a causa della facilità di diffusione del digitale, è bene essere consapevoli che certi colori possono essere associati a significati ed emozioni diversi. Per esempio, il rosso è considerato di buon auspicio in alcuni paesi, come la Cina, ma indica pericolo in Occidente; il verde è venerato come il colore del paradiso nel Medio Oriente, ma è il colore della morte e della decadenza in zone del Sud-Est asiatico.
Psicologicamente, invece, sembra che ci siano risposte universali ai colori: il rosso si nota subito in qualsiasi contesto, indipendentemente dalla cultura, mentre il blu appare scuro e sparisce nello sfondo. Certi contrasti di colore risultano perciò molto più efficaci di altri: un ombrello rosso risalta di più in una giornata piovosa, mentre uno giallo o anche arancione non sarà così evidente. Un'altra conseguenza è che una piccola chiazza di un colore forte può controbilanciare una grande zona di un colore più spento. Quando si compone con il colore, non si devono quindi sempre usare aree di colore equivalenti. In genere un piccolo punto rosso può bilanciare molto verde e piccole zone di colore blu possono ravvivare un'immagine dominata da sfumature di marroni e gialli.

Tecnica e stile

Se vi capita, sfogliate qualche libro di fotografia degli anni ottanta e novanta. All'epoca, la riproduzione del colore dava eccellenti risultati, a partire da originali sempre su pellicola. Rispetto a oggi, i colori erano più morbidi e meno saturi, e stavano bene gli uni con gli altri; le ombre erano più profonde e misteriose. Ora che si possono cambiare saturazione e contrasto con un clic del mouse, i colori sono facilmente portati a un'invadenza esagerata, che assale con violenza gli occhi. Se volete lasciare il segno nella fotografia a colori, cercate di creare immagini delicate e raffinate.

ERNST HAAS

Il colore è gioia. Noi non pensiamo alla gioia. Siamo trascinati da essa.

Colori della tempesta
Dalla scena di una pista di atterraggio in una giornata temporalesca sono praticamente spariti tutti i colori (nella cornice). La tentazione è aumentare la saturazione, ma si possono invece escludere alcuni colori: l'arancione su tutta l'immagine rende i toni blu più spenti e scuri ma accende quelli più caldi, dando profondità e definizione ai riflessi.

TROVARE UN EQUILIBRIO

La scelta dei colori non deve essere necessariamente sempre razionale: anche il vostro istinto sarà un'ottima guida. Il segreto è trovare un equilibrio cromatico. Se vi trovate di fronte a diversi colori da gestire (in alto), dategli un peso uguale nella scena. Alleggerite le grandi zone di uno stesso colore con un dettaglio che abbia una tinta diversa per catturare l'attenzione dello spettatore (al centro), o riducete al minimo il numero di colori per consentire di apprezzare al meglio il contrasto tra essi (in basso).

Far girare la ruota dei colori

Prendete confidenza con la ruota cromatica per acquisire esperienza con i colori. Provate combinazioni diverse: sperimentate accostamenti di colori adiacenti (o analoghi), che si trovano vicini sulla ruota cromatica. Esaminate poi i colori complementari, esattamente opposti uno all'altro sulla ruota. Cimentatevi infine con le triadi, cercando equilibrati accostamenti in tre colori equidistanti.

▼ COMPITO

▷ Scegliete un colore (preferibilmente uno facile da trovare nell'ambiente che vi circonda). Se, per esempio, scegliete il giallo, per i colori adiacenti fotografate tutto ciò che è giallo o di un colore vicino al giallo, come arancione, marrone o rosso. Includete solo toni di questi colori in ogni fotografia. Per i colori complementari, abbinate il viola al giallo (altri esempio sono rosso e verde, o arancione e blu). Per le triadi accostate cyan (azzurro-verde) e magenta (rosso-blu) al giallo.

▼ PUNTI DA RICORDARE

▷ **Siate rigorosi** sui colori ammessi in ogni immagine.

▷ **Esercitatevi con triadi** composte da colori meno saturi.

▷ **Esaminate i risultati** per vedere quali combinazioni vi sembrano più soddisfacenti.

▷ **Usate liberamente lo zoom** per escludere i colori che non rientrano nel vostro schema.

▷ **Scattate fotografie da diverse angolazioni,** senza limitarvi a inquadrature convenzionali.

DA CERCARE IN INTERNET

- ☐ **Teoria del colore**
- ☐ **Percezione del colore**
- ☐ **Spazio colore Lab**
- ☐ **Teoria dei colori di Goethe**
- ☐ **Tiziano**
- ☐ **J.M.W. Turner**
- ☐ **Vincent van Gogh**
- ☐ **Johannes Itten**
- ☐ **Ernst Haas**
- ☐ **William Eggleston**

Ordine dal caos

Piazza Durbar a Kathmandu, Nepal, è un ricco intreccio di splendide architetture e vita di strada. È però un luogo difficile da fotografare: con tutto quello che accade, è quasi impossibile prestare attenzione a qualcosa per il tempo sufficiente a costruire una foto. Questa immagine condensa uno scorcio di antichi edifici, l'attività animata e un cielo che sembra un'esplosione di luce; il tutto è legato insieme da macchie di colore brillante.

▷ Canon 1Ds MkII, 24-70 mm *f*/2.8 : 24 mm *f*/7.1 ISO 100 0 EV 1/200 sec

1 Asse cromatico
Il colore attivo si concentra lungo l'asse dalle frange della torre campanaria alla camicia della ragazza. Il parasole in controluce, simile a una ruota cromatica, rimanda ad altri elementi: il sari verde, la pavimentazione grigiastra, la maglietta rossa del bambino, il cielo blu e malva.

2 Sprazzo di sole
Il sole è parzialmente oscurato, ma il cielo conserva un'ampia gamma di colore. Il bagliore bianco del sole, in procinto di sbucare da dietro la nuvola, è un punto chiave della composizione. Pochi secondi dopo la scena sarebbe stata completamente trasformata dalla luce intensa del sole.

3 Luce e ombra
Le mattonelle lucide riflettono la luce del sole che, insieme alla disposizione a raggiera, collegano la metà inferiore dell'immagine a quella superiore. Creano inoltre un bel contrasto con le ombre e danno luce al primo piano scuro. Anche le bottiglie del chiosco catturano la luce.

4 Visuale privilegiata
L'uomo che osserva il mondo in movimento si contrappone all'attività intorno, in particolare al cane che gironzola e alla ragazza che cammina verso l'esterno dell'inquadratura. La sua silhouette è un legame con le molte forme geometriche scure nei due terzi inferiori nell'immagine.

IN DETTAGLIO

Soluzioni per la composizione

Ci sono tanti modi per individuare la composizione perfetta di un'immagine quanti sono i fotografi. Ciò nonostante alcuni schemi sono usati regolarmente da tutti. Come impiegate questi metodi, la preferenza per un approccio o un altro e l'effetto di queste scelte sulla vostra fotografia sono i fattori che vi aiuteranno a costruire uno stile personale.

Iniziate a provare i cinque tipi di approccio qui descritti, cornice, proporzione, forma, prospettiva e contrasto, in modo consapevole. Con il tempo queste strategie diventeranno parte del modo in cui vedete e pensate e del vostro repertorio tecnico, trasformando la conoscenza teorica in visualizzazione pratica.
I modelli di composizione qui mostrati non sono affatto gli unici a vostra disposizione. Altre idee sono inclinare la fotocamera, o scegliere superfici piane alla ricerca di forme astratte.

▼ TRUCCHI DEL MESTIERE

- ▷ **Iniziate un progetto** e dedicategli un certo lasso di tempo per dominare una determinata pratica. Per la cornice, per esempio, iniziate a pensare a forme e spazi creati dagli elementi di una scena, e cercate una cornice che potrebbe funzionare. Oltre alle soluzioni più scontate, come finestre e porte, ne esistono altre più originali, come il modo in cui la gestualità di una figura in primo piano incornicia le persone della scena retrostante.
- ▷ **Usate il bianco e nero** per concentrarvi meglio sulle forme astratte di una composizione senza distrarvi con il colore.
- ▷ **Capovolgete le immagini** (ruotatele di 180 gradi) come ultima prova: le imperfezioni di composizione e di equilibrio spesso balzano all'occhio in modo sorprendente.

CORNICE ▷

Una cornice nell'inquadratura è un sistema banale, evitate quindi cliché nell'applicarla; usate per esempio le forme create da persone o oggetti di passaggio. Sfruttate la profondità di campo per variare la sfocatura e creare cornici rigide o morbide.

DOPPIA CORNICE

PROPORZIONE ▷

Se siete in una posizione fissa, usate tutta l'estensione dell'obiettivo zoom per variare la dimensione del soggetto. A ogni cambiamento avrete nuove scelte su come il soggetto divide le proporzioni dell'immagine. Fotografate in orizzontale e in verticale.

SOGGETTO IN LONTANANZA

FORMA ▷

Le forme decise servono non solo a organizzare il materiale ma offrono anche un contrasto rispetto all'inquadratura, creando un altro livello dinamico. Se il soggetto ha caratteristiche ripetitive, si crea un ritmo che spinge l'occhio da un lato all'altro.

AMPIA DIAGONALE

PROSPETTIVA ▷

Se potete spostarvi liberamente, camminate intorno al soggetto e studiatelo con attenzione prima di fotografarlo. Iniziate da lontano e osservate come cambia la scena a ogni passo. Scattate e valutate in seguito i risultati dei cambiamenti.

ELEMENTO CENTRALE

CONTRASTO ▷

I colori forti tendono a "uscire" dalla fotografia e danno energia all'immagine. Contrasti forti consentono una certa libertà nella posizione del soggetto; la composizione può anche non essere precisa se l'immagine risultante è di sufficiente impatto.

COLORE VIVACE/COLORE NEUTRO

LINEE DI DELIMITAZIONE

CORNICE DI FOGLIE

LINEE FORTI

TERRA DOMINANTE

PARITÀ DI PESO

CIELO DOMINANTE

LINEE SQUADRATE

ARCHI CONÇENTRICI

SIMMETRIA

DAL BASSO

SFONDO ASTRATTO

NEL CONTESTO

LUCE/BUIO

MORBIDEZZA/DUREZZA

VICINO/LONTANO

Obiettivi zoom

I fotografi guardano il mondo attraverso l'obiettivo. Per vedere in modo fotografico, dovete imparare a vedere il mondo come una fotocamera. L'obiettivo della fotocamera ha alcune apparenti affinità con l'occhio umano, ma in realtà è profondamente diverso grazie alla capacità di zoomare e mettere a fuoco in modo selettivo.

ERNST HAAS

Il miglior grandangolare? Fare due passi indietro.

Dato che la maggior parte degli obiettivi sono zoom, di solito la prima decisione da prendere è l'impostazione della lunghezza focale. Per un campo visivo ampio, scegliete una lunghezza focale corta, da grandangolare. Se si racchiude gran parte della scena nella fotografia la naturale conseguenza è che tutto sembrerà più piccolo. Al contrario si possono ingrandire gli oggetti della scena, parte di un edificio o un volto, impostando una lunghezza focale elevata. Vedrete una porzione più piccola della scena, ma gli oggetti saranno più grandi. Prendendo familiarità con lo zoom, diventerà naturale intuire l'impostazione corretta.

Lo zoom prima di tutto

Ci sono due metodi basilari per regolare le impostazioni dello zoom. Il più comune è farlo mentre guardate attraverso l'obiettivo. Questo però vi rallenta perché dovrete aspettare che l'obiettivo risponda ai comandi. Peggio ancora, ogni piccolo cambiamento nell'impostazione dello zoom potrebbe richiedere leggeri aggiustamenti nella mira e nella composizione. Questo avviene perché lo zoom funziona intorno il centro ottico dell'obiettivo, ma il centro visivo della fotografia è in genere spostato di lato. Ogni azione dello zoom sposta quindi il centro visivo della composizione, il che può diventare una seccatura.
Il secondo metodo consiste nel tenere lo zoom su una stessa lunghezza focale per la maggior parte del tempo. Alcuni professionisti usano sempre l'impostazione più grandangolare, altri si comportano come se lo zoom avesse solo due lunghezze focali passando da un estremo all'altro. Con un approccio del genere, la fotocamera sarà sempre pronta e, se vi serve e avete tempo, potrete fare piccole regolazioni per un'inquadratura più stretta o più larga.

PUNTO DI VISTA FISSO

Gli obiettivi zoom risultano preziosi quando la libertà di movimento è limitata, durante eventi o cerimonie come matrimoni. Usate tutto il raggio di azione dello zoom della fotocamera per arretrare o spostarvi nella scena in base alle necessità. Servitevi di persone o elementi vicini per incorniciare la scena, per variare le proporzioni e per trasportare lo spettatore nel vivo dell'azione.

Zoom: tipi e utilizzi

All'inizio della fotografia, un obiettivo con un fattore di zoom 3x (il rapporto tra lunghezza focale massima e minima) era considerato del tutto adeguato. Gli obiettivi con un fattore maggiore erano regolarmente inferiori per qualità ottica, troppo ingombranti o entrambe le cose. Oggi la combinazione di obiettivi incorporati, fotocamera e software permette di arrivare a un fattore di zoom di 18x o più, e si tratta di obiettivi compatti, economici e che danno risultati accettabili. In generale, un fattore più alto si paga con un'apertura massima più lenta e una minore qualità dell'immagine: se cercate la qualità, scegliete un fattore di zoom moderato, sia con obiettivi fissi sia intercambiabili.

ZOOM NORMALI

36 MM

70 MM

Zoom che coprono la gamma di circa 24-80 mm sono ottimi come obiettivi da "passeggio". Quelli con un'apertura massima modesta possono essere leggeri, compatti, veloci nella messa a fuoco e facili da usare, il che li rende l'ideale in viaggio. Questi obiettivi danno migliore qualità di immagine e velocità più elevata. Hanno inoltre un buon controllo delle luci parassite e i più bassi livelli di distorsione complessiva. Potete ricorrere a lenti addizionali o moltiplicatori di focale per aumentare l'estensione dello zoom, ma a scapito della praticità.

ZOOM GRANDANGOLARI

12 MM

16 MM

Gli zoom grandangolari veri e propri esistono per le dSLR e altre fotocamere con obiettivi intercambiabili: coprono un'estensione equivalente a 12-35 mm. Gli obiettivi più grandangolari sono grossi e i modelli veloci sono cari, ma sono perfetti per paesaggi e fotografia di viaggio.
La qualità dell'immagine varia molto in base al modello, ma tutti risentono di caduta di luce (che rende più scuri gli angoli dell'immagine) e si potrebbe notare una certa distorsione. Impostati alla massima lunghezza focale subiscono anche riflessi interni. La loro versatilità compensa però questi difetti.

TELEOBIETTIVI E SUPERZOOM

100 MM

400 MM

Gli obiettivi che danno la migliore qualità sono i teleobiettivi, con una gamma focale di 70-210 mm. I superzoom, dalla focale grandangolare di 28 mm a 350 mm o più, sono utili per fotografia di panorami, viaggi e vita naturale in condizioni di buona illuminazione.
Per sfruttare al meglio lunghezze focali molto elevate è fondamentale un sistema di stabilizzazione dell'immagine o un supporto per la fotocamera. Evitate soggetti architettonici e non posizionate la linea dell'orizzonte vicino al margine dell'inquadratura per evitare distorsioni.
La vignettatura è spesso un problema.
Un paraluce aiuta a evitare luce parassita.

Ottimizzare la qualità

Un buon fotografo deve aspirare a catturare la migliore immagine possibile al momento dell'esposizione. Da questo punto in poi la qualità dell'immagine è soggetta a degradazione e, per ridurla al minimo, è importante conoscere punti di forza e di debolezza dell'equipaggiamento usato, e le imperfezioni causate dai meccanismi dell'obiettivo.

HENRI CARTIER-BRESSON

L'immagine è buona o meno nel momento in cui viene scattata.

Gli zoom hanno due problemi tecnici alle focali estreme che gli obiettivi a lunghezza focale fissa non hanno: distorsione e vignettatura. Gli zoom distorcono l'immagine, ma non tanto da essere un vero problema per la fotografia. La distorsione a barilotto si verifica in genere con la lunghezza focale più corta della gamma dello zoom, per cui l'ingrandimento diminuisce con la distanza dall'asse e l'immagine sembra bombata al centro. La distorsione a cuscino si verifica alla lunghezza focale più estesa della gamma dello zoom, quando l'ingrandimento aumenta con la distanza dall'asse in modo che l'immagine sembra "schiacciata" al centro. In alcuni zoom, il tipo di distorsione varia nella stessa immagine ed è difficile da correggere con l'elaborazione.
La vignettatura, in cui gli angoli dell'immagine sono più scuri, è causata da un barilotto dell'obiettivo stretto che ostruisce il fascio di luce. È comune con gli zoom lunghi di una compatta, soprattutto alla focale massima. Scegliere quando possibile aperture inferiori alla massima riduce il rischio di vignettatura. Le dSLR con formato APS (p. 325) e obiettivi progettati per sensori full-frame, che catturano il centro dell'immagine, eviteranno vignettature evidenti.

Sfruttare al meglio l'obiettivo

Un errore comune è comprare la fotocamera più costosa che ci si può permettere per poi dotarla di un obiettivo economico. In realtà, il modo più efficace per potenziare una fotocamera è montare un obiettivo migliore: la qualità della macchina è facilmente compromessa da un obiettivo inferiore e, se scegliete un buon obiettivo, potrete tenerlo anche con una nuova camera. Con qualunque obiettivo ci sono molti modi collaudati per trarne la resa migliore:

Stabilità a poco prezzo
Con una scena così bella, un obiettivo costoso e una fotocamera ad alta risoluzione, è un peccato sprecare tutto con un'immagine tremolante a causa della poca luce. Ecco una soluzione nel caso vi troviate senza treppiede: appoggiare la fotocamera a terra. Ovviamente si deve includere un'ampia porzione di primo piano, ma in questo caso ne ho approfittato per fare di necessità virtù sfruttando i riflessi sulla pietra bagnata dalla pioggia.

- Usate l'obiettivo all'apertura ottimale: questa varia in base al modello, ma in genere è uno o due stop in meno dell'apertura massima. Per esempio, se la massima apertura dell'obiettivo è *f*/2.8, quella ottimale è circa *f*/5.6.
- Evitate l'apertura massima a meno che il vostro obiettivo sia di ottima qualità.
- Ricorrete con cautela all'apertura minima (come *f*/16 o inferiore), perché la qualità dell'immagine si ridurrà a prescindere dalla qualità dell'obiettivo.
- Per ridurre al minimo la distorsione, impostate lo zoom sui valori medi della sua estensione.
- Applicate un paraluce per evitare luce parassita.
- Evitate distanze troppo ridotte, se l'obiettivo non ha specifiche funzioni per il close-up.
- Tenete sempre l'obiettivo pulito (pp. 338-339).
- Mettete a fuoco manualmente con una dSLR (pp. 52-53).

LO SAPEVATE?

La qualità dell'immagine è correlata alle dimensioni del sensore, che determina la lunghezza focale e altre specifiche tecniche. Più grande è il sensore, migliore sarà la qualità dell'immagine: ecco perché le dSLR in generale ottengono immagini migliori delle compatte, che hanno sensori piccoli. Le reflex digitali sono però più costose da produrre, così la necessità di prodotti intermedi ha portato a una miriade di formati, con conseguente confusione nelle lunghezze focali. Per confrontare le lunghezze focali, dobbiamo rapportarle alla dimensione del sensore. Nel grafico sottostante, il cerchio rosso è l'immagine proiettata da un obiettivo 50 mm su un classico formato da pellicola 35 mm (rettangolo rosso). L'obiettivo usato su un sensore più piccolo include un'area più piccola (il cerchio verde), agendo come una lunghezza focale più elevata, intorno ai 75 mm. Un 50 mm per il sensore più piccolo (il rettangolo verde) ha un campo visivo più stretto di un 50 mm per quello più grande. Si usa indicare le lunghezze focali per sensori di varie dimensioni con l'equivalente per il formato 35 mm: un 50 mm per il sensore più piccolo è l'equivalente di un 75 mm.

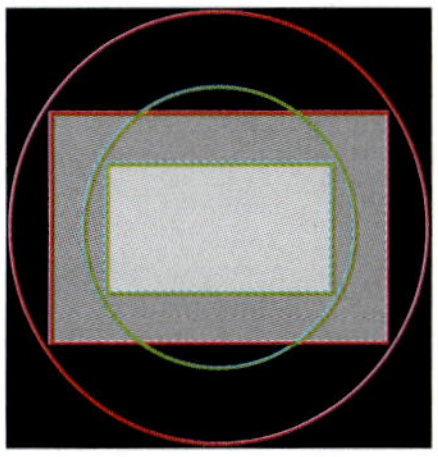

DIMENSIONE SENSORE

Prendere le misure

Questo semplice esercizio serve a farvi conoscere la fotocamera e i suoi obiettivi. Valutata l'attrezzatura potrete usare le competenze tecniche per ottenere le migliori immagini possibili. Da questa base potrete iniziare a esplorare seriamente il mondo della fotografia.

▼ COMPITO

▷ Scegliete un grande poster pubblicitario con molto testo, o circondato da un muro pieno di mattoni a vista. Usate un treppiede o un supporto fisso e fotografatelo sistematicamente, cambiando lunghezza focale e apertura.

▼ PUNTI DA RICORDARE

▷ **Mettetevi almeno a 10 m dal soggetto da fotografare.** Idealmente la distanza dal soggetto è di circa 200 volte la lunghezza focale impostata (35 mm equivalente).

▷ **Regolate il livello della fotocamera e allineate** l'obiettivo.

▷ **Impostate la priorità dei diaframmi** e la risoluzione più alta.

▷ **Per ogni lunghezza focale**, per esempio 35 mm, 50 mm, 100 mm e 200 mm, scattate prima con la massima apertura e poi con aperture sempre più piccole: per esempio, *f*/4, *f*/5.6, *f*/8 e *f*/11.

▷ **Esaminate le immagini sullo schermo al 100 per cento** e individuate le più nitide e meno distorte. Annotate l'apertura e la lunghezza focale corrispondenti.

DA CERCARE IN INTERNET

- ☐ **Camera oscura**
- ☐ **Profondità di campo**
- ☐ **Fattore di crop**
- ☐ **Sensore full frame**
- ☐ **Sensore APS-C**
- ☐ **Sistema quattro terzi**
- ☐ **Aspect ratio**
- ☐ **Aberrazioni delle lenti**
- ☐ **Obiettivi intercambiabili**
- ☐ **Test di risolvenza**

Messa a fuoco

L'uso della messa a fuoco è un elemento fondamentale dell'espressione fotografica, definito in genere come la regolazione dell'obiettivo per rendere nitido il soggetto. Questo è anche abbastanza vero in senso meccanico, ma elude il punto fondamentale: decidere quale parte del soggetto mettere a fuoco.

In senso artistico, la messa a fuoco è il vostro modo di dire "Guarda qui!" e suggerire a chi osserva a quale parte della scena riservare più attenzione. Se lo dimenticate, come è facile in un'epoca in cui quasi tutte le fotocamere mettono a fuoco in automatico, perdete uno strumento prezioso per esprimere il significato e lo scopo della vostra fotografia.

Dove mettere a fuoco?

Ovunque puntiate la fotocamera, ci sarà qualcosa a fuoco, cioè un elemento della scena risulterà nettamente definito. Questo avviene perché l'obiettivo raccoglie la luce da tutta la scena complessiva ed è probabile che qualcosa sia nella posizione giusta per essere a fuoco. E, dato che le fotocamere digitali usano sensori molto piccoli, gran parte di una scena risulterà nitida. La maggioranza delle fotocamere più moderne mettono a fuoco al centro dell'immagine, alcune il particolare a contrasto elevato più vicino, anche se non centrale. Lasciare che sia la fotocamera a decidere dove mettere a fuoco è però un po' come chiedere a qualcuno di raccontare la vostra storia per voi: potrebbe usare le parole giuste, ma l'enfasi sbagliata. Per evitarlo, usate il punto di messa a fuoco solo come dispositivo di puntamento su una

LO SAPEVATE?

Tutti gli obiettivi hanno una perdita di messa a fuoco quando si ricompone lo scatto perché anche un piccolo cambiamento nel puntamento causa uno spostamento del piano di messa a fuoco ottimale. Di solito è una perdita irrilevante, ma diventa più evidente se la profondità di campo è molto ridotta, per esempio con obiettivi come 85 mm *f*/1.2 o 50 mm *f*/1 all'apertura massima su soggetti vicini, come un volto. È proprio la classica situazione in cui mettete a fuoco gli occhi e poi ricomponete lo scatto: per questo, evitate i movimenti di rotazione, ma fate gli aggiustamenti inclinandovi su un lato o sull'altro. Le fotocamere con sistema Hasselblad sono le uniche che rilevano i movimenti di ricomposizione e compensano in automatico la messa a fuoco.

Uno per cento nitido
In questa immagine di un uccello campana in Nuova Zelanda quasi nulla è nitido, ma ciò che conta è che cosa è nitido, cioè l'occhio. La qualità dell'area fuori fuoco è fondamentale per il successo dell'immagine: in questo caso è adeguata, ma non eccezionale. I bordi relativamente definiti delle foglie avrebbero dovuto essere più sfocati.

precisa parte della scena che volete sia a fuoco: premete leggermente il pulsante di scatto o di autofocus (AF), tenete premuto e ricomponete l'immagine desiderata.

Follow focus

I moderni sistemi di autofocus funzionano dividendo l'immagine in fasci di luce distinti. Questi sono proiettati come picchi di luminosità che cadono su sensori diversi a seconda che il soggetto sia a fuoco o no. Dalla posizione dei picchi e dalle informazioni sul tipo di obiettivo e sulle impostazioni, la fotocamera regola il meccanismo di messa a fuoco. Con un soggetto in movimento, deve però analizzare lo spostamento in un certo intervallo di tempo per calcolare la sua velocità e come si sposta. Il sistema può quindi regolare il meccanismo di messa a fuoco "anticipando" il movimento in modo che al momento dell'esposizione, una frazione di secondo dopo aver premuto il pulsante di scatto, il soggetto sia a fuoco. I moderni sistemi sono in grado di gestire facilmente situazioni come una persona che corre verso di voi o una corsa motociclistica, con passaggi veloci e angolati rispetto al fotografo.

Tecniche di messa a fuoco

Potete aumentare la velocità dell'autofocus mirando il punto di messa a fuoco su soggetti con margini nitidi e ben definiti. Evitate soggetti con poco contrasto come il cielo, o in cui ci sia un moto continuo, come il mare. Anche mettere a fuoco fonti luminose può essere difficile. Con obiettivi zoom di ottima qualità si usa zoomare avanti, mettere a fuoco e poi zoomare indietro fino all'impostazione voluta. Con gli altri obiettivi, è meglio rimettere a fuoco dopo ogni regolazione dello zoom. Anche mettere a fuoco attraverso ostacoli come rami o filo spinato può essere arduo ed è consigliabile usare la messa a fuoco manuale.

Messa a fuoco manuale

La messa a fuoco manuale è più facile con le dSLR perché si vede un'immagine precisa e ad alta risoluzione attraverso il mirino mentre regolate l'anello di messa a fuoco. Può richiedere più tempo della messa a fuoco automatica, ma vi aiuterà a concentrarvi sui dati essenziali dell'immagine. La messa a fuoco manuale è inoltre spesso più precisa e dà risultati più nitidi dell'autofocus. Cercate di non usare lo schermo per controllare la messa a fuoco: il risultato sarà poco fedele per via della bassa risoluzione. Se non potete fare altrimenti, zoomate per ingrandire la scena.

MESSA A FUOCO ATTRAVERSO OSTACOLI

Per fotografare una scena attraverso degli ostacoli, come queste garzette in parte oscurate dai rami, è preferibile la messa a fuoco manuale. Notate l'effetto sfocato, visibile in particolare nell'immagine in alto: se volete catturare l'immagine così come la vedete attraverso il mirino (cioè come la vede l'obiettivo alla massima apertura), ricordatevi di impostare la massima apertura con l'esposizione manuale o la modalità priorità dei diaframmi. Se lo scatto fosse stato fatto con un'apertura più piccola, i rami sarebbero stati troppo definiti e fitti.

Close-up

Una delle rivoluzioni sottovalutate della fotografia moderna è il modo in cui i piccoli sensori e gli obiettivi con lunghezze focali ridotte delle digitali compatte consentono una messa a fuoco close-up semplicissima. La maggior parte delle fotocamere mettono a fuoco più vicino di quanto può fare l'occhio umano; la fotografia close-up rende visibili oggetti in scala ridotta.

Per il close-up dovete considerare soprattutto due fattori tecnici: distanza di lavoro e profondità di campo. La distanza di lavoro indica quanto siete distanti dal soggetto a un certo ingrandimento. Più la lunghezza focale è elevata, più potete stare distanti. Per esempio, per riprodurre opere d'arte o documenti, usate una lunghezza focale media di circa 50 mm. Per fotografare fiori e piante, focali più lunghe, di almeno 100 mm, garantiscono una buona distanza di lavoro e riducono la profondità di campo. Per non disturbare piccoli animali e insetti, è ideale una gamma focale di 150-200 mm.

Profondità di campo

Anche se potete scegliere l'obiettivo della lunghezza focale desiderata, con la fotografia close-up avete solo un controllo indiretto sulla perdita di profondità di campo. Questa infatti si riduce rapidamente a mano a mano che ci si avvicina al soggetto, perciò non potete catturare completamente a fuoco nemmeno la profondità di un fiorellino.
Se fotografate esseri viventi, potreste decidere di sfruttare la riduzione di profondità di campo per comporre lo scatto così da includere la sfocatura in modo pittorico (pp. 82-83), oppure impostare l'apertura più piccola disponibile per il vostro obiettivo per avere la massima profondità di campo.
Le moderne fotocamere danno immagini nitide anche con valori di sensibilità ISO elevati: impostate il valore ISO più alto per usare il tempo di esposizione più breve possibile e ottenere immagini più nitide. In alternativa, illuminate il soggetto con un'unità flash (pp. 92-95).

Obiettivi macro

Gli obiettivi macro a messa a fuoco manuale, progettati per riprodurre il soggetto alla metà delle dimensioni reali o a grandezza naturale, sono tra i più nitidi. Non soffrono di distorsioni e sono utili per molti soggetti diversi. Le versioni più vecchie sono economiche e danno ottimi risultati, con un rapporto qualità-prezzo formidabile. Obiettivi con lunghezza focale di 50 mm sono eccezionalmente versatili, mentre le versioni a 100 mm sono perfette per il ritratto.

ATTRAVERSO L'OCCHIO DELLA FOTOCAMERA

Non sempre viene naturale vedere minuscoli dettagli, ma la fotografia ci consente di studiare a fondo molti soggetti. Gli obiettivi non solo mettono a fuoco più da vicino dell'occhio umano, ma arrivano anche dove noi non possiamo (per esempio tra le fronde di una palma). Sfruttate le capacità della fotocamera esplorando i soggetti a un nuovo livello di dettaglio.

Le vibrisse del gatto
Close-up estremi non sono sempre lusinghieri ma possono mostrare di più che dalla distanza di un braccio. Per la migliore prospettiva, usate la lunghezza focale più elevata disponibile.

Dettaglio isolato dal contesto
L'occhio della fotocamera può svelare la bellezza nel quotidiano in dettagli che non avevamo mai notato. Parti di un tutto possono diventare interessanti ed enigmatiche se isolate.

Sullo stesso livello
Se la profondità di campo è limitata, posizionate gli elementi importanti sullo stesso piano o vicino, per farli risultare tutti nitidi. L'occhio e le ciocche di capelli sono sullo stesso livello.

Studio in dettaglio

Diamo raramente la giusta attenzione a quello che ci circonda, ma farlo può essere molto appagante. Usate la macrofotografia per osservare a fondo il soggetto, e scoprirete un mondo che di norma ci sfugge: chissà, potreste cogliere uno scorcio dello spirito del luogo.

▼ COMPITO

▷ Indagate un angolo di un luogo familiare, il giardino, la camera da letto o l'ufficio: anche pochi minuti in uno spazio ristretto possono dare risultati sorprendentemente affascinanti. Scegliete un luogo dove potete lavorare indisturbati ed esplorate minuziosamente una superficie non più grande di un metro quadrato.

▼ PUNTI DA RICORDARE

▷ **Attivate la funzione close-up o macro** (in genere l'icona con un fiore). Con una dSLR, impostate lo zoom su macro oppure usate un obiettivo close-up o un tubo di prolunga. Scegliete dimensioni dell'immagine ridotte e JPEG di media qualità. Impostate valore ISO alto e priorità dei diaframmi, con apertura da *f*/5.6 a *f*/11.

▷ **Cercate composizioni astratte** formate da parti indistinte del soggetto: margini di foglie, fili elettrici aggrovigliati ecc. Date espressività con l'inquadratura e la composizione.

▷ **Quando avete scattato una serie di immagini** alle aperture medie, provate a impostare l'apertura massima per una sequenza con profondità di campo minima.

▷ **Esercitate l'occhio** a trovare composizioni insolite da accostamenti casuali.

DA CERCARE IN INTERNET

- ☐ **Obiettivo close-up**
- ☐ **Tubo di prolunga**
- ☐ **Macrofotografia**
- ☐ **Microfotografia**
- ☐ **Fotomicrografia**
- ☐ **Piano focale**
- ☐ **Wilson Bentley**
- ☐ **Karl Blossfeldt**
- ☐ **Edward Weston**
- ☐ **Martin Schoeller**

Mondo macro

Fotografie che ci pongono di fronte a insetti dagli occhi sporgenti sono efficaci, ma richiedono buona tecnica e l'uso del flash; anche senza un particolare equipaggiamento, potete catturare la vita dal punto di vista di un insetto. Nell'immagine, la forte sottoesposizione rende lo sfondo una massa scura, illuminato solo da un fiore sfocato. Il grillo, evidenziato da un raggio di sole, è tra i fili d'erba in un intreccio di linee immaginarie e reali.

▷ Canon 1Ds MkIII, 100 mm *f*/4 : *f*/4 ISO 200 -2 EV 1/200 sec

1 Indicare il soggetto

Per un caso fortunato, il filo d'erba punta dritto verso il grillo. Ancora meglio, l'immagine è bene a fuoco intorno all'insetto, ma poi diventa sfocata per la ridotta profondità di campo, così il filo d'erba punta verso il grillo senza attirare l'attenzione su di sé.

2 Luce scura

Anche un'esposizione valutativa, che analizza l'immagine e imposta un'esposizione "intelligente", avrebbe mostrato troppo dello sfondo. Selezionando una forte sottoesposizione di 2 EV, lo sfondo diventa completamente nero e si vedono solo i colori più brillanti.

3 Costruire con cura

Quando la profondità di campo è molto ridotta, il problema è dove mettere a fuoco. Con la scelta più ovvia in questo caso, l'occhio più vicino dell'insetto, il corpo sarebbe risultato troppo sfocato. Ho messo a fuoco dietro la testa del grillo e colto l'antenna piegata all'indietro.

4 Esplosione di colore

Il tocco di colore che emerge dall'oscurità è fondamentale per l'equilibrio della fotografia. Evita che lo sfondo sia un'unica macchia scura e fa da contrappeso all'altra sfocatura rosa in alto. Il fiore principale, bene a fuoco, è il fulcro visivo dell'immagine.

IN DETTAGLIO

Problemi durante la ripresa

FILE DANNEGGIATO

PROBLEMA
L'immagine ha una colorazione innaturale o ingloba parti di un'altra immagine. Non si apre con il programma di elaborazione delle immagini (o si apre inaspettatamente con un programma diverso), o ha altri comportamenti strani.

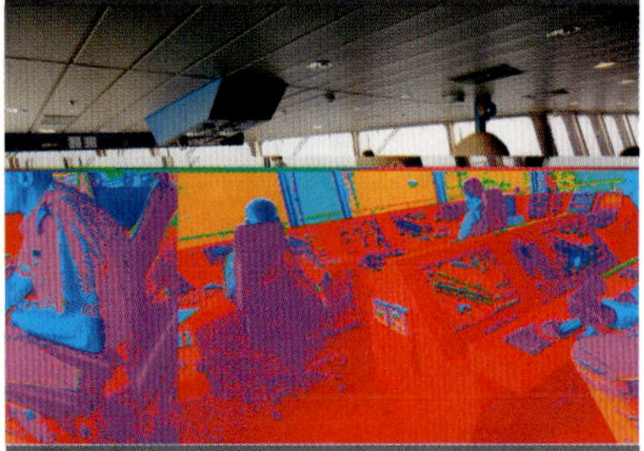

ANALISI
Il file si è danneggiato in fase di upload dalla memory card o durante la copia. La fotocamera potrebbe essersi bagnata, il problema potrebbe essersi verificato per una perdita di connessione, o la scheda di memoria si è danneggiata se si è cercato di rimuoverla durante operazioni di lettura o scrittura.

SOLUZIONE

- ▷ Annotate il nome del file prima di cancellarlo, poi caricatelo di nuovo.
- ▷ Se l'immagine è stata cancellata o la scheda di memoria formattata, usate immediatamente un'applicazione di recupero delle immagini per ritrovare il file (pp. 172-173).
- ▷ Per evitare il problema, tenete la fotocamera asciutta; non aprite lo slot della memory card subito dopo aver scattato; usate schede e lettori di buona qualità; inserite con cura la scheda nel lettore e non rimuovetela durante l'upload; oppure collegate la fotocamera al computer via cavo.

BILANCIAMENTO DEL BIANCO

PROBLEMA
L'immagine risulta troppo blu, troppo calda (giallo-rosso), con poco verde, o rossastra. I bianchi e i grigi sono sfumati, mentre sembravano neutri a occhio nudo.

ANALISI
Un errore nel bilanciamento del bianco o nell'elaborazione ha disturbato la calibrazione, alterando il colore. Potreste aver sbagliato impostazioni (per esempio, se l'immagine è troppo blu, "tungsteno" con luce diurna). La misurazione dell'esposizione potrebbe essere rimasta bloccata su condizioni mutate.

SOLUZIONE

- ▷ Impostate la fotocamera sul bilanciamento del bianco automatico.
- ▷ Per la migliore fedeltà, usate un cartoncino grigio per calibrare le impostazioni del bilanciamento del bianco della fotocamera (pp. 104-105).
- ▷ Registrate le immagini in formato RAW per avere la massima flessibilità e qualità in fase di postproduzione.

LUCE SPURIA

PROBLEMA
Macchie di luce colorata, non correlate al soggetto, nascondono porzioni dell'immagine. Particolari della fotografia risultano mascherati dalla luce.

ANALISI
Una fonte di luce forte colpiva direttamente l'obiettivo. La luce riflessa sia dalla superficie nell'obiettivo sia dal paraluce può causare luce parassita. Luci riflesse da elementi dell'obiettivo formano una fila di macchie luminose, velature, perdita di saturazione o artefatti non intenzionali.

SOLUZIONE

- ▷ Usate un paraluce per proteggere l'obiettivo.
- ▷ Fate ombra sull'obiettivo usando la mano (senza però includerla nello scatto) o sfruttate l'ombra di oggetti nelle vicinanze.
- ▷ Rimuovete eventuali filtri montati sull'obiettivo per ridurre il numero di superfici riflettenti.
- ▷ Valutate le condizioni di illuminazione al momento delle esposizioni. Spostatevi in modo da non puntare direttamente l'obiettivo verso luci forti.

SFOCATURA PARZIALE

PROBLEMA
Parte dell'immagine è nitida, ma le zone restanti, che dovrebbe essere a fuoco, sono sfocate, scialbe e con basso contrasto. L'immagine forse sembrava nitida nell'anteprima sullo schermo LCD.

ANALISI
La fotocamera ha messo a fuoco le zone "sbagliate" della scena. L'area a fuoco forse aveva un contrasto più elevato del soggetto o era più vicina, o la fotocamera era puntata verso l'elemento sbagliato. Potreste aver impostato la modalità Servo o Follow focus e fatto scattare l'otturatore prima che la fotocamera mettesse a fuoco.

SOLUZIONE
▷ Controllate prima dell'esposizione dove sono i punti di autofocus e attendete la conferma di messa a fuoco.

▷ Usate la messa a fuoco manuale se altri elementi nascondono il soggetto.

▷ Se usate lo schermo per valutare la nitidezza, ingrandite l'immagine.

▷ Impostate l'autofocus a scatto singolo, che blocca l'otturatore fino a quando non trova la messa a fuoco.

▷ Un'apertura piccola e ISO elevato danno più profondità di campo.

STRIATURE

PROBLEMA
Nell'immagine non c'è nulla di nitido. Le luci diventano strisce. Gli oggetti sembrano sdoppiati o frangiati; dove sono visibili le frange, potrebbero risultare relativamente nitidi.

ANALISI
Anche se la messa a fuoco va bene, voi, la fotocamera o il soggetto (o tutti e tre) vi siete mossi durante l'esposizione. Se vi siete mossi volontariamente per seguire un oggetto in movimento e l'immagine risulta del tutto sfocata, vi siete spostati alla velocità sbagliata.

SOLUZIONE
▷ Impostate un tempo di esposizione più breve. Con obiettivi standard o grandangolari, usate un tempo di esposizione inferiore a 1/50 sec, e con obiettivi più lunghi, regolatelo a meno di 1/200 sec.

▷ Impostate un valore ISO elevato per consentire esposizioni brevi.

▷ Se possibile, usate un obiettivo o una fotocamera con stabilizzatore di immagine.

▷ Se il soggetto è statico, usate un treppiede.

COLORI ANOMALI

PROBLEMA
I colori dell'immagine sono strani: alcuni sono corretti, ma altri no. L'esposizione potrebbe essere fuori posto.

ANALISI
Il fatto che tutta l'immagine presenti il problema fa pensare a un guasto nel sensore o nella fotocamera. Potrebbe essersi surriscaldata, o un'operazione del software potrebbe essere stata eseguita nel modo sbagliato. Lo schermo LCD potrebbe essere danneggiato.

SOLUZIONE
▷ Resettate la fotocamera: togliete la batteria, aspettate una decina di secondi e riaccendetela.

▷ Se avete scattato molte fotografie o state lavorando in un luogo molto caldo, spegnete la fotocamera e lasciatela raffreddare.

▷ Riguardate l'immagine su un'altra fotocamera o sul computer: se è a posto, lo schermo della fotocamera è danneggiato e deve essere riparato.

▷ Se il problema persiste, conservate l'immagine difettosa e portate la fotocamera in un centro di assistenza.

Misurazione dell'esposizione

Se la fotocamera è di alto livello, la misurazione dell'esposizione è uno strumento di espressione creativa che influenza atmosfera e stile, come succede nella pittura con i toni scuri di Rembrandt o El Greco e con quelli luminosi di Tiepolo o Monet.

In generale, non è necessario sapere assolutamente nulla sulla misurazione dell'esposizione; dopotutto, si scattano miliardi di fotografie ogni anno senza badarvi minimamente, e con buoni risultati: ma anche però tutti simili, perché i sistemi delle moderne fotocamere analizzano la distribuzione della luminosità in una scena e la adeguano a una media statistica calcolata su migliaia di immagini.

Azione di bilanciamento

Nella fotografia, il procedimento di far corrispondere la cattura dell'immagine ai livelli di luce ha due passaggi. Prima la misurazione dell'esposizione analizza la scena con diversi modelli di sensibilità; in base al tipo di immagine che volete realizzare, potete scegliere se misurare l'intera scena in modo uniforme o una piccola zona, o varie parti di essa. In ogni caso, il risultato finale sarà un unico valore: il livello più alto. Questo, insieme alle impostazioni dei valori ISO e della modalità di esposizione, regola la fase di esposizione e produce un'immagine in cui la luminosità media sarà un tono medio, cioè una via di mezzo tra il bianco e il nero.
La strategia di base è impostare una combinazione di tempi e diaframmi con buone probabilità di cogliere i dettagli tra ombre, toni medi e luci. Tutto questo funziona nella maggior parte dei casi. La moderna fotografia digitale dà però spazio anche a variazioni per creare effetti artistici, sia in termini di cattura di dati sia estetici. Nel momento in cui cercherete questi effetti intenzionalmente, inizierete a imprimere il vostro tocco personale sull'immagine. Ricordate che l'esposizione "corretta" è quella che meglio esprime le vostre intenzioni e che induce gli osservatori a reagire secondo le vostre aspettative.
Se scegliete di schiarire i toni medi con la sovraesposizione, potete ammorbidire i colori e schiarire le ombre dando all'immagine un'atmosfera piena di luce con bassi livelli di contrasto. La sottoesposizione sposta i toni medi verso le ombre e tende a scurire i colori, rafforzare i neri e ad aumentare i livelli di contrasto. A questo fine, usate la funzione di compensazione, che corregge l'esposizione automatica di un valore da voi stabilito, in più o in meno: è un metodo molto più veloce dell'esposizione manuale.

Sul posto
Il miglior modo di misurare l'esposizione di questa scena ad Agra, India, era regolarla sulla piccola area nel vano della porta mentre qualcuno era in piedi sulla soglia: quando si scatta, tutto dipende dall'esposizione corretta al momento giusto. Una scena dalla luminosità più uniforme (nel riquadro) può essere misurata con qualsiasi schema di rilevazione.

Gamma di luminanza e latitudine di posa

La latitudine di posa determina quanto spazio di manovra avete nell'esposizione, cioè quanto potete scostarvi dalla lettura misurata sui toni medi conservando un'integrità pittorica. È opinione diffusa che scene ad alto contrasto, con un'ampia gamma di luminanza o luminosità, siano insidiose da esporre. In realtà, in tali situazioni variazioni dell'esposizione possono dare risultati interessanti. Quando la differenza tra le zone più chiare e più scure è limitata (basso contrasto), si deve regolare con attenzione l'esposizione per avere un buon equilibrio di toni, dettagli e colori. La correzione dell'esposizione in postproduzione è più facile nelle immagini a basso contrasto.

-1.5 EV

GAMMA RIDOTTA

GAMMA AMPIA

Una forte sottoesposizione in una giornata nuvolosa (in alto) rende i colori più intensi e interessanti, con un buon livello di dettagli che emergono dai fiori bianchi. Si perdono però troppi particolari nelle zone in ombra, che diventano impenetrabilmente scure.
Dove la gamma di luminanza è ampia, come è tipico delle scene illuminate dalla luce del sole (in basso), la forte sottoesposizione dà un risultato molto gradevole, con colori saturi e dettagli nei fiori bianchi. I toni medi, per esempio nell'erba, danno sostanza alle ombre scure.

0 EV

GAMMA RIDOTTA

GAMMA AMPIA

L'esposizione misurata "correttamente" è un buon compromesso per catturare un buon livello di dettaglio sia nelle ombre sia nelle luci. Gli elementi verdi sono perfetti, ma i fiori viola sono più pallidi, perché avrebbero bisogno di un'esposizione leggermente più ridotta, e i fiori bianchi sono troppo luminosi (in alto).
La misurazione standard funziona bene con un'ampia gamma di luminosità (in basso) perché le zone luminose tendono ad abbassare l'esposizione, dando toni medi e colori fedeli. I fiori bianchi illuminati dalla luce del sole appaiono però sovraesposti.

+1.5 EV

GAMMA RIDOTTA

GAMMA AMPIA

Una forte sovraesposizione dà un aspetto molto sbiadito, che può creare un'atmosfera leggera e ariosa adatta a giardini, natura e moda. Con una gamma di luminanza ridotta (in alto), la sovraesposizione schiarisce facilmente le ombre.
La sovraesposizione in pieno sole (in basso) è sempre stimolante perché i risultati sono imprevedibili. In questo caso, le parti migliori dell'immagine sono i nitidi dettagli in ombra, che conservano una certa densità. Anche composizioni con oggetti illuminati da dietro contro aree più scure danno spesso un bell'effetto.

Gamma dinamica eccessiva

Comunemente con "high dynamic range" (alta gamma dinamica) si intende una gamma di luminanza eccessiva del soggetto, che supera la capacità di cattura del sensore. I piccoli sensori delle compatte automatiche catturano da tre a cinque stop della gamma di luminosità, contro i nove o più di sensori più grandi.

In realtà, qualsiasi situazione in cui il sole o il suo riflesso sia visibile avrà una "gamma dinamica alta", perché il sole crea una luminosità troppo forte per registrare dettagli. In simili situazioni, in pratica dovrete preoccuparvi delle zone visivamente importanti: una piccola area indistinta è accettabile se si confonde in un paesaggio, ma diventa un problema in un ritratto da vicino.

Attenzione alle ombre

Non si tratta certo di un problema nuovo in fotografia, per cui esistono tecniche collaudate per gestire queste situazioni. Una soluzione facilmente applicabile è sfruttare la luce: se non ci sono toni medi, createli grazie al controllo dell'esposizione (pp. 60-61). Regolare l'esposizione sulle aree luminose le sposta sui toni medi e fa diventare le ombre completamente nere. In alternativa, potete limitare il contrasto, sia girandovi con le spalle al sole, sia illuminando le ombre per renderle meno dense.

Di spalle al sole e luce di riempimento

Se vi mettete di spalle rispetto alla luce principale, ridurrete la dimensione dell'ombra visibile, ridimensionando l'ampiezza delle zone scure. Nello stesso tempo però si appiattiranno le trame superficiali. Un ulteriore vantaggio di girarsi con le spalle al sole è che si riduce al minimo la perdita di qualità causata da riflessi nell'obiettivo (pp. 66-67). In alternativa, potete riempire le ombre in maniera diretta illuminandole, usando semplicemente un'unità flash. Un riempimento anche minimo è in genere sufficiente ad alleggerire le ombre, eliminando il nero pieno, senza farle apparire luminose in modo innaturale: impostate il flash automatico su –2 stop o alla potenza minima in manuale.

Correzioni incorporate

Se il problema di un'eccessiva luminanza del soggetto è nel sensore, nello stesso ambito si troverà anche la soluzione. I produttori hanno adottato principalmente due metodi: il più diffuso è far applicare alla fotocamera correzioni nel corso dell'elaborazione dell'immagine integrata, che

Spettacolo teatrale
Problemi di eccessiva gamma dinamica non si presentano unicamente in pieno sole. Anche in condizioni di luce scarsa, come l'illuminazione di un palco, potrebbero verificarsi se il soggetto è vestito di scuro e non illuminato. Aumentare l'esposizione rende solo il palco più luminoso (nella cornice), quindi meglio adattarsi e fotografare una silhouette.

Studio in nero
Con la forte luce solare fuori, è impossibile che l'esposizione ottenga dettagli in ombra, che inoltre toglierebbero atmosfera. I tocchi di colore della maglietta della ragazza, le trame appena illuminate del muro e la pallida luce sul blocco da disegno sono tutto ciò che serve.

Il troppo è relativo
Non ci sono dettagli nelle nuvole intensamente illuminate, né nelle ombre sotto i meli, ma il loro accostamento contribuisce a creare l'atmosfera un po' irreale di questa rete distesa sopra il frutteto.

spingono i segnali e le tonalità deboli verso i segnali più forti. Alcune fotocamere analizzano l'immagine pochi pixel alla volta per applicare quello che è in sostanza un filtro che fa emergere i dettagli in ombra e riduce bruciature nelle alte luci. Questi processi aumentano il rumore dell'immagine e se necessario possono essere disabilitati.
L'altra soluzione, meno diffusa, è che la fotocamera usi sensori progettati per sopportare un'ampia gamma di luminosità. Un tipo usa fotositi di diverse misure sullo stesso sensore, piccoli per luce intensa e grandi per luce bassa. Se questi sistemi falliscono, si potrà intervenire successivamente via software con la correzione di luci e ombre e con la mappatura tonale (pp. 214-217).

LO SAPEVATE?

La gamma dinamica in fotografia va considerata come un sistema in cui la scena, la fotocamera e il dispositivo di uscita danno ciascuno un contributo al prodotto finale. In una scena, la gamma dinamica è la differenza tra le zone più luminose è quelle più scure e può superare i 13 stop. Nella fotocamera, misura la gamma di luminosità registrabile e varia in base alla dimensione e al tipo di sensore. Diminuisce con valori ISO alti. Infine, le stampe su carta restringono la gamma fino a un minimo di tre stop; i monitor se la cavano un po' meglio, con un massimo di otto stop.

Gamma iperdinamica

I moderni metodi per registrare una gamma dinamica esagerata hanno trasformato il modo di fotografare *contre-jour* (in controluce). Gli obiettivi possono oggi controllare luce parassita e riflessi interni fino a un livello in passato ritenuto impossibile. Fotografare in pieno sole è tuttavia ancora una sfida, in particolare se elementi chiave della scena sono in movimento. In questa serie, l'immagine migliore bilancia la gamma iperdinamica del sole con un'ombra profonda, pur conservando i dettagli.

▷ Sony A900, 16 mm *f*/2.8 : *f*/13 ISO 200 -0.3 EV 1/2500 sec

DELLA STESSA SERIE

1 Nascondiglio
Un modo per contenere l'impatto di una luce intensa è nascondere il sole dietro ostacoli vicini, in questo caso la vegetazione. L'effetto di ombreggiatura sembra essere voluto. La gamma dinamica rimane comunque troppo ampia per essere registrata agevolmente.

2 Luce parassita
Il sole diretto può causare una luce parassita eccessiva, che nasconde i dettagli e riduce il contrasto con la luce estesa alle zone in ombra. Anche se il sole sembra basso all'orizzonte, in realtà è alto nel cielo dietro le montagne e la luce è troppo forte per essere gestibile correttamente.

3 Ridurre il superbianco
Potete provare a ridurre l'area di bianco brillante zoomando sulla scena o ricorrendo a tecniche di inquadratura. Di solito il sole vicino al centro di un'immagine causa meno luci parassite che vicino al margine. In questo scatto, però, l'erba è troppo dominante.

4 Dettagli in ombra
È sempre utile controllare che ci sia varietà e texture nelle zone in ombra in modo che, se le schiarite, ci sia effettivamente qualcosa da vedere. La vastità di questa composizione, tuttavia, mostra una deformazione da fish-eye nel cielo e nelle piante di lino più vicine.

Esposizione scorretta

NERO SBIADITO

PROBLEMA
Soggetti dai toni sul nero o molto scuri (con pelle, capelli, pelliccia o piume scuri o oggetti neri) risultano grigi, con colori spenti e zone chiare troppo bianche.

ANALISI
L'esposimetro delle fotocamera interpreta la combinazione di parti illuminate e in ombra del soggetto come una carenza di luce, e regola l'esposizione di conseguenza. Questo però fa sembrare l'immagine grigia.

SOLUZIONE

- ▷ Impostate una sottoesposizione tra –0.7 EV e –2 EV.
- ▷ Se la luce crea forti contrasti, esagerate pure la sottoesposizione: è più facile correggere le ombre che non le alte luci troppo chiare.
- ▷ Se la luce è piatta, sottoesponete con cautela; potrebbe essere più semplice scurire in postproduzione.
- ▷ Riguardate le immagini di prova con l'istogramma attivo e regolate l'esposizione in modo che la parte sinistra dell'istogramma sfiori il margine sinistro del grafico.

LUCE FORTE

PROBLEMA
Fotografare con una fonte luminosa intensa come il sole in vista scurisce troppo l'immagine e le ombre sono piatte. Nell'immagine appare una fila di macchie di luce intensa.

ANALISI
La fonte di luce molto forte fa sì che l'esposimetro registri un livello di luce complessivo elevato e imposti una bassa esposizione. Le macchie di luce sono dovute a riflessioni all'interno dell'obiettivo e del corpo macchina.

SOLUZIONE

- ▷ Cambiare leggermente la direzione dell'obiettivo può ridurre i riflessi interni.
- ▷ Nascondete il sole dietro un oggetto disponibile, per esempio un albero.
- ▷ Sovraesponete aumentando i tempi di otturazione, in modo da mantenere una piccola apertura ed evitare luce parassita.
- ▷ Usate il flash per riempire le ombre.
- ▷ In fase di postproduzione usate le regolazioni di luci e ombre per fare emergere i dettagli nelle zone scure.

PELLE BRUCIATA

PROBLEMA
Se si fotografano persone in luce forte, la pelle risulta bruciata, con ampie zone bianche prive di dettagli. L'esposizione di altre zone appare invece corretta.

ANALISI
Qualsiasi pelle, se leggermente grassa, nella luce forte rimanderà un riflesso quasi metallico. La pelle chiara riflette moltissimo la luce diretta. È molto difficile valutare i toni della pelle e la gamma di esposizioni accettabili è molto ristretta.

SOLUZIONE

- ▷ Fate in modo che il volto del soggetto non sia sotto la luce diretta. Usate qualsiasi ombra disponibile, anche l'ombra del soggetto stesso, per ripararlo dal sole.
- ▷ Misurate l'esposizione sulla parte illuminata del volto usando la modalità di misurazione spot (anche se questo potrebbe rendere il resto dell'immagine molto scuro).
- ▷ Riempite le ombre con la luce di un riflettore o del flash: questo serve a ridurre l'esposizione globale senza che le ombre diventino troppo scure.

OMBRE AL TRAMONTO

PROBLEMA

Fotografie di tramonti riproducono bene il cielo ma il primo piano appare completamente scuro e privo di dettagli. I colori dell'immagine perdono l'intensità visibile a occhio nudo.

ANALISI

Gli occhi si adattano continuamente alle variazioni di luminosità della scena, permettendoci di distinguere dettagli sia nelle zone chiare sia in quelle scure. La fotocamera regola l'esposizione sull'ampia area luminosa del cielo, ma non riesce a conservare i dettagli in ombra.

SOLUZIONE

- ▷ Per rendere i colori più intensi, sottoesponete tra –0.5 EV e –1 EV (purché non sia un problema avere ombre ancora più profonde).
- ▷ Usate un supporto per la fotocamera e fate almeno tre esposizioni a forcella in previsione di fusione di esposizioni e mappatura tonale (pp. 216-217).
- ▷ Registrate in formato RAW per poi schiarire le ombre e recuperare dettaglio nelle zone scure.
- ▷ Puntate il flash verso il suolo per alleggerire le ombre in primo piano.

ERRORI SPORADICI

PROBLEMA

La fotocamera produce immagini ben esposte ma improvvisamente si ha un risultato decisamente sbagliato. Le esposizioni successive sono di nuovo corrette. Il problema si presenta occasionalmente e in circostanze diverse.

ANALISI

Se la fotocamera funziona a dovere dopo un errore, la colpa è quasi sicuramente di chi ha scattato. Forse avete impostato il blocco dell'esposizione automatica o un valore di compensazione; oppure avete conservato la lettura dell'esposizione precedente o impostato l'esposizione manuale per errore.

SOLUZIONE

- ▷ Controllate sempre che le impostazioni dell'otturatore e dell'apertura siano ragionevolmente corrette per la situazione.
- ▷ Controllate di non aver attivato inavvertitamente il blocco dell'esposizione automatica, che conserva i valori dell'ultima lettura e non analizza la situazione attuale.
- ▷ Controllate che la compensazione dell'esposizione sia a zero.
- ▷ Controllate di non aver impostato la massima apertura con luce forte o un'apertura minima con luce scarsa.

BIANCO INGRIGITO

PROBLEMA

Soggetti che dovrebbero essere bianchi o di colori tenui, come pelo bianco, pelle chiara o persone vestite di bianco, appaiono grigi, con colori più scuri e intensi, e le ombre sono nere.

ANALISI

L'esposimetro legge la luce abbondante riflessa dai soggetti bianchi come un livello relativamente alto di luce ambientale e imposta di conseguenza un'esposizione ridotta che produce un'immagine complessivamente virata sul grigio chiaro.

SOLUZIONE

- ▷ Se fotografate una pelle chiara, usate una sovraesposizione di +0.5 EV.
- ▷ Se fotografate pelo bianco, usate una sovraesposizione da +0.7 EV a +1 EV.
- ▷ Se fotografate abiti bianchi, potete sovraesporre con decisione, in base all'effetto che volete ottenere.
- ▷ Riguardate le immagini di prova con l'istogramma attivato: regolate l'esposizione in modo che il lato destro della distribuzione dell'istogramma sfiori il margine destro del grafico.

High-key e low-key

Il tono chiave di un'immagine è quello che ritenete più importante. Per un ritratto, in genere, si vuole che i toni della pelle siano fedeli; nella fotografia di viaggio invece la cosa più importante può essere la vivacità del colore e si può regolare l'esposizione per avere tinte brillanti. Potete anche volontariamente posizionare toni chiave molto oltre i limiti consueti per ottenere atmosfere o effetti particolari. Se il tono chiave è molto chiaro o molto scuro, è detto high-key o low-key.

Potete usare l'esposizione per impostare un tono chiave così basso da essere appena sopra l'ombra. In questo modo le ombre medie diventeranno masse nere, mentre le zone prima luminose diventeranno toni medi, lasciando solo i punti di massima luce come bianchi. All'opposto, impostate un tono chiave così alto che i toni scuri diventino toni medi o ancora più chiari. In questo modo le ombre scure scompaiono e le alte luci (pp. 214-215) perdono dettaglio. Spostare i toni chiave verso gli estremi di ombra o luce comporta anche cambiamenti di colore e contrasto ed è un modo semplice per produrre effetti fortemente espressivi. Di base, potete usare il comando di compensazione per forzare un valore di esposizione superiore o inferiore a quello previsto, o usare l' esposizione manuale per andare oltre il consueto limite di due o tre stop di compensazione. I risultati migliori si hanno comunque abbinando la variazione di esposizione a un tipo di illuminazione adatto. Per questo gli effetti high-key o low-key non possono essere del tutto ricreati in postproduzione usando Livelli o Curve. Come sempre, è meglio catturare l'effetto con la fotocamera invece che contare sulla successiva elaborazione.

Ombre profonde e valori elevati

La fotografia in low-key crea un'atmosfera scura e misteriosa, spostando le zone luminose sui mezzi toni: tutti i colori diventano sensibilmente più carichi e il contrasto sembra aumentare. Alcune aree con alte luci possono rimanere luminose, mentre i toni medi finiscono nell'oscurità. La luce bene a fuoco su elementi chiave, come occhi o contorni del corpo, spesso è efficace, perché queste zone gettano ombre profonde. Aspettatevi di perdere tutti i dettagli in ombra per concentrare l'attenzione sul tono chiave. Iniziate con una sottoesposizione di -1.5 EV o più e controllate i risultati. Si può creare l'effetto low-key con programmi di elaborazione dell'immagine, ma bisogna badare a non produrre un eccessivo aumento nella saturazione del colore.

Scherzi dell'ombra
Due stop di sottoesposizione (-2 EV) trasformano uno scatto già suggestivo in un'immagine ancora più misteriosa, ma non sono sufficienti ad abbassare il tono dei coni di luce dei lampioni. Anche se questi sono stati scuriti separatamente, lasciano ancora punti di massima luce che distolgono l'attenzione dal volto. Un abbassamento locale dei toni ancora più forte sarebbe risultato innaturale e un'alternativa sensata sarebbe semmai stata quella di escluderli del tutto dall'inquadratura.

Toni morbidi
Una foto in high-key, con i toni morbidi e luminosi della pelle e il senso di leggerezza generale, è particolarmente efficace per ritratti di bambini di aspetto quasi etereo. In questo caso, la sovraesposizione dello sfondo bianco accentua l'effetto.

Quando lavorate in high-key, riempite le ombre della scena con la luce servendovi di riflettori o flash di riempimento, e fotografate in condizioni di basso contrasto, come giornate coperte. In studio, usate softbox sul flash o un flash anulare (pp. 92-95) per eliminare le ombre profonde. Per moda o ritratti, se volete che i toni della pelle siano accurati, fate sì che la pelle sia l'elemento più scuro della fotografia e sistemate l'illuminazione in modo che non ci siano ombre. Per conservare nitidezza, usate la modalità di priorità dei tempi. In alternativa, se vi piace la velatura causata da ampie aperture (che si accosta bene a esposizioni high-key) usate la priorità dei diaframmi. Iniziate con una sovraesposizione di +1.5 EV e controllate il risultato.

LO SAPEVATE?

La fotografia in high-key negli anni trenta era sinonimo di fotografia di moda, resa popolare da maestri come Edward Steichen e Alexey Brodovitch. I luminosi e ariosi scatti dell'epoca arrivarono a incarnare il glamour e lo stile di un'epoca e rimangono una firma visiva immediatamente riconoscibile del decennio. Il ritorno in auge della fotografia in high-key, per ironia della sorte, potrebbe essere limitato proprio dalle nuove tecnologie. Agli albori della stampa, le immagini scure non erano ben viste dagli stampatori: la tecnologia dell'epoca faticava a differenziare i toni scuri e una quantità di inchiostro sarebbe finita sulle mani del lettore. Le immagini in high-key non solo si potevano stampare facilmente con buoni risultati, ma si adattavano anche bene alla carta grigiastra di quei tempi. Sull'odierna carta patinata, o sullo schermo di un monitor, le scene in high-key possono sembrare fastidiosamente luminose.

Tempo di posa ed effetto mosso

Il tempo di posa indica la durata dell'esposizione del sensore alla luce. È uno dei controlli più importanti sull'immagine; insieme all'apertura del diaframma dell'obiettivo, determina la quantità di luce che colpisce il sensore e il modo in cui viene registrato il movimento.

La scelta del tempo di esposizione dipende in parte dai livelli della luce prevalente: con scene ben illuminate, potete usare tempi più brevi a parità di apertura e valore ISO. Con una luce più debole usate tempi di posa più lunghi.
Il tempo varia anche in base al grado di nitidezza voluto: esposizioni brevi catturano il movimento in modo più nitido, quelle più lunghe producono sfocatura. Se il soggetto si muove durante l'esposizione, descrive una "striscia" nel sensore. Con esposizioni brevi, la striscia non è visibile e l'immagine è nitida; se l'otturatore rimane aperto abbastanza a lungo, il soggetto apparirà invece "mosso".

Tempi di esposizione brevi

Di norma l'immagine deve avere dettagli visibili con precisione e la pratica generale è impostare tempi di esposizione brevi, inferiori a 1/125 di secondo, che "congelano" il movimento. Anche con soggetti statici, come interni o paesaggi, potrebbe essere la fotocamera a muoversi durante l'esposizione. Per evitarlo, appoggiatela a un treppiede o a un sostegno o usate la stabilizzazione dell'immagine (pp. 76-77). Oppure scegliete un tempo abbastanza breve da catturare un'immagine ferma: 1/125 di secondo o meno con focali corte o medie, 1/250 di secondo o meno con focali superiori a 200 mm.

ALFRED EISENSTAEDT

> Il mondo in cui viviamo è una successione di istanti fugaci, e ciascuno potrebbe dire qualcosa di significativo.

Tempi di esposizione lunghi

Le esposizioni lunghe hanno scopo pratico o creativo. Sono indispensabili, per esempio, con luce debole, piccole aperture del diaframma o valori ISO bassi. Servono tempi lunghi anche con accessori che riducono la quantità di luce in arrivo, come filtri, moltiplicatori di focale o tubi di prolunga.

Scie di luce
Si possono creare effetti vistosi impostando un tempo di esposizione lungo (in questo caso di tre secondi) e poi zoomando avanti o indietro mentre l'otturatore è aperto. La fotocamera tenuta in mano ha prodotto linee ondulate; per avere linee diritte usate un treppiede. Provate tempi di esposizione diversi con zoomate più o meno marcate.

VISIONE SFOCATA

Il tempo di esposizione che produce la migliore sfocatura dipende dalla velocità del movimento, dalla vostra distanza dal soggetto, dall'illuminazione e dall'effetto voluto. Iniziate con un tempo di 1/8 di secondo ed esaminate i risultati: in questo caso, esposizioni di 1/8 di secondo e 1/4 di secondo colgono diversi gradi di sfocatura con diverse velocità di movimento.

In alternativa, potete usare esposizioni lunghe in modo creativo, come strumento di *motion blur* (effetto mosso). Tenete la fotocamera fissa, meglio su un treppiede, e aprite l'otturatore mentre il soggetto è in movimento. Provate tempi e luci diverse per variare la quantità e la qualità di sfocatura: una luce bassa può dare risultati suggestivi (pp. 74-75). Potete anche rendere nitido un soggetto in movimento ma sfocare lo sfondo, spostando la fotocamera per seguire il soggetto durante un'esposizione lunga.

Modalità e altre impostazioni

La modalità priorità dei tempi consente di scegliere la durata dell'esposizione mentre la fotocamera regola in automatico l'apertura del diaframma e le impostazioni ISO adatte a una corretta esposizione. Se impostate tempi di esposizione relativamente brevi con luce scarsa, c'è il rischio che l'apertura massima non basti. In questo caso va aumentato il valore di sensibilità (ISO), in automatico o manualmente.

LO SAPEVATE?

I tempi di esposizione necessari per cogliere il movimento in modo sufficientemente nitido variano in base alla direzione del movimento rispetto alla fotocamera. Ecco una guida per fotografare alcuni comuni soggetti in movimento da una distanza di circa 30 m. Scegliete tempi più brevi per immagini più nitide, per movimenti più rapidi o con soggetti più vicini.

	Verso di voi (secondi)	Angoli retti (secondi)	In diagonale (secondi)
Camminata	1/30	1/125	1/60
Corsa	1/60	1/250	1/125
Bicicletta	1/250	1/2000	1/1000
Cavallo al galoppo	1/500	1/4000	1/2000
Automobile	1/100	1/4000	1/2000

Lavorare con luce scarsa

La tecnologia che permette ai fotografi di lavorare in condizioni di luce scarsa si è sviluppata al punto da sembrare quasi fantascienza. Con impostazioni che superano valori di 100.000 ISO e grandi aperture del diaframma, le fotocamere hanno raggiunto la qualità di attrezzature specifiche per la visione notturna, con in più la capacità di vedere colori incredibilmente intensi.

L'essenza della fotografia con luce scarsa è dare un senso di oscurità punteggiato da fonti di luce soffusa. Grazie ai grandi sensori con sensibilità elevatissime, anche le scene al chiaro di luna non sono un problema per le moderne fotocamere. Il risultato può essere davvero favoloso: la fotocamera coglie colori e dettagli nel buio quasi invisibili a occhio nudo.

Fotografare la notte

L'arrivo del buio non significa affatto dover mettere via tutto e andare a casa, ma è anzi un nuovo mondo di opportunità fotografiche. Appoggiate la fotocamera su un sostegno qualsiasi, scattate e preparatevi a stupirvi. La sfida più difficile è la messa a fuoco, quindi puntate su qualcosa in contrasto o con dettagli. Usate l'esposizione automatica con aperture ampie ma non massime e una compensazione di -1.5 EV o meno. Se ci sono grandi coni di luce, potete arrivare a -3 EV. Usate il bilanciamento del bianco automatico o registrate in RAW per avere più margine in fase di elaborazione; ignorate il rumore (pp. 102-103), correggibile in postproduzione.

Attività crepuscolari

Per scene a lume di candela, impostate un'apertura ampia e un valore ISO alto se volete un'immagine nitida della fiamma stessa. Disabilitate il flash incorporato. Impostate il bilanciamento del bianco su automatico o tungsteno per ridurre il rosso, senza eliminarlo del tutto. Scegliete la lettura spot o, se c'è una persona, scegliete l'area del volto.
Se volete foto spettacolari di fuochi d'artificio, controllate ora e luogo e cercate una buona posizione. Usate messa a fuoco ed esposizione manuali, per esempio ISO 200, *f*/5.6, 1/15 sec. Un'inquadratura ampia aumenta le probabilità di cogliere scoppi inaspettati. Con un treppiede e scatti in sequenza potrete fondere più fuochi in una sola immagine.
Per fotografare fulmini, bloccate la fotocamera su un treppiede, impostate la messa a fuoco manuale su infinito, scegliete l'apertura minima e impostate lo zoom su grandangolare. Nel regolare l'esposizione, ricordate che la luminosità varia molto, così come il tempo degli scatti.

Visione notturna
Al buio, queste vaste pareti brillano di purezza geometrica e colori intensi. Alla luce del giorno (nel riquadro) perdono tutta la loro eleganza per rivelarsi per ciò che sono: squallide strutture adibite a magazzini in tristi toni di grigio.

Atmosfera crepuscolare
L'imbrunire bilancia luce del cielo e luci artificiali e dà un intervallo di tempo per mischiare diversi tipi di luce con esposizioni più lunghe, catturando quiete e movimento.

Luce della luna
Per la luna usate lo zoom, qui con lunghezza focale di 200 mm, per renderla abbastanza grande. Un'esposizione di 1/8 sec, ISO 400 e -2 EV sovraespone i dettagli ma cattura il suo splendore.

Arredo urbano
Un appoggio colorato sostiene la fotocamera e diventa parte dell'immagine per un'esposizione di 1,3 secondi a Napier, nuova Zelanda, famosa per la sua architettura Art Déco.

Vedere al buio

Quando cala la sera, prendete la fotocamera e scoprite un nuovo modo di vedere il mondo. Lasciate che la macchina guardi nel buio per voi: scoprirete che la notte trasforma paesaggi e vedute che date per scontati di giorno. Grazie al suo prolungato sguardo fisso, una fotocamera vi rivelerà scene che non avreste mai immaginato.

▼ COMPITO

▷ Esplorate la sera nelle vicinanze. Il momento ideale è poco prima del tramonto, quando si accendono le luci e il cielo brilla ancora. Fate un confronto con le stesse scene nella luce diurna.

▼ PUNTI DA RICORDARE

▷ **Il rumore tende ad aumentare con esposizioni lunghe;** potete impostare la fotocamera per ridurlo, ma questo potrebbe raddoppiare il tempo effettivo di esposizione.

▷ **Usate un treppiede** per avere maggiore libertà di azione nel posizionare la fotocamera.

▷ **Lavorate in zone sicure** e portatevi qualcuno che dia un'occhio a voi e all'equipaggiamento. Per non farvi troppo notare, date stabilità alla fotocamera con un morsetto su una ringhiera o altro invece che con un vistoso treppiede.

▷ **Impostate l'apertura** uno o due stop sotto il massimo per ottenere un equilibrio tra buoni risultati ed esposizioni brevi.

▷ **Impostate il valore ISO** (pp. 98-99) in base al tempo di esposizione con cui potete lavorare agevolmente.

DA CERCARE IN INTERNET

☐ Effetto Purkinje	☐ Brassaï
☐ Adattamento scotopico	☐ Rut Blees Luxemburg
☐ Robert Adams	☐ Jill Waterman
☐ Harry Benson	☐ Esposizione lunga
☐ Peter Bialobrzeski	☐ Fotografia notturna

Donna con lampada

Dipingere con la luce è una tecnica che unisce una lunga esposizione in condizioni di luce scarsa a una fonte luminosa usata per creare effetti particolari. Tutto quello che occorre è un treppiede, un luogo poco illuminato o buio, una fotocamera che consenta un'esposizione lunga (o B) e una fonte di luce (una candela, una torcia o un flash). Abbiamo trasformato un ingresso in un quadro gotico per l'apparizione di un fantasma, con la luce della lampada che traccia un misterioso arco nell'aria.

▷ Canon 5D MkII, 24-70 mm *f*/2.8 : 24 mm *f*/14 ISO 50 -2 EV 30 sec

DELLA STESSA SERIE

1 Come uno spettro
In un primo tentativo ho usato il flash all'inizio e alla fine della lunga esposizione. Il fantasma e la sua ombra erano visibili in cima alle scale, per poi riapparire nell'ingresso. L'effetto è interessante, ma l'uso eccessivo del flash ha fatto svanire ogni senso di oscurità.

2 Oscurità in pieno giorno
Ho usato una forte sottoesposizione per ottenere un effetto notte di giorno. Ho oscurato l'ingresso, ma lasciato accesa la lampada sul tavolo a lato. Quando la modella ha raggiunto il punto giusto, ho usato il flash, ma la luce l'ha resa corporea e ben definita, con troppo spazio intorno.

3 Prova ed errore
Sono arretrato nell'angolo più lontano dell'ingresso per migliorare la composizione e ho fatto prove per trovare i tempi della camminata e della pausa della modella, plasmando la scia di luce per renderla una bella curva. Senza luce su di lei, la modella è diventata quasi invisibile.

4 Il momento dell'apparizione
Abbiamo risolto il problema aprendo una porta laterale per pochi secondi, illuminando la modella. Lo scatto è quasi perfetto, ma a un attento esame emergono alcuni difetti: il fantasma è troppo corporeo; il volto è metà in ombra; la scia di luce è poco evidente e ha un percorso irregolare.

Stabilità durante le riprese

Le immagini nitide e dettagliate senza sfocature sono molto apprezzate dai fotografi: si guardano volentieri e sono prova di abilità. Per avere immagini più nitide, molti pensano a obiettivi più costosi o fotocamere più grandi, ma l'acquisto più economico e più efficace che potete fare per migliorare l'attrezzatura è un treppiede.

LAO TZU

State immobili. Guardate come tutto passa e va. È il corso della Natura.

I treppiedi, fondamentali per immagini di elevata qualità durante la maggior parte del primo secolo della fotografia, furono abbandonati con piacere con l'arrivo di fotocamere di dimensioni ridotte. Ora stanno tornando perché i fotografi vedono che il potenziale delle fotocamere digitali non può essere sfruttato pienamente senza questo accessorio.

Peso e forza

Il treppiede ideale è molto più pesante dell'attrezzatura che deve sostenere ed è indeformabile, con giunture stabili. In ogni caso, qualsiasi treppiede è meglio di niente. Anche i modelli molto leggeri aiutano a sostenere la fotocamera toglıendovi il peso dalle mani, il che è particolarmente utile per fissare la fotocamera in attesa che sbuchi un animale o che cambi la luce. I treppiedi leggeri possono essere resi più stabili appoggiandosi su di essi con il proprio peso o appendendovi una borsa pesante, per mettere in tensione le gambe. I migliori treppiedi moderni in fibra di carbonio combinano peso contenuto e rigidità; in passato proibitivi, oggi esistono anche in versioni a prezzi abbordabili.

Sistema di stabilizzazione integrato

Lo sviluppo della stabilizzazione dell'immagine è un enorme passo avanti nella ricerca di immagini nitide. Rilevatori nella fotocamera compensano i suoi piccoli movimenti durante l'esposizione, per ottenere immagini nitide. La stabilizzazione giova sempre, ma soprattutto con tempi di esposizione lunghi. Di norma, con obiettivi grandangolari serve un'impostazione di circa 1/30 sec per immagini nitide, di 1/60 sec con lunghezze focali medie e di 1/200 sec o meno con lunghezze focali elevate. Con un sistema di stabilizzazione potete dimezzare questi tempi.

MANO FERMA

Reggere il peso della fotocamera è la chiave di riprese ferme. Appoggiate l'obiettivo su una mano, con i gomiti contro il corpo. Sfruttate gli appoggi disponibili. Usate una cinghia da polso e un treppiede quando possibile. In pendenza, puntate le gambe a valle per avere maggiore stabilità. Tenete l'asta centrale del treppiede verticale e allungatela solo se necessario.

Camminare tra gli alberi
Questo ponte di corda era stabile se si restava immobili. Tempi di esposizione brevi e valori ISO elevati sono serviti a dare immagini nitide nella luce scarsa della foresta pluviale.

Verso il suolo
Puntare l'obiettivo verso il suolo è arduo con un treppiede. Una borsa pesante può controbilanciare il proprio peso, ma la stabilizzazione dell'immagine è la soluzione migliore.

Superficie galleggiante
Con basi incerte come una barca, il modo migliore per evitare foto sfocate è la stabilizzazione dell'immagine. Un movimento regolare in avanti è preferibile al tentativo di stare immobili.

Conoscere i pulsanti

Per i fotografi, imparare a maneggiare la fotocamera è come esercitarsi con le scale per un musicista. I virtuosi riescono a trovare a occhi chiusi ogni comando e funzione, individuando i pulsanti al tatto e contando gli scatti per raggiungere il valore desiderato. Una prova d'abilità fondamentale consiste nel saper scattare fotografie senza far vibrare il corpo della fotocamera come pure nel girare video senza brusche scosse.

▼ COMPITO

- ▷ Imparate come trattare la fotocamera: la direzione in cui girare i selettori e il numero di scatti di un pulsante per raggiungere una voce del menu. Imparate a reggere la fotocamera in posizione orizzontale e verticale e a premere il pulsante senza scuoterla, con lunghezze focali diverse e soprattutto con tempi lunghi.

▼ PUNTI DA RICORDARE

- ▷ **Esaminate le foto scattate a mano libera** con un forte ingrandimento per controllare la nitidezza delle esposizioni lunghe, in particolare quelle con lunghezze focali elevate.
- ▷ **Usate funzioni personalizzate** per adattare le impostazioni a soggetti ricorrenti, una per il ritratto, una per i paesaggi, una per i close-up e così via (pp. 24-25).
- ▷ **Presa familiarità con le funzioni fondamentali** della fotocamera, è il momento di leggere il manuale di istruzioni da cima a fondo e conoscere le funzioni che ancora non avete scoperto.

DA CERCARE IN INTERNET

☐ **Reciproco della lunghezza focale**	☐ **Stabilizzazione**
	☐ **Staffa a L**
☐ **Testa a sfera**	☐ **Monopiede**
☐ **Supporto beanbag**	☐ **Testa a tre movimenti**
☐ **Treppiede in carbonio**	☐ **Obiettivo VR**

Uso dell'apertura

L'apertura del diaframma è il mezzo per controllare molti aspetti della tecnica fotografica. Non solo fa parte delle tre impostazioni che determinano l'esposizione della fotocamera, ma è anche un potente strumento per regolare la profondità di campo così come effetti molto più sottili, come la qualità della sfocatura (pp. 82-83) e la qualità dell'immagine (pp. 50-51).

L'apertura del diaframma è tecnicamente la pupilla d'entrata che controlla la quantità di luce che attraversa nell'obiettivo. Si misura come "*f*/numero", che è la lunghezza focale divisa per l'effettivo diametro di apertura relativamente al sensore. Alla massima apertura disponibile la pupilla d'entrata lascia entrare più luce possibile e il numero *f* ha un valore "basso", per esempio *f*/2. L'apertura minima è la più piccola, con il diaframma il più possibile chiuso: passa meno luce e il numero *f* ha un valore "alto", per esempio *f*/16.

Profondità di sentimenti

In linea generale, l'apertura è l'impostazione più importante quando si vuole in primo luogo controllare la plasticità dell'immagine, cioè la sua transizione da sfocato a nitido. Si ottiene scegliendo un'apertura che dia la profondità di campo desiderata perché l'immagine sia tutta a fuoco oppure sfocata sullo sfondo o in primo piano, e regolando il tempo di esposizione e la sensibilità di conseguenza. Potete anche impostare l'apertura in modo da avere la resa migliore dell'obiettivo o, al contrario, per sfruttarne le debolezze.

Vantaggio delle dSLR

Chi usa una dSLR ha la massima flessibilità nel controllo dell'apertura perché questo tipo di fotocamera ha ereditato una gamma completa di comandi dall'epoca della pellicola. Tutte le dSLR misurano le impostazioni di apertura in stop interi: ogni variazione raddoppia o dimezza la quantità di luce che raggiunge il sensore. In più, molte hanno anche intervalli di mezzo stop o un terzo, utili per esposizioni molto precise, ma non indispensabili se è presente la funzione di compensazione (pp. 60-61) per metà o un terzo di stop.

Fotocamere compatte

Molte compatte dispongono solo di due impostazioni di apertura, massima e minima. Non si tratta però di un limite invalicabile: a distanze medie e lunghe, fotocamere con sensori molto piccoli come queste danno una profondità di campo estesa, anche alla massima apertura.

f/8 E VIA

Il motto del fotogiornalismo unisce due elementi essenziali: la necessità di essere nel posto giusto e la versatilità dell'apertura *f*/8. Con un obiettivo 400 mm (sotto) le isole distanti sono ugualmente nitide e, con un obiettivo 12 mm (a destra), tutto è a fuoco, dal fogliame in primo piano ai picchi lontani. In un mercato tropicale (in fondo a destra), *f*/8 permette velocità da istantanea.

Padroneggiare la profondità

La profondità di campo è il volume di spazio in cui gli oggetti sono accettabilmente nitidi: si estende davanti e dietro il piano di messa a fuoco ottimale, l'area più nitida dell'immagine. Le transizioni da nitido a sfocato danno plasticità e senso di profondità all'immagine, in base all'apertura, alla lunghezza focale e alla vostra posizione. Aperture ampie, come *f*/2.8, danno più sfocatura; piccole come *f*/11 danno più nitidezza. Mettere a fuoco più lontano aumenta la profondità di campo, come usare focali corte. Per effetti forti, sovrapponete aree sfocate e nitide: impostate una focale lunga, o inquadrate da vicino, con un'ampia apertura.

SOGGETTO VICINO

f/1.4

f/5.6

f/22

I contrasti più forti tra sfocatura e nitidezza nascono dalla messa a fuoco su un oggetto vicino. Con un obiettivo 50 mm, anche con apertura *f*/5.6 lo sfondo rimane molto poco definito.

SOGGETTO A MEDIA DISTANZA

f/1.4

f/5.6

f/22

Con la messa a fuoco sulla media distanza, gli oggetti vicini sono sfocati, anche se la sagoma è visibile, ma lo sfondo è nitido quasi quanto il campo medio, anche con un'apertura grande come *f*/1.4.

SOGGETTO LONTANO

f/1.4

f/5.6

f/22

Con la messa a fuoco sulla lunga distanza, tutti gli oggetti a media distanza e lontani sono nitidi anche alla massima apertura. Con aperture più piccole, l'unico cambiamento visibile è negli oggetti più vicini.

Il fascino della sfocatura

La qualità della sfocatura di un'immagine, il "bokeh", è sempre importante, ma è assolutamente decisiva quando quasi nulla è a fuoco. La straordinaria morbidezza della sfocatura contraddistingue questo scatto della ballerina Madoka Toguchi riflessa in uno specchio. Praticamente tutto è sfocato, ma i riflessi della luce negli occhi sono nitidi. Questo grazie alla buona resa alla massima apertura e al tempo di esposizione brevissimo di 1/800 sec.

▷ Sony A900, 135 mm *f*/1.8 : *f*/1.8 ISO 1600 -0.3 EV 1/800 sec

1 Finestra sull'anima

L'illuminazione sul volto di Madoka, grazie alle luci per il trucco, era perfetta, e ha prodotto riflessi di luce negli occhi. La messa a fuoco è critica, soprattutto alla massima apertura. Ho usato l'autofocus e poi regolato manualmente guardando attraverso il mirino.

2 Morbide differenze

Il rosso del top della ballerina e il suo doppio nello specchio rischiavano di fondersi in un mare di colore uniforme, con risultati disastrosi. L'ampia sfocatura radiale e il morbido effetto di sfumatura separano il rosso vicino alla fotocamera da quello delle pieghe più definite nel riflesso.

3 La realtà è imperfetta

Quando la si nota, questa informe macchia scura diventa fastidiosa e distrae dal volto perfetto di Madoka. È proprio il genere di dettagli da evitare in un ritratto diretto, ma è anche la prova di uno scatto estemporaneo, colto negli intervalli tra le uscite in scena.

4 Sfocatura e rumore

L'alto valore di sensibilità, ISO 1600, è accompagnato da rumore, nell'originale più evidente nelle zone in ombra. Poiché le zone più scure occupano un'importante porzione dell'immagine e sminuiscono la sfocatura, ho ridotto il livello di rumore in postproduzione (pp. 230-231).

IN DETTAGLIO

Piano focale

Si può dire che il peso di un'immagine si regge sul piano focale più nitido. Le fotografie standard spesso mostrano il primo piano che si protende verso oggetti a media e lunga distanza: la forma del campo visivo è concava, come l'interno di un grande ingresso. Più vi allontanerete da questa prassi, usando strumenti di messa a fuoco per regolare nitidezza e sfocatura, più carattere potrete conferire all'immagine.

LO SAPEVATE?

La sfocatura da cambio di diaframma si verifica quando il piano focale si sposta a seguito di variazioni di apertura. In passato era un serio problema per i fotografi, ma non è più molto comune. Se le immagini vi sembrano poco definite, provate a mettere a fuoco leggermente davanti o dietro la posizione di autofocus.

La tecnica di base è usare una profondità di campo inferiore allo stacco tra gli elementi chiave della scena. Se un elemento è a fuoco, l'altro sarà fortemente sfocato. Nel contempo lavorate con il contrasto, dato che un effetto accentua la forza dell'altro: se tutta l'immagine è sfocata, difficilmente può funzionare, mentre immagini che sono completamente nitide sono anche del tutto monotone.

Strumenti di sfocatura e bokeh

Lo strumento migliore per la sfocatura è un obiettivo luminoso a lunghezza focale fissa con una fotocamera dSLR o Quattro Terzi, ma possono andare bene anche compatte con grandi sensori. Per una dSLR, obiettivi 50 mm *f*/1.4 o *f*/2 sono perfetti (di seconda mano sono spesso un buon affare). Su fotocamere con sensore più piccolo di 35 mm, questi obiettivi hanno una lunghezza focale equivalente di 75 mm. Usate il diaframma alla massima apertura, che vi dà anche il vantaggio di poter lavorare con tempi brevi o luce scarsa. La qualità di un'immagine sfocata è chiamata "bokeh", un termine in passato proprio dei laboratori ottici, e per di più solo in quelli del Giappone: deriva infatti dalla parola giapponese "boke", che significa sfocatura o foschia. Il bokeh è "buono" quando la sfocatura passa in modo morbido da un nucleo nitido alla parte del tutto indistinta. Una transizione brusca o a scatti è considerata da evitare. Un buon bokeh è frutto di obiettivi otticamente corretti e con apertura perfettamente circolare. Può essere compromesso da un eccessivo aumento di contrasto in postproduzione.

Giglio
L'approccio consueto per la fotografia di un fiore (nel riquadro) conta sul soggetto per rendere interessante l'immagine: il risultato è che assomiglia a milioni di altre fotografie di un giglio. Un approccio più interessante unisce ai gigli un riflesso fuori fuoco delle foglie all'esterno, con un obiettivo 135 mm alla massima apertura di *f*/1.8.

Spostamento dell'attenzione
Confondete le aspettative di chi guarda sfruttando il piano focale per creare una gerarchia di interesse. In questo caso è al centro dell'attenzione il cavallo e non l'uomo in sella.

Creature irreali
Regolando la messa a fuoco sugli alberi lontani invece che sui ballerini, ho sottolineato la loro natura eterea più efficacemente che con un'immagine correttamente a fuoco.

Giocare con la sfocatura

Se siete convinti che un' immagine sia buona solo se perfettamente nitida, è giunto il momento di liberarvi di questa convenzione: la sfocatura da ora è parte del vostro repertorio. Imparate come ammorbidisce lo spazio e porta all'essenziale i soggetti, trasformando una scena distaccata e fredda in una con più interesse e atmosfera.

▼ COMPITO

▷ Usate il soggetto che preferite, che si tratti di fiori, una scena di strada o un amico, e scattate una serie di immagini con la messa a fuoco davanti o dietro il soggetto principale.

▼ PUNTI DA RICORDARE

▷ **Cercate di usare composizioni semplici** mentre vi cimentate con la sfocatura in modi diversi da quelli abituali.

▷ **Valutate i risultati** in un secondo tempo sullo schermo del computer. Il display di una fotocamera è troppo piccolo per poter giudicare con precisione la qualità della sfocatura.

▷ **Aree più grandi di sfocatura** tendono a far sembrare un'immagine più chiara del consueto: enfatizzate questo effetto accentuando l'esposizione o attenuatelo con la sottoesposizione.

▷ **Se la resa alla massima apertura** è scadente, diminuitela di mezzo stop. Questo può facilmente migliorare in modo sostanziale la qualità senza aumentare l'estensione della profondità di campo.

DA CERCARE IN INTERNET

- ☐ **Circolo di confusione**
- ☐ **Tilt shift**
- ☐ **Claude Monet**
- ☐ **Kim Kirkpatrick**
- ☐ **Susan Burnstine**
- ☐ **Chris Friel**
- ☐ **David DuChemin**
- ☐ **Keith Carter**
- ☐ **Vincent Laforet**
- ☐ **Miklos Gaál**

Lunghezza focale

Gli obiettivi zoom danno un'enorme versatilità nell'ingrandimento e nella composizione, impensabile con obiettivi a lunghezza focale fissa. La lunghezza focale determina l'angolo di campo, il livello di ingrandimento e la vostra relazione spaziale con l'ambiente.

Per sfruttare pienamente il vostro obiettivo, esplorate il luogo girando intorno e provate diverse lunghezze focali in ogni posizione. Ricordate che ogni piccolo cambiamento di lunghezza focale offre nuove opzioni per l'inquadratura, la posizione e dove puntare la fotocamera. Ogni obiettivo è diverso e potrete trarre maggiori soddisfazioni dalla fotografia se saprete impiegare al meglio la vostra attrezzatura. Imparate a conoscere pregi e difetti del vostro obiettivo: alcuni sono più nitidi alle focali più lunghe, altri a quelle più corte. Se state pensando di acquistare un obiettivo da sogno, vale la pena di ricordare che un obiettivo di media qualità, se ben utilizzato, dà migliori risultati di uno di ottima qualità in mani incompetenti.

▼ TRUCCHI DEL MESTIERE

▷ **Avvicinatevi:** otterrete un risultato più nitido riducendo la distanza di lavoro tra voi e il soggetto piuttosto che aumentando la lunghezza focale. Usate lo zoom se un ostacolo vi impedisce di avvicinarvi quanto vorreste al soggetto.

▷ **Imparate come si comporta l'obiettivo.** Tutti gli obiettivi zoom tendono a produrre immagini con gli angoli leggermente più scuri della parte centrale. Questo effetto può servire a strutturare la composizione, ma deve essere evitato con fotografie di paesaggi con ampie zone di tono uniforme.

▷ **Cercate di ottenere l'immagine più nitida;** aggiustamenti in postproduzione danno solo una parvenza di nitidezza e non possono recuperare dettagli andati perduti.

FUOCO SELETTIVO ▷

La profondità di campo limitata permette di scegliere la distanza (corta media o lunga) per il piano di messa a fuoco ottimale. Spostare la messa a fuoco avanti e indietro è un modo efficace ed economico per dirigere l'attenzione dello spettatore.

INFINITO

VARIAZIONI DELLO SFONDO ▷

Impostate focali più lunghe e aperture ampie per una sfocatura più evidente dello sfondo. Se volete mettere a fuoco anche lo sfondo, usate aperture ridotte (come *f*/11) invece di un'apertura completa.

f/2.8

GRANDANGOLO ▷

Piccole variazioni di lunghezza focale alle lunghezze focali grandangolari hanno effetti molto diversi. Passare da 12 a 20 mm avvicina la scena, rendendo necessario cambiare il punto di vista. Da 70 a 200 mm il cambiamento è decisamente meno evidente.

12 MM

PUNTO DI RIPRESA ▷

Il controllo principale sulla dimensione degli oggetti è la posizione, non la lunghezza focale. Piccoli oggetti come questi papaveri, sembrano piccoli con focale sia corta sia lunga. Se vi avvicinate e usate una lunghezza focale più corta, sembrano grandi.

18 MM

LUNGHEZZA FOCALE ▷

Sfruttare la gamma focale permette di valorizzare ogni scena, ma è ancora più utile in spazi limitati. Provate diverse lunghezze focali in ogni posizione e usate l'inquadratura per variare lo sfondo o enfatizzare spazi sotto diverse prospettive.

12 MM

DISTANZA 15 M

DISTANZA 5 M

DISTANZA 3 M

f/5.6

f/11

f/22

20 MM

70 MM

200 MM

150 MM

73 MM

73 MM

35 MM

80 MM

135 MM

Le basi dell'illuminazione

I fotografi esperti rispondono alla luce nello stesso modo in cui i musicisti sentono i suoni o gli attori ascoltano le voci. Questo perché le immagini catturate non dipendono solo dalle caratteristiche della luce disponibile, ma anche dagli elementi dell'illuminazione che possiamo controllare.

Là dove alcuni avvertono semplicemente un cambiamento, i fotografi appassionati imparano a distinguere il tipo di alterazione e ad analizzare la luce prevalente in base ai suoi principali componenti: livello, qualità, direzione e colore.

Livelli di luce

Maggiore è la quantità di luce su una scena, più questa risulta luminosa. Potrebbe sembrare ovvio, ma all'occhio umano una scena può apparire ugualmente luminosa anche se l'illuminazione cambia. Gli occhi e l'area visiva del cervello si adattano a una vasta gamma di luminosità complessiva. In un giorno medio, la luminosità varia molto, ma ci sembra sempre uguale perché l'occhio ha un suo sistema di esposizione automatica che tende a mantenere costante la luminosità percepita. Ecco perché non possiamo valutare l'esposizione a occhio nudo: anche un cambiamento impercettibile può richiedere un aggiustamento dell'esposizione. Oltre a essere più precisi, i sistemi di esposizione della fotocamera gestiscono una gamma di luminosità molto più ampia variando impostazioni ISO, tempi e aperture, per produrre immagini con la stessa luminosità complessiva. Questo trascura una dimensione vitale, perché la qualità della luce cambia tra livelli di forte e debole intensità. Con una luminosità alta vediamo toni chiari brillanti e ombre profonde, mentre con luce scarsa le ombre sono spesso morbide.

Qualità della luce

La qualità della luce dipende tecnicamente dal grado di diffusione dei raggi luminosi. La luce del sole o proveniente da una fonte concentrata non ha grande diffusione e gli

Il sole forte crea facilmente luci e ombre violente che non rendono merito al soggetto. Al contrario, una luce diffusa e morbida dà risultati piacevoli; senza dubbio, la luce migliore per i toni della pelle è quella morbida di una giornata nuvolosa.

Contro il sole

I moderni obiettivi funzionano bene se puntati contro sorgenti di luce intensa, quindi non abbiate timore di lavorare in controluce. I riflessi di luce nel mirino potrebbero sembrare peggiori di quanto saranno nell'immagine finale.

C'è un'unica cosa da sapere sull'illuminazione: la luce in sé è sempre buona. Potete creare ritratti riusciti usando solo la luce disponibile, per esempio per dare forma a silhouette definite (a sinistra in alto). Una scena in controluce può essere compensata con una luce di riempimento o aumentando l'esposizione per rischiarare il soggetto (a sinistra in basso). Una foto di interni può beneficiare delle tende, che fungono da alette paraluce, limitando la caduta di luce e controllando le ombre (a destra).

oggetti sono illuminati intensamente: le ombre sono nitide e profonde, la texture molto definita e le zone illuminate sono molto brillanti. La luce dura crea forte contrasto ed è adatta a foto di viaggio, vedute urbane e panorami, perché accentua texture e forme. In studio, la luce intensa si crea con una lampada senza diffusori o con un fascio concentrato.

La luce diffusa o sparsa, come quella di un giorno nuvoloso o di un vasto interno con molte luci, crea luci morbide e ombre sfumate (o nessuna). In studio possiamo creare una luce morbida diffondendo la luce su una grande superficie con un softbox o facendola rimbalzare contro un riflettore a ombrello (pp. 96-97). La luce morbida è adatta ai toni e alla texture della pelle, e in studio è molto più facile da usare rispetto a una luce dura.

Direzione e temperatura di colore

Anche l'angolazione con cui cade la luce fa la differenza. Più la luce cade obliqua sul soggetto, più le ombre si allungano e aumenta l'effetto rilievo. La luce che proviene da dietro il soggetto è più complicata da misurare rispetto a quella che proviene da altre direzioni, mentre quella che colpisce frontalmente la fotocamera può causare riflessi e velature. Infine, la temperatura di colore dell'illuminazione e la completezza della gamma cromatica sono cruciali per la qualità della sua riproduzione dell'immagine. Mentre la temperatura di colore, misurata in gradi Kelvin, indica se l'immagine tende verso il blu o verso il rosso-giallo, la completezza dello spettro cromatico determina quanto fedelmente sono riprodotti i colori (pp. 104-105).

Fari nella notte

I tramonti splendidi a Auckland, Nuova Zelanda, sono tanto comuni da essere quasi scontati. Ma non potete assicurarvi un buon risultato solo puntando la fotocamera verso il cielo e scattando. Per una fotografia riuscita serve un punto di vista strategico, che richiede conoscenza del luogo e un tempismo fortunato: i momenti migliori di un tramonto spettacolare durano pochi attimi. Questa vista da un ponte ferroviario era bella in sé, ma l'arrivo di un treno con i fari è stata la ciliegina sulla torta.
▷ Sony A900, 24-70 mm *f*/2.8 : 50 mm *f*/4 ISO 1600 -0.7 EV 1/15 sec

DELLA STESSA SERIE

1 Posizione e supporto

Sia il tempismo sia il punto di vista erano perfetti: avevo notato i colori del cielo passando per un ponte sopra un deposito ferroviario e da qui potevo vedere un panorama completo della città. Ero sprovvisto di treppiede, ma ho appoggiato la fotocamera sul parapetto del ponte.

2 Impostazioni della fotocamera

Ho scelto un valore ISO elevato, 1600, e *f*/4 di apertura; la profondità di campo limitata non era un problema dato che la scena era distante. Questa fotocamera rende molto bene i dettagli in ombra, così ho impostato l'esposizione su -0.7 EV e zoomato per regolare la composizione.

3 Fattore X

Grazie all'abbinamento di sottoesposizione e buona resa di dettagli in ombra, l'immagine aveva colori intensi e texture contrastanti. Ma è emerso un terzo fattore inaspettato: le luci di un treno in manovra sono spuntate sotto il ponte, quindi ho regolato lo zoom per includerle.

4 Cogliere l'attimo

La luce del treno faceva emergere i dettagli in primo piano, ma era "immotivata", non era cioè chiara la sua origine. Mentre il treno proseguiva lento sui binari sembrava quasi illuminare la città e ho quindi preferito aspettare che la locomotiva fosse completamente visibile.

Frank Allen Tyres

Luce come alleata

Se fotografare significa "scrivere con la luce", la tecnica fotografica significa lavorare con la luce, non lottare contro di essa. Fatevi guidare e ispirare; lasciate che l'immagine sia luminosa o scura in base alla luce presente.

Osservate la luce con occhio attento. Badate agli effetti dei più piccoli cambiamenti: il modo in cui l'inclinazione della testa cambia la superficie e i tratti di un volto, o come una nube di passaggio può ammorbidire la luce senza perdere la definizione delle ombre. Usate la luce disponibile, ma siate pronti ad aspettare che cambi. Lavorare con la luce non vuol dire solo fare conto sull'esposizione automatica: dovete regolare costantemente l'esposizione per adattarla al soggetto, alle condizioni di illuminazione e alla vostra posizione rispetto alla luce. Sottoesponete se il contrasto è alto, come quando sbuca il sole, per tornare alla normalità se il cielo è coperto.

▼ TRUCCHI DEL MESTIERE

- ▷ **Usate il bracketing (esposizione a forcella) automatico,** con 1 EV di sotto o sovraesposizione, se non siete certi di quale dovrebbe essere l'esposizione ottimale.
- ▷ **Impostate una sottoesposizione,** in caso di dubbio, a scatti di 0.5 EV.
- ▷ **Aumentate le possibilità** variando l'esposizione a scatti di 1,5 EV in situazioni con una gamma dinamica eccessiva.
- ▷ **Limitate il bracketing** a soggetti statici o lenti per non rischiare di catturare il momento migliore con l'esposizione sbagliata.
- ▷ **Usate la misurazione spot** (se la fotocamera è dotata di questa funzione) per interpretare meglio la lettura dell'esposizione.

FORTE LUCE SOLARE ▷
Spesso ritenuta una sfida, la luce intensa del sole è in realtà un piacere per il fotografo. Tenete il sole dietro il soggetto o di lato, e posizionatevi in ombra per evitare riflessi. Sovraesponete per svelare i dettagli in ombra, sottoesponete per silhouette.

TONI RISCHIARATI

LUCE DIREZIONALE ▷
La luce intensa del sole produce ombre nette, che potete sfruttare usandone la forma e la trama. Se siete in controluce, nascondete il sole dietro un oggetto per evitare riflessi. Sfruttate i colori della luce che filtra attraverso elementi semitrasparenti.

OMBRA IN PRIMO PIANO

GIORNATA UGGIOSA ▷
Se perdono ombre interessanti, le giornate coperte guadagnano però colori più intensi. Sfruttate forme, schemi e movimenti impliciti. Non riponete la fotocamera nei giorni di pioggia: l'acqua può formare piacevoli riflessi sul terreno.

MOVIMENTO IMPLICITO

LUCE MOLTO BASSA ▷
La chiave per lavorare con luce scarsa è lasciare che le immagini siano scure: non è sempre necessario mostrare i dettagli in ombra. Usate ogni fonte di luce disponibile, come candele, schermi di computer o lampioni. Aspettate che una persona entri nel cono di luce.

LAMPIONI

TRAMONTO ▷
Quando il sole scende il cielo cambia, minuto per minuto, con infinite variazioni per il fotografo paziente. Il sole alto nel cielo dà colori più freddi di quello al tramonto; le nuvole danno spessore e forma. Con cielo coperto, aspettate che si apra uno squarcio tra le nubi.

COLORI ACCESI

SFONDO ABBOZZATO

OMBRE DI MODELLAZIONE

OMBRE APERTE

LUCE OSCURATA

TEXTURE

TRASPARENZE

MACCHIE DI COLORE

FORME RIPETITIVE

RIFLESSI

CONO DI LUCE

LUME DI CANDELA

LUCE DELLO SCHERMO

TRAMA DI NUVOLE

CIELO UNIFORME

SPRAZZO DI SOLE

Flash portatile

Le unità flash, incorporate nella fotocamera o esterne, funzionano facendo passare una scarica elettrica ad alto voltaggio in un tubo pieno di gas rarefatto: questo causa un intenso e brevissimo (nell'ordine dei milionesimi di secondo) lampo di luce. Il flash serve per fotografare al buio, ma anche per bilanciare la gamma di luminanza e per congelare il movimento.

I flash incorporati in praticamente tutte le fotocamere compatte, molte dSLR e perfino nei cellulari, sono compatti, maneggevoli e sempre disponibili. Consumano però la batteria della fotocamera e il tempo di ricarica tra un lampo e l'altro è più lento rispetto alle unità flash più grandi. Lo svantaggio principale è che il flash è molto vicino all'obiettivo e la sua luce non giova al soggetto; inoltre può causare occhi rossi (p. 246, vol. 3). Il flash incorporato è quindi utile più che altro come luce di riempimento per bilanciare il controluce e schiarire le ombre.

Luce a portata di mano

Per maggiore versatilità e migliori risultati, usate un flash accessorio che si fissa a un attacco sulla parte superiore della fotocamera, disponibile sulle dSLR e sulle compatte più evolute (pp. 330-331, vol. 3). I flash accessori o a contatto caldo sono molto più potenti di quelli integrati e si ricaricano più velocemente; alcuni dispongono anche di testa inclinabile, per l'uso di riflesso, e di zoom per adattarsi all'obiettivo. Controllate che l'unità flash che acquistate sia adatta alla fotocamera: alcuni modelli hanno attacchi specifici per cui la sincronizzazione funziona solo con unità compatibili. Per risultati ancora migliori, usate il flash separato dalla fotocamera, che vi dà la libertà di dirigere la luce dove volete. La fotocamera e il flash devono in ogni caso comunicare tra loro perché la luce lampeggi quando l'otturatore è completamente aperto. Alcuni sistemi usano un cavo che collega l'unità flash all'attacco della fotocamera o a un'altra presa. Altri hanno un collegamento wireless con un ricevitore montato sull'attacco o incorporato alla fotocamera; è la soluzione più pratica anche se, nel caso ci sia una folla di fotografi nei paraggi, c'è il rischio che qualcuno faccia scattare il vostro flash.

Nozioni di base sull'esposizione con il flash

Il trucco per capire come funziona il flash è ricordare che tutte le esposizioni che lo prevedono sono determinate da due fonti di luce distinte. Una è quella proveniente

Illuminare il viso
Un volto in controluce (nel riquadro) ha toni freddi e sembra smorto nella luce diurna perché è illuminato dal cielo, una fonte di luce molto tenue e fredda. Il flash da riempimento fa brillare gli occhi e illumina i capelli. Impostando il bilanciamento del bianco sul flash, tutti i toni diventano gradevolmente più caldi, compresi quelli dello sfondo.

Flash separato

Se staccate il flash dall'attacco sulla fotocamera, avrete in pugno la versatilità dell'illuminazione da studio. La sensazione di libertà che ne deriva è piuttosto esaltante. Se usate stativi leggeri per sostenerlo, avrete ancora più libertà di azione. Scattate qualche foto di prova e basatevi sulle anteprime della fotocamera per aiutarvi a regolare la posizione e la potenza del flash. Le unità flash portatili sono molto piccole e forniscono una sorgente luminosa limitata, che produce una luce dura. Se occorre modificare la luce, il metodo più semplice è farla riflettere contro una superficie idonea, come un riflettore. Potete anche impiegare diffusori che ammorbidiscono la luce del flash.

ALTEZZA

DAL BASSO

DALL'ALTO

Per decidere quale posizione sia la migliore, può essere utile pensare al flash come al vostro sole personale. Così come l'altezza del sole ci suggerisce istintivamente il momento del giorno, il modo in cui illuminate la scena dà messaggi subliminali. Un'illuminazione dal basso (in alto) appare molto innaturale ed è infatti l'illuminazione tipica da film horror: getta sul volto ombre che non siamo abituati a vedere e che in genere danno effetti sgradevoli. Provate a usare il flash da altezze diverse per sperimentare i vari effetti (in basso).

RIFLESSIONE

NON RIFLESSO

RIFLESSO

Di norma l'illuminazione consiste nella luce diretta del sole o di lampade con l'apporto di riflessi provenienti da pareti, finestre e altri elementi nelle vicinanze. Se illuminate il soggetto direttamente con il flash (in alto), il risultato sarà innaturale per due ragioni: la luce e le ombre sono dure, e si nota l'assenza di luce riflessa nelle ombre. Puntando il flash su una superficie adatta, la trasformerete in una fonte di luce a completamento della luce emessa dal flash (in basso). La superficie ha dato più colore alla luce e i toni della pelle sono più caldi.

ANGOLAZIONE

FRONTALE

A 45 GRADI

L'angolazione dell'illuminazione determina il modo in cui la luce modella la scena. L'angolo migliore dipende da quanto volete enfatizzare forme e trame superficiali. Più l'angolo è accentuato, più le ombre saranno lunghe e le forme e le texture saranno evidenti. L'illuminazione diretta getta sullo sfondo un'ombra facilmente visibile se si lavora in ambiti circoscritti (in alto). È un effetto che in generale è preferibile evitare, per esempio illuminando il soggetto lateralmente (in basso).

L'esposizione del flash corretta è semplicemente quella giusta per il soggetto: se la priorità è vedere il soggetto ben definito, serve un'esposizione maggiore (in alto), per creare invece più atmosfera è meglio un'esposizione ridotta (in basso).

Congelare il movimento
Un'esposizione di 1/25 di secondo con *f*/4.5 e ISO 1600 registra le luci, ma è la durata del flash a fermare l'azione. Il flash era sincronizzato sulla prima tendina e il ragazzo sullo skateboard sembra muoversi all'indietro.

dal flash stesso, l'altra è la luce ambiente, o disponibile, presente mentre il sensore è esposto e riceve la luce. Se la luce è scarsa e il tempo di esposizione breve (in genere 1/60 di secondo o meno) il contributo della luce ambiente è minimo. In questo caso lo sfondo risulta scuro e prevale l'apporto del flash. Se impostate un tempo di esposizione maggiore (più di 1/8 di secondo), il sensore riceve più luce ambiente, che darà un contributo maggiore all'esposizione. Si tratta del cosiddetto "drag shutter", che permette di creare un effetto mosso con alcuni elementi mentre ciò che viene illuminato direttamente dal flash risulta nitido. Allo stesso tempo, la luce ambientale esprimerà meglio le sue qualità, ammorbidendo le ombre e aggiungendo il suo colore all'illuminazione complessiva.

Prima e seconda tendina

Bilanciare la luce del flash con la luce diurna o un'altra sorgente continua significa equilibrare due esposizioni in una. Se volete registrare una scena con la luce disponibile, la combinazione delle impostazioni di sensibilità, otturatore e apertura deve essere sufficiente per un'esposizione normale o una leggera sottoesposizione. Il flash aggiunge poi il suo contributo, di solito con una sottoesposizione per tenere conto dell'apporto della luce ambiente.
Molte prove e tanta esperienza vi serviranno a creare immagini con un bilanciamento dall'aspetto naturale. Si può anche introdurre uno sbilanciamento intenzionale per creare effetti speciali: i ritratti illuminati dal flash nella luce diurna, con la luce ambientale molto sottoesposta, possono essere di grande effetto.
Con luce scarsa, potreste dover abbinare un tempo lungo a un'ampia apertura del diaframma per catturare la luce ambiente. Qualsiasi movimento durante l'esposizione risulterà sfocato. Il flash coglie invece il soggetto a fuoco grazie alla sua breve durata. Se il flash scatta all'inizio dell'esposizione ("prima tendina"), il soggetto sembra andare all'indietro, perché si tende ad associare la direzione del movimento al passaggio da sfocato a nitido. Per evitarlo, le unità flash più evolute permettono di far scattare il lampo alla fine dell'esposizione. Questa sincronizzazione sulla "seconda tendina" mostra il soggetto nitido dopo la sfocatura, con un effetto più naturale.

EQUILIBRIO AMBIENTALE

Quando usate il flash, potreste pensare di lavorare con una fonte di luce, ma in realtà ne avete due da gestire. La luce ambientale può agire a vostro favore, o potete cercare di contrastarla. Ho regolato l'esposizione sulle luci della giostra, con un tempo di 1/15 di secondo per ottenere uno sfondo sfocato sul quale fare emergere il cavallo esposto al flash (in alto). Una sottoesposizione sia per il flash sia per la luce ambientale ma con tempi più lunghi (1/8 sec) crea raggi di luce più interessanti (al centro). Un'esposizione ancora più lunga (1 sec) con un flash debole dà un'immagine più particolare, dominata dalla sfocatura (in basso).

Combinazioni di colore

Le unità flash sono progettate per la massima efficienza, così da emettere la maggior quantità di luce per coprire l'area vista dall'obiettivo con il minimo consumo di energia. Raramente questo coincide con l'illuminazione più gradevole o discreta. Potete però migliorare la situazione con materiali posti davanti al flash.

▼ COMPITO

▷ Fate pratica con materiali diversi posizionati davanti al flash: dalla carta velina colorata o bianca a filtri colorati, oggetti di vetro e cristalli. Provate a illuminare soggetti diversi, da oggetti piatti a volti, con e senza un certo materiale, così da imparare a sfruttare al meglio gli effetti prodotti.

▼ PUNTI DA RICORDARE

▷ **Provate diverse esposizioni** con un certo materiale posto a varie distanze dal flash. Più grande è il materiale, più potrete collocarlo lontano dal flash.

▷ **I materiali spessi** assorbono più luce, e potrebbe essere necessario regolare l'esposizione per compensare.

▷ **Se avete un flash separato,** provate a impiegare il materiale per riflettere la luce puntando il flash non verso il soggetto ma verso il materiale stesso.

▷ **Provate a coprire il flash solo in parte:** questo crea l'effetto di un'illuminazione di intensità progressiva sul soggetto.

DA CERCARE IN INTERNET

☐ **Sincro flash**	☐ **Yousuf Karsh**
☐ **Drag shutter**	☐ **Annie Leibovitz**
☐ **Numero guida**	☐ **Gjon Mili**
☐ **Copertura del flash**	☐ **Gregory Crewdson**
☐ **Weegee**	☐ **Bill Henson**

Illuminazione da studio

Esiste un'ampia scelta di attrezzature per l'illuminazione da studio, dalle torce a stilo con uno stretto fascio di luce alle enormi unità flash; da modellatori di luce come piccoli snoot (tubi di forma conica) a grandi riflettori; e da softbox a ombrelli di ogni dimensione. Se a questo aggiungete le posizioni diverse in cui si possono posizionare le lampade, più in alto o più in basso del soggetto, l'uso di più fonti di luce e le variazioni dei relativi livelli di luminosità, vi trovate con una gamma di effetti di illuminazione praticamente infinita.

Con l'illuminazione è facile lasciarsi prendere la mano ed esagerare. In realtà anche una sola luce può produrre una varietà di effetti incredibilmente ampia, quindi nell'allestire

LUCE MORBIDA LATERALE

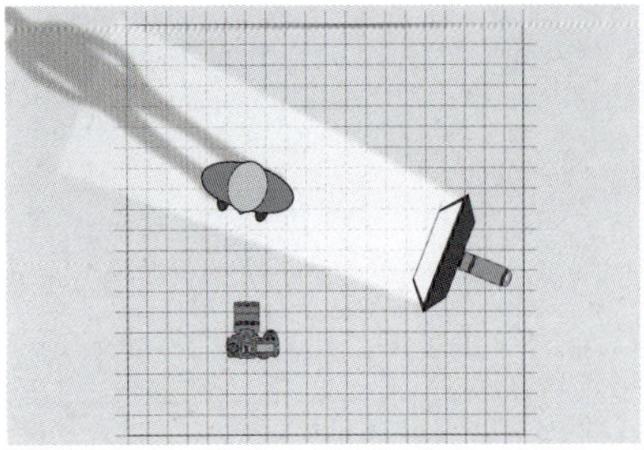

Una sorgente luminosa molto versatile è un'unità flash da studio di media potenza, con un piccolo softbox di circa un metro quadrato. Un softbox sembra una tenda fissata sopra la lampada. Ha un diffusore interno e uno strato di diffusione esterno, che insieme danno una luce morbida e uniforme. È un'illuminazione che valorizza il soggetto.

- L'illuminazione frontale e laterale accentua le caratteristiche del volto con ombre armoniose.
- Con un'illuminazione angolata, la modella può essere collocata vicino allo sfondo senza proiettare un'ombra visibile.
- Il diffusore dà colore alla luce del flash e serve a dare un tono più caldo.

LUCE MORBIDA FRONTALE

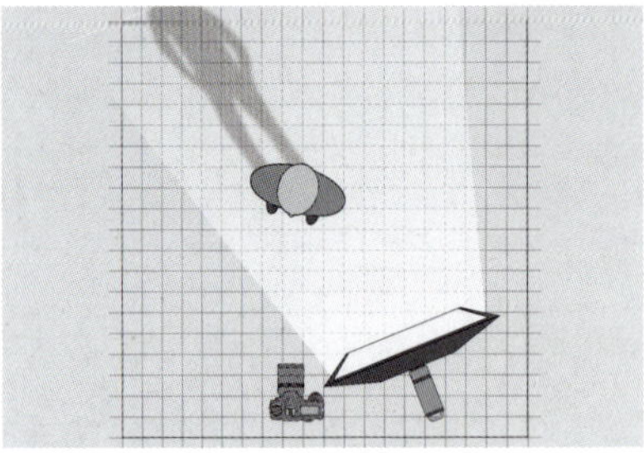

Un grande softbox di 1,5 m quadrati rappresenta una fonte molto ampia e diffusa, soprattutto se collocato vicino alla fotocamera e puntato direttamente verso la modella. Potreste dovervi mettere molto vicino, o anche sotto di esso. La luce risultante è quasi piatta; proietta cioè ombre molto morbide, se presenti. Se la modella è vicina allo sfondo, anche questo risulterà illuminato. Questa tecnica di illuminazione è eccellente per immagini in high-key.

- Se posizionate il softbox leggermente più in alto della fotocamera, potete modellare il volto con zone più luminose e produrre punti di luce nei capelli.
- Lo sfondo sarà illuminato, quindi sceglietelo con cura e preparate la modella in modo appropriato.

LUCE DA DIETRO E RIFLETTORE

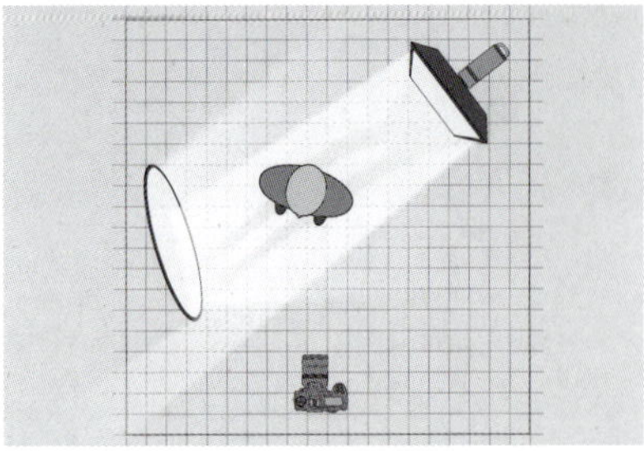

Il controluce non è una situazione tipica da studio per cui, se volete essere originali, posizionate la luce alle spalle del soggetto. Nell'esempio ho usato un riflettore per rimandare la luce sul volto della modella, con un effetto meravigliosamente morbido, in contrasto con i contorni brillanti. Il tono caldo è frutto di un tempo di esposizione leggermente prolungato che apporta il contributo della luce della stanza.

- Usate sempre un'illuminazione morbida se volete evitare di sovraesporre i toni della pelle.
- Usate pannelli riflettenti color argento, oro o bianchi per cambiare il colore della luce di riempimento. L'oro giova alla pelle dandole un tono abbronzato, ma può contrastare con la luce fredda del flash.

l'illuminazione in studio è buona norma iniziare con una singola sorgente luminosa e poi aggiungere altre luci, riflettori o accessori solo se necessario. Iniziare con un'installazione semplice, con una sola luce, evita i problemi di molteplici ombre, proiettate da ciascuna lampada, e la necessità di bilanciare la loro potenza. Inoltre ogni lampada in più raddoppia il tempo per impostare uno scatto.

Prendetevi il tempo necessario per capire l'effetto che modellatori, riflettori e diffusori hanno sulla caduta di luce. Scoprirete presto quali tecniche preferite e, con l'esperienza, imparerete a pianificare gli scatti prima di organizzarvi. Visualizzate il risultato che volete ottenere e pensate a dove collocare la lampada e a quali riflettori o diffusori impiegare. In questo modo risparmierete ore di lavoro in studio.

PICCOLO PROIETTORE

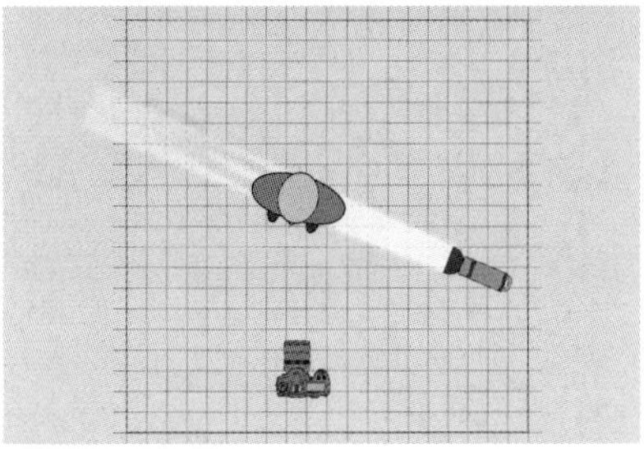

Luci corredate da piccoli pannelli riflettenti, poste davanti e di lato rispetto al soggetto, producono uno stretto fascio di luce per creare ombre decise e definite. Allo stesso tempo, scovano tutte le zone brillanti della pelle: in questo caso, malgrado trucco e cipria, si vedono chiazze lucide sul volto della modella. Non è il metodo di illuminazione più lusinghiero per il soggetto e si usa soprattutto per creare atmosfere drammatiche o da film noir.

- Usate sfondi scuri o posizionate la modella molto lontano da pareti dai colori tenui per ottenere l'effetto migliore.
- Propendete verso la sottoesposizione per tenere sotto controllo le alte luci.

LUCE PERIFERICA

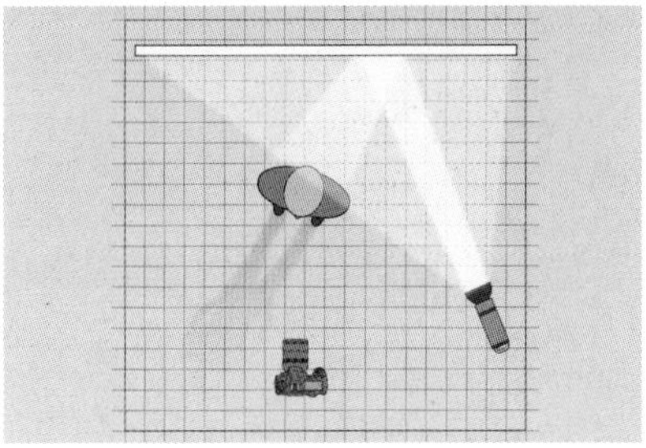

La lampada è puntata sullo sfondo, ma un po' di luce si espande ai margini del fascio principale. La lampada è orientata in modo che questa luce lambisca appena la modella. Questo crea una tensione visiva ed emotiva tra la figura semiilluminata, i cui tratti non sono chiaramente visibili, e lo sfondo ben illuminato.

- Provate allestimenti di illuminazione alternativi per risultati insoliti: ricordate che le lampade non devono essere sempre puntate verso la modella.
- Usate un pannello riflettente diffusore, in stoffa o polietilene, per evitare che le ombre siano completamente nere.
- Posizionate la modella con attenzione per evitare che lo sfondo sia troppo prominente.

LUCE MISTA

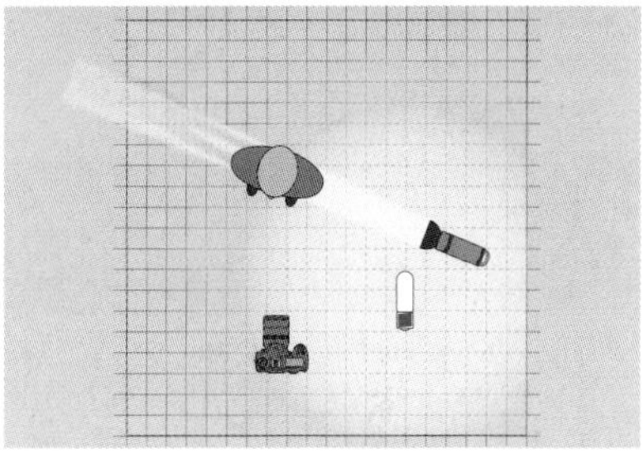

Un'illuminazione da studio non deve basarsi solo sulla luce del flash. Molte unità hanno una luce modellante con filamento di tungsteno per mostrare in anteprima l'effetto del flash. Con esposizioni lunghe, potete sfruttare il contributo della lampada o di un'altra sorgente luminosa. L'immagine sarà più calda e morbida. Con una sottoesposizione potete creare un'illuminazione molto suggestiva.

- Se usate tempi di esposizione più lunghi di 1/60 di secondo, la modella deve essere immobile o l'immagine sarà sfocata.
- Avete un certo controllo sulla temperatura del colore, perché la lampada della luce modellante è più rossa se si riduce la sua luminosità.

Illuminare piccoli oggetti

Un tempo pratica specializzata riservata a pochi professionisti per una clientela ristretta, la fotografia di piccoli oggetti è oggi uno dei campi in più forte crescita. Il motivo è semplice: le vendite e le aste online hanno creato, quasi all'improvviso, un'enorme richiesta di invitanti riproduzioni di oggetti di ogni genere.

La prima impressione è che la necessità di riprodurre fedelmente l'oggetto in vendita non lasci molto margine all'espressione artistica, ma c'è un sottile significato implicito. Se lo scopo è convincere qualcuno a comprare un certo oggetto, questo dovrà apparire così desiderabile da diventare un "must" al primo sguardo.

LO SAPEVATE?

L'esposizione deve aumentare con la messa a fuoco da vicino. Questo perché, per mettere a fuoco a distanza ravvicinata, l'obiettivo si allontana dal sensore: dato che meno luce raggiunge il sensore, l'effetto è quello di un'apertura ridotta. Con le moderne fotocamere, questo effetto viene compensato in automatico dai sistemi che misurano l'esposizione attraverso l'obiettivo, operazione connessa al fatto che la potenza e l'intensità di una luce aumenta più si trova vicino all'oggetto. Per questo unità flash compatte possono essere incredibilmente efficaci per fotografare piccoli oggetti di vario genere.

Valorizzare con la luce

Il segreto è mostrare l'oggetto sotto la luce migliore e più invitante. Gli oggetti che riflettono naturalmente riveleranno ogni minima concentrazione di luce perché le superfici curve la fanno convergere in piccoli punti luminosi speculari. Usate una gabbia di luce, disponibile in varie dimensioni, o improvvisabile con materiali che diffondono la luce, come lenzuola o plastica a bolle d'aria, fissati o appesi a una struttura di supporto (una scatola di cartone con le pareti tagliate). Mettete l'oggetto all'interno e fotografatelo. La luce morbida renderà i dettagli senza riflessi speculari ma, per la morbidezza di luci e ombre, il risultato potrebbe avere poco contrasto e brillantezza.
Se gli oggetti non sono troppo riflettenti, illuminateli direttamente con un diffusore. Potete riempire le ombre con un riflettore (p. 331) e reintrodurre qualche riflesso per dare brillantezza all'immagine puntando sull'oggetto una piccola torcia (coperta con un filtro blu per avere un bianco neutro).

ILLUMINAZIONE MORBIDA

L'illuminazione più versatile per piccoli oggetti è data da un grande softbox. Un softbox è una specie di tenda con l'unità flash alla sommità e una base formata da uno o più pannelli diffusori. Tutta la base, di un metro quadrato o più, costituisce la sorgente luminosa e produce ombre morbide con buona resa dei dettagli. Ideale per articoli dalla pasticceria alla cristalleria.

Trucchi del mestiere
I gioiellieri spesso mostrano i loro prodotti su superfici lucide. Basta un pizzico di attenzione in più per i dettagli perché l'oggetto sia messo in risalto e sembri ancora più speciale.

Oggetti traslucidi
Oggetti di vetro e plastica trasparente si possono fotografare senza difficoltà con illuminazioni molto varie: la trasparenza funziona con qualsiasi luce puntata addosso.

Still life
Gli sfondi neri realizzati con materiali opachi e non riflettenti garantiscono risultati eleganti con qualsiasi tipo di oggetto. Il nero inoltre assorbe le ombre, facilitando l'illuminazione.

Studio da tavolo

In assenza di attrezzatura specifica si deve improvvisare: le moderne abitazioni hanno molti tipi di illuminazione diversi e al bisogno tutti possono essere utili a sfide fotografiche. Potete anche trovare in giro per casa tutti i riflettori e i diffusori che vi servono: carta, fogli di alluminio, lenzuola, zanzariere e teli di plastica.

▼ COMPITO

▷ Trasformate la scrivania o il tavolo della cucina in uno studio usando una lampada da tavolo come luce principale e qualsiasi materiale a portata di mano come diffusore o riflettore sullo sfondo. Fotografate piccoli oggetti diversi, sia opachi sia riflettenti. Provate sfondi e superfici di colori diversi per vederne gli effetti.

▼ PUNTI DA RICORDARE

▷ **Usate diversi tipi di illuminazione** per ottenere luce diretta, diffusa o riflessa. Con una torcia tascabile, provate a creare una piccola zona più luminosa sull'oggetto fotografato.

▷ **Impostate manualmente il bilanciamento del bianco** su tungsteno per colori più fedeli.

▷ **Usate un treppiede** per ottenere immagini più nitide.

▷ **Con distanza di messa a fuoco ridotta**, l'obiettivo potrebbe non dare il meglio di sé. Chiudete il diaframma appena sotto la metà della gamma di aperture disponibili per bilanciare profondità di campo e qualità dell'immagine, senza arrivare alle aperture più piccole.

DA CERCARE IN INTERNET

- ☐ **Legge dell'inverso del quadrato**
- ☐ **Fotografia per eBay**
- ☐ **Allestimento still life**
- ☐ **Gabbia di luce**
- ☐ **Flash anulare**
- ☐ **Obiettivo tilt-shift**
- ☐ **Illuminazione a fibre ottiche**
- ☐ **Mini set fotografico**

Scenografia nuziale

La sfida era dare un'intima rappresentazione di una sposa nel giorno del matrimonio. In uno studio di posa di Londra, ho preso in affitto una stanza elegante e femminile, adatta a un allestimento romantico. L'arredamento ricercato ha creato un bel contrasto con le soffici pieghe dell'abito. Sarebbe stato facile inondare la scena con una luce morbida, ma quello che avrei guadagnato in luminosità l'avrei perso in teatralità.

▷ Sony A900, 24-70 mm *f*/2.8 : 28 mm *f*/16 ISO 100 1/90 sec

1 Sfondo verde

Ho chiuso le tende per escludere la luce del giorno, ma il muro era scuro. Ho puntato sulla parete un flash con gelatina verde: la tonalità è visibile nelle ombre proiettate dalle altre luci. In postproduzione ho schiarito questa zona con una maschera per migliorare l'effetto.

2 Luce per la sposa

La modella era illuminata da un'unità flash da sinistra, puntata con attenzione per sfruttare la variazioni di luce: la luce è più calda al centro che ai margini e fa risaltare il corpetto ma non illumina troppo il volto. La luce non era tanto morbida da far sparire le ombre che incorniciano la figura.

3 Contrappunto violaceo

La terza sorgente luminosa cadeva dall'alto sul lato destro. Ho scelto una gelatina viola, complementare alla luce verde e adatta a scaldare la scena. Dietro le quinte c'era tutto un via vai di assistenti vari, sempre attenti a tenersi fuori dall'inquadratura.

4 Perfezionare la scena

Ho preparato il mobile da toilette con pochi oggetti per il trucco e qualche gioiello. Ho scattato una serie di fotografie, sperimentando varie posizioni, atteggiamenti ed espressioni della modella, e ho sistemato lo specchio a lato fino a vedere bene il volto da ogni angolazione.

IN DETTAGLIO

ISO e rumore

L'impostazione ISO o della sensibilità della fotocamera dà un'idea di quanta luce serve al sensore per registrare l'immagine. All'inizio non preoccupatevene: le moderne fotocamere possono impostare in automatico il valore ISO più adatto alle condizioni di luce prevalente.

Una volta diventati più esperti, invece, si possono usare le impostazioni ISO come un efficace strumento creativo. Il valore ISO in origine si riferiva alla sensibilità della pellicola alla luce e una stessa impostazione può dare risultati differenti su diverse fotocamere digitali, in particolare ai valori più alti. Questo perché la sensibilità dei sensori può essere misurata in diversi modi. In linea generale comunque raddoppiare il valore ISO significa raddoppiare la sensibilità.

Impostazioni della fotocamera

Un basso valore ISO, intorno a 100, permette di usare aperture ampie (pp. 78-79) o lunghi tempi di esposizione (pp. 70-71) in condizioni di luce intensa. Se si aumenta il valore ISO si possono usare tempi di esposizione più brevi o aperture più piccole. Si dice spesso che per immagini di qualità occorre un basso valore ISO, ma in pratica le moderne fotocamere, a parte i modelli più economici, offrono risultati eccellenti anche a ISO 400 o più. L'effetto collaterale più comune di valori ISO elevati è il rumore (vedi riquadro nella pagina a fronte). Il rumore è formato da schemi casuali di pixel, o gruppi di pixel, in cui i colori non si basano sulla luce della scena e che possono rovinare la definizione dei dettagli. Con le moderne fotocamere noterete poche differenze nella gamma di valori tra ISO 100 e 400, o anche 800; con queste impostazioni i livelli di rumore sono visivamente accettabili. Potete quindi usare valori ISO in passato considerati elevati come impostazione di base. Un'altra conseguenza è che, per la prima volta nella storia della fotografia, non c'è sovrapprezzo da pagare per lavorare a colori rispetto al bianco e nero: nell'ampia gamma da ISO 50 a 800, potete scegliere il livello di sensibilità per ragioni artistiche e non tecniche. Alcune procedure integrate alla fotocamera, come l'aumento della nitidezza o della gamma dinamica, possono però aumentare il rumore.

La dimensione del rumore

Una conseguenza secondaria del rumore presente nelle immagini è che aumenta le dimensioni dei file in formato JPEG. Questo perché il rumore causa informazioni aggiuntive difficili da comprimere. In realtà, ogni perdita di

Assenza di rumore
Ci sono circostanze in cui occorre usare tutta la sensibilità disponibile, a prescindere dal rumore. Una di queste occasioni si è presentata mentre davo la caccia agli alligatori di notte alla luce di lanterne. Il rumore si sarebbe sommato alla luce e al senso di mistero ma, nonostante il valore ISO 1600, è visibile solo ingrandendo l'immagine (nel riquadro).

Velluto nero
Nelle profondità della giungla, poca luce supera la barriera della vegetazione, per cui si devono usare valori ISO elevati. Se quello che importa è la forma, e non il dettaglio, il rumore non è un problema: in questo caso è in gran parte assorbito dalle ombre nere.

Liscio come seta
La *Victoria amazonica* si apre del tutto in 20 minuti, ma solo all'imbrunire. La scena richiedeva sensibilità elevata, per tarare l'esposizione sul tramonto, e levigatezza, per rendere la delicatezza dei petali. Il flash affianca un'esposizione di 1 sec, *f*/7.1, ISO 400.

dettaglio, anche la sfocatura per una profondità di campo ridotta, diminuisce leggermente le dimensioni del file, ma la differenza non è rilevante. Il rumore può essere ridotto, a volte quasi eliminato, con software specifici come Topaz DeNoise 5 o Noise Ninja (pp. 198-199). I programmi per rimuovere il rumore hanno il delicato compito di individuare e separare i dettagli reali di un'immagine dagli artefatti. Alcuni tipi di rumore, come il "banding" (a fasce regolari), sono molto difficili da eliminare. I moderni algoritmi sono efficaci nell'agire senza sfocare troppo i dettagli e Topaz DeNoise 5 può gestire anche il banding. Il processo però tende a essere lento sui file di grandi dimensioni e non è raccomandabile come procedura abituale.

LO SAPEVATE?

Il rumore sorge da una combinazione di elementi: la natura dei segnali elettrici che creano l'immagine digitale, gli effetti del caldo, piccolissimi difetti nel sensore ed errori nell'elaborazione elettronica, tutti sempre presenti in qualche misura nella realizzazione di una fotografia. Il rumore aumenta con un valore ISO più elevato perché la fotocamera cerca di ottenere i medesimi risultati con meno luce, che produce segnali più deboli: se sono sufficientemente bassi, i segnali si avvicinano al livello a cui si presenta il rumore e diventerà più difficile separarli dal rumore stesso.

Impostazioni del colore

Ci suo due modi per gestire le impostazioni del colore. Il più semplice è non impostare affatto il colore allo scatto, registrare in RAW (pp. 184-187) e rimandare ogni decisione alla postproduzione. Il secondo è registrare in JPEG e cercare di catturare la luce al meglio per ridurre al minimo il tempo di elaborazione.

Le impostazioni del colore principali sono bilanciamento del colore, bilanciamento del bianco e saturazione (p. 226). Con file RAW potete deciderle in fase di postproduzione; i file JPEG codificano i valori cromatici al momento dello scatto, ma possono essere regolati successivamente (pp. 218-219).

LO SAPEVATE?

La capacità della luce di riprodurre i colori è detta indice di resa cromatica (IRC). La luce con uno spettro completo ha un IRC elevato e garantisce una buona riproduzione, a differenza di uno spettro con un IRC scarso e lacunoso: se la luce è carente di rosso, gli elementi di quel colore non saranno colti appieno. L'IRC della luce diurna è vicino a 100, più basso in una giornata coperta. In tal caso aumentare la saturazione non serve, perché accentua colori già sbilanciati in fase di ripresa.

Bilanciamento del colore o del bianco?

Il bilanciamento del colore riguarda la temperatura del colore, misurata in gradi Kelvin (K), che determina quanto la luce sia tendente al giallo o al blu. Il bilanciamento del bianco regola il bilanciamento del colore riportando il bianco a un valore neutro, in modo che non ci siano dominanti cromatiche. L'impostazione per lampade al tungsteno influenza il bilanciamento del colore; l'impostazione per lampade fluorescenti compensa la loro tonalità sul verde e sul giallo e questo determina il bilanciamento del bianco. Con i file JPEG la cosa più semplice è impostare il bilanciamento del bianco automatico. In situazioni a lume di candela però colori perfettamente neutri vanno a scapito dell'atmosfera.

Spazio colore

Quasi tutte le fotocamere digitali registrano usando lo spazio colore sRGB (p. 179) adatto alla visione a monitor e per molti tipi di stampe. Le fotocamere più avanzate registrano con lo spazio colore Adobe RGB, più ampio di quello sRGB.

Nero di riferimento
Il nero è spesso definito come assenza di colore, ma è più utile intenderlo come molti colori mischiati insieme. È il colore più importante da bilanciare con precisione: se il nero è corretto, gli altri colori andranno a posto più facilmente. L'immagine originale (nel riquadro) aveva un bilanciamento del colore troppo freddo; la versione corretta ridà vita ai toni scuri.

SINFONIE DI TONI NEUTRI

Ampie zone di tono neutro si colorano facilmente e sono anche quelle che sopportano meglio gli errori di impostazione, perché i nostri occhi tendono ad adattarsi a grandi aree di qualsiasi colore. Un bilanciamento caldo (in basso a sinistra) di 9000 K è intimo, ma uno freddo di 3500 K (in basso a destra) resta accettabile, anche se entrambi diversi dall'impostazione corretta di 5000 K (in alto).

Sbilanciare il colore

Le impostazioni del bilanciamento del bianco sono controintuitive, perché compensano, con un effetto opposto, le condizioni di luce che descrivono. "Lume di candela" dà un effetto freddo e blu, e "Luce fluorescente" uno rosato. Potete anche regolare la temperatura del colore manualmente con le impostazioni personalizzate.

▼ COMPITO

▷ Per imparare a padroneggiare il bilanciamento del bianco fate una serie di prove in modo sistematico. Fotografate vari soggetti in condizioni di luce diverse usando tutte le impostazioni di bilanciamento del bianco della vostra fotocamera, registrate i risultati in formato JPEG e confrontateli.

▼ PUNTI DA RICORDARE

▷ **L'impostazione "sbagliata"** per le condizioni di luce presenti, come l'impostazione per luce diurna con una luce artificiale, può dare risultati migliori dell'impostazione corretta.

▷ **In condizioni di luce mista** il bilanciamento del colore nelle zone in ombra è diverso da quello delle zone in piena luce.

▷ **Se volete provare una versione avanzata** di questo esercizio usate diversi colori al posto del classico cartoncino grigio per il bilanciamento del colore. Scegliete l'opzione di bilanciamento personalizzato e fotografate una zona neutra, in genere un'area grigia o bianca, che la fotocamera userà come riferimento per il bilanciamento del bianco. Variare il colore della zona di riferimento modificherà i risultati: una taratura su un azzurro tenue, per esempio, darà toni molto caldi.

DA CERCARE IN INTERNET

- ☐ **Scala Kelvin**
- ☐ **August Bradley**
- ☐ **Morfi Jiménez Mercado**
- ☐ **William Thomson**
- ☐ **Jean-Baptiste Tournassoud**
- ☐ **Alex Webb**
- ☐ **Corpo nero**
- ☐ **Cartoncino grigio**

Dimensione e formato

Nelle prime fotocamere digitali, la qualità era modesta e si cercava di compensarla con le dimensioni dell'immagine, per avere il maggior numero possibile di pixel. Oggi la scelta delle dimensioni non è più cruciale. Anche se la ricerca si è impegnata su questo aspetto più che su ogni altra questione tecnica, il numero di pixel in sé non è garanzia di qualità.

Con gli attuali progressi tecnologici, le immagini avrebbero un grado di dettaglio superiore anche se il numero di pixel non fosse cresciuto. I vantaggi di un'alta risoluzione inoltre non crescono indefinitamente: un'immagine da 12 MP (megapixel) è visivamente meglio di una da 6, ma è difficile cogliere una perdita di qualità in un'immagine di 18 MP rispetto a una di 24.

Il prezzo della qualità

Per trarre il massimo beneficio da un alto numero di pixel si devono usare obiettivi di ottima qualità e la tecnica appropriata. I fattori più importanti sono la capacità della fotocamera di elaborare i dati e la qualità dell'obiettivo. E poi c'è il vostro contributo: la precisione dell'esposizione,

Priorità ai dettagli
Per i ramoscelli servono molti pixel, ma i dettagli si perdono se si guarda o si stampa l'immagine in piccole dimensioni. È la qualità, non la dimensione, a rendere giustizia ai toni di cielo e acqua.

LO SAPEVATE?

Se i vostri file occupano sempre molta memoria, forse le vostre immagini sono più grandi del necessario. Tutti i sistemi di caricamento per siti di photosharing o servizi online sono più veloci se si riduce l'immagine alla dimensione giusta; con la stampa, i file più grandi della norma non sono necessariamente stampati meglio. Nella tabella sotto trovate le dimensioni suggerite per diversi tipi di impiego. Controllate le dimensioni con il file aperto, perché altrimenti file JPEG o TIFF compressi saranno visti come molto più piccoli dal computer.

Stampa a getto d'inchiostro	**7½ x 12½ cm**	**1,9 MB**
	10 x 15 cm	**2,7 MB**
	20 x 25 cm	**5 MB**
	21 x 30 cm	**6,9 MB**
	30 x 42 cm	**12,6 MB**
Immagine per pagina web	**480 x 320 pixel**	**0,45 MB**
	600 x 400 pixel	**0,7 MB**
	768 x 512 pixel	**1,12 MB**
	960 x 640 pixel	**1,75 MB**
Stampa per libri o riviste	**21 x 30 cm**	**18,6 MB**
	20 x 25 cm	**13,6 MB**
	12½ x 20 cm	**9,3 MB**
	12½ x 7½ cm	**3,9 MB**

la messa a fuoco e la stabilità. Ne segue che una piccola immagine ben costruita può avere una qualità superiore di una più grande: è più facile ottenere buoni risultati se vi concentrate su quello scopo che non se usate la massima dimensione disponibile. Inoltre, i file grandi richiedono tempo per essere aperti, salvati, copiati ed elaborati.

Linee guida per i file

Scegliere una risoluzione adatta alle necessità vi farà risparmiare tempo e fatica. Usate dimensioni con una base inferiore a 640 pixel se fotografate amici per un sito di social network. Per stampe o libri, immagini con una base di 3000 pixel risulteranno larghe circa 25 cm. Il modo più efficace per risparmiare spazio è registrare in JPEG (pp. 174-175) e adeguare le dimensioni al tipo di uso (vedi riquadro nella pagina a fronte). Il formato RAW (pp. 184-187), se la fotocamera lo prevede, vi darà la migliore qualità dell'immagine e la più ampia possibilità di elaborazione, ma richiede più lavoro per gestire i dati e occupa più memoria.

Input contro output

Quando si utilizza l'immagine, buona parte della qualità viene dispersa dal dispositivo di uscita, a meno che sia destinata a un forte ingrandimento. La stampa sfoca i piccoli dettagli e i monitor confondono i dettagli deliberatamente con un processo chiamato "dithering", che rende le immagini più omogenee. Un alto numero di pixel non porta vantaggi in nessuno dei due casi.

Rapporto tra i lati

Nel corso di tutta la storia, sono state scritte, dipinte e catturate opere d'arte in formati rettangolari; la fotografia in particolare si è dilettata con rettangoli di proporzioni, o rapporti tra i lati, molto diversi. Tra le soluzioni usate ci sono state il quadrato, con un rapporto tra i lati di 1:1, adottato dalle vecchie fotocamere di medio formato, e il rapporto lungo e stretto di 5:2 delle fotocamere panoramiche. Oggi la scelta si è ristretta a tre opzioni. Il classico rapporto 3:2, basato sulla pellicola 35 mm, è probabilmente il più versatile. Anche il 4:3 ha radici storiche. Tendente al quadrato, è compatibile con gli schermi da computer, perché l'orientamento verticale (ritratto) spreca solo una piccola porzione del monitor. Il 16:9, sempre più diffuso, funziona bene solo con orientamento orizzontale (paesaggio).

3:2

Questo formato sfrutta bene l'immagine circolare proiettata dall'obiettivo e non è né troppo quadrato né troppo stretto. Inoltre c'è una chiara differenza tra l'orientamento verticale e orizzontale, importante per variare la composizione delle immagini. Non si adatta però perfettamente agli schermi dei monitor e alle dimensioni della carta.

4:3

Basato sul vecchio formato standard della televisione, si adatta bene a molti schermi, compresi nuovi dispositivi come l'iPad. Vicino al quadrato, deve essere usato con più attenzione di altri formati per composizioni efficaci, perché è più difficile creare un effetto scenografico tra elementi separati (tutte le zone hanno un rapporto simile rispetto al centro).

16:9

Basato su uno standard della televisione ad alta definizione (HDTV), questo rapporto tra i lati è perfetto per la vista scenografica di un paesaggio o di composizioni cinematografiche con elementi chiave nettamente separati. Sullo schermo però funziona solo in orizzontale: con un orientamento da ritratto, l'immagine si rimpicciolisce e sfrutta poco lo spazio

Tecniche ottiche

VEDUTA AMPIA

PROBLEMA
Volete catturare interamente una scena, ma non avete abbastanza spazio di manovra. Vi serve l'angolo di campo più ampio possibile, ma volete evitare le distorsioni da fish-eye.

ANALISI
È estremamente difficile catturare un angolo di campo più ampio di circa 100 gradi senza distorsione, evitando che le linee diritte appaiano incurvate. Se volete catturare un panorama a 180 gradi, è impossibile evitare la distorsione, ma la si può limitare cercando di raddrizzare alcune linee curve in postproduzione.

SOLUZIONE

▷ Usate un obiettivo fish-eye full-frame (a fotogramma pieno) perché l'angolo di campo riempia l'inquadratura e per catturare una veduta di 180 gradi sulla diagonale dell'immagine.

▷ Usate un filtro software per raddrizzare le linee chiave senza perdere l'ampiezza della veduta.

▷ Fate diventare la caratteristica distorsione a barilotto parte del vostro vocabolario visivo.

▷ Ricordate che le linee che passano dal centro dell'immagine non sono distorte.

LIMITARE LA PROFONDITÀ

PROBLEMA
L'obiettivo grandangolare dà una profondità di campo eccessiva, rendendo difficile separare i dettagli in primo piano dallo sfondo.

ANALISI
Gli obiettivi grandangolari hanno una grande profondità di campo anche alla massima apertura, con messa a fuoco su distanze medie o lunghe. L'unico metodo per ridurre la profondità di campo in macchina è usare un obiettivo decentrabile e inclinarlo per spostare il piano di messa a fuoco ottimale.

SOLUZIONE

▷ Se, come è il caso più comune, gli oggetti più vicini si trovano verso il margine inferiore della scena, inclinate l'obiettivo verso l'alto per ridurre la profondità di campo.

▷ Se gli oggetti più vicini sono sul lato sinistro dell'immagine, spostate l'obiettivo verso destra (vedi immagine sopra) e viceversa.

▷ Potete sfocare lo sfondo in postproduzione (p. 245).

SUPERPROFONDITÀ

PROBLEMA
Dovete usare un'apertura ampia o massima, forse perché non c'è abbastanza luce, o perché state usando un basso valore ISO, ma nello stesso tempo volete una profondità di campo estesa.

ANALISI
Il piano di messa a fuoco ottimale in genere è parallelo al piano del sensore: se mettete a fuoco il muro davanti a voi, avrà la stessa angolazione del muro. Se il piano del soggetto non è parallelo al sensore, dovete inclinare il piano di messa a fuoco con un obiettivo decentrabile.

SOLUZIONE

▷ Se, come è il caso più comune, gli oggetti più vicini si trovano verso il margine inferiore della scena, inclinate l'obiettivo verso il basso per aumentare la profondità di campo.

▷ Se gli oggetti più vicini sono sul lato destro dell'immagine, spostate l'obiettivo verso destra, e viceversa.

▷ Mettete a fuoco con precisione gli oggetti a basso contrasto della scena, dato che quelli ad alto contrasto, come riflessi scintillanti, appaiono nitidi anche se non sono precisamente a fuoco.

FUOCO MORBIDO

PROBLEMA
State facendo un ritratto, ma l'obiettivo è eccessivamente nitido e mostra troppi dettagli, evidenziando rughe, macchie e altre imperfezioni della pelle. Volete ottenere un'interpretazione più morbida e che doni di più al soggetto.

ANALISI
I moderni obiettivi hanno un potere di correzione elevato, il che significa che le aberrazioni ottiche, in particolari quelle sferiche, sono ridotte per produrre immagini nitide e definite. L'incantevole, morbida atmosfera del vecchio ritratto fotografico è ridotta a un'aberrazione sferica non corretta del tutto.

SOLUZIONE

- ▷ Per risultati davvero ottimali, impiegate uno specifico obiettivo a fuoco morbido.
- ▷ Usate filtri diffusori su un teleobiettivo medio alla massima apertura. Provate diverse combinazioni per variare l'effetto.
- ▷ È possibile simulare l'effetto in postproduzione: duplicate l'immagine su un nuovo livello, impostate su Schiarisci, quindi sfocate il nuovo livello. Applicate di nuovo la sfocatura con l'area centrale protetta per accentuarla agli angoli.

FORO STENOPEICO

PROBLEMA
Volete dare alle immagini un caratteristico aspetto vecchio stile usando la dSLR. Preferite ridurre al minimo necessario l'attrezzatura specializzata e non dover ricorrere alla postproduzione per ottenere il risultato.

ANALISI
Il modo migliore per ottenere un aspetto vecchio stile è usare proprio le tecniche vecchio stile. È d'aiuto se la fotocamera può essere impostata per registrare in bianco e nero, o direttamente nei toni seppia, per eliminare del tutto la necessità di elaborare successivamente l'immagine.

SOLUZIONE

- ▷ Trasformate la vostra dSLR in una fotocamera con foro stenopeico: fate un piccolo buco in un tappo per il corpo macchina, attaccate un pezzo di carta d'alluminio sul buco e usate un ago per praticare un minuscolo foro con un diametro di circa 0,3 mm. Impostate la fotocamera per registrare in bianco e nero o in toni seppia, se l'opzione è disponibile, e verificate il risultato (eventualmente prendete un altro foglio d'alluminio con un nuovo foro e riprovate).

MESSA A FUOCO SDOPPIATA

PROBLEMA
Vorreste mettere a fuoco un oggetto vicino ma rendere in modo nitido anche un'altra parte della scena, relativamente distante. Vi occorre un modo per avere una messa a fuoco separata su due zone diverse.

ANALISI
La profondità di campo richiesta è molto più estesa di quella resa possibile dall'apertura minima o dai movimenti di un obiettivo decentrabile. Vi serve un obiettivo supplementare che metta a fuoco l'oggetto vicino, mentre l'obiettivo della fotocamera mette a fuoco la parte più distante della scena.

SOLUZIONE

- ▷ Usate una semplice lente, come una lente di ingrandimento o un paio di occhiali da lettura forti, come obiettivo supplementare. Impostate un'apertura ampia per evitare di vedere i margini della lente in maniera troppo evidente, mettete a fuoco sulla parte distante della scena, quindi tenete la lente sopra l'oggetto vicino. Regolate la distanza dell'obiettivo improvvisato sull'oggetto vicino per ottenere la messa a fuoco, mentre continuate a tenere a fuoco la parte distante con l'obiettivo della fotocamera.

Panorami estesi

Le riprese panoramiche servono per catturare ampie vedute urbane e paesaggi, senza le distorsioni degli obiettivi ultragrandangolari. All'epoca della pellicola, i panorami erano realizzati facendo ruotare l'obiettivo su un asse verticale e proiettando l'immagine su una superficie curva, il che è quasi impossibile da ottenere con i sensori delle fotocamere digitali.

Oggi possiamo realizzare panorami scattando una serie di fotografie e usando un sofisticato software per unirle. Lavori di qualità professionali richiedono particolari teste panoramiche specifiche per il tipo di ottica, ma i programmi moderni sono tanto evoluti da riuscire a fondere anche riprese di scarsa qualità, per cui anche da sovrapposizioni imprecise si ottengono discreti risultati.

Scattare le fotografie

Cominciate con lunghezze focali medie o moderate per ridurre al minimo la distorsione. Misurate l'esposizione manualmente e impostate un bilanciamento del bianco specifico (non automatico) per avere colori e densità costanti. Appoggiate la fotocamera su un treppiede e, se possibile, regolate l'obiettivo sulla colonna centrale. Fate una serie di scatti da un lato della scena all'altro, sovrapponendo le immagini adiacenti per almeno un terzo della larghezza e tenendo l'orizzonte al centro dell'inquadratura. Con l'esperienza riuscirete a registrare panorami anche con la fotocamera a mano libera, ma dovrete farla ruotare sul suo asse verticale, senza spostarvi con tutto il corpo.

Giunzione delle immagini

Dopo aver scattato le fotografie, caricatele sul computer e raggruppatele in una cartella. In questa fase non cedete alla tentazione di apportare qualsiasi tipo di correzione. Unite o "cucite" insieme le immagini con un software che riconosce gli elementi analoghi ai margini di scene contigue: ne sono disponibili molte versioni gratuite, come Hugin, PhotoStitch, e PTStitcher. Potreste dover impostare alcuni parametri, per esempio la lunghezza focale usata. Quando il programma ha assemblato il panorama (vedi pagina a fronte), se necessario sistemate i margini con il ritaglio. Potrete infine effettuare gli aggiustamenti di colori e toni dell'immagine complessiva.

Vista d'insieme
Anche una veduta ultragrandangolare, a 121 gradi, mostra solo in parte l'ansa del fiume vicino a Hernandez, New Mexico (nel riquadro). Con il cielo uniforme e gran parte del primo piano in ombra, un panorama composito è il miglior modo di rendere la scena.

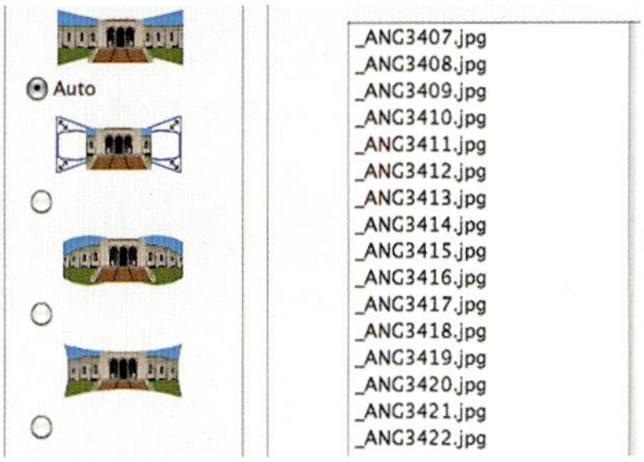

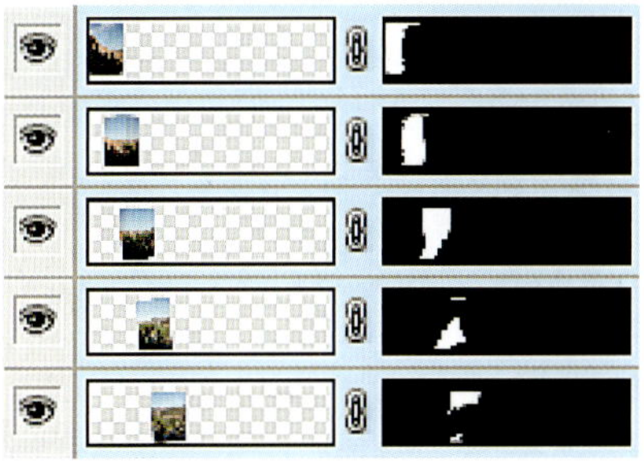

Serie panoramiche
Per la vista migliore in cima al dirupo non c'era spazio per il treppiede. Con lo zoom su 50 mm e fotocamera verticale, ho impostato manualmente esposizione e bilanciamento del bianco con ampie sovrapposizioni.

Preparazione
I panorami possono produrre immagini molto grandi anche a partire da file piccoli: riducete le dimensioni della serie e raccoglietele in una cartella pronte per il software. Rimandate a dopo le correzioni.

Assemblaggio su livelli separati
Alcuni programmi assemblano un'immagine formata dalle sue componenti su livelli separati con le rispettive maschere. Questo consente di regolare con precisione sia le maschere sia l'allineamento.

Maschere elaborate
Le maschere sono create con complessi algoritmi, che allineano immagini adiacenti conservando i dettagli e poi nascondono le zone superflue. Potete vedere le maschere disattivando gli altri livelli.

Prima del ritaglio
Il panorama composito non è diritto perché l'obiettivo puntava verso il basso durante le riprese. Un po' di clonazione agli angoli e al centro può colmare le lacune per un taglio finale più profondo.

Dopo il ritaglio
Applicare il ritaglio per ottenere un rettangolo preciso dalla parte centrale della sequenza esclude buona parte dei dati originari, ma crea una striscia completa bassa e allungata: il nostro panorama.

Filtri ed effetti

Prima dell'era della fotografia digitale, uno dei pochi modi di manipolare le immagini a colori era montare un filtro davanti all'obiettivo. Un filtro cambia, o filtra, la luce che entra nell'obiettivo alterando così l'immagine. I loro effetti variano da semplici tinte colorate a distorsioni, sfocature e gradazioni. I filtri fecero furore negli anni ottanta e novanta, segno che i fotografi avevano l'ambizione di ampliare i confini del possibile; di certo, questi filtri furono precursori dei filtri digitali che usiamo oggi in postproduzione.

Ci sono alcuni segnali di un ritorno in auge dei filtri analogici, perché i fotografi stanno imparando che alcuni effetti, come il fuoco morbido, funzionano meglio se integrati

POLARIZZATORE

CON FILTRO

SENZA FILTRO

I filtri polarizzatori sono i più utili: creano un effetto impossibile da ottenere con l'elaborazione digitale. Scuriscono il blu del cielo aumentando l'intensità e l'impatto del colore. Riducono il bagliore ed eliminano riflessi di acqua o vetri.

- Usate solo filtri polarizzatori circolari con fotocamere dSLR. I più economici polarizzatori lineari possono andare bene per alcune compatte (a meno che le istruzioni lo sconsiglino).
- Ruotate il filtro sull'innesto fino a ottenere l'effetto desiderato.
- Il cielo si scurisce al massimo quando il sole è dietro alla fotocamera.

GRADUATO

CON FILTRO

SENZA FILTRO

I filtri graduati sono più scuri in alto e più trasparenti in basso; la copertura non uniforme compensa un'illuminazione variabile. Quelli a densità neutra sono incolori e adatti a bilanciare un cielo luminoso con un primo piano scuro, per semplificare la gestione di ombre e luci. Quelli colorati ravvivano una giornata cupa.

- Gli effetti del filtro variano molto in base ad apertura e lunghezza focale.
- Scegliete una lunghezza focale media o moderata e un'apertura ampia per ammorbidire le transizioni.
- Sono preferibili i filtri quadrati per regolare la posizione della sfumatura.

AD ALTO CONTRASTO

CON FILTRO

SENZA FILTRO

L'uso di filtri colorati nella fotografia in bianco e nero può essere una bella scoperta e fare risparmiare molto lavoro in postproduzione. Impostate la fotocamera su bianco e nero, montate un filtro e scoprirete modi ingegnosi per migliorare il contrasto.

- Filtri arancione o rossi schiariscono i colori caldi e scuriscono i toni blu. Per l'esempio sopra è stato usato un filtro arancione, che schiarisce i mattoni rossi e scurisce il cielo riflesso nella finestra.
- Filtri giallo-verdi sono ottimi per i paesaggi perché schiariscono i toni delle foglie e scuriscono un poco il cielo.

alla fotocamera, mentre altri, come la polarizzazione, sono possibili solo con un filtro fisico. Il modo più pratico è usare filtri quadrati in resina inseriti in una cornice. Questa può adattarsi a obiettivi di diverse dimensioni, quindi basta avere un filtro di ogni tipo per tutti gli obiettivi. Sono disponibili anche adattatori per le compatte. Se usate solo un obiettivo o due, i filtri in vetro che si avvitano all'innesto dell'obiettivo hanno una qualità ottica migliore. L'effetto di un filtro dipende dall'angolo di campo e dall'apertura, perciò dovete valutarlo attraverso l'obiettivo all'apertura e alla lunghezza focale previste. Tutti gli effetti non uniformi, come un filtro graduato, avranno transizioni più nitide se è più estesa la profondità di campo (con una piccola apertura) o se il campo visivo è più ampio (con una focale corta).

A DENSITÀ NEUTRA

CON FILTRO

SENZA FILTRO

Un filtro che blocca solo il passaggio della luce potrebbe sembrare inutile, ma immaginate di voler usare un'ampia apertura con luce molto intensa, o di voler impostare un tempo di esposizione lungo per avere un effetto di movimento. Anche con il valore ISO più basso, c'è sempre troppa luce per le impostazioni scelte: usate il filtro a densità neutra per scurire la cena.

- Questi filtri hanno diverse densità, per esempio -1 stop e -2 stop. Densità maggiori si usano con luce molto forte.
- Filtri a densità neutra di elevata qualità agiscono su tutti i colori nello stesso modo senza favorirne nessuno.

DIFFUSORE

CON FILTRO

SENZA FILTRO

I filtri diffusori, o a fuoco morbido, erano la scelta tipica per i ritratti. I migliori agiscono dove l'immagine è già soffusa, con un effetto minimo sui dettagli nitidi. Se usati con una profondità di campo ridotta, danno al volto un leggero riflesso difficile da riprodurre in digitale.

- L'effetto di morbidezza della sfocatura è più forte alla massima apertura.
- I filtri a fuoco morbido sono concepiti per lunghezze focali da ritratto (75-105 mm).
- Questi filtri diminuiscono il contrasto, quindi potete usare un'illuminazione un po' più forte del solito.
- Sovraesporre crea aloni più evidenti.

PER EFFETTI SPECIALI

CON FILTRO

SENZA FILTRO

Superfici di plastica con rilievi spessi o filtri con sporgenze davanti all'obiettivo danno vari risultati, da distorsioni e schemi di diffrazione con i colori dell'arcobaleno a immagini multiple. Questi filtri rendono bene su obiettivi zoom da grandangolari moderati a teleobiettivi moderati e danno buon margine di manovra. L'esempio qui sopra mostra un filtro multiprisma.

- Chiudete il diaframma all'apertura voluta o scattate qualche foto di prova: gli effetti cambiano in base all'apertura.
- Riprendete la scena anche senza il filtro; vi servirà da riferimento per ricostruire eventualmente qualche dettaglio.

CAPITOLO TRE

SOGGETTI FOTOGRAFICI

Ritratto

Le persone sono sempre state e continuano a essere di gran lunga il soggetto più fotografato . Sono però molto lontani i giorni in cui farsi fare un ritratto significava una posa formale in uno studio con indosso gli abiti migliori. La ritrattistica moderna comprende un'enorme varietà di stili, dagli scatti informali in casa alle foto di gruppo di amici in occasioni mondane, al ritratto artistico perfettamente illuminato in studio.

ANNIE LEIBOVITZ

Quando dico che voglio fotografare qualcuno, quello che intendo dire veramente è che voglio conoscerlo.

La crescita di quello che è considerato accettabile nella ritrattistica significa non dover più seguire una formula: tutto è lecito e concesso. I volti possono essere ben definiti o nascosti da sfocatura e movimento. Può esserci il contatto visivo con il soggetto, che però potrebbe anche avere lo sguardo rivolto altrove. Le pose ammesse variano da quelle più regali a quelle più buffe e l'abbigliamento può essere casual, formale, un travestimento o anche del tutto assente.

Come decidere la posa

A questa varietà corrisponde, in termini di interazione con i vostri modelli, un'ampia gamma di possibilità. Potreste chiedere loro di comportarsi come se voi non ci foste o metterli in posa con estrema precisione, decidendo come devono stare seduti o in piedi e guidando le loro espressioni facciali. Tra i due estremi, potete esplorare un'infinità varietà di stili di ritratto: non abbiate paura di sperimentare.
Il modo in cui mettete in posa i modelli è, in parte, espressione della relazione che intercorre tra voi e loro. Non potete comandare a bacchetta amministratori delegati, star del cinema o bambini e, chiunque stiate fotografando, otterrete migliori risultati se saprete coinvolgere il soggetto. Il segreto di una sessione fotografica di successo è la collaborazione: condividete le vostre idee con i modelli e scoprite come vorrebbero essere ritratti. Anche con modelli professionisti, tutto filerà liscio una volta che avranno capito le vostre intenzioni. Come diceva Alfred Eisenstaedt, è inutile scattare una foto se non scatta qualcosa con la persona.

Gruppi movimentati
Se trovate un gruppo di adolescenti ben disposti a farsi fotografare, è probabile che facciano un po' di messa in scena per la fotocamera. Lasciate che sia la loro creatività e la dinamica del gruppo a determinare come sarà il risultato.

SOGGETTO AL LAVORO

Professionisti impegnati, come questo capitano di una nave da crociera, non hanno tempo da perdere. Dopo le presentazioni, individuate la posizione migliore per ottimizzare la luce disponibile e scovate sfondi adatti: con la pratica vi basteranno pochi istanti. Sarete poi in grado di dare istruzioni precise che vi faranno guadagnare la fiducia altrui.

Ritratto dal vero

Costruire la posa di un ritratto richiede di tenere in considerazione anche l'ambiente e lo sfondo della scena. Se sceglierete di isolare il soggetto dal contesto, per esempio posizionandolo contro un fondale in tinta unita, concentrate l'attenzione dello spettatore sul carattere del soggetto, rimuovendo tutti gli altri indizi su chi possa essere. Ci si può basare solo su espressioni, gesti e posa. Chi è portato alla lettura del linguaggio corporeo potrà intuire molte cose di una persona dalla posa che assume per la fotocamera. Al contrario, potete includere il contesto in cui si trova il soggetto, lo spazio in cui vive o lavora, o ambiti più ampi, come parte integrante dell'osservazione. Con questo approccio, le dimensioni della persona rispetto allo spazio intorno a lui costituiscono intuitivamente un'indicazione dell'importanza che questo spazio riveste nella sua vita. Per esempio, se una persona sembra piccola tra una grande piantagione di alberi, il messaggio implicito per chi guarda è che gli alberi sono importanti per il soggetto. L'ambiente assume significato e allo stesso tempo attribuisce un maggior valore alla persona ritratta.

Fascino naturale

Avevo chiesto alla modella di tenere il cellulare e fingere di fare una telefonata, ma solo nel momento in cui ha ricevuto davvero una chiamata ha agito in modo veramente spontaneo.

Se il soggetto è in imbarazzo davanti alla fotocamera, un trucco è tenerlo in movimento. Spostatevi da un punto all'altro e intanto continuate a parlare fino a quando non si rilassa.

Considerazioni tecniche

Nonostante la maggiore libertà di stili nella ritrattistica, restano immutati alcuni punti tecnici che vale la pena di ricordare se volete avere maggiori probabilità di realizzare ritratti di successo. A meno che vogliate distorsioni per dare un effetto comico, è meglio evitare di avvicinarsi fino a quasi toccare il soggetto con un obiettivo grandangolare o uno zoom impostato su una focale corta.

Sbaglierete di rado mettendo a fuoco sull'occhio più vicino alla fotocamera, in particolare con un'apertura ampia (*f*/2 o più). Se la fotocamera usa punti di messa a fuoco multipli, è più semplice impostarla per usare solo il punto di messa a fuoco centrale. Mettete a fuoco l'occhio e ricomponente lo scatto tenendo la messa a fuoco bloccata. Se avete la fortuna di usare un obiettivo con un'apertura massima di *f*/1.2 o *f*/1, dovrete usare una tecnica diversa. In questo caso è meglio impostare l'inquadratura desiderata e poi mettere a fuoco manualmente (usare il punto centrale di messa a fuoco e ricomporre farebbe perdere la messa a fuoco).

Anche se usate spesso ampie aperture per sfocare lo sfondo, è sempre bene accertarsi che non ci siano punti di massima luce o riflessi speculari. Macchie luminose sfocate nell'immagine distraggono chi guarda dagli occhi della persona ritratta. Se il soggetto è rivolto verso una sorgente luminosa, nei suoi occhi potrebbero formarsi seducenti punti di luce.

Rompere le regole

I ritratti non devono sempre essere per forza una rappresentazione chiara e precisa di una persona. Questa immagine è distorta dall'impostazione grandangolare usata da vicino; è scattata dal basso; e non si vedono gli occhi del soggetto. Eppure l'effetto complessivo, con il sole splendente e le palme riflessi negli occhiali da sole e la rilassata atmosfera da vacanza, nell'insieme vale più della somma delle sue parti.

LEZIONE DI ANATOMIA

Ogni parte del corpo umano può essere espressiva. Le mani, usate per comunicare, toccare, mangiare, lavorare e compiere una miriade di azioni quotidiane, sono particolarmente evocative. Provate a concentrare il ritratto su una specifica parte del corpo: scegliete per esempio gli occhi, le mani o i piedi. Un approccio di questo tipo non solo produce ritratti insoliti e intimi, ma elimina anche ogni problema riguardante la possibile identificazione di una persona dall'immagine (anche se è sempre meglio avere una liberatoria prima di rendere pubbliche fotografie di persone).

Nel personaggio

I ritratti migliori suscitano una risposta emotiva nello spettatore, per cui la fotografia diventa una finestra sulla personalità del soggetto. Questo esercizio ha lo scopo di aiutarvi a eliminare la vostra influenza sulla fotografia, in modo da mettere in risalto la personalità del modello.

▼ COMPITO

▷ Realizzate una serie di ritratti di un unico gruppo di persone: familiari, amici o colleghi. Scegliete uno sfondo in tinta unita in modo che l'attenzione sia tutta per il soggetto. Fate una serie di fotografie formali che dovranno essere "oggettive", dando meno istruzioni possibili riguardo a posa ed espressione.

▼ PUNTI DA RICORDARE

▷ **Decidete come il soggetto dovrà essere vestito:** in maniera formale o informale, o perfino in costume, e se volete inserire oggetti di scena nell'immagine.

▷ **Stimolate il soggetto a fare conversazione,** ma aspettate che smetta di parlare prima di fotografarlo.

▷ **Usate un'illuminazione semplice** e adatta a ogni soggetto.

▷ **Variate proporzioni e inquadratura** in ogni immagine; provate ritratti in primo piano, a mezzo busto e a figura intera.

DA CERCARE IN INTERNET

☐ **August Sander**	☐ **Araki Nobuyoshi**
☐ **Peter Korniss**	☐ **Richard Avedon**
☐ **Disfarmer**	☐ **Eikoh Hosoe**
☐ **Irving Penn**	☐ **Helmut Newton**
☐ **Nicholas Nixon**	☐ **Cindy Sherman**

Pose informali

Scattare fotografie di amici e persone care è il tipo di fotografia più facile in assoluto e costituisce un ottimo modo per mettere in pratica le vostre abilità tecniche. La riprova è data dai milioni di ritratti caricati sui siti di social network ogni giorno in tutto il mondo.

È un grande piacere fotografare un soggetto collaborativo. Se trascorrete molto tempo con qualcuno, sfruttate le numerose opportunità che si presentano per sperimentare; non limitatevi alle vacanze o alle occasioni speciali. Imparando a scattare foto semplici e dirette, scoprirete che esiste un'incredibile varietà di pose possibili. Instaurate un'alleanza creativa con il modello. Pensate a come coglierne al meglio la personalità: introducete elementi scherzosi, interagite con il contesto e lasciate che il soggetto prenda l'iniziativa. Divertitevi e usate la fantasia: le nuove idee arriveranno sull'onda dell'entusiasmo.

▼ TRUCCHI DEL MESTIERE

- ▷ **Usate il flash di riempimento** quando vi fotografate con il sole alle spalle o se le ombre sono troppo scure.
- ▷ **Tenete la fotocamera in mano e accesa:** le migliori opportunità spesso si presentano e scompaiono nell'arco di pochi secondi.
- ▷ **Siate discreti.** Se volete fotografare in un centro commerciale o in un altro luogo in cui potrebbe essere vietato, non usate un grossa reflex digitale sul treppiede e fate il possibile per non attirare l'attenzione.
- ▷ **Contrassegnate con parole chiave (tag) le persone nelle fotografie** tramite il software di gestione delle immagini. Molti programmi hanno anche sofisticate funzioni per il riconoscimento facciale.

INTERAZIONE ▷
Date vita a una scena con segnali stradali o oggetti da turisti. Liberatevi delle inibizioni e trasformate momenti quotidiani in mini studi del personaggio. Anche la situazione più monotona può brillare se abbinata a un pizzico di estro.

SCHERZOSA

AUTORITRATTO ▷
Mettete la fotocamera su un piccolo treppiede e usate l'autoscatto, o tenetela alla distanza del braccio per scatti più informali. Ci sono fotocamere che rilevano l'espressione e scattano solo se sorridete, o con uno schermo secondario per l'inquadratura.

TRADIZIONALE

INVENZIONE ▷
Osservate l'ambiente e sfruttatelo in modi inaspettati: provate punti di vista insoliti e scene allestite a piacere, e sperimentate con riflessi in specchi e vetrine. Non temete l'eccesso di sovra o sottoesposizione: potrebbero cerare un effetto utile.

SCENOGRAFICA

LUOGO ▷
Molte foto del tipo "io sono stato qui" sono di una monotonia spaventosa. Fate assumere ai vostri amici o compagni pose più vivaci e non fredde e formali, e notate come il linguaggio del corpo influenza l'atmosfera.

DI SORPRESA

SILHOUETTE ▷
Per variare il ritmo di una sequenza non c'è niente di meglio che una semplice silhouette. Qualsiasi sfondo luminoso e uniforme servirà allo scopo: scegliete la lunghezza focale e impostate l'esposizione per dare la massima densità alle ombre.

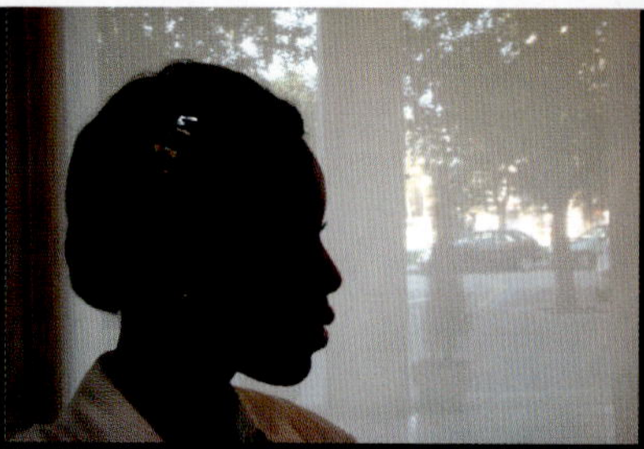

INTRIGANTE

SPIRITOSA

TIMIDA

TEATRALE

INFORMALE

RILASSATA

AFFETTUOSA

SURREALE

ARTISTICA

ULTRATERRENA

DA COMPARSA

NATURALE

CON ELEMENTI DI SCENA

CORNICE IN UNA CORNICE

SU FONDALE

AFFASCINANTE

Ritrarre i bambini

In passato era quasi impossibile ottenere una fotografia nitida di un bambino (a meno che non fosse addormentato) perché significava riuscire a far stare un soggetto non collaborante in una posa formale per una lunga esposizione. Oggi che possiamo catturare il movimento dei piccoli più veloci non ci sono più restrizioni tecniche alla fotografia di bambini.

> **ELIOT PORTER**
> A volte si può raccontare una grande storia con un soggetto minuscolo.

Tutti i genitori vogliono immortalare l'attimo e i fotografi specializzati in adorabili ritratti di bambini saranno sempre pieni di lavoro. Affrontare questa sfida richiede un'attrezzatura minima: una fotocamera veloce e reattiva, meglio una piccola dSLR, e un solo obiettivo. Un 50 mm *f*/1.4 o *f*/2 per una dSLR con sensore in formato APS-C può soddisfare il 90 per cento delle esigenze. Scattare fotografie di bambini è anche un modo per esercitarsi in inquadrature in movimento, messa a fuoco, composizione e molto altro.

Catturare gli attimi

La chiave per immagini di successo è permettere ai bambini di fare quello che viene loro naturale, qualsiasi cosa gli passi per la testa in quel momento. Se cercate di controllarne il comportamento vi ritroverete, nella migliore delle ipotesi, con un soggetto riluttante, e nella peggiore con una crisi di pianti e urla. Limitandovi a seguirli continuando a scattare alla fine avrete anche fotografie più accattivanti. Ogni volta che scattate ritratti di figli di altre persone siate consapevoli delle vostre responsabilità in quanto fotografi e accertatevi che sia i soggetti sia i loro tutori siano d'accordo.

Filmati e persone in movimento

Una strategia da poco disponibile è sfruttare la funzione filmato HD, presente in molte fotocamere (Capitolo 8), per seguire bambini che si muovono velocemente; funziona meglio con una buona luce all'aperto. Potete poi estrapolare singoli fotogrammi dal filmato: immagini con una base di 1920 pixel hanno dati a sufficienza per stampe di 15 x 10 cm e possono essere inviate per email ai familiari.

Al centro dell'attenzione
Nonostante la confusione e i colori contrastanti, la bambina spicca sullo sfondo (nel riquadro, un'immagine della stessa serie): in parte grazie alla struttura relativamente evidente di travi di legno verdi e marroni che sottolineano la sua posizione nella composizione; in parte, senza dubbio, grazie al contatto visivo diretto e al bellissimo sorriso.

In movimento
Un obiettivo 135 mm alla massima apertura, *f*/1.8, unisce una buona distanza di lavoro per separare il soggetto dallo sfondo a un breve tempo di esposizione per catturare il movimento.

Piccolo e grande
Il contrasto tra la ragazzina e i macchinari industriali è reso più potente dal contrasto dei loro toni e crea un'efficace sovrapposizione di elementi visivi.

Luce ed espressione
Non dovete necessariamente scattare sempre foto di bambini sorridenti. L'espressione assorta si unisce alla luce laterale per un ritratto delicato e coinvolgente.

Il loro mondo

Molte fotografie di bambini li ritraggono mentre sorridono verso la fotocamera, consci non solo del fotografo ma dell'azione stessa della fotografia, spesso mentre si comportano al meglio, senza dubbio per richiesta del fotografo. Ma i bambini che giocano popolano un altro mondo, sul quale la fotocamera può aprire una finestra.

▼ COMPITO

▷ Rappresentate un bambino immerso nel suo mondo, mentre gioca, è rapito da un pensiero o corre in giro con gioioso abbandono. Cercate di catturare una varietà di stati d'animo.

▼ PUNTI DA RICORDARE

▷ **È più facile iniziare vicino a casa,** con ritratti dei vostri stessi figli o di bambini di familiari o amici stretti.

▷ **Una focale lunga,** per esempio di circa 135 mm, vi permette di tenere una certa distanza pur conservando una buona visuale del volto del soggetto.

▷ **La messa a fuoco manuale** è spesso più efficace dell'autofocus se dovete fotografare bambini piccoli che difficilmente riescono a stare fermi.

▷ **Il flash potrebbe distrarre il soggetto** e farvi perdere l'elemento della spontaneità. Se fotografate in interni, provate a disattivarlo e a impostare un valore ISO elevato.

DA CERCARE IN INTERNET

- ☐ **Alice Auster-Rhodes**
- ☐ **Anne Geddes**
- ☐ **Diana Mara Henry**
- ☐ **Ed Krebs**
- ☐ **Sally Mann**
- ☐ **Roger Mayne**
- ☐ **Sue Packer** *The Babies*
- ☐ **Annabel Williams**
- ☐ **V&A Museum of Childhood**

Conversazione

Fotografare bambini piccoli che spesso non sono per nulla interessati né alle vostre fotografie né a collaborare può essere complicato. Questa sequenza è nata da una conversazione su quale varietà di mela sia più dolce, Gala o Pacific Rose. Quando la discussione si è fatta più intensa, con noncuranza ho preso la fotocamera e iniziato a scattare... sempre parlando di mele. La foto finale coglie un momento di intensa contemplazione, unito a un'illuminazione che rasenta la perfezione.

▷ Sony A900, 24-70 mm *f*/2.8 : 50 mm *f*/2.8 ISO 1600 -0.3 EV 1/160 sec

DELLA STESSA SERIE

1 Riflessione
Un bello sfondo di morbida luce si riversa da sinistra avvolgendo la bambina, e il mio punto di vista dall'alto aiuta a isolarla dai toni intensi e caldi del pavimento. La seria discussione si è però interrotta quando ho preso la fotocamera, come si vede da questo momento di imbarazzo.

2 Soppesare i pregi
Ogni momento della discussione aveva una gestualità differente. Dato che si parlava di mele, ecco le due candidate, le migliori da fotografare. Anche se qui la messa in posa è evidente, ho scattato ugualmente perché c'era qualche possibilità che potesse funzionare.

3 Prestare attenzione
Essendo una piccola donna sveglia, non ha impiegato molto a sospettare che il mio interesse non fosse tutto per le mele. Non aveva tutti i torti: era la 37ª fotografia in meno di quattro minuti. Colti i segnali, ho abbassato la fotocamera per alcuni secondi per concentrarmi sulla conversazione.

4 Fine della discussione
È la 63ª immagine, scattata dopo più di cinque minuti di chiacchiere; si vede che la bambina inizia a chiedersi qualcosa. È uno scatto tenero, ma la composizione è sbilanciata sulla sinistra. Lo scatto finale, invece, non solo rivela bellezza, eleganza e grazia, ma è anche ben composto.

Fotografia artistica

A differenza di altri generi fotografici, la fotografia artistica permette di concentrarsi sul catturare elementi astratti invece che soggetti tangibili. In questo campo potete prendervi la libertà di esplorare qualsiasi tema o idea vogliate, armoniosa o grottesca, bella o banale.

L'ispirazione può avere qualsiasi origine. Potete seguire un approccio personale, basato sulla vostra vita e le vostre esperienze personali, o affrontare concetti generali; potete reinterpretare argomenti di altri media, come film, libri o musica. Potete anche sperimentare l'uso della fotografia come base per un altro mezzo espressivo, per esempio con installazioni artistiche di immagini proiettate, serigrafie o collage. Le strade possibili, e la varietà di immagini risultante, hanno come unico limite la vostra immaginazione, le vostre preferenze e le proprietà fisiche della materia.

Una nuova visione

La migliore fotografia artistica riesce a dare a chi osserva una nuova, affascinante, visione del mondo. Anche se non vi considerate artisti, nel momento in cui alterate il processo creativo o il soggetto per meglio esprimere le vostre idee, vi siete spinti oltre la semplice cattura delle immagini. Come ci ricorda David Hockney: «Nel momento in cui imbrogli per amore della bellezza, saprai di essere un artista».

> **ÉMILE ZOLA**
>
> Un'opera d'arte è un angolo della creazione visto attraverso un temperamento.

Progetti e linee guida

Non è inconsueto rendersi conto che è il progetto a dirigere l'autore e non il contrario. Potrebbero venirvi idee che conducono la vostra fotografia in una certa direzione: se vi accorgete che cercate in continuazione di esprimere qualcosa in un certo modo, permettetevi di sviluppare l'idea e di esplorarla da diverse angolazioni. Seguite l'istinto: la direzione o l'approccio più produttivo non è sempre il più logico, e quello più giusto per voi vi diventerà chiaro con il tempo. Scrivete appunti e tracciate qualche schizzo; anche l'abbozzo più semplice può essere un utile spunto per nuove idee. E soprattutto, abbiate fiducia nei vostri progetti: non ci sono critici a controllarvi.

OMBRA DI SE STESSI

Fotografia artistica vuol dire spesso sfidare le convenzioni. L'autoritratto è un tema basilare della fotografia artistica perché è comodo (il soggetto è sempre disponibile) e trae molta ispirazione dalla tradizione dell'autoritratto in pittura. I fotografi scoprono spesso la propria ombra che si insinua in vedute di paesaggi, perché non ribaltare i ruoli e promuoverla a protagonista della scena?

Omaggio alla pittura
Potete ispirare la vostra fotografia artistica alla pittura, con riferimento visivo a tecniche come l'acquerello. Per chi guarda è un tipo di approccio spesso facile da capire e apprezzare.

Scelta durevole
Nelle arti figurative, il valore di un oggetto è collegato alla sua longevità. Le stampe in bianco e nero sono diffuse perché oltre a essere belle si rovinano meno di quelle a colori.

Affrontare il problema

La fotocamera è un filtro che può servire per esplorare soggetti con cui altrimenti non avremmo alcuna familiarità sociale, personale o politica. Che l'abbiate scelta a scopo terapeutico o solo per soddisfare la vostra curiosità, la fotografia artistica ha il potere di porvi nuove questioni e arricchire la vostra comprensione del mondo.

▼ COMPITO

▷ Mettetevi alla prova: scegliete un soggetto scottante o difficile e realizzate due serie collegate di immagini basate su di esso. Una deve mostrare le prime impressioni e le idee iniziali; l'altra deve rappresentare come vedete il soggetto dopo averlo esplorato ed esaminato più a fondo.

▼ PUNTI DA RICORDARE

▷ **Non dovete affrontare** di petto il tema: considerate, per esempio, il concetto di fragilità della vita; potreste fotografare cimeli di guerra, o osservare i diversi modi in cui le persone conservano ricordi dei propri cari.

▷ **Concedetevi un periodo di sperimentazione** e di ricerca in cui scattare liberamente, senza pretendere troppo da voi stessi. La prima serie nascerà da queste immagini: le vostre prime impressioni.

▷ **Informatevi e leggete** tutto ciò che potete sul soggetto, sui libri e su Internet: meglio lo conoscerete e capirete, più idee vi verranno per la seconda serie di fotografie e per i progetti futuri.

DA CERCARE IN INTERNET

- ☐ **Fotorealismo**
- ☐ **Emily Allchurch**
- ☐ **Gregory Crewdson**
- ☐ **Harold Edgerton**
- ☐ **William Eggleston**
- ☐ **Michael Kenna**
- ☐ **Loretta Lux**
- ☐ **David LaChapelle**
- ☐ **Man Ray**
- ☐ **Wolfgang Tillmans**

Arti visive

La fotografia artistica, grazie alla sua meravigliosa e infinita varietà, si basa su un insieme relativamente piccolo di effetti, gesti, e tecniche. Come per altre forme d'arte, è fondamentale padroneggiare le competenze basilari, così come avviene per le scale musicali nella musica o per le pennellate nella pittura.

Usare queste semplici tecniche e metodi vi aiuterà a trovare l'ispirazione, o a individuare un nuovo modo di lavorare a un progetto esistente o vedere un soggetto familiare. Ricordate che la differenza tra questo e altri generi di fotografia è il significato potenziale dichiarato o implicito nell'immagine, sotto ogni aspetto. Tutto ha importanza: il soggetto e come lo affrontate visivamente; ma anche la presentazione dell'immagine, le dimensioni, il materiale di supporto, la cornice e la collocazione di una stampa o il metodo di proiezione. Tutti questi fattori concorrono a esprimere il significato dell'opera.

▼ TRUCCHI DEL MESTIERE

▷ **Potete realizzare immagini** dirette, facilmente comprensibili, o immagini in cui il significato si riveli solo dopo un attento esame o vedendole come parte di una serie.

▷ **La scelta dello sfondo** influenza il senso e la leggibilità dell'opera; non si deve solo scegliere quello che sembra più bello.

▷ **Non è necessario uscire** di casa: la maggior parte dell'opera del fotografo ceco Josef Sudek fu realizzata nel capanno del suo giardino, nell'arco di quasi 50 anni.

▷ **Lavorando con costanza** per un certo periodo di tempo, si dovrebbe mirare alla creazione di una serie coerente di immagini dotate di un maggior impatto nel loro complesso che non prese singolarmente.

DISPOSIZIONE ▷

Il significato della stessa disposizione di oggetti cambia radicalmente in base allo sfondo e alla luce. Se passate da una superficie in tinta unita a una sempre più complessa, è importante che gli oggetti rimangano sempre chiaramente distinguibili.

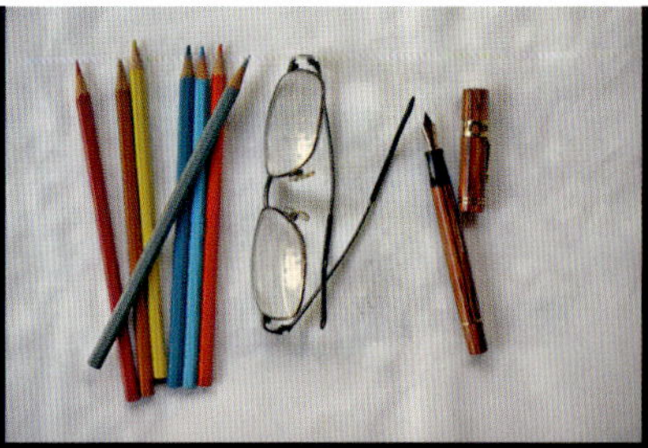

SEMPLICE

ESPLORAZIONI ▷

Molti tipi di oggetti possono portare a una varietà incredibilmente ricca di risultati con uno studio di pochi minuti. Osservato dentro e fuori, e interagendo in modi diversi con la luce, il soggetto trascende il suo consueto significato.

VICINO E LUMINOSO

VARIAZIONI TONALI ▷

I controlli fondamentali della fotografia, come l'esposizione, sono la base di partenza per un'indagine più approfondita. Il cambio di tono porta scene ordinarie in altre dimensioni visive, dalla luce innaturale al buio misterioso.

HIGH-KEY

SEMPLICI FORME ▷

Le cose più ordinarie della vita possono diventare interessanti se osservate con un po' di attenzione; in serie, queste immagini sono di grande effetto. Potete usare un approccio semplice o cercare una maggiore complessità in fase di postproduzione.

DUE DIMENSIONI

SPAZIO CHE RESPIRA ▷

Esplorate il sottile equilibrio tra distacco e intimità fotografando da distanze diverse. Potete usare la vicinanza per evidenziare le sfumature del soggetto o scegliere un approccio narrativo mostrando una veduta più ampia.

INTIMA VICINANZA

CARATTERISTICA

CON ILLUMINAZIONE INTENSA

INCONSUETA

IN PIENA VISTA

LUCE E OMBRE

SUGGESTIVO

RIFLESSI SURREALI

LUCE INTENSA

BUIO E PROFONDITÀ

OMBRA SUL COLORE

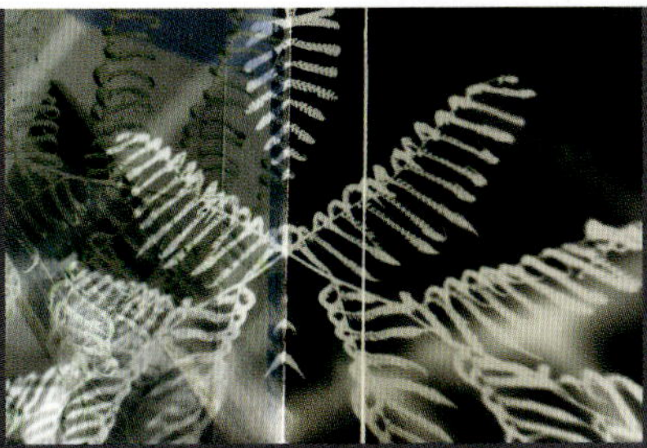
TONI INVERTITI

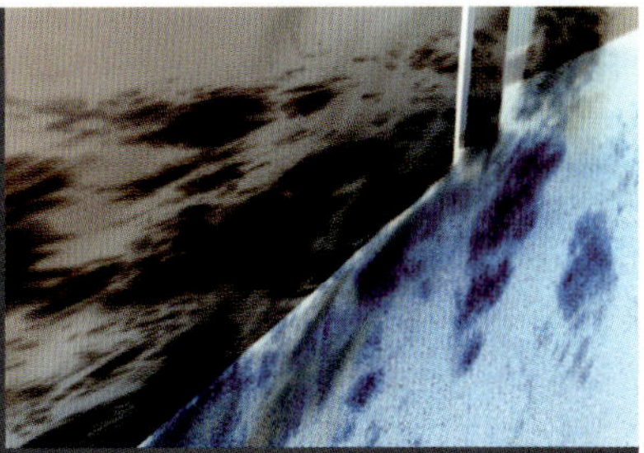
PAESAGGIO OBLIQUO

DISTANZA CONTENUTA

VISTA PIÙ AMPIA

NARRAZIONE

Luna metropolitana

Potete guardare una scena migliaia di volte senza mai vederla veramente. Forse perché non era casa mia, nell'avvicinarmi alla porta d'ingresso non ho visto solo una luce al di là di una tenda: ho visto il dipinto di un paesaggio orientale, una luna piena, un placido lago e il disegno delle foglie di bambù, composto a partire da elementi curiosi e incongruenti. Come sempre non è quello che si vede che crea una fotografia, ma come lo si vede.

▷ Panasonic LX3, 24-60 mm *f*/2–2.8 : 35 mm *f*/7.1 ISO 400 -0.3 EV 1/3 sec

1 Distesa d'acqua

A occhio nudo il muro era azzurro chiaro, un colore che di per sé suggerisce l'idea dell'acqua. Il bilanciamento del bianco automatico (pp. 104-105), per compensare le luce molto calda, ha reso il blu più scuro e più intenso, rafforzando questa fantasia.

2 Cielo serale

La tendina bianco crema sembra avere un colore più caldo per l'illuminazione della lampada. La sua struttura uniforme è importante perché fa da sfondo al disegno complesso delle foglie, e suggerisce la trama della seta o della carta dipinta con pennellate tradizionali.

3 Orizzonte aureo

Concettualmente, l'orizzonte separa il mondo celeste da quello terrestre. In questo caso l'"orizzonte" divide l'immagine precisamente secondo la sezione aurea (pp. 30-31), con la "luna" in una posizione di equilibrio, che conferisce all'immagine classiche proporzioni e armonia.

4 Luna piena

Anche la fortuna gioca la sua parte: l'equilibrio tra la luce esterna e la lampada all'interno era perfetto quando sono arrivato. Il livello di luminosità era però basso, così mi sono affidato alla stabilizzazione dell'immagine per gestire una lunga esposizione di 1/3 di secondo.

IN DETTAGLIO

Blocco creativo

MANCANZA DI ISPIRAZIONE

PROBLEMA
Da diverso tempo non siete stati folgorati da impulsi creativi: non provate alcuna emozione nello scattare fotografie né entusiasmo per i vostri progetti. Non sapete perché vi sentite così e avete una gran voglia di reagire.

ANALISI
Siete a corto di benzina creativa e avete bisogno di fare il pieno. Senza un regolare apporto di nuovi, perfino sgraditi, stimoli visivi e uditivi, darete fondo al vostro bagaglio di conoscenze, immagini e idee. Magari è trascorso un po' di tempo da quando avete guardato le cose in un'altra prospettiva.

SOLUZIONE

- ▷ Sfogliate libri d'arte in una libreria; leggete voracemente qualsiasi cosa.
- ▷ Cercate su Internet in settori correlati, come storia dell'arte, grafica, tipografia e moda. Studiate l'opera di fotografi rinomati e seguite i blog per tenervi aggiornati sulle nuove tendenze.
- ▷ Visitate una mostra di un mezzo espressivo diverso, come disegno tecnico, disegno tessile o ceramica.
- ▷ Avvicinatevi a diverse forme d'arte: poesia, teatro, cinema, musica, qualsiasi cosa vi risulti nuovo.

VUOTO DI IDEE

PROBLEMA
Non avete assolutamente nessuna idea. Fareste qualunque cosa per iniziare qualcosa di nuovo ma non vi viene in mente niente. Avete già provato a visitare musei, navigare su Internet e trarre inspirazione da altre forme d'arte.

ANALISI
Come per ogni altra attività, più tempo si impiega nel praticare la fotografia e più si diventa creativi e abili. Potreste dover sconfiggere il censore interiore che vi dice che le vostre idee sono inadeguate, o che è già stato fatto tutto in passato; curiosamente, questo censore è spesso più debole di primo mattino.

SOLUZIONE

- ▷ Alzatevi presto e iniziate a lavorare prima che il censore interiore si svegli.
- ▷ Cercate figure tra nuvole, rocce, ruggine o vernice scrostata.
- ▷ Scegliete senza riflettere parole casuali e annotatele. Unite concetti collegati con linee o insiemi.
- ▷ Prendete appunti e schizzi di ciò che trovate affascinante o interessante.
- ▷ Seguite questi esercizi fino a quando non elaborate pensieri più focalizzati. Smettete di preoccuparvi di ciò che pensano gli altri.

PERDITA DI CONCENTRAZIONE

PROBLEMA
La vostra energia creativa ha un disperato bisogno di essere canalizzata. Avete molte idee per progetti, ma non riuscite a sceglierne uno, incerti su quali potrebbero funzionare o su dove potrebbero condurvi.

ANALISI
Dovete sgomberare la mente e rimuovere tutte le distrazioni superflue. Forse non state esaminando le vostre idee abbastanza a fondo o, all'esatto opposto, ci state pensando troppo. Può essere che vi manchino obiettivi specifici verso i quali orientare il vostro lavoro.

SOLUZIONE

- ▷ Prendetevi tempo per pensare a cosa volete ottenere e datevi delle scadenze temporali realistiche.
- ▷ Tenete un diario di tutte le vostre idee in modo da non dimenticarle.
- ▷ Appendete le vostre stampe alla parete e tenetele lì finché non le conoscete a memoria; potrebbero suggerirvi una nuova prospettiva.
- ▷ Partecipate a un concorso. La scadenza vi farà concentrare gli sforzi, mentre le regole della gara vi daranno una struttura di lavoro predisposta per impostare il progetto.

SENSO DI ISOLAMENTO

PROBLEMA
Mettete le immagini online, ma non avete nessuno con cui parlare di arte, di fotografia o di come sviluppare il vostro lavoro. Vi mancano persone con idee affini per discutere idee e magari anche per collaborare a progetti.

ANALISI
I siti di social network e altri tipi di contatto via Internet semplicemente non sono abbastanza personali per voi, anche se comodi. Avete bisogno di incontrare persone in carne e ossa e vi serve trovare più tempo per comunicare faccia a faccia con gli altri.

SOLUZIONE
- ▷ Iscrivetevi a un club fotografico.
- ▷ Create o unitevi a un gruppo che organizza gli appuntamenti via Internet ma si incontra di persona. Alcuni gruppi si basano sulla fotografia, altri su argomenti correlati come il birdwatching.
- ▷ Partecipate a corsi di arti visive, come still life, acquerello o disegno dal vero, e iniziate a conoscere le altre persone che vi partecipano.
- ▷ Seguite conferenze organizzate presso gallerie d'arte o musei.

NOIA

PROBLEMA
Avete la sensazione di produrre il solito vecchio lavoro, sempre uguale a se stesso. Siete preoccupati: se voi stessi non vi sentite emozionati da quello che create, è probabile che nessun altro lo sia.

ANALISI
Con l'esperienza avete imparato a lavorare in modo efficiente e senza troppa fatica. Le soluzioni non sono più una sfida, anche se suscitano l'ammirazione degli amici. Avete bisogno di evadere dal vostro mondo sicuro e conosciuto per ampliare i vostri orizzonti.

SOLUZIONE
- ▷ Fotografate in condizioni inconsuete, nell'oscurità totale o quando piove. Affrontate le riprese in modo nuovo.
- ▷ Permettetevi di sbagliare: non importa se le immagini sono mosse, con esposizione sbagliata o inquadratura casuale.
- ▷ Provate nuovi soggetti: se vi piace fotografare paesaggi, fotografate mani di persone; se vi piace la fotografia di strada, provate lo still life.
- ▷ Prendete un compito qualsiasi da questo libro e cercate di eseguirlo in modo diverso. Rompete ogni regola.

A UN PUNTO MORTO

PROBLEMA
Vi hanno incaricati di fotografare un soggetto, chiedendovi di rendere sia il soggetto sia il modo di trattarlo nuovi e appassionanti. Non sapete come affrontare il soggetto in modo originale, né come farlo in maniera stimolante.

ANALISI
Vi hanno commissionato il lavoro, quindi avete le competenze fotografiche e le risorse per cercare strategie visive. Il soggetto potrebbe risultarvi noioso, o forse è un soggetto che avete fotografato già molte volte in passato.

SOLUZIONE
- ▷ Immaginate che il soggetto sia qualcosa che non avete mai visto e che l'incarico sia un lavoro da sogno per cui avrete premi e riconoscimenti.
- ▷ Occupatevi del problema per un periodo breve e intenso, come 30 minuti, poi fermatevi e passate ad altro. Ritornateci dopo qualche ora.
- ▷ Provate associazioni casuali: aprite un giornale e provate a collegare quello che avete letto al vostro incarico.
- ▷ Disegnate uno schema per collocarvi gli elementi su cui state lavorando e avere tutto sottocchio.

Piante e giardini

Il giardino è un campo di allenamento per il fotografo. È un ambiente protetto e tranquillo pieno di forme, colori e soggetti affascinanti; serve per imparare, mettere in pratica e perfezionare le competenze, sperimentando esposizione, composizione e messa a fuoco.

Questo non esclude di concludere qualcosa di serio. Piante e giardini sono soggetti popolari, quindi la sfida è riuscire a coglierli con originalità, sebbene rappresentandoli nella loro vera natura. Potete concentrarvi su schemi formali o astratti, esplorare complicati dettagli o inglobare una veduta più ampia per suggerire le caratteristiche del giardino stesso.

Il ruolo dell'obiettivo

Lavorerete soprattutto a distanza ravvicinata o media. Per la maggior parte del tempo userete obiettivi con lunghezze focali da moderate a ultragrandangolari, o obiettivi macro (pp. 54-55); se c'è un'unione perfetta tra soggetto è obiettivo, è quella tra giardino e macro 50 o 55 mm. Da vedute generali senza distorsioni fino al close-up di uno stame, questi obiettivi sono l'ideale per moltissimi tipi di soggetti da giardino. Alcuni modelli moderni sono molto luminosi, fino a *f*/2, e possono mettere a fuoco fino a grandezza naturale.

PAUL CÉZANNE

> Potrei essere impegnato per mesi senza spostarmi, solo girandomi un poco verso destra o verso sinistra.

Anche se in questo ramo della fotografia si usano poco le focali lunghe, lo stretto angolo di campo e la ridotta profondità di campo possono creare uno stile visivo diverso dalle solite e banali fotografie di piante e giardini.

Lavorare con la luce

I fotografi di giardini professionisti amano la luce soffusa delle giornate nuvolose e piovigginose, quando i colori sono più densi e si distinguono nettamente l'uno dall'altro. Potete però ottenere buoni risultati con qualsiasi luce, dal pieno sole alla semioscurità. Se scattate con il sole, un filtro polarizzatore riduce i riflessi e dà colori più intensi; all'estremo opposto, potete creare immagini di atmosfera con esposizioni lunghe in condizioni di luce scarsa.

Attraverso il vetro
Di norma si evita di fotografare attraverso le finestre, per evitare riflessi e altri effetti indesiderati. I giardini però si apprezzano spesso proprio dalle finestre di una casa, perciò perché non fotografare la scena così come la state vivendo? Convertire l'originale (nel riquadro) in bianco e nero gli dà una qualità astratta e grafica.

Close-up
Semplice non significa anche facile: lo scopo è mettere il soggetto in evidenza. La messa a fuoco e la composizione devono essere precise, con una luce non direzionale.

Gioco di ombre
Le forme decise e nette delle ombre di una pianta si prestano a elaborazione grafica, in questo caso generata con una semplice inversione di colori e di toni.

Giardino al crepuscolo
Sistemate la fotocamera su un treppiede per lunghe esposizioni verso l'imbrunire: potete poi illuminare particolari elementi con torce per colorare con la luce le piante.

Eleganza naturale

Il piacere di usare le piante come soggetti fotografici sta nel fotografarle in diversi ordini di grandezza, dai prati che coprono una pianura alle singole spighe di grano, e ottenere sempre belle immagini. La sfida è cogliere la vera essenza della pianta che state fotografando, rivelando gli elementi fondamentali che la rendono unica.

▼ COMPITO

▷ Realizzate immagini di piante che siano il più possibile semplici. Sforzatevi di essere chiari ed essenziali, che il soggetto sia grande come un albero oppure piccolo come una foglia.

▼ PUNTI DA RICORDARE

▷ **Cercate di sfruttare forme** e sagome, in particolare quelle di soggetti di grandi dimensioni, come la silhouette di un albero senza foglie.

▷ **Potete eliminare l'eccesso di dettaglio** lavorando con le ombre. Posizionate un pannello bianco dietro la pianta e fotografate l'ombra che proietta su di esso.

▷ **Una profondità di campo ridotta** (pp. 78-79) è utile per concentrare l'attenzione sugli elementi importanti. Usate una combinazione di massima apertura, lunghezza focale elevata e messa a fuoco ravvicinata.

▷ **Potete eliminare le distrazioni di colore** convertendo l'immagine in bianco e nero. Provate a purificarla ulteriormente aumentando il contrasto per semplificare superfici e forme.

DA CERCARE IN INTERNET

☐ Fotografia all'infrarosso	☐ Andrea Jones
☐ Minimalismo	☐ Charles Jones
☐ Karl Blossfedt	☐ Clive Nichols
☐ Alan Detrick	☐ Conte di Snowdon
☐ Suzie Gibbons	☐ Rupert Stockwin

Fotografie di animali

Influenzata in parte dalla popolarità di film sulla natura e di documentari sempre più sofisticati e avvincenti, la fotografia di vita naturale ha subito un'enorme crescita. L'era digitale ha portato un forte incremento della fotografia di animali non solo in termini di volume, ma anche in termini di livello qualitativo medio.

FRANS LANTING

Cerco la perfezione... è un modo per mostrare la forza e la dignità degli animali in natura.

Come il meccanismo di cattura dell'immagine, anche i comandi della fotocamera sono diventati completamente digitali. I sistemi di autofocus sono ora molto sensibili e reattivi, in grado di seguire soggetti dinamici come un'aquila che vola verso di voi, e anche i sistemi di comando a distanza e i flash si sono fatti più potenti e sofisticati.

Nella natura

Non occorrono fotocamere specifiche o superteleobiettivi per ottenere risultati soddisfacenti nella fotografia naturalistica; il segreto è sfruttare bene l'attrezzatura disponibile. Una compatta con autofocus è tutto ciò che serve per originali ritratti di animali domestici o in cattività. E anche nel cuore della natura selvaggia sono state scattate fotografie da premio con un equipaggiamento ordinario. I teleobiettivi sono comunque utili per non doversi avvicinare troppo agli animali. Le doti fondamentali per una fotografia di vita naturale di buon livello sono organizzazione, pazienza e conoscenza del soggetto. Anche la fortuna aiuta: una volta trovai una femmina di rinoceronte che allattava dopo due giorni di ricerche, ma prima di me un altro fotografo l'aveva seguita per due settimane senza trovare una traccia. Non dovete comunque lanciarvi in una spedizione in mezzo alla giungla: ci sono molte opportunità anche se si fotografano gli animali allo zoo. Potreste dover provare cinquanta diversi punti di vista per trovare quello che mostra l'animale in una nuova luce, ma in compenso avrete un'immagine mai vista prima. Se fate pratica negli zoo, è una buona idea avere in mente un progetto, per esempio indagare i rapporti tra gli animali e l'architettura dello zoo.

Nel suo elemento naturale
È difficile vedere chiaramente l'animale, seminascosto da una forte sfocatura. Sarebbe stato però un errore cancellarla, perché rende perfettamente il senso di come la bestia potrebbe essere vista allo stato selvaggio, nonostante questa fotografia sia stata scattata in uno zoo.

Occhi negli occhi
Questo muso dall'aria severa ma splendido appartiene a un piccolo gufo grande quanto un pugno. L'impressione di aggressività è frutto dell'inquadratura stretta e ravvicinata.

Vita da cani
A volte un punto di vista insolito può far risaltare il carattere del soggetto. Con il cane sulle assi di legno, ho potuto unire il bel cielo aperto a un'angolazione scenografica.

Colpo di coda
Questo insolito ritratto di cavalli della Camargue, Francia, coglie un momento di calma nel paddock, con i quadrupedi che scacciavano pigramente le mosche con le lunghe code.

Simmetria naturale

Come i volti umani, i musi degli animali con la parte destra molto diversa dalla sinistra appaiono spesso mostruosi, mentre la simmetria perfetta è sinonimo di bellezza. Quasi tutti gli animali più evoluti mostrano una forte simmetria, ma spesso imperfetta, ed è in queste piccole differenze che si può scorgere il carattere e l'individualità.

▼ COMPITO

- ▷ Fate una serie di ritratti dello stesso animale preso di fronte e abbastanza vicino da vedere le differenze nei dettagli tra i lati del la faccia. Stringete l'inquadratura sull'area del muso.

▼ PUNTI DA RICORDARE

- ▷ **Usate una profondità di campo sufficiente** per tenere a fuoco tutto il muso. È facile se fotografate animali con caratteristiche somatiche abbastanza appiattite, come le scimmie, ma con alcuni tipi di animali con il grugno o il muso come cavalli, coccodrilli e altri, dovrete fotografare da una certa distanza.
- ▷ **Sensori con fattore di moltiplicazione,** come quelli per i formati Quattro Terzi o APS-C, funzionano bene con gli animali allo stato naturale, perché la lunghezza focale effettiva dell'obiettivo usato è maggiore che su quelli full-frame (a fotogramma pieno) e l'ingrandimento è quindi maggiore.
- ▷ **Potete catturare** le caratteristiche comuni a diversi membri della stessa specie fotografando un certo numero di singoli esemplari.

DA CERCARE IN INTERNET

☐ **Steve Bloom**	☐ **Esa Mälkönen**
☐ **Nick Brandt**	☐ **Thomas Marent**
☐ **Tim Flach**	☐ **Paul Nicklen**
☐ **Britta Jaschinski**	☐ **Doug Perrine**
☐ **Hannes Lochner**	☐ **Stefano Unterthiner**

Acqua e nuvole

Nella fotografia di vita naturale, una volta individuato l'obiettivo, c'è la grande tentazione di riempire l'inquadratura con l'animale. Quando finalmente ho scorto un caimano nero, dopo aver trascorso dieci giorni in Guyana a cercarne uno, inseguendo luccichii nel buio e guardando la punta di una coda sparire nell'acqua, volevo ritrarlo al meglio. Di fatto la migliore immagine in 30 minuti non è un primo piano terrificante, ma una scena che mostra l'imponente creatura nuotare tranquillamente nel suo habitat.

▷ Canon 1Ds MkIII, 100-400 mm *f*/4-5.6 : 100 mm *f*/6.7 ISO 400 0 EV 1/1500 sec

DELLA STESSA SERIE

1 Emersione dall'acqua
Un caimano nero che compare in pubblico è un evento degno di nota, in particolare se, come questo, è lungo quasi 3 m. Qualsiasi fotografia di un animale del genere è una conquista, ma per essere eccezionale deve distinguersi da una ripresa in uno zoo.

2 Visto da vicino
Molti ritratti di animali selvatici sono frutto di teleobiettivi che nella ricerca dell'ingrandimento perdono tutto il contesto. Lo zoom su 350 mm mostra molte caratteristiche del caimano, ma mancano il senso delle proporzioni e indicazioni sulle dimensioni dell'animale.

3 Comportamento animale
Sia io sia il caimano abbiamo notato nello stesso momento la piccola egretta che si avvicinava indolente alla sponda del fiume. Non che sperassi in un evento drammatico, ma la situazione aggiungeva tensione alla scena. Essendo tutto in ombra, comunque, il risultato non è da premio.

4 Nella luce
Quando il caimano nuotando è uscito dall'ombra nella luce, ho notato il riflesso del cielo nell'acqua. La foto ha una bella colorazione quasi metallica, ma per quella migliore ho zoomato all'indietro, impostando l'obiettivo a 100 mm, e incluso le nuvole e le macchie di cielo azzurro.

Eventi dal vivo

Il bello di fotografare eventi dal vivo è che buona parte del lavoro viene fatta da altri. Invece di dover camminare per chilometri, rintracciare soggetti o allestire scenografie complesse, tutto quello che dovete fare è essere sul posto e iniziare a scattare fotografie. Non solo è tutto organizzato, ma potrebbero anche esserci aree riservate per i fotografi, che di solito sono molto graditi.

ELLIOTT ERWITT

> Fotografia... c'entra poco con quello che vedete e completamente con il modo in cui lo vedete.

Il processo legato alla fotografia di eventi dal vivo (spettacoli, concerti o manifestazioni sportive), inizia prima del vostro arrivo. Se possibile, perlustrate il luogo in anticipo per punti di osservazione privilegiati e percorsi veloci, come scorciatoie tra le buche di un campo da golf o buone visuali su un palco. Se è un evento famoso, cercate le immagini su Internet per trovare spunti originali e individuare le scelte più scontate. Infine controllate se ci sono limitazioni alla fotografia: potrebbero essere permesse le compatte, ma non una grossa dSLR senza specifica autorizzazione.

Dall'inizio alla fine

Tutti gli eventi hanno fasi simili: la preparazione, l'attrazione principale, il gran finale e lo sgombero. Tutti questi stadi offrono diverse opportunità fotografiche. Un reportage dei retroscena della preparazione è spesso affascinante, in particolare per eventi che si svolgono su un palco, e anche la fase in cui si smontano le attrezzature e si rimette tutto in ordine può offrire vari spunti. In pratica c'è sempre qualcosa da fotografare, basta guardare nel modo giusto.

Ai margini

Ricordate che lo spettacolo principale è solo una fase dell'evento: ci sono molte altre storie secondarie che si svolgono intorno a voi. In quanto fotografi, dovreste dare a tutte piena attenzione: le storie marginali spesso producono i risultati più significativi. Potete usare qualsiasi fotocamera e obiettivo per registrare la varietà di scene: sfruttate le caratteristiche della vostra attrezzatura e ne sarete ripagati.

ARTE NEL BUIO

Per questo evento artistico dal vivo mi sono preparato montando l'obiettivo più luminoso che avevo, un 135 mm *f*/1.8, e impostando il valore ISO 640, insieme a una compensazione di -2 EV. Si tratta di una sorta di preparazione mentale: non potete sapere che cosa vedrete esattamente a un evento, ma è utile decidere in anticipo il tipo di risultato che vorreste ottenere.

CORSA LIBERA

Qualsiasi evento offre possibilità illimitate. In grandi maratone, per esempio, invece che concentrarvi sui leader della corsa, cosa che già staranno facendo tutti gli operatori di testate giornalistiche, cercate il vero spirito della corsa. Provate a tradurre sensazioni e pensieri in termini visivi: considerando l'evento in astratto, la vostra fotografia potrà vedere dimensioni che altri danno per scontate. Potrebbe essere uno scatto a livello del suolo delle scarpe dei corridori, una persona della folla che fa il tifo o le striature di colore indistinte lasciate dal passaggio degli atleti in corsa sovrapposte alle figure statiche di artisti di strada.

Dietro le quinte

I grandi eventi non possono essere organizzati senza il duro lavoro di un numeroso staff di supporto. Alcuni sono ben visibili, come gli addetti al servizio d'ordine o alla distribuzione dei programmi, altri più nell'ombra, come chi si occupa di soccorso o di cibi e bevande. Tra loro ci sono molti volontari che lavorano solo per passione.

▼ COMPITO

▷ Concentratevi su un gruppo di persone che lavorano dietro le quinte e fatene il soggetto della vostra fotografia. Ritraetele in azione, così da rivelare il ruolo vitale che rivestono, trattandole con lo stesso impegno che riservereste ai protagonisti principali.

▼ PUNTI DA RICORDARE

▷ **Il modo in cui trattate questi soggetti** può variare dal ritratto formale alle scene di azione, o essere un misto di stili e approcci: non dovrete preoccuparvi di qualsiasi considerazione formale.

▷ **Sovrapporre i soggetti** a una veduta dell'evento principale è un buon metodo per mostrare il loro ruolo in modo semplice e immediato.

▷ **Usate qualsiasi tecnica** vi sembri giusta: scattate con un obiettivo lungo, un grandangolare, in bianco e nero o a colori. Lo scopo principale è catturare lo spirito del lavoro dei vostri soggetti e suggerire la loro importanza nell'ambito dell'evento.

DA CERCARE IN INTERNET

- ☐ **Carol Friedman**
- ☐ **Bob Gruen**
- ☐ **Walter Iooss**
- ☐ **Siegfried Lauterwasser**
- ☐ **Adam Pretty**
- ☐ **Leni Reifenstahl**
- ☐ **Mick Rock**
- ☐ **Christina Rodero**
- ☐ **Phil Stern**
- ☐ **Rolling Stone**

Notte trasfigurata

Un evento basato su giochi di luce, come "Art in the Dark" ad Auckland, Nuova Zelanda, non lascia spazio al flash elettronico. Si deve cercare di sfruttare al meglio la luce disponibile, con obiettivi luminosi (ampia massima apertura) e valori ISO elevati. Questa immagine ha catturato la trasformazione del parco in un paesaggio surreale con chiazze di luce colorate e persone che entrano e escono da zone di ombre profonde.
▷ Sony A900, 135mm *f*/1.8 : *f*/1.8 ISO 640 -2EV 1/30 sec

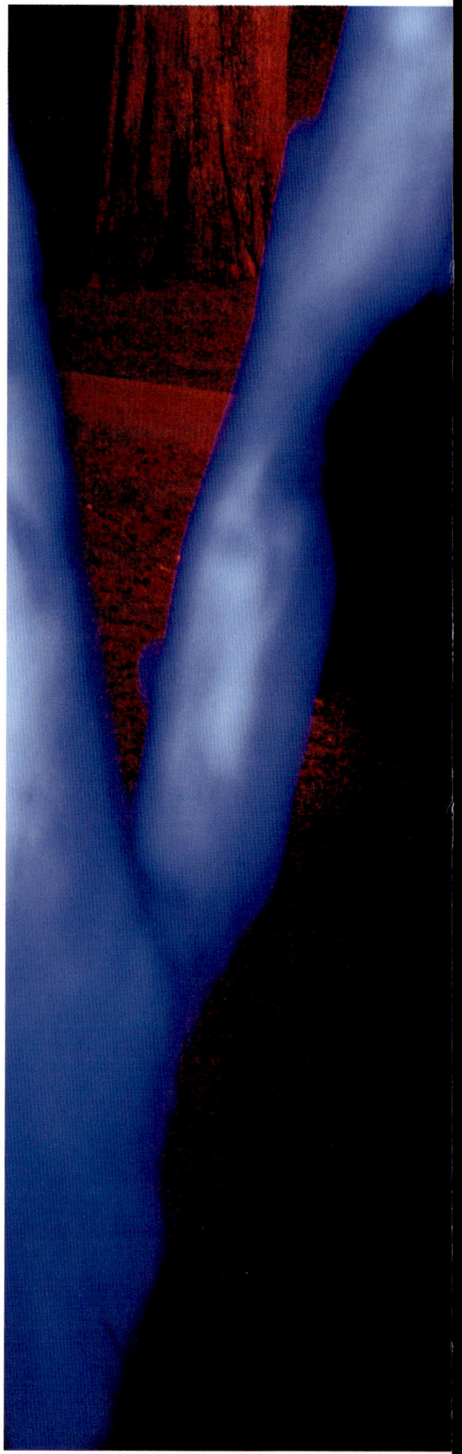

1 Toni medi nitidi
I toni definiti in quest'area dell'immagine relativamente luminosa sono il risultato di un artefatto dovuto all'elaborazione dei dati. Rispetto al resto dell'immagine, dominata dal rumore, sono incongrui e innaturali, e creano una strana fusione con la figura che passa.

2 Esporre per l'oscurità
Quando una fotocamera dà risultati scadenti con valori ISO elevati, è meglio impostare un valore moderatamente alto (in questo caso 640), usare obiettivi luminosi e compensare l'esposizione per restare sui toni scuri: con -2 EV non sono state necessarie ulteriori correzioni.

3 Incorniciare le ombre
Avevo pensato di rimuovere il palo e la sua lunga ombra in postproduzione, ma in realtà racchiude perfettamente il gruppo di figure e spezza un'area piuttosto uniforme e con poca forza. Anche le sue linee artificialmente decise contrastano con i sottili rami intricati dell'albero.

4 Coinvolgimento del pubblico
In molti facevano ondeggiare le torce elettriche, così aspettavo che la luce colpisse qualcuno o qualcosa di interessante. Per fortuna, l'illuminazione migliore è coincisa con il passaggio di una persona. Come disse un campione di golf: «Più mi alleno, più divento fortunato».

IN DETTAGLIO

Fotografia documentaria

Uno dei generi più rispettati e ammirati, la fotografia documentaria si occupa di eroici reportage di guerra, di presentare impietosi resoconti di carestie e agitazioni sociali e di riflettere come in uno specchio gioie e dolori della vita di tutti i giorni: guida lo standard della fotografia come mezzo supremo per rivelare il genere umano stesso.

DOROTHEA LANGE

La buona fotografia non è l'oggetto, le conseguenze della fotografia sono gli oggetti...

Nel XXI secolo, i progressi nella tecnologia digitale e la diffusione di Internet hanno portato a un'esplosione di interesse per il genere. Oggi c'è una rinascita di giovani fotografi che rivoltano vecchie pietre alla scoperta di nuove angolazioni. Un tempo, il reportage fotografico di una comunità isolata, per esempio, sarebbe stato apprezzato per il suo voyeurismo compassionevole. Oggi ci aspettiamo un impegno autentico, nato da un coinvolgimento di lunga durata, che guidi all'analisi e alla comprensione... insieme a una serie di meravigliose fotografie.

Doppia mansione

La fotografia documentaria è in parti uguali giornalismo socialmente impegnato e abilità fotografica. Il giornalista presuppone di non sapere nulla e si pone le domande chiave: chi, quando, dove, come e perché? Il fotografo esprime le risposte per immagini e trascina lo spettatore nella storia per farlo immergere, anche se per pochi attimi, nella vita dei protagonisti. Le migliori fotografie documentarie sono realizzate da "dentro" l'azione: i risultati sono più convincenti se siete coinvolti, pur conservando un certo distacco per raccontare la storia con obiettività. Lo strumento fondamentale è un obiettivo grandangolare, un 35 mm o meno, con un'ampia apertura massima, almeno *f*/2, per poter lavorare in condizioni di luce scarsa senza flash. Fotografate in bianco e nero per conservare un "aspetto da pellicola" e aggiungete anche una simulazione della grana tipica se vi piace questo effetto (p. 199). In questo campo delicato, le grandi dSLR non sono la scelta migliore. Alcuni

Osservare da lontano
Il vostro coinvolgimento è direttamente proporzionale alla distanza a cui siete rispetto al soggetto. In questo caso, la presenza di militari a una festa alla periferia di Dushanbe, la capitale del Tagikistan, era dovuta a un massacro che c'era stato nella zona poche settimane prima. Osservavo la scena beneficiando di un obiettivo da 300 mm, ma non ero coinvolto nella scena mentre un soldato rendeva omaggio alle sue concittadine.

Viaggiare in altri paesi offre un intero nuovo mondo di opportunità fotografiche. Può consentire un reportage ampio e approfondito, che è il modo più gratificante di lavorare: non solo otterrete immagini interessanti, ma arricchirete anche la vostra comprensione di altre culture, della loro storia e della loro politica attuale. In realtà, senza questo tipo di comprensione, la fotografia documentaria corre il rischio di essere solo piacevole da guardare, invece di essere una cronaca che, usando le parole di Edward Steichen, spieghi «l'uomo all'uomo e ogni uomo a se stesso». Queste immagini risalgono ai miei viaggi in Asia centrale e Cina.

fotoreporter preferiscono le compatte, molto più discrete. Quando uscite per scattare fotografie la vostra attività vi espone a un maggior rischio di attirare l'attenzione, ovunque siate. Nessuna foto vale la vostra vita o il rischio di rimanere feriti; la sicurezza è la cosa più importante.

Costruire una storia

Il metodo tradizionale per costruire una storia sfrutta tecniche ben consolidate. Iniziate con l'introdurre un'impressione del posto: mostrate una veduta generale del luogo, o posizionate il protagonista principale contro uno sfondo significativo. Come in ogni storia, i personaggi devono essere presentati: mostrateli con ritratti in posa o raccontateli così come vivono la loro quotidianità. Proseguite poi con le loro vicende. Perché dovremmo essere interessati alle loro particolari esperienze? Hanno una storia significativa o ci regalano una visione affascinante di una cultura diversa? Qualunque sia la motivazione, il modo in cui maneggiate la fotocamera sarà espressione del rapporto che create: più è forte il legame tra voi e il soggetto, più coinvolgenti saranno le immagini.

Questioni pratiche

Una volta giunti sul posto, sfruttattelo a fondo: fotografate qualsiasi cosa, anche gli oggetti e le azioni più banali, perché potreste non comprenderne il senso fino a quando non ve ne sarete andati. Non potrete rimediare al momento e forse non vi capiterà più di tornare nello stesso luogo. Annotate nomi e professioni delle persone fotografate: resoconti scritti sono preziosi per confermare e verificare le vostre storie. Ugualmente, lavorate con onestà e promettete solo ciò che potete mantenere; per esempio, dite che manderete le stampe solo se intendete davvero onorare l'impegno. Se deludete qualcuno o, peggio, lo esponete a pericoli rivelandone l'identità, renderete il compito del fotografo che arriverà dopo di voi molto arduo, se non impossibile.

Considerazioni etiche

Grazie a siti di photosharing, blog, giornalismo partecipativo e metodi in continua evoluzione per diffondere notizie, le storie possono facilmente scavalcare i metodi di pubblicazione tradizionali e raggiungere milioni di persone in meno tempo di quanto ne occorra per stampare una rivista. È indispensabile che rispettiate i più elevati standard qualitativi giornalistici ed etici: un errore può diffondersi in tutto il mondo, con conseguenze imprevedibili. Scrivete titoli e didascalie concisi e precisi, e siate consci del contesto in cui le immagini potrebbero essere viste. Ancora più importante, non ritoccate mai immagini di tipo documentario (p. 157). Con l'alfabetizzazione visiva sempre più ricercata, non ci si può limitare alla rappresentazione: non solo ci aspettiamo immagini che mostrino qualcosa di nuovo, ma anche che abbiano effetti pratici. Vogliamo immagini che difendano una causa, che spingano ad aiutare chi ha fame o a sostenere campagne contro l'inquinamento. Le ricompense sono comunque grandi: dato che il numero di spettatori è l'ossigeno del documentario, il libero accesso a un pubblico globale ci porta nell'epoca d'oro di questo settore. Inoltre, se non avete la fotocamera sempre con voi, il telefono cellulare può essere altrettanto utile: quando si tratta di fotografia documentaria, essere nel posto giusto al momento giusto supera ogni considerazione artistica e tecnica.

LO SAPEVATE?

Fotografare persone sta diventando più difficile in tutto il mondo, dato che c'è maggiore coscienza del valore delle fotografie e dei propri diritti. Il principio per cui la fiducia è la base più importante nel rapporto tra una persona e un'altra vale anche nel campo della fotografia, quindi siate aperti e onesti nell'approccio: non fotografate qualcuno dal lato opposto della strada, ma avvicinatevi abbastanza da potergli parlare. Chiedete il permesso, anche a gesti. È sempre d'aiuto conoscere almeno qualche parola nella lingua locale, almeno "come va?", "per favore", e "grazie". Sorridete e guardate negli occhi. Se non vi sentite bene accolti, ringraziate e andatevene. Non pagate per fotografare qualcuno; piuttosto fate donazioni per una causa locale.

MISURARE LA PARTECIPAZIONE

Il vostro livello di partecipazione può essere misurato dalla distanza (entrare in uno spazio privato indica cooperazione) e dal contatto visivo (che dimostra fiducia). Le riprese con soggetti che sembrano ignari della fotocamera sono meno interessanti; un gran sorriso è più accattivante e i migliori sono quelli vicini abbastanza per composizioni su più livelli.

RACCONTO PER IMMAGINI

L'istinto naturale è avvicinarsi a qualcosa che sembra interessante e la tecnica narrativa più elementare è zoomare su una scena. In questo caso ogni inquadratura rappresenta un preciso momento. Ho iniziato con le noci di anacardi arrostite sul fuoco, per proseguire con le noci che vengono sparse per non farle bruciare e finire con il soggetto che rimuove i gusci: dieci minuti di attività nella vita reale, condensati in tre fotografie.

Lavoro su commissione

È difficile scattare una serie di fotografie significative se non avete stabilito una sorta di comprensione reciproca con il soggetto: le vostre immagini saranno poco coinvolgenti e statiche senza un vero legame. Servono fiducia e capacità di comunicazione, che sono i tratti essenziali per una fotografia documentaria di successo.

▼ COMPITO

▷ Sviluppate la capacità di lavorare con sconosciuti imparando a fotografare persone non del tutto estranee, ma che non siano amici intimi o parenti. Chiedete a un negoziante o a una persona che vedete regolarmente di lasciarsi fotografare mentre lavora. Realizzate una breve sequenza in base alle domande "chi, quando, dove, come e perché?" sul vostro soggetto.

▼ PUNTI DA RICORDARE

▷ **Programmate prima cosa volete fotografare.** Se possibile, prendete confidenza con l'ambiente in anticipo.

▷ **Scattate velocemente** e con efficienza: vi guadagnerete la fiducia del soggetto.

▷ **Le fotografie in posa a volte sembrano forzate;** le immagini più gratificanti sono composizioni ricche e complesse.

▷ **Includete l'interazione con altre persone,** ma chiedete il permesso prima di fotografarle.

▷ **Mostrate al collaboratore** le immagini che state scattando solo all'inizio e alla fine della sessione fotografica, per evitare distrazioni.

DA CERCARE IN INTERNET

- ☐ **Jacob Riis**
- ☐ **Walker Evans**
- ☐ **Mass Observation**
- ☐ **LIFE (rivista)**
- ☐ **Raghu Rai**
- ☐ **Abbas Attar**
- ☐ **David Goldblatt**
- ☐ **Sebastião Salgado**
- ☐ **James Nachtwey**
- ☐ **Jackie Drewe Mathews**

Vita quotidiana

L'abilità centrale della fotografia documentaria non si basa sulla fotocamera ma sulla capacità di stabilire rapporti. Perfino il grande Marc Riboud, che una volta mi disse che preferiva nascondersi nei vani dei portoni piuttosto che parlare alla gente, in realtà sapeva trovare le parole per cavarsela in ogni situazione. A Kars, Turchia, questi uomini mi guardavano con sospetto, ma quando li ho salutati in arabo mi hanno invitato a unirmi a loro per un tè.
▷ Leica M6, 35 mm *f*/2 : *f*/4 ISO 320 0 EV 1/60 sec

1 Riluttanza iniziale

L'uomo sulla destra era un po' diffidente verso la fotocamera, ma quando è arrivata la mia bevanda ho alzato il bicchiere verso tutti e tre, ringraziandoli e lodando il tè. Si è girato per rispondermi e gli ho chiesto in turco se avrebbero acconsentito a farsi scattare una fotografia.

2 Spazio attivo

Volevo riprendere i tre uomini insieme, ma lo spazio a destra (dentro il caffè) e a sinistra (sulla strada) era vuoto e alla composizione mancava un senso della vita intorno. Ho atteso sorseggiando pazientemente il tè, finché non è arrivato un ragazzino per parlare con il lustrascarpe.

3 Personaggio centrale

Il personaggio principale è troppo centrale nell'immagine per i miei gusti. Non potevo puntare né più a destra, perché bloccato dallo stipite della porta, né più a sinistra, dove la strada era in pieno sole. Dall'espressione sembra chiedersi come mai ci mettessi tanto a scattare.

4 Fortuna inattesa

Proprio in quel momento l'uomo a sinistra ha lasciato ciondolare in vista il rosario islamico. Quando si è girato per ascoltare la conversazione dentro il caffè, ho capito di avere la mia foto: il suo gesto suggerisce l'attività alle sue spalle e lo sguardo guida verso il resto dell'immagine.

IN DETTAGLIO

Fotografia di viaggio

I fotografi hanno sempre dovuto viaggiare. Anche ai primordi della fotografia, quando l'attrezzatura consisteva, letteralmente, in una tonnellata di lastre di vetro, litri di prodotti chimici e una camera oscura mobile, i fotografi si avventuravano lontano da casa. Oggi non c'è più un angolo del mondo inesplorato, ma la fotografia di viaggio è ancora uno svago amato dai turisti e, per molti, il lavoro dei propri sogni.

“

BILL BRANDT

Fa parte del lavoro del fotografo vedere più intensamente di quanto fa la maggior parte della gente.

La fame insaziabile di nuovi soggetti fa nascere nei fotografi il desiderio di viaggiare: nuovi posti significano cose nuove da vedere, e quindi nuove opportunità fotografiche. La fotografia aiuta inoltre ad apprezzare meglio la destinazione aumentando la capacità di osservazione. La fotocamera si è aggiunta al passaporto e allo spazzolino tra gli oggetti importanti da non dimenticare a casa e anche chi viaggia per diletto usa fotocamere più rapide ed efficaci di un equipaggiamento professionale di inizio millennio.

Guardare a fondo

Il problema oggi è inventarsi fotografie di viaggio nuove e diverse: con dieci miliardi di immagini su Internet che rappresentano ogni punto della Terra, ci sono poche possibilità di farsi notare. Una strategia è usare il vostro intuito per osservare a fondo, così da esaminare ogni scena più da vicino e scoprire i diversi livelli che la compongono. Questo dà spessore alle immagini, in modo che non siano solo registrazioni superficiali di elementi visibili ma raccontino a chi guarda la storia del luogo. Chiunque può fotografare una bella scena con buoni risultati: tutte le questioni tecniche sono state già affrontate e risolte. Ma serve un tipo di approccio con maggiore intelligenza e riflessione per rivelare i livelli di significato sottintesi. Cercate di scartare ciò che è ovvio a favore di ciò che è meno immediato. Fotografate quando gli altri mettono via le fotocamere: nelle giornate di pioggia e foschia, dopo il tramonto, negli angoli nascosti di luoghi solitamente non

Spazio popolato
Aspettare il momento giusto ripaga sempre. La luce che inondava il “kiva”, un ambiente sotterraneo nel New Mexico, creava una scena gradevole (nel riquadro), ma l'arrivo di una persona ha dato nuova vita e proporzioni all'immagine.

SULLA SPIAGGIA

Una deserta spiaggia sabbiosa a Trinidad è una meta perfetta per una vacanza. L'idilliaco scenario tropicale potrebbe sembrare adatto a uno stile da cartolina, ma c'è sempre più di quello che si rivela alla prima occhiata: mostrando certi elementi isolati potete adottare un approccio più editoriale, che accenni anche a storie secondarie.

considerati fotogenici. Occupatevi dei più piccoli particolari della vita intorno a voi e vi si presenterà la più grande delle fotografie. Non si tratta di essere diversi per il gusto di esserlo, ma di scavare sotto la superficie di una scena, senza dare nulla per scontato. Dove di norma mettereste a fuoco il personaggio principale dell'immagine su uno sfondo sfocato, provate a fare il contrario, mettendo a fuoco oggetti lontani e lasciare la persona sfocata. Questo sposta l'enfasi, magari per suggerire che l'ambiente è il palco permanente mentre le persone sono solo comparse transitorie.
Per distinguere le vostre immagini potreste impiegare in forme estreme qualche tecnica come HDR, mappatura tonale o infrarosso. Più l'effetto è vistoso più tende tuttavia a essere dominante sul contenuto, allontanando l'immagine dalla realtà del luogo che rappresenta.

Preparatevi a essere diversi

Se avete accesso a Internet, probabilmente ne fate uso per cercare la destinazione, acquistare i voli e controllare recensioni di alberghi prima di prenotare la camera. Potete anche guardare come altri fotografi hanno ritratto il posto e i suoi luoghi di interesse turistico. Milioni di persone dallo spirito comunitario caricano le loro opere su siti come Photobucket, Panoramio, Flickr e altri. Una veloce ricerca della vostra destinazione avrà tra i risultati molte immagini: anche la ricerca dei luoghi più sconosciuti e remoti può dare un'enorme scelta di materiale. In effetti questo potrebbe rovinare il gusto di "scoprire" il luogo di persona, ma equivale alla vecchia pratica professionale di visitare il sito scelto per un servizio fotografico prima di iniziare le riprese. Traete vantaggio da questo vasto archivio di immagini e studiate come potreste migliorare le foto esistenti, per esempio con un piccolo cambiamento di posizione o nella scelta dell'illuminazione. Questa operazione di analisi attiva vi aiuterà a sviluppare la vostra fotografia in generale. E quando vedrete serie di immagini apparentemente identiche, capirete quali sono le strade più battute da evitare.

LO SAPEVATE?

I sistemi di sicurezza ai raggi X negli aeroporti possono danneggiare la pellicola, ma non dovrebbero causare nessun danno alle fotocamere digitali o alle schede di memoria. È l'opinione comune frutto di test ufficiali e non ufficiali, ma anche dell'esperienza del vasto popolo dei viaggiatori. Le apparecchiature usate per controllare il bagaglio a mano sono però meno potenti di quelle usate al check-in, per cui per non correre rischi è bene tenere oggetti importanti come fotocamera, memory card e dischi esterni nel bagaglio a mano. Portare con sé il materiale delicato garantisce una maggior sicurezza in generale rispetto a danneggiamenti di qualsiasi natura.

La prossima volta che prenderete un aereo, scegliete un posto vicino al finestrino, lontano dalle ali, e catturate i momenti migliori della carrellata di splendidi scenari che passano sotto di voi.

Studi e ricerche

A differenza della fotografia di viaggio creativa, quella che accompagna una spedizione di ricerca, per esempio per raccogliere dati geologici o sulla vegetazione, ha come scopo centrale la documentazione (anche se ciò non esclude aspetti creativi). Se siete tanto fortunati da trovarvi in questa circostanza, ricordate che il fotografo di una spedizione deve registrare ogni fase: preparazione, sosta alla base e tutti gli aspetti di ricerca sul campo. Ogni esemplare, ogni soggetto indagato e ogni luogo deve essere registrato. Per fortuna oggi è tutto più semplice che in passato: con il digitale è facile assicurarsi che tutte le immagini siano catalogate con data e ora, luogo, soggetto e osservazioni.

Il fotografo di una spedizione deve non solo registrare interamente il viaggio e la ricerca, ma anche occuparsi delle questioni economiche, come sponsor e sovvenzioni. Di solito in questi casi si cerca di conservare il copyright sul lavoro, assicurando agli organizzatori della spedizione una percentuale sulla vendita delle immagini, che a loro volta potrebbero usare a scopo promozionale.

Con il geotagging, funzione oggi comune che include i dati GPS (Global Positioning System) nel file dell'immagine, potete registrare in automatico la posizione in qualunque parte del mondo. La possibilità di individuare il punto geografico preciso in cui ci si trovava al momento dello scatto apre alla fotografia di viaggio nuove dimensioni.

Nuovi tramonti

Non si sfugge alla foto di tramonti: la fusione di luce e colore è spesso irresistibile. Cercate però di trovare punti di vista insoliti, come questa veduta ultragrandangolare di Singapore dalla terrazza sul tetto di un albergo.

Condizioni impegnative

Che seguiate una spedizione o siate semplicemente in vacanza, dovete comunque proteggere l'attrezzatura dagli agenti atmosferici. Un lungo reportage della guerra in Iraq ha dimostrato che le macchine digitali sopportano bene il caldo secco, ma evitate di cambiare obiettivo all'aperto per limitare l'esposizione al caldo e alla polvere. Se il clima è caldo umido, le fotocamere digitali patiscono meno di quelle a pellicola, purché protette da una leggera custodia subacquea. Mettete nella custodia ermetica sacchetti di gel di silice per assorbire l'umidità. Se il freddo è molto intenso la durata della batteria potrebbe ridursi e lo schermo LCD non funzionare; per evitare danni da condensazione in luoghi freddi, mettete la fotocamera in una borsa ermetica.

Tempo atmosferico
Le fotografie di viaggio non devono essere tutte con sole e cielo sereno. Come in questo caso, il vero carattere e l'atmosfera di un luogo possono rivelarsi con un acquazzone.

Contrattazione difficile
Non tutti i mercati sono colorati e pittoreschi. Qui l'atmosfera non era particolarmente accogliente, ma i venditori si sono un poco rilassati davanti a un sorriso amichevole.

Bric-à-brac
Appena entrato in questo negozio, l'impressione dominante era di un caos per nulla fotogenico. Ma con un po' di pazienza ho usato la luce e i riflessi per costruire la composizione.

Oltre i luoghi comuni

I luoghi più conosciuti di qualsiasi destinazione turistica attirano tutta l'attenzione, ma i soggetti più interessanti si trovano spesso ai margini dell'attrazione principale, dove si assiste al flusso della vita reale. Per esempio, la torre Eiffel di Parigi non è cambiata molto da un secolo all'altro, mentre c'è stato un mutamento costante nell'aspetto dei negozi, nei venditori ambulanti, nelle attività che la circondano e nella gente che la visita.

▼ COMPITO

▷ Alla prossima vacanza scegliete per uno dei vostri progetti un soggetto che di norma non considerereste. Potreste scegliere di fotografare vetrine dei negozi, arredo urbano, poster pubblicitari, pensiline degli autobus, cibo da strada, graffiti... l'elenco è infinito, così come le possibilità di fare scoperte inaspettate.

▼ PUNTI DA RICORDARE

▷ **Potete provare ad adottare un approccio costante** con soggetti differenti, per esempio scattare dalla stessa angolazione con la stessa impostazione di lunghezza focale.

▷ **La fotografia notturna** offre molte opportunità di catturare scene marginali.

▷ **Non dovete sempre fotografare a colori:** il bianco e nero riduce la confusione creata da colori diversi in scene affollate.

▷ **Le immagini non devono sempre essere estremamente nitide** o inquadrate con precisione: sperimentate un tipo di fotografia più spontanea e libera.

DA CERCARE IN INTERNET

- ☐ **Ansel Adams**
- ☐ **Edward Burtynsky**
- ☐ **Andre Gunther**
- ☐ **Andreas Gursky**
- ☐ **Bob Krist**
- ☐ **Hiroji Kubota**
- ☐ **Chris Steele-Perkins**
- ☐ **Diane Varner**
- ☐ **Bradford Washburn**
- ☐ **Mike Yamashita**

Cliché visivi

Venezia è uno dei luoghi più fotogenici in assoluto al mondo. È però praticamente impossibile catturare un'immagine che non sia un cliché, dato che sembra che tutti ci siano già stati. L'immagine finale di questa sequenza, pur lontana dalla perfezione, è anche lontana dai soliti scatti visti e rivisti del Canal Grande. Da un lato è una foto vivace, che unisce i temi classici di architettura, gondole e turisti, ma è anche una denuncia di come la città sia soffocata da visitatori che arrivano e se ne vanno in fretta.

▷ Sony A900, 24-70 mm *f*/2.8 : 60 mm *f*/14 ISO 200 -0.3 EV 1/40 sec

DELLA STESSA SERIE

1 Ora di punta
Nelle fotografie di Venezia è impossibile evitare i turisti: accettateli come una delle caratteristiche della città. L'immagine cattura un po' del trambusto dei molti gondolieri che si contendono lo spazio, ma è una scena abbastanza ordinaria, che non ci dice nulla di nuovo.

2 Riflessi
Sui vaporetti potete riconoscere i turisti nelle persone che combattono per una buona visuale. Durante questo giro tutti i posti vicini ai finestrini erano occupati, ma sono riuscito a trovare alcune immagini interessanti del canale sdoppiato nel riflesso speculare del vetro.

3 Acqua senza gondole
I riflessi sui vetri erano interessanti da esplorare, ma ho capito che avrei potuto catturare scene più complesse attraverso di essi. Elementi vicini e distanti iniziavano a convergere in modo promettente ma, proprio quando avrei voluto una gondola, non se ne vedeva nemmeno una.

4 Visione caotica
Quando finalmente si è vista una gondola, stavano succedendo troppe cose. Un miscuglio di oggetti di dimensioni simili si contendevano l'attenzione; a differenza dell'immagine principale, non c'è una forma o un soggetto dominante che tenga insieme i vari elementi della composizione.

Deontologia

COPIARE DA INTERNET

PROBLEMA

Su Internet ci sono molte immagini interessanti e vorreste farne una copia per conoscere meglio la fotografia. Vi piacerebbe anche usare un'immagine copiata come parte di una composizione più grande.

ANALISI

Il vostro computer o portatile fa una copia temporanea di ogni immagine che guardate su Internet. Se però fate una copia permanente, se scaricate un'immagine o salvate uno screenshot, potreste infrangere un copyright. Il fatto che sia improbabile essere scoperti non toglie che si tratti di un atto illecito.

SOLUZIONE

- ▷ Se un'immagine merita di essere copiata, ha un certo valore: la cosa giusta da fare è chiedere il permesso a chi l'ha realizzata.
- ▷ Non usate immagini altrui come base per un nuovo lavoro: potrebbe essere considerato un'opera derivata anch'essa soggetta a copyright.
- ▷ Se usate l'immagine a scopo di studio o ricerca, la copia potrebbe essere ammessa.
- ▷ Su Internet ci sono molte fonti di immagini libere da diritti d'autore: attingete a queste per ispirarvi.

OPERA D'ARTE IN PUBBLICO

PROBLEMA

Vorreste pubblicare o vendere una fotografia di un'opera d'arte situata in uno spazio pubblico, per esempio un murale, una scultura, un monumento, un'installazione temporanea, un graffito o uno spettacolo di luci.

ANALISI

Il diritto d'autore di un'opera d'arte appartiene all'artista o al proprietario del luogo dove si trova. In teoria, qualsiasi fotografia dell'opera costituisce un'infrazione ai loro diritti, ma in pratica nessuno vi perseguirà se non ne fate un uso commerciale.

SOLUZIONE

- ▷ Non dovreste usare una fotografia di un'opera d'arte come base per ricavare una nuova immagine.
- ▷ Se fotografate un edificio e l'opera d'arte appare come un elemento accessorio dell'immagine, il suo uso non sarà considerato illegale. Potreste tuttavia avere bisogno di un permesso per vendere fotografie dell'edificio stesso.

FOTOGRAFARE PERSONE

PROBLEMA

Volete scattare una fotografia in un luogo pubblico, ma è difficile riuscire a non includere involontariamente altre persone nell'inquadratura. Oppure vorreste riprendere scene di gruppo e ambienti affollati.

ANALISI

Gli spazi aperti al pubblico non sono sempre spazi pubblici e a volte si affacciano su spazi privati, come case o uffici. In alcuni paesi, la presunzione legale è che le persone possano andare ovunque per affari privati e che la loro presenza in uno spazio pubblico non intacchi il diritto alla privacy.

SOLUZIONE

- ▷ Se volete riprendere singoli individui, meglio prima chiedere il permesso: avrete un'immagine migliore e non rischierete di commettere un'azione illegale o sgradita.
- ▷ Fotografare una folla di persone, per esempio a un carnevale o su una spiaggia affollata, è spesso consentito; non insistete però se qualcuno che si trova nel campo visivo ha qualcosa da obiettare.
- ▷ Usate l'istinto e il buon senso: se qualcosa non vi sembra giusto, probabilmente non lo è.

INTERAGIRE CON LA NATURA

PROBLEMA
La fotografia di vita naturale è oggi un passatempo popolare e ciò induce gli operatori turistici a favorire la ripresa di scene straordinarie attirando gli animali con il cibo o altri mezzi.

ANALISI
Il bene dell'animale e la conservazione del suo habitat sono prioritari. L'impiego di esche per attirare gli animali può renderli dipendenti dall'aiuto umano per procurarsi il cibo e questo non ha senso dal punto di vista naturalistico. L'uso di esche vive è decisamente immorale e inaccettabile.

SOLUZIONE

▷ Se volete fotografare il comportamento naturale degli animali, potreste dover attendere settimane per uno scatto autentico.

▷ Prenotate viaggi che praticano turismo sostenibile limitando l'uso di esche, contribuite alla cura dell'animale e alla conservazione del suo habitat, e agite nel rispetto del suo benessere. Controllate che gli operatori turistici siano accreditati da organismi professionali e fate qualche ricerca per sapere cosa dicono altre persone della loro esperienza di viaggio.

ELABORAZIONE DIGITALE

PROBLEMA
La foto potrebbe decisamente migliorare con l'uso di un programma di elaborazione delle immagini: per esempio, una figura di disturbo potrebbe essere rimossa per dare maggiore impatto alla composizione.

ANALISI
Il livello di manipolazione accettabile dipende dal contesto in cui l'immagine viene usata e dalle giustificate aspettative di chi la guarda. Chiedetevi se, non dichiarando la manipolazione, l'integrità del fotografo e la credibilità del mezzo che diffonderà l'immagine non possano essere danneggiate.

SOLUZIONE

▷ Correzioni di esposizione, tono e bilanciamento del bianco, oltre alla rimozione delle tracce di polvere, sono sempre accettabili.

▷ Aggiustamenti visivi, come schermatura e bruciatura o tagli non sostanziali, sono permessi.

▷ Se l'immagine deve essere usata a scopo documentario, come un reportage giornalistico, aggiungere o rimuovere elementi non è ammesso.

▷ Immagini composite o fotomontaggi sono concessi per arte, giochi e film.

VENDERE FOTOGRAFIE

PROBLEMA
Avete una fotografia che vorreste vendere come stampa o tramite un'agenzia, ma non sapete se vi occorre una liberatoria firmata dalla persona raffigurata nella foto.

ANALISI
Una liberatoria è un contratto tra voi e la persona fotografata che vi autorizza a usare le immagini scattate in una specifica occasione in cambio di un compenso. Questo potrebbe essere una cifra simbolica, ma deve essere corrisposto perché la liberatoria sia valida.

SOLUZIONE

▷ Se un'immagine serve per un lavoro remunerativo, come una pubblicità, una liberatoria è d'obbligo.

▷ Per immagini di uso editoriale, per illustrare l'articolo di una rivista, un libro di viaggi o siti Internet personali, in genere non serve una liberatoria.

▷ A scanso di equivoci, fatevi sempre firmare una liberatoria a ogni seduta, che conosciate o meno la persona ritratta.

▷ Anche se avete una liberatoria firmata, la didascalia che descrive l'immagine deve essere veritiera.

Fotografia di architettura

L'approccio tradizionale alla fotografia di architettura considera l'edificio con rispetto; gli giriamo intorno con reverenza come sotto l'occhio vigile dei suoi costruttori e cerchiamo di rappresentare l'edificio tenendo fede agli intenti di chi lo ha progettato. Questo vale sempre, che la struttura abbia due mesi o due millenni di vita.

Un metodo alternativo prende luoghi costruiti dall'uomo come spunto per un'interpretazione creativa più libera. I due metodi portano spesso a risultati profondamente diversi. L'ideale è una via di mezzo, un'interpretazione creativa e nello stesso tempo fedele al progetto dell'edificio. Qualsiasi struttura realizzata dall'uomo ha uno scopo, che sia un luogo di culto, un monumento, un edificio commerciale o un'abitazione privata. Osservate come la gente interagisce con lo spazio e cercate di catturare lo spirito dell'edificio e nello stesso tempo di illustrare la sua funzione. Considerate il contesto in cui si trova: si adatta bene o contrasta con esso?

Vedere la luce

Un'altra considerazione chiave nella fotografia di architettura è l'illuminazione. Sfruttate le zone di ombre e luci che rivelano le superfici, creano forme e ravvivano i colori.

Un problema specifico è la necessità di bilanciare l'illuminazione interna con quella esterna, in genere molto più forte. Se possibile, fotografate durante l'"ora magica", appena dopo l'alba e poco prima del tramonto: in questo modo si riducono i problemi di bilanciamento e la qualità della luce è spesso più affascinante.

Problemi con le parallele

La fotografia di architettura è soggetta a un particolare problema tecnico: la convergenza delle linee parallele. Ogni volta che la fotocamera non è allineata di fronte a una superficie rettangolare, uno o più lati non risulteranno paralleli ma sembreranno convergere. In particolare le linee verticali convergenti, visibili quando si punta la fotocamera verso l'alto, danno l'idea di edifici o pareti inclinati all'indietro. Le parallele convergenti possono essere contrastate con un obiettivo decentrabile, che permette di includere nell'inquadratura una porzione più alta dell'edificio. Potete usare un obiettivo grandangolare per catturare un edificio nella sua interezza: tenete la fotocamera orizzontale ed eliminate il primo piano in eccesso con un programma di elaborazione. Via software è anche possibile correggere l'effetto delle linee convergenti (pp. 202-203).

VEDUTE AMPIE DA VICINO

Una veduta ravvicinata della St George's Cathedral, Georgetown, Guyana, è scenografica ma spiacevolmente distorta (in alto a sinistra). Anche una veduta ultragrandangolare, con una lunghezza focale di 12-15 mm, produce linee parallele convergenti perché l'obiettivo deve essere puntato verso l'alto per includere interamente l'altezza della guglia (in alto a destra). Lo scatto successivo funziona meglio, ma perde la guglia (in basso a sinistra). Anche se parziale, una veduta più ravvicinata, con un'attenta inquadratura, mantiene le linee diritte e coglie lo spirito dell'edificio, mostrandone i dettagli (in basso a destra) e le tavole che ne rivestono la struttura.

Luce vivida del mattino
La bellezza del minareto di Kalyan e della madrasa Mir-i-Arab a Bukhara, Uzbekistan, guadagna profondità dagli estremi di luce e ombra sulle antiche pietre consunte.

Sotto ogni angolazione
Le sequenze di ambientazione, che mostrano l'edificio nel suo contesto, danno l'opportunità di soluzioni insolite per esplorare riflessi, luci e colori.

Sotto i riflettori
I riflettori illuminano la torre sul lato ovest del Ponte Carlo di Praga. Il cielo pareva quasi nero, segno che l'esposizione sul primo piano poteva cogliere i colori della scena.

La forma segue la funzione

C'è una ricca varietà di dettagli negli edifici dallo Yemen al Giappone come dal Nepal alla campagna inglese. Ogni regione ha le proprie caratteristiche architettoniche per adattarsi alle condizioni locali. A questo aggiungete i diversi stili architettonici che si sono sviluppati nel corso dei secoli e troverete un'infinità di interessanti sfaccettature da esplorare.

▼ COMPITO

▷ Trasformatevi in esperti delle forme e delle varietà di un aspetto specifico del progetto architettonico. Scegliete tra archi, colonne, soffitti, balconi, contrafforti, passerelle sospese o altre caratteristiche di vostro interesse. Cercate l'elemento scelto ovunque andiate e lavorate al progetto per diversi mesi: realizzate un portfolio che diventerà sempre più prezioso e istruttivo man mano che crescerà.

▼ PUNTI DA RICORDARE

▷ **Decidete se usare un approccio oggettivo al tema** e fotografare l'elemento scelto con la massima precisione possibile, o se privilegiare la vostra interpretazione personale.

▷ **Pensate a quanto della struttura volete mostrare.** Le vostre fotografie metteranno a fuoco piccole forme astratte o cercherete di includere l'intero edificio?

▷ **Applicate un assortimento completo di tecniche fotografiche** in modo appropriato al soggetto. Zoomate per mostrare i dettagli di complessi mosaici, oppure usate il bianco e nero per un castello in rovina in una giornata tempestosa.

DA CERCARE IN INTERNET

☐ **Architettura islamica**	☐ **Eugène Atget**
☐ **Architettura barocca**	☐ **Frank Lloyd Wright**
☐ **Christopher Wren**	☐ **Eric de Maré**
☐ **Art Déco**	☐ **Berenice Abbot**
☐ **Edwin Smith**	☐ **Jean-Claude Berens**

Interni

C'è una costante richiesta di abili fotografi di interni e in effetti la riproduzione di abitazioni, uffici e negozi è uno dei pochi campi del settore in cui domina ancora la figura del fotografo professionista. Serve una persona affidabile, metodica e tecnicamente esperta; e, anche per chi non trova il soggetto particolarmente entusiasmante, ci sono molte possibilità creative.

Nel metodo di lavoro, i requisiti di base sono simili a quelli della fotografia di architettura (pp. 158-159). Dovete mostrare al meglio lo spazio: non c'è bisogno di suggerire emozioni forti o alludere a significati nascosti. Gli interni sono il soggetto ideale per il fotografo che apprezza una vita tranquilla e non ama mettersi personalmente in mostra.

Lo stile del non avere uno stile

I principali fattori per fotografare interni sono posizione e puntamento della fotocamera, entrambi da gestire con precisione millimetrica. L'illuminazione può essere stimolante a livello tecnico e stilistico. I livelli di luce sono spesso bassi ma, anche se avete bisogno di illuminare di più una scena, dovete mantenere lo spirito e l'atmosfera dello spazio. A questo scopo sono utili tempi di esposizione lunghi (pp. 60-61). Per un simile livello di precisione, e per i tempi di esposizione necessari con luce scarsa, un treppiede è indispensabile quasi quanto la fotocamera: un treppiede con testa micrometrica è la scelta migliore per una regolazione precisa semplice e veloce. Non cedete alla tentazione di un obiettivo ultragrandangolare per includere tutta la stanza: sarebbe in tal caso impossibile non deformare vistosamente le forme ai margini dell'immagine. Sono una scelta obbligata obiettivi con una distorsione lieve o impercettibile, tipicamente inferiore al 4 per cento. Una lunghezza focale di 24 mm, con un angolo di campo di 84 gradi, rappresenta un pratico compromesso.

Oggetti di scena e arredi

Non dimenticate che l'atmosfera di un interno deriva in gran parte da ciò che contiene e questo è un fatto che potete sfruttare a vostro vantaggio. Potreste avere il permesso di spostare piccoli oggetti per migliorare la scena o aggiungere elementi discreti come fiori o candele, o potete lavorare semplicemente con gli arredi e complementi disponibili così come sono. Usate oggetti in primo piano per incorniciare gli elementi più distanti; macchie di colori brillanti servono a ravvivare un angolo spento o scuro.

Spazio interno
Per catturare un interno vasto è utile un obiettivo grandangolare, ma evitate oggetti circolari ai margini dell'inquadratura, che sembrerebbero ovali. La gamma dinamica tra le superfici interne e le finestre può essere ampia: scattate in RAW (pp. 184-185) per intervenire in postproduzione o con esposizione a forcella per la mappatura tonale (pp. 216-217).

Illuminare il primo piano
Uno dei modi più efficaci per illuminare il primo piano di inquadrature grandangolari orizzontali è sfruttare i riflessi, perché la simmetria risultante rafforza le linee architettoniche.

Descrivere con la luce
Non sempre è necessario mostrare lo spazio per intero: dettagli dell'arredamento, oggetti di scena e l'illuminazione possono suggerire l'atmosfera e lo stile di un interno.

Illuminazione invisibile
Questa fotografia di un corridoio in un albergo utilizza quattro luci supplementari puntate sugli angoli bui, sul quadro e sulla pianta, per schiarire l'immagine senza essere evidenti.

Catturare la luce

Gli spazi interni che ricevono una certa quantità di luce naturale cambiano aspetto in base all'ora e alla stagione. Nelle stanze soleggiate l'illuminazione può cambiare piuttosto rapidamente. Nelle stanze più in ombra che non ricevono luce diretta potreste dover aspettare il giusto periodo dell'anno perché la luce la illumini al meglio.

▼ COMPITO

▷ Studiate i cambiamenti di illuminazione in una stanza: osservate e aspettate che la luce trasformi lo spazio e gli oggetti che racchiude in un piccolo paesaggio di forme e ombre. Fotografate la scena a ore diverse del giorno.

▼ PUNTI DA RICORDARE

▷ **Selezionate l'esposizione per bilanciare** la luce con il resto della stanza: potreste dover accettare la bruciatura delle zone illuminate.

▷ **Cambiate punto di vista:** quello più favorevole cambia a seconda della direzione della luce.

▷ **Se la luce dalla finestra è molto intensa,** usate la mappatura tonale (pp. 216-217) per contenere l'eccessiva gamma dinamica.

▷ **Per ampliare l'inquadratura grandangolare,** fate due esposizioni ruotando leggermente la fotocamera sul treppiede tra uno scatto e l'altro e poi unite le due immagini via software (pp. 110-111).

▷ **Non si tratta solo di spazio:** osservate come la luce che si sposta interagisce con l'arredamento della stanza e adattate la composizione.

DA CERCARE IN INTERNET

☐ Stitching di immagini	☐ Carol M. Highsmith
☐ Distorsione dell'obiettivo	☐ Candida Höfer
☐ Obiettivo decentrabile	☐ Oliver Sann
☐ Edgar de Evia	☐ Julius Shulman
☐ Beate Geissier	☐ Larry Sultan

Fotografia di paesaggio

La fotografia di paesaggio vi permette di sfruttare le più ampie possibilità di interpretazione personale. Allo stesso tempo non perdona l'affettazione visiva: più vi scostate da una chiara rappresentazione, che mostra come appare davvero il paesaggio, più è evidente la vostra ingerenza sulla scena.

L'arte di fotografare paesaggi è la ricerca di una risposta perspicace e sensibile all'ambiente che vi circonda. Più che un ritratto topografico, è una registrazione del vostro rapporto con il luogo in cui vi trovate e la vostra interpretazione di esso. Come per ogni processo di scoperta, servirà tempo per capire la vera natura di un paesaggio.

Prendetevi tempo

Non pensate di innamorarvi di un paesaggio solo perché è raccomandato dalle guide turistiche: paesaggi diversi hanno personalità diverse. Il fatto che apprezziate un paesaggio può dipendere anche dalla stagione, quindi esplorate vari tipi di scenari in periodi diversi dell'anno. Il pittore americano Andrew Wyeth preferiva l'inverno, quando poteva "sentire la struttura ossea nel paesaggio"; alcuni sono affascinati dai colori dei boschi in primavera, altri sono ispirati dai colori accesi e intensi delle foglie autunnali. Le stagioni influenzano anche il benessere fisico, che a sua volta ha un effetto sullo stato emotivo. Il vostro occhio fotografico risponderà in modo più o meno favorevole in base ai vostri gusti. Anche i luoghi più fotogenici possono far scoprire qualcosa di nuovo con visite ripetute, con condizioni meteorologiche e di illuminazione diverse. Ricordate che la luce è sempre una buona luce e che è utile imparare a lavorare, accettandola di buon grado, in qualsiasi condizione.

MARCEL PROUST

> Il vero viaggio di scoperta non consiste nel cercare nuove terre, ma nell'avere nuovi occhi.

Terra in monocromia

Come esercizio occasionale, provate a impostare la fotocamera per registrare in bianco e nero: spogliata del colore, la struttura del terreno diventa molto più evidente.

Macchia di colore
In una giornata fredda e scura ero deciso a catturare questa inquadratura dal basso di una carpa che scivola sotto i riflessi degli alberi, ma il pesce non voleva stare fermo. Afferrare il momento giusto è stato come aspettare la comparsa di un raggio di sole tra le nuvole.

VARI PUNTI DI VISTA

Un solo obiettivo può essere molto versatile, se siete disposti a camminare. La varietà di proporzioni e prospettive in queste immagini si deve a un solo obiettivo da 100 mm. Aumentare la dimensione del primo piano dà un senso di lontananza, con un effetto da grandangolare, mentre primi piani distanti comprimono lo spazio, dando l'idea di un teleobiettivo.

Inoltre dovrete considerare che alcuni colori molto diversi a occhio nudo, come il verde e il rosso scuro, possono essere riprodotti con toni di grigio molto simili. Per esempio, la fotografia della carpa rossa nella pagina a fronte perderebbe molta della sua forza espressiva in bianco e nero; con queste impostazioni dovreste concentrarvi su altri aspetti della scena, per esempio le sagome degli alberi.

Lunghe deviazioni

Un buon modo per affinare le vostre abilità nella composizione è costringervi a usare una sola lunghezza focale per tutto il giorno. Questo vi obbliga a esplorare molto di più di quanto fareste di solito perché non potete regolare l'inquadratura semplicemente manovrando lo zoom. Imparerete in fretta che l'elemento più importante della composizione di un paesaggio non è l'angolo di campo, ma la vostra prospettiva, che cambia a ogni passo. Un passo migliora la composizione e quello successivo non è invece molto promettente, così vi spostate ancora in un'altra direzione: se volete catturare tutto quello che un paesaggio ha da offrire, preparatevi a camminare.

Angolazione spettacolare
È difficile fotografare alberi molto alti senza guardare in su; potete fare di necessità virtù esagerando la convergenza delle verticali: puntate verso l'alto con una focale grandangolare.

I moderni obiettivi zoom hanno un'estensione focale che consente una versatilità senza precedenti per mettere a fuoco sui dettagli o includere una veduta più ampia. Per inquadrature ultragrandangolari è meglio un obiettivo specifico che non una lente addizionale.

Scoperta urbana
Per un breve attimo, questa strada normalmente trafficata era rimasta deserta, rivelando così la sua bellezza con i contrasti tra elementi artificiali e naturali, qui riprodotti in un'immagine in bianco e nero virata in toni seppia.

Inquadrare il paesaggio

Quasi tutte le fotocamere si tengono più facilmente in orizzontale e il cosiddetto formato paesaggio è quello naturalmente scelto per dare l'idea di spazi ampi. Nulla però vieta di ruotare la fotocamera di 90 gradi e scattare nel formato verticale, o ritratto, quando occorre, per esempio per inquadrare un albero alto o un crepaccio. Il formato ritratto è utile soprattutto per dare un senso di profondità allo spazio perché include una porzione più ampia di primo piano e di cielo rispetto al formato paesaggio.
Non abbiate timore di provare a scattare con un'inclinazione rispetto all'orizzonte se vi sembra adatta alla situazione. Questo approccio cinematografico è spesso efficace con ampie vedute di spazi ristretti, come in una foresta, perché le linee e l'inquadratura inclinate possono creare effetti di forte disorientamento, che rievocano il senso di vertigine che si prova ruotando su se stessi per avere una vista complessiva.

Giungla di cemento

Più della metà della popolazione mondiale vive nelle città, e non considerare il paesaggio urbano significa precludervi una moltitudine di interessanti opportunità fotografiche. Gli ambienti urbanizzati sono completamente diversi dai paesaggi naturali, ma presentano sfide molto simili. C'è un'infinita ricerca del migliore punto di vista, cercando di aggirare gli ostacoli per raggiungere la posizione ideale. In città così come in campagna potreste dover attendere che la luce cambi per ottenere l'effetto voluto. Dovrete poi affrontare anche problemi specifici della città, come l'eccesso di zelo di funzionari e sorveglianti o il fatto che, fotografando in un luogo pubblico, dovrete essere consapevoli di quello che vi circonda e stare attenti alla vostra sicurezza.
Quando fotografate in aree metropolitane, invece che andarvene in giro con una dSLR fornita di un vistoso obiettivo è preferibile che vi accontentiate di una fotocamera compatta, che siate in paesi più o meno sviluppati e in ambienti poco ricchi o decisamente poveri. Questo vi farà sembrare semplici dilettanti che fotografano per diletto e non professionisti ben pagati e dotati di costose attrezzature, in generale meno ben visti se non addirittura oggetto di attenzioni non gradite.

VETTE URBANE

I profili delle città rappresentano le vette montuose del paesaggio urbano e presentano problematiche simili: dovete essere a una certa distanza per apprezzarli, ma non troppo altrimenti diventano troppo piccoli. La grande differenza è che gli skyline delle città si accendono di notte e diventano particolarmente gradevoli alla luce del crepuscolo e al calare della sera. Dopo aver scoperto questo punto di osservazione sui grattacieli di Singapore, ci sono tornato più volte, in diversi momenti della giornata, per esplorare gli effetti dei cambiamenti di luce.

Vedute alternative

È facile parlare dei contrasti tra diverse vedute del medesimo paesaggio, ma è più difficile rappresentarli con fotografie. Una della ragioni di questo è che, a prescindere dalla prospettiva, un paesaggio impone fortemente la sua personalità sullo spettatore, e questo è in fondo il motivo per cui ci attrae al primo impatto.

▼ COMPITO

▷ Realizzate due fotografie dello stesso luogo, scattate da posizioni vicine. Usate la composizione, la prospettiva e l'inquadratura per renderle il più possibile diverse.

▼ PUNTI DA RICORDARE

▷ **Mantenete lo stesso formato.** Dovranno avere entrambe l'orientamento da ritratto o da paesaggio.

▷ **Usate la stessa modalità di colore.** Che scegliate il colore o il bianco e nero, applicate questa impostazione a entrambe le immagini.

▷ **Non create differenze** tra le immagini attraverso il computer: cercate di renderle diverse usando solo i comandi e le funzioni della fotocamera.

▷ **Scegliete e mantenete uno stile** per entrambe le immagini, come qualità del colore, una foschia surreale o un'imitazione del bianco e nero delle camere con foro stenopeico.

▷ **Potete creare contrasto** con differenze nella prospettiva e nelle proporzioni cambiando la lunghezza focale e il punto di vista.

DA CERCARE IN INTERNET

☐ **Neue Sachlichkeit**	☐ **Per Bak Jensen**
☐ **Pittorialismo**	☐ **Michael Kenna**
☐ **John Blakemore**	☐ **Shinzo Maeda**
☐ **Peter Dombrovskis**	☐ **Paul Raphaelson**
☐ **Fay Godwin**	☐ **Brett Weston**

Inseguire l'arcobaleno

Le cascate Kaieteur, in Guyana, sono tra le più grandi del mondo. Immerse nella foresta pluviale, sono raggiungibili via terra con un viaggio di parecchi giorni, per cui molti arrivano in volo fino a una piccola pista di atterraggio. Non si tratta di una classica situazione da paesaggio. Per pochi secondi di intensa concentrazione, tutte le capacità di composizione e di controllo tecnico della fotocamera dovevano operare insieme. Serviva anche un po' di fortuna: tutte le cascate creano un'arcobaleno, ma solo con la giusta luce.

▷ Canon 5D MkII, 28-135 mm *f*/3.5-5.6 : 47 mm *f*/5.6 ISO 400 -0.67 EV 1/2000 sec

DELLA STESSA SERIE

1 Finestra di opportunità

L'aereo offriva vedute limitate dalle pale dell'elica, tranne che dal sedile del secondo pilota. Abbiamo fatto solo un giro intorno alla cascata, che era visibile solo da un lato dell'aereo. Ero sul lato sbagliato, e i miei tentativi di scattare attraverso il finestrino sono stati infruttuosi.

2 A tutta velocità

Per fortuna mia moglie Wendy era seduta in posizione migliore. Durante i 97 secondi in cui ha avuto una discreta visuale è riuscita a scattare 65 fotografie. Molte erano rovinate dalle pale dell'elica o inquadrate goffamente per l'inclinazione dell'aereo, ma la foto a destra è sua.

3 A volo d'uccello

Volando proprio sopra la cascata abbiamo avuto una vista vertiginosa della sua caduta a picco e un esaltante senso dell'enorme forza dell'acqua. Questo non assicurava che le immagini avrebbero colto l'emozione e le vera dimensione dello spettacolo.

4 Da terra

A terra c'erano numerosi punti da cui vedere la cascata, ma erano tutti su rocce nude e sdrucciolevoli, senza protezioni su un enorme precipizio. Davano vedute splendide ma statiche; la migliore, molto vicina alla cascata, richiedeva più coraggio ed energia di quanta ne avessi quel giorno.

TEREX
PSA
700

CAPITOLO QUATTRO

OTTIMIZZARE IL FLUSSO DI LAVORO

Strategie di lavoro

Rivedere un nuovo gruppo di immagini è motivo di entusiasmo e apprensione nello stesso tempo. Magari scoprirete di avere scattato una fotografia eccezionale o invece di avere dimenticato di includere una persona importante. La tentazione è quella di riguardare subito le immagini riprese, ma per non perdere troppo tempo tra centinaia di immagini occorre organizzarsi.

La strategia più indicata è impostare il flusso di lavoro in base al progetto. Se fotografate per uso personale, potete seguire uno schema immagine per immagine. Nella maggior parte dei casi, la soluzione più semplice è la migliore, perciò impostate la fotocamera in modo da poter usare immediatamente le foto, su siti di photosharing e social network o per la stampa, senza postproduzione

ACQUISIZIONE

1 Caricate le immagini in una nuova cartella. Aggiungete metadati come data, luogo e copyright. Attribuite una numerazione progressiva (per esempio Malta001, Malta002). Fate un back-up di riserva.

CONTROLLO

2 Verificate a campione che le immagini siano nitide, ben esposte e con un bilanciamento del bianco accurato. Se la fotocamera non ruota il formato ritratto, pensateci voi. Eseguite subito queste due operazioni.

VALUTAZIONE

3 Esaminate le immagini e classificatele tra prima scelta, seconda scelta e scarti. Usate un monitor calibrato per valutare con precisione colore, esposizione e qualità complessiva.

PROVA COLORE

7 Controllate come risultano le immagini stampate e la corrispondenza con i colori a monitor: usate il profilo adatto alla stampante. Cercate e correggete eventuali colori fuori gamma (pp. 178-179).

PULIZIA DELL'IMMAGINE

8 Esaminate attentamente l'immagine e rimuovete ogni imperfezione. Non fatelo prima di aver apportato gli altri aggiustamenti: aumentare contrasto, saturazione o nitidezza può rendere vana la pulizia.

EFFETTI FINALI

9 Lasciate a questa fase la riduzione del rumore, se non era parte della lavorazione in RAW (pp. 184-187). Se occorre applicate la maschera di contrasto, senza esagerare soprattutto nei ritratti.

(pp. 20-21). Provate i vantaggi di questo efficiente metodo di lavoro prima di pensare di accollarvi lavoro extra: solo se avete bisogno di migliorare tassativamente la qualità dell'immagine si giustifica uno sforzo ulteriore.
Lo schema sotto mostra i passi fondamentali che potete includere nel processo. Via via che avrete acquisito maggiore esperienza, potrete adattarlo alle vostre necessità.

LO SAPEVATE?

Una delle decisioni fondamentali che dovrete prendere sarà se utilizzare la stessa applicazione (per esempio Adobe Lightroom, Apple Aperture, o ACDSee) per gestire e per correggere le immagini, o software diversi per i vari compiti (pp. 176-177).

DIDASCALIE

4 Scrivete e inserite le didascalie finché la memoria è fresca. Aggiungete altri dati utili, come i geotag (è consigliabile usarli solo per i luoghi di vacanza, senza rivelare informazioni di carattere personale).

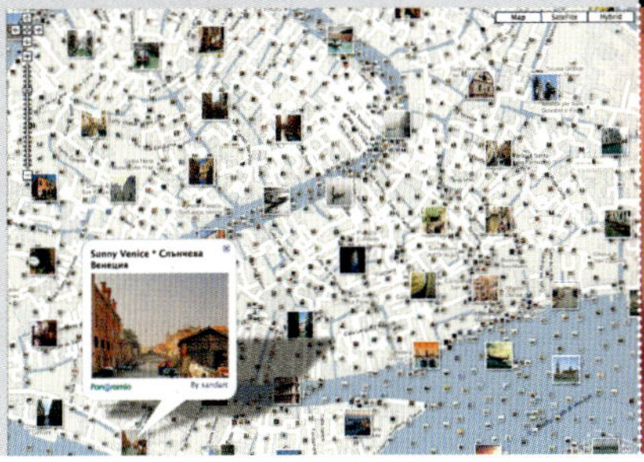

GESTIONE GENERALE DEI FILE

5 Create una nuova cartella per i file in lavorazione, salvandoli con nuovi nomi invece di lavorare sugli originali. Se possibile conservate gli originali su supporti fisici diversi. Raddrizzate, ritagliate e ridimensionate.

MIGLIORAMENTO

6 Correggete esposizione e contrasto per regolare ombre e luci (aggiustamenti di colore e nitidezza tendono ad aumentare il contrasto). Applicate eventuali interventi drastici, come conversione in monocromia.

SALVATAGGIO

10 Se avete lavorato con i livelli, salvate una copia con un nuovo nome per conservare l'originale. Prima di esportare l'immagine, unite i livelli, ridimensionatela e salvatela nel formato voluto: se non avete esigenze particolari, JPEG è una scelta accettabile. Create un set di preimpostazioni per l'esportazione: per esempio, per un portfolio su un sito Internet, scegliete 720 pixel di base, qualità media, sRGB. Rinominate le immagini con numeri in sequenza perché siano da voi immediatamente identificabili (per esempio, "tomang_iwokrama_001.jpg").

ESPORTAZIONE E USO

11 Esportate direttamente alla destinazione finale, per esempio da Adobe Lightroom a Facebook, per evitare copie superflue del file. Se non potete esportare direttamente, create una cartella prima dell'esportazione.

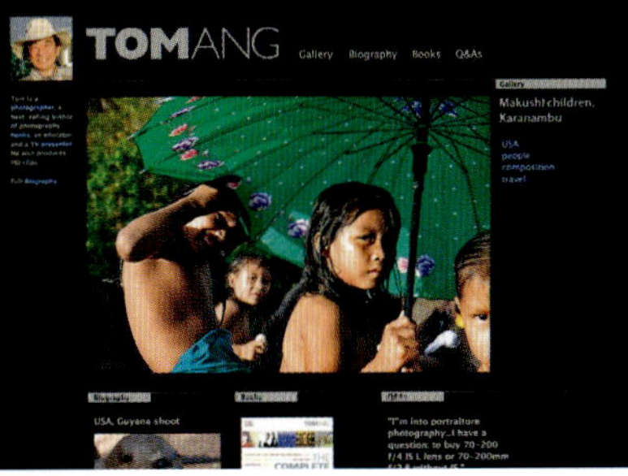

ARCHIVIAZIONE E RIORDINO

12 Se avete creato cartelle per file temporanei o file per il download, cancellatele dal computer una volta che avete terminato l'operazione. Archiviate su dispositivi di back-up come hard-disk portatili. Eliminare i file superflui mantiene il computer reattivo e riduce la confusione, rendendovi più facile lavorare sul materiale attuale. Ricontrollate di avere due copie delle immagini delle schede di memoria, quindi riformattate le schede per averle libere, pronte per essere riutilizzate e in grado di funzionare alla loro massima velocità possibile.

Problemi con i file

CANCELLAZIONE ACCIDENTALE

PROBLEMA
Avete cancellato alcune immagini. Vorreste riaverle, ma non sapete dove sono o come recuperarle, perché non riuscite a trovarle né sulla fotocamera né sul computer.

ANALISI
Se avete cancellato le immagini dalla memory card, smettete immediatamente di usare la scheda e inseritene un'altra: potrete recuperare i file, a patto che non li abbiate sovrascritti con nuove immagini. Se le avete cancellate dal computer, non svuotate il cestino e non salvate nuovi file.

SOLUZIONE

- ▷ Usate un software per ritrovare i file persi dalla scheda di memoria. Alcuni sono forniti gratuitamente con la scheda e sono di semplice impiego.
- ▷ Sul computer cercate le immagini nel cestino. Trascinate i file che potrebbero essere quelli che cercate sul desktop.
- ▷ Se avete già svuotato il cestino, smettete immediatamente di salvare nuovi file e usate un programma per recuperare i dati, come Unerase per Windows, o Data Rescue e R3cover per Mac OS X.

SCHEDA DANNEGGIATA

PROBLEMA
Le immagini trasferite sul computer hanno colori strani, si sovrappongono una all'altra o non si vedono del tutto. Il computer potrebbe avere problemi a comunicare con la memory card o questa potrebbe inviare dati errati.

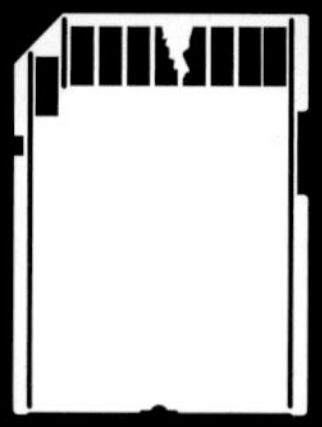

ANALISI
Se la scheda è visibilmente danneggiata piegata, con pin graffiati o fessure deformate, la causa è palese. Se la scheda non presenta danni apparenti, potrebbe essersi surriscaldata sotto il sole (o un'altra fonte di calore) o essere stata accostata a un potente magnete, per esempio, quello di un altoparlante.

SOLUZIONE

- ▷ Se la scheda è danneggiata in modo evidente, non usatela più: potrebbe rovinare il lettore della fotocamera e richiedere una costosa riparazione.
- ▷ Se non ci sono danni visibili, cercate di scaricare di nuovo le immagini con un metodo diverso, per esempio da un altro lettore di schede di memoria o direttamente dalla fotocamera.
- ▷ Se la fotocamera ha una memoria interna o due slot per le schede, trasferite i file con problemi sulla memoria interna e di nuovo su una scheda di memoria nuova.

PROBLEMI DI DOWNLOAD

PROBLEMA
Avete collegato la fotocamera al computer, ma le immagini non si scaricano; il lettore di schede di memoria non viene riconosciuto dal computer; o le immagini sono visibili sulla fotocamera ma non si trasferiscono al computer.

ANALISI
La fotocamera potrebbe non essere impostata per essere riconosciuta dal computer come drive. Se avete registrato in RAW, il software potrebbe non essere in grado di riconoscere il formato. Potreste anche avere scaricato le immagini in una cartella diversa da quella che pensavate.

SOLUZIONE

- ▷ Impostate la fotocamera come "dispositivo USB", "Data Drive", o espressioni simili prima di collegarla al computer.
- ▷ Usate il software fornito con la fotocamera per scaricare i file in formato RAW o aggiornate il programma che usate per la gestione delle immagini.
- ▷ Alcuni sistemi importano le immagini non appena viene collegata una fotocamera o una memory card: controllate le preferenze per vedere in quale cartella vengono salvati i file.

IMMAGINI PERSE

PROBLEMA
Non riuscite a trovare certe immagini; fotografie che credevate di avere scaricato non sembrano essere dove le avete salvate; oppure potete vedere alcune immagini in una cartella, ma non tutte.

ANALISI
Potreste aver inavvertitamente spostato alcune immagini in un'altra cartella. Potreste aver impostato il programma per mostrare solo alcuni file, per esempio quelli classificati con una stella. Potreste aver cambiato l'ordine in cui si vedono i file, per esempio per data in ordine decrescente invece che crescente.

SOLUZIONE
- ▷ Usate la funzione di ricerca di file del computer per trovare l'immagine: fate riferimento al nome del file sulla scheda di memoria. Dovrebbe bastarvi cercare un'immagine sola, dato che le altre si trovano probabilmente nella stessa cartella.
- ▷ Impostate le preferenze di visualizzazione per vedere tutte le immagini.
- ▷ I file possono essere elencati per nome, data di creazione o data di modifica, e in ordine crescente o decrescente. Controllate le impostazioni attive.

ANOMALIE DELL'HARD-DISK

PROBLEMA
L'hard-disk che contiene le immagini va in crash, cioè smette di lavorare, emette ronzii e ticchettii senza risultati, non viene riconosciuto dal computer o lo fa bloccare.

ANALISI
L'hard-disk potrebbe avere bisogno di una riparazione software dei file che gestiscono i dati e i permessi di accesso. Il computer potrebbe aver subito un guasto (per esempio nei connettori). Il disco potrebbe dover essere smontato da esperti per recuperare i file, con una procedura molto costosa.

SOLUZIONE
- ▷ Non fatevi prendere dal panico. Provate a collegare l'hard-disk a un altro computer: i connettori potrebbero essere difettosi.
- ▷ Se possibile, provate a usare il disco con un altro lettore.
- ▷ Usate un'utility per la riparazione del disco: potreste dover ripetere l'operazione due o tre volte. Se il disco si ripara, copiate solo quello che serve su un nuovo disco.
- ▷ Mantenete efficienti i dischi usando regolarmente utility come Disk Doctor o DiskWarrior.

ANOMALIE DELLA SCHEDA

PROBLEMA
Avete cancellato tutte le immagini dalla memory card ma la memoria disponibile sembra meno di quanto dovrebbe essere. La scheda non registra con la stessa velocità abituale o registra meno immagini di quante ne conteneva prima.

ANALISI
La cancellazione delle immagini potrebbe non aver liberato del tutto la scheda di memoria. La fotocamera mostra solo una stima della capacità della scheda, basata sulle dimensioni medie dei file alla risoluzione impostata; il "consumo" potrebbe variare in base al livello di rumore e ad altri fattori.

SOLUZIONE
- ▷ Per preparare una scheda all'utilizzo, eseguite una formattazione a basso livello con la fotocamera, dal menu di manutenzione. Non formattate le schede con il computer.
- ▷ Le schede formattate lavorano velocemente perché possono registrare i dati in sequenza.
- ▷ Le immagini con rumore causato da impostazioni di sensibilità elevata si comprimono meno e i file risultanti sono molto più grandi di quelli con livelli di rumore bassi. Caricate le immagini sul computer e cancellatele dalla scheda per liberare spazio.

Formati di file

I formati dei file determinano modi diversi di organizzare le informazioni digitali di un'immagine. Anche se il corpo di un file è costituito dai dati dell'immagine stessa, perché il software la possa leggere deve sapere come i dati sono stati organizzati, un po' come i paragrafi e i capitoli in un testo. Anche queste informazioni sono contenute nel file.

Un segno della maturità della fotografia digitale è costituito dall'esistenza di un formato universale, compatibile con tutte le fotocamere e tutti i programmi che si occupano di immagini, e soprattutto con Internet: è il formato JPEG (Joint Photographic Experts Group). Se occorrono più informazioni, si usano anche file TIFF.

JPEG

JPEG è un modo di comprimere i dati. Si ha una dimensione del file ridotta in cambio di una qualità dell'immagine più bassa in proporzione al livello di compressione impostato, da 1 a 12 nella maggior parte dei software (vedi sotto). Più la compressione è alta, minore sarà la qualità. È una compressione "lossy", con perdita di dati (vedi box), per cui va applicata con cautela. Quando catturate le immagini salvate con qualità elevata (bassa compressione) per avere più dati per l'elaborazione successiva. Immagini grandi (pp. 106-107) tollerano un livello di compressione più alto.

Si raccomanda spesso di non salvare e risalvare i file JPEG perché ogni volta c'è una perdita di dati; in pratica, risalvare con qualità media o alta non causa troppi danni.

TIFF

I file TIFF sono di alta qualità, preferiti dai professionisti dell'editoria perché contengono più informazioni sul colore dei file JPEG, ma con dimensioni molto più grandi. Possono essere compressi senza perdita di dati.

LO SAPEVATE?

Sono necessari diversi tipi di compressione dei file perché i dati sono strutturati in maniera diversa quando il file è archiviato o quando è in uso. Pensate a come un negozio dispone la merce. Inizialmente gli articoli sono chiusi nelle scatole in magazzino. Per essere usati devono però essere tirati fuori ed esposti in modo da essere visibili e facilmente raggiungibili. I file TIFF comprimono i dati raggruppando quelli di uno stesso tipo e registrando tutto quello che c'è, come un magazzino ben ordinato. Non comportano perdita di dati (compressione "lossless"), ma occupano più spazio. I JPEG, invece, comprimono i dati mettendo insieme tipi diversi e questa diversità non è più recuperabile: si ha una compressione "lossy", cioè con perdita di dati.

COMPRESSIONE E QUALITÀ

Immagine originale 1,1 MB
Il file originale aveva una base di oltre 5000 pixel, ridotta a 720 pixel. Non si nota alcuna perdita di qualità: 720 pixel sono molti per le dimensioni di riproduzione. Il file TIFF non compresso è di 1,1 MB.

Qualità 0: 112 KB
In JPEG alla qualità più bassa, la dimensione è un decimo della versione TIFF. La perdita di qualità risulta nel verde poco uniforme e nella carenza di dettagli. Anche l'aumento di contrasto crea artefatti (ai bordi dei petali).

Qualità 3: 116 KB
Un'impostazione di qualità più alta aumenta la dimensione del file di soli 4 KB, ma i toni sono più morbidi e si vedono più dettagli nelle venature dei petali, con meni artefatti dati dall'aumento di contrasto.

Profondità di colore
Questa immagine di una spiaggia semisommersa a Singapore sembra carente di colore, con toni pallidi e sbiaditi. Le piccole variazioni richiedono invece una quantità di dati per rendere le transizioni tonali nell'acqua davvero morbide e catturare i tanti piccoli dettagli sulla spiaggia. Per catturare fedelmente i colori, servono come minimo 256 livelli, dal più scuro al più chiaro, in tutti i canali rosso, verde e blu. Se anche un'immagine dovesse non usare tutti i dati, lo spazio non occupato deve essere lasciato libero per eventuali modifiche di toni e colori.

Qualità 6: 128 KB
A una qualità media, gli artefatti sono ridotti in maniera significativa, i toni scuri sono abbastanza uniformi e le venature dei petali sono più decise. Anche se ci sono ancora alcuni artefatti, l'immagine è accettabile.

Qualità 9: 148 KB
Un'ulteriore riduzione della compressione elimina gli artefatti dovuti all'aumento di contrasto e lascia più dati a disposizione per eventuali correzioni, mentre l'aumento di dimensioni del file è relativamente piccolo.

Qualità 12: 328 KB
Alla massima qualità, il dettaglio migliora al punto da rendere visibile il rumore nelle zone in ombra, con solo un minimo miglioramento nei toni medi. I toni sono più uniformi, ma le dimensioni raddoppiano.

Organizzare le immagini

Un tempo era considerato un successo caricare anche solo una manciata di immagini su un computer senza mandare in blocco il sistema operativo. Oggi che possiamo trasferire sistematicamente centinaia di immagini alla volta dobbiamo decidere come gestire i file in modo efficiente per ridurre al minimo il tempo trascorso al computer e sfruttarlo invece il più possibile per uscire e scattare fotografie.

JERRY UELSMANN

È ugualmente difficile e laborioso creare un'immagine a computer che in una camera oscura. Credetemi.

Come gestire le immagini dipende principalmente da quattro fattori. Il primo è il loro numero: tornate da una vacanza con migliaia o solo con un centinaio di immagini? Il secondo punto è l'importanza data alla qualità: le fotografie sono destinate a siti di social network o alla pubblicazione su riviste patinate? Il terzo dipende dallo scopo: fotografate per vostro piacere personale o sperate di ricavarne un guadagno (pp. 294-295)? E infine, quanto spazio prevedete per l'elaborazione delle immagini?

Distinzione di classe

Se mostrate le vostre fotografie solo ad amici e parenti, senza ritoccarle, siete utenti da file leggeri, che occupano poco spazio e sono semplici da gestire. Il software fornito di serie con il sistema operativo o un altro programma gratuito come Picasa farà al caso vostro. Ugualmente, se vi piace fotografare e realizzate un grande numero di immagini, ma soprattutto per divertimento, per le vostre esigenze sarà sufficiente un software gratuito come iPhoto. Anche se usate attrezzatura di qualità superiore, i vostri file possono rimanere di dimensioni contenute. Per elaborazioni delle immagini occasionali, potete usare strumenti gratuiti online come Picnik, FotoFlexer e Pixlr.

Lavorazione diretta o su copie proxy

Quando il numero delle immagini raggiunge un livello per cui impiegate più di un minuto per individuare un file, è il momento di cambiare metodo. Potreste continuare a tenere

Gestione pratica

Un software di gestione delle immagini vi consente di vedere e organizzare il materiale in molti più modi del sistema operativo del computer. Potete vedere le immagini a diverse dimensioni e in varie disposizioni, ingrandirle per controllare i dettagli o contrassegnarle per usi successivi.

VARIAZIONI SU UN TEMA

Questi esempi sono una piccola quantità delle possibili varianti di un'immagine di grandi dimensioni e ad alta risoluzione che potreste avere a disposizione sul computer. Le anteprime e le informazioni XML (Extensible Markup Language) occupano pochissimo spazio sull'hard-disk. Le stesse varianti salvate come file di Photoshop occuperebbero centinaia di megabyte.

le immagini in cartelle facendo affidamento sugli strumenti di base del sistema operativo per gestirle. Per lavorare sui file, potreste aprirli con un software di elaborazione delle immagini e salvare copie destinate a un uso specifico. Ciò significa individuare e lavorare direttamente sui file. È un metodo praticabile se avete solo pochi file e non vi serve prepararli a scopo professionale.

C'è però un metodo alternativo che, anche se può sembrare macchinoso, in definitiva vi farà risparmiare tempo e spazio sul disco. Consiste nel lavorare su una versione proxy o a bassa risoluzione dell'immagine usando un software come Adobe Lightroom o Apple Aperture. Potete creare immagini proxy importando i file nella library, o catalogo, del programma. Una volta nella "libreria", potete gestire, modificare e riutilizzare le immagini con un unico software. Potete anche usufruire di funzioni come anteprima di alta qualità e della possibilità di zoomare sulle immagini, raccoglierle, raggrupparle e classificarle. Lavorare con proxy vuol dire anche che i file originali, che siano JPEG, TIFF o RAW, rimangono al sicuro e inalterati.

Architettura dell'immagine

Quando importate o salvate le fotografie con un software per la gestione delle immagini, potete collocarle nella libreria principale del programma o archiviarle su dischi esterni. Se avete un numero contenuto di immagini, conviene tenerle tutte in un unico posto. Se invece ne avete migliaia, è meglio tenere la libreria generale su un disco veloce, magari quello principale del computer, e i file originali su un disco esterno collegato al computer. In questo modo la library può gestire agevolmente 100.000 immagini o più. Un programma di gestione delle immagini che lavora con file proxy avrà solo gli strumenti di base per le modifiche: ritaglio e ridimensionamento, regolazione di toni e colori, maschera di contrasto e strumenti per scurire o schiarire zone specifiche. Per effetti più complessi, con livelli, maschere e testo, dovete usare programmi di elaborazione come PaintShop Pro, Photoshop Elements e GIMP.

LO SAPEVATE?

Lavorare con immagini proxy significa che tutti i cambiamenti, compresi i metadati inseriti, sono applicati a un file a bassa risoluzione e salvati come una lista di istruzioni aggiornata in automatico a ogni modifica apportata. Solo quando usate l'immagine, o la esportate, tutti i cambiamenti saranno effettivamente applicati. Non vi serve avere molte versioni di diverse dimensioni che vi riempiono l'hard-disk, ma vi basta archiviare le istruzioni con le copie proxy. Ciò nonostante, una raccolta di 60.000 immagini può superare i 45 GB, che si aggiungono ai file originali.

Gestire il colore

Gestire il colore è come fare i conti con la valuta. A seconda del paese in cui siete, un'unità può significare un dollaro, un euro, uno yen e così via. In modo simile, un'unità di colore ha un significato diverso se usata da una fotocamera, da un monitor, o da una stampante. Come con la valuta, potete calcolare la conversione usando parametri riconosciuti, i profili colore.

Gli stessi dati di colore possono produrre risultati diversi, perché i dispositivi registrano e memorizzano i colori in modi differenti. I monitor fanno luce grazie a filtri colorati, mentre la carta stampata assorbe alcuni colori e ne riflette altri; per una stessa immagine, un monitor a colori può rappresentare una gamma, o gamut, di colori più ampia di una stampa a getto di inchiostro. Se alcuni colori presenti a monitor non lo sono nella stampa, si dice che sono fuori gamma. L'estensione dei colori usati è detta spazio colore.

Alto profilo

Per un fotografo i colori devono risultare gli stessi sulla fotocamera, a monitor o in stampa. Per fortuna le differenze tra i dispositivi sono sistematiche e definibili con precisione. La struttura per convertire un colore da una"valuta" a un'altra è il profilo colore (vedi pagina a fronte). I profili si creano misurando come colori standard sono riprodotti da vari dispositivi adeguatamente tarati.

Il monitor va calibrato in modo da avere un profilo adatto al modo in cui rende i colori; dato che lo userete per riguardare e sistemare le immagini, la precisione dei colori sullo schermo è fondamentale. Per i migliori risultati, il monitor andrebbe profilato con un dispositivo hardware (p. 334).

LO SAPEVATE?

L'impostazione "intento di rendering" del software definisce il comportamento di un dispositivo (per esempio una stampante a getto di inchiostro) nei confronti di colori al di fuori del suo spazio colore. Con l'impostazione "saturazione", questa viene privilegiata sulla fedeltà cromatica: si usa per grafica o in ambiti aziendali. Un intento percettivo, di frequente uso in fotografia, comprime lo spazio fuori gamut in quello di output, ma ridistribuisce tutti i colori lungo lo spettro. Colorimetrico relativo è una buona scelta per foto generiche: conserva i colori che rientrano nella gamma, limita i colori che cambiano e conserva il bianco.

GRANDE LATITUDINE CROMATICA

Ci sono molti modi per stampare immagini di paesaggi e di viaggio. Una riproduzione completamente fedele non è l'unica soluzione possibile quando lo spettatore sa come dovrebbero essere davvero i colori e non ci si trova in situazioni in cui il colore è d'importanza critica (a differenza, per esempio, di cataloghi di moda o attrezzatura in cui la riproduzione deve essere il più fedele possibile). Le interpretazioni mostrate qui, da colori decisi e scuri a toni molto morbidi e con bilanciamento del bianco diverso, sono tutte accettabili. La cosa più importante è non cedere alla tentazione di rendere i colori estremamente saturi e luminosi perché, anche se risultano di grande effetto a video, rischiano di essere deludenti una volta stampati.

Uso dei profili

Un profilo colore è come un'etichetta che dice a un certo dispositivo come elaborare i dati dell'immagine; questo significa che i profili devono essere incorporati nelle immagini. Se assegnate un nuovo profilo a un'immagine, i suoi pixel non sono toccati, ma il suo aspetto cambierà quando la userete perché il profilo servirà per elaborare i dati. Se invece convertite l'immagine in un nuovo profilo, cambiate gli effettivi valori dei pixel per mantenere l'aspetto antecedente alla conversione. Molti colori visibili a monitor non sono riproducibili in stampa, quindi si devono convertire i colori che cadono fuori gamma. Ampi spazi colore usano colori non visibili in stampa che possono causare delusioni ed errori. Ecco perché il profilo sRGB, che è uno spazio colore prudentemente limitato, soddisfa le aspettative ed è raccomandato ai principianti. I diagrammi sotto mostrano differenti spazi colore a tre dimensioni.

SCHERMO

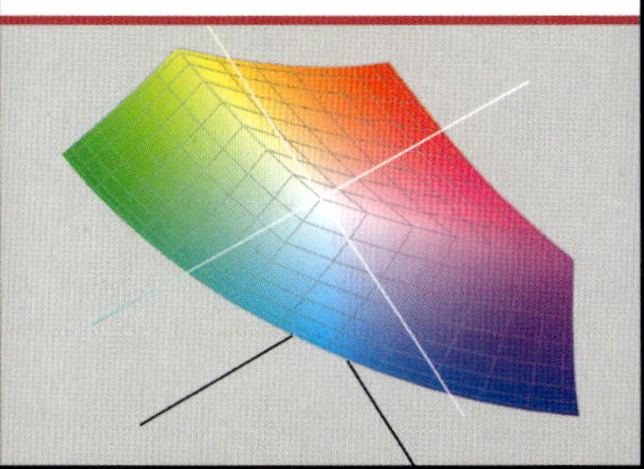

SRGB

MONITOR DEL COMPUTER

Lo spazio sRGB usa i colori dei monitor più comuni. Adottato come standard dall'inizio della fotografia digitale, è molto prudente: esclude una vasta gamma di colori, ma è sufficiente per la fotografia di tutti i giorni. Per un livello di lavoro più avanzato, potete registrare le immagini nello spazio colore Adobe RGB (1998). La visualizzazione a monitor sarà vivace e piena di energia, con colori brillanti e molto saturi: è una soluzione adatta all'utilizzo per siti Internet, ma non riflette fedelmente i risultati di stampa.

STAMPANTE PER ARTI GRAFICHE

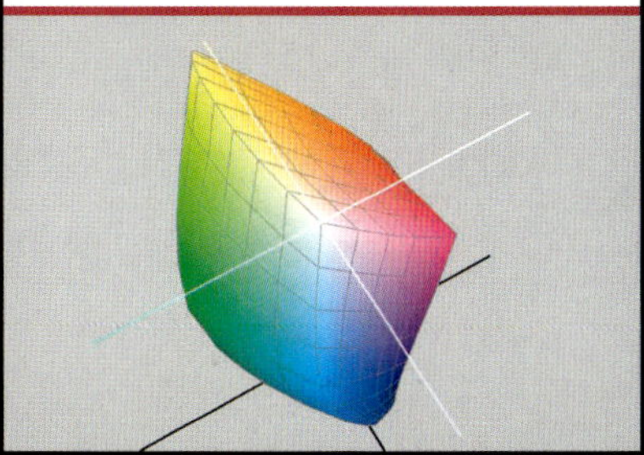

CARTA OPACA GICLÉE

PROVA COLORI PER CARTA OPACA GICLÉE

Quando assegnate il profilo di una carta di qualità e attivate la funzione soft-proof, o prova colori a monitor, l'immagine sullo schermo è resa con lo spazio colore selezionato. I colori più tenui svaniscono e l'aspetto è più spento. Ciò nonostante, su un monitor ben calibrato, l'immagine simulerà efficacemente il risultato di stampa. Usate la funzione soft-proof per controllare le immagini prima di stamparle. Se si aumenta la saturazione, in modalità prova colori, oltre un certo valore non si vede più alcun cambiamento: questo significa che è stato raggiunto il limite della gamma di colori stampabili.

STAMPANTE PER UFFICIO

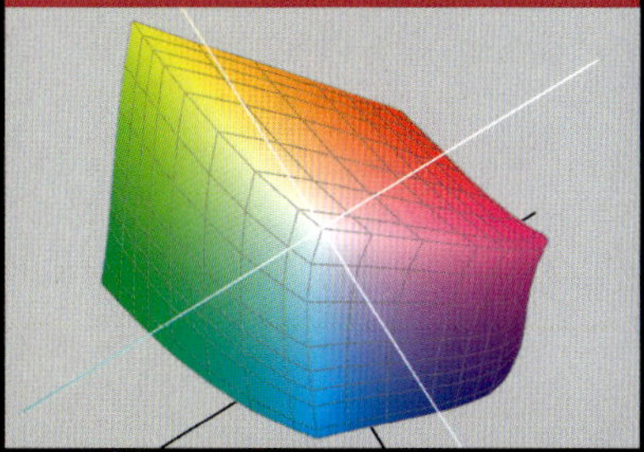

CARTA LUCIDA

PROVA COLORI PER CARTA LUCIDA

Stampanti progettate per ambiti aziendali danno colori forti e vigorosi; assegnare questo profilo dà immagini dai colori in forte contrasto e accesi. Tenete presente che lo spazio colore è molto più grande di quello di una carta per stampa di qualità: è un dato che non deve stupire perché dispositivi di output come le stampanti laser producono colori più intensi e saturi di quelle a getto di inchiostro. Hanno però qualche mancanza nella riproduzione dei passaggi tonali, che le rende meno adatte alla fotografia. Questo dimostra che uno spazio colore più grande non è in assoluto un vantaggio.

Selezionare le fotografie

Chiunque potrebbe fare l'art director se si trattasse solo di scegliere le foto più belle. Ma la faccenda è molto più interessante: si tratta di individuare le immagini più adatte per un determinato scopo. In senso creativo, state cercando un potenziale: immagini su cui è facile non soffermarsi possono rivelare la loro bellezza e forza se opportunamente valorizzate e utilizzate.

La chiave per una revisione delle immagini efficace è definire obiettivi realistici. Chiunque si appresti a esaminare il proprio lavoro alla ricerca della foto del secolo non potrà che restare deluso, ma tutti abbiamo nella nostra collezioni immagini che saremmo felici di appendere alla parete o di caricare sul nostro sito Internet. Le immagini sono buone in base al loro scopo: scegliete lo scopo e troverete la fotografia.

DEFINIRE LO SCOPO

1 Stabilite quello che volete ottenere fin dall'inizio. Se la revisione delle immagini interessa un ambito professionale, come è il caso di un fotografo di matrimoni, dovete lavorare velocemente e fare una selezione indulgente: è importante che tutti siano inclusi nelle immagini più che queste siano artisticamente perfette. Per libri e stampe, dovete lavorare con costanza e attenzione perché cambiare idea in seguito comporta sforzi ulteriori. Le immagini per siti Internet si collocano tra questi due estremi, dato che si possono modificare e caricare facilmente.

PRIMO PASSAGGIO

2 Passate velocemente tutte le immagini per farvi un'idea complessiva. Impostate l'anteprima alla massima grandezza possibile per poter vedere comunque le immagini in rapida successione. Lo scopo è arrivare a selezionare un numero gestibile di candidati: non cercate di scegliere tra due scatti simili in questa fase, ma prendete nota; non lasciatevi distrarre dalle fotografie che vi sembrano vincenti e non perdete tempo con quelle ovviamente da scartare. Assegnate una stella a tutte le immagini accettabili e andando avanti assegnate più stelle.

SECONDO PASSAGGIO

3 Una volta che avete esaminato l'intera sequenza, siete pronti per il secondo passaggio. Assegnate più stelle alle immagini più riuscite e scegliete gli scatti migliori nei gruppi con caratteristiche simili. Controllate la coerenza stilistica, se opportuno, e di aver registrato tutto il necessario, ovvero controllate di aver fotografato tutte le persone e i luoghi di cui avete bisogno. Se occorre, tornate di nuovo sul set per colmare le eventuali lacune.

VALUTAZIONE QUALITATIVA

4 Da questo punto in poi dovreste lavorare con solo una piccola parte del gruppo originale di immagini. Se, dopo due passaggi, avete ancora un numero esagerato di fotografie, probabilmente non siete abbastanza critici. Per progetti grossi o importanti, chiedete a una persona di fiducia un secondo parere. Fate ora una valutazione qualitativa: considerate i toni e i colori delle immagini, ingrandendole per esaminare i difetti. Guardate la serie nel complesso per vedere se servono regolazioni di toni o di bilanciamento del bianco (pp. 214-215, 218-219).

PREPARARE LE IMMAGINI

5 Apportate le modifiche di bilanciamento del bianco, esposizione e toni necessarie. Regolate la resa di ombre e luci e migliorate i colori, o convertite l'immagine in bianco e nero. Gruppi di immagini scattate con la stessa luce potrebbero trarre vantaggio dalle medesime regolazioni. Usate le funzioni del software per elaborare i dati di un gruppo di immagini. Eliminate ogni traccia di polvere, ritagliate le immagini e correggete gli orizzonti inclinati. Fate un controllo incrociato su un campione delle nuove immagini per appurare che siano coerenti.

AGGIUNGERE I METADATI

6 Preparate le immagini a future ricerche assegnando didascalie e metadati (pp. 188-189). Aggiungete tag (etichette) per localizzare l'immagine (dove e in che occasione), e descrivere il suo contenuto con parole chiave (per esempio "animale", "scimmia", "foresta", "Guyana"). Se possibile, aggiungete una didascalia che contenga tutte le informazioni, per esempio: "Aluatta guianese (*Alouatta macconnelli*) che si nutre su albero di mango, foresta Iwokrama, Guyana". A questo punto siete pronti per esportare le immagini (pp. 170-171).

Togliere e scegliere

C'è una sottile ma fondamentale differenza tra selezione ed eliminazione. Se cercate le immagini da cancellare, prima o poi finirete per cestinare una fotografia da premio (per fortuna, non lo saprete mai). Se selezionate le immagini, potrete sempre sceglierne una diversa un altro giorno perché, in base al contesto, l'immagine più appropriata inevitabilmente cambia. Gli scatti migliori sono determinati da quello che volete mostrare e raccontare e dall'uso che volete farne. In questo caso, volevo dare un'interpretazione originale di un celebre edificio. In generale, se avete poco tempo per esplorare un sito di interesse o un luogo famoso, è sempre bene fotografarlo da tutte le angolazioni.

20 MM

✗ Veduta da cartolina

Situata su un promontorio, la Sydney Opera House è stata progettata per ricevere luce e per essere bella da ogni angolazione. Questa immagine è però generica e già vista da tutti: è una registrazione del luogo, ma non ha niente che la faccia emergere tra tutte le altre.

21 MM

✓ Situazione umoristica

A volte un po' di interesse umano può ravvivare un'arida scena architettonica. Mentre esaminavo possibili punti di vista, ho visto una ragazza che lottava con il vento che le faceva scendere il cappuccio: quando lo rimetteva assomigliava a una delle "conchiglie" del teatro dell'opera.

70 MM

✗ Astrazione creativa

Vicino all'edificio c'erano interessanti interazioni tra il vetro, i riflessi e gli interni. La forma della grande finestra si sovrappone alla veduta del tipico paesaggio australiano dietro di essa, ma in definitiva la combinazione risulta troppo astratta per essere esplicativa.

18 MM

✗ Architettura circostante

Un segno di un'architettura efficace è la relazione armoniosa con le altre costruzioni nelle vicinanze. Questa scena cattura i dettagli del vetro inclinato e dei profili che sembrano richiamare la forma del Sydney Harbour Bridge, ma non riesce a farci vedere il teatro.

24 MM

✗ Esperienza visiva

Volevo cogliere il senso delle forme dominanti e decise sfruttando le distorsioni prodotte da obiettivi grandangolari e orizzonti inclinati. Con una luce più interessante, come quella molto angolata della sera, avrebbe potuto funzionare, ma non con il sole di metà pomeriggio.

12 MM

✓ Nel contesto ambientale

Questa immagine ha diversi pregi: mostra chiaramente una veduta dell'Opera House, fa vedere Sydney sullo sfondo e le linee che guidano dal primo piano alle figure in lontananza danno una coerenza visiva. Se dovessi scegliere una sola immagine della serie, sarebbe questa.

Fotografie ad hoc

Quando le capacità fotografiche, e la vostra collezione di immagini, crescono, potete iniziare a pensare di far circolare le vostre foto migliori. Partecipate a un concorso e provate ad aggiudicarvi premi o riconoscimenti; ancora più in là, potreste cercare di guadagnare qualcosa vendendo le vostre fotografie.

Qualsiasi cosa abbiate in programma di fare con le vostre foto, è sempre meglio verificare che il materiale con la vostra firma sia valido. Ci sono due serie di test a cui potete sottoporre le immagini per accertarvi che siano della migliore qualità possibile. Il primo non è tecnico e in linea di massima oggettivo, il secondo è tecnico: in entrambi i casi, con l'esperienza vi verrà tutto quasi automatico. Ricordate però che una fotografia tecnicamente perfetta può essere anche perfettamente noiosa, mentre un'immagine tecnicamente imperfetta potrebbe meritare attenzione.

"Stupitemi!"

Alexey Brodovitch, leggendario direttore artistico della rivista «Harper's Bazaar», chiedeva ai suoi fotografi di sorprenderlo e potete provare a giudicare le vostre fotografie in base a questo suo appello. Cercate tra le immagini quelle che hanno una o più delle seguenti caratteristiche. Se ne trovate una con tutti i requisiti, potrebbe essere quella buona.

- Il soggetto è rappresentato in modo rivelatore, che stimola la riflessione o con grande forza emotiva.
- Il contenuto è narrativo; racconta una storia.
- Il luogo è inconsueto, o conosciuto ma visto con una prospettiva originale.
- L'illuminazione è meravigliosa, scenografica, insolita o influenza in modo determinante l'atmosfera.
- I volti nell'immagine hanno espressioni coinvolgenti, appropriate all'occasione o al soggetto.
- I colori sono brillanti o accattivanti, o i contrasti di colori e di toni sono intensi.
- La composizione è energica e definita e occupa l'inquadratura adeguatamente.

Test tecnici

In alcuni ambiti commerciali, per esempio quando si tratta con agenzie fotografiche o editori di libri e riviste, le immagini devono soddisfare degli standard tecnici minimi per poter essere utilizzabili. Anche se la fotografia è sensazionale, sarà rifiutata se non rispetta tali standard. Anche se alcuni elementi di questo elenco possono essere sistemati in fase di postproduzione, è meglio averli tutti a posto fin dall'inizio.

- La messa a fuoco è nitida e senza sfocature involontarie.
- L'esposizione è corretta e appropriata al soggetto, e il contrasto è adeguato al contenuto dell'immagine.
- L'orientamento è allineato all'orizzonte, alle linee verticali o al soggetto, con la giusta profondità di campo e senza distorsioni o vignettature visibili.
- La resa del colore è naturale, con un bilanciamento neutro, senza eccessiva saturazione e priva di aberrazioni cromatiche apprezzabili.
- L'immagine ha punti di massima luce evidenti e ombre intense, ma con dettagli, e i toni medi nel soggetto sono riprodotti fedelmente.
- Non ci sono bagliori o luci parassite; il rumore è minimo o assente e non ci sono macchie o artefatti facilmente visibili; le gradazioni tonali sono morbide, senza posterizzazione.
- La dimensione del file è adeguata allo scopo.

Dati non inclusi nell'immagine

Quando presentate una foto all'attenzione di un'agenzia, di una rivista o dei giudici di un concorso, datele un titolo descrittivo (non stravagante o ermetico), e una didascalia completa e precisa. Includete il simbolo di copyright con il vostro nome e i modi per contattarvi (email e sito Internet).

LO SAPEVATE?

Alla fine degli anni '90, all'apice della popolarità delle macchine fotografiche a pellicola, la Kodak ha affermato che ogni anno si scattavano 80 miliardi di foto. Da allora il numero è salito alle stelle. Nel maggio 2015, Facebook ha dichiarato che sulla sua piattaforma venivano condivise ogni giorno due miliardi di foto, per un totale di 730 miliardi di scatti l'anno. Queste cifre però non tengono conto delle migliaia di siti web di photo-sharing presenti in rete. Come conseguenza, il creare un'immagine che, oltre che da parenti e amici, venga notata da qualcuno, è diventata un'impresa non da poco.

Difetti da individuare

Si racconta di un gruppo di grandi fotografi impegnati a stendere un elenco di quello che può andare storto nella fotografia: a 200 voci si arresero. L'elenco è davvero infinito ma, a parte ovvi errori di messa a fuoco e movimenti della fotocamera, gran parte dei problemi derivano dai comuni errori qui indicati. Alcuni sono più facili da correggere di altri e tutti si evitano più facilmente attenendosi alle regole di messa a fuoco accurata, esposizione precisa, controllo della luce e minima elaborazione successiva. Questi difetti possono essere più semplici da correggere lavorando in formato RAW (pp. 184-187), il cui scopo però è catturare immagini alla massima qualità, non correggere gli errori.

RUMORE ECCESSIVO

Anche se toni medi e zone luminose sono privi di rumore, le zone in ombra possono essere molto rumorose, in particolare dopo correzioni alla luminosità. Se è la foto di un evento in un ambiente buio, il rumore può essere accettabile e potete applicare filtri per simulare la grana della pellicola.

POSTERIZZAZIONE

Morbidi passaggi di colori e toni, in particolare nel cielo, si scindono in bande di colore per un eccesso di manipolazione. Può sembrare un effetto grafico, ma è un errore tecnico. Evitate correzioni troppo pesanti e lavorate in formato RAW o con file JPEG di grandi dimensioni.

ARTEFATTI JPEG

L'aspetto appiattito e la perdita di dettagli tipica degli artefatti JPEG può essere evidente solo ingrandendo l'immagine; il suo effetto peggiora con l'aumento di contrasto e il riempimento delle ombre. Il problema è più frequente se i file JPEG sono salvati alla qualità più bassa.

OMBRE NERE

Le ombre completamente nere si formano in genere sotto un sole splendente: un'esposizione che salva i punti di massima luce tende a sacrificare i dettagli in ombra. È molto difficile sistemare le ombre senza creare squilibri nei toni medi. In condizioni di pieno sole, fotografate in formato RAW.

LUCI BIANCHE

Quando fotografate nella luce del sole intenso dovete evitare ombre del tutto nere e luci del tutto bianche, prive di dettaglio e colore. Aree bianche sono tollerabili solo se di piccole dimensioni, altrimenti risultano fastidiose sullo schermo e impoveriscono decisamente la stampa.

ABERRAZIONE CROMATICA

Obiettivi zoom economici sono soggetti ad aberrazione cromatica laterale, che causa bordi colorati ai margini di alcuni tipi di dettagli alla periferia dell'immagine. In genere visibile solo con forte ingrandimento, può essere corretta almeno in parte con programmi di elaborazione sofisticati.

Lavorare in RAW

I file RAW archiviano i dati dell'immagine direttamente dal sensore della fotocamera. Mentre i file JPEG subiscono numerosi processi e una compressione con perdita di dati, i file RAW rimangono inalterati e conservano tutte le informazioni originarie.

I file RAW lasciano grande flessibilità di intervento per modificare la luminosità e il bilanciamento del bianco senza i limiti imposti dall'elaborazione integrata nelle automatiche, come aumento del contrasto, spazio colore e riduzione del rumore. Potete salvare il file convertito a 12 bit per canale di colore, mantenendo la qualità al massimo livello. Ancora più importante, l'elaborazione in RAW non cambia il materiale originario e salva sempre un nuovo file. Ciò significa poter riconvertire i vecchi file per sfruttare i miglioramenti introdotti da nuove versioni del software.

Lavoro extra

I file RAW hanno anche due possibili svantaggi. Non solo sono diverse volte più grandi dei file JPEG a parità di numero di pixel, ma richiedono molto più lavoro. Dovete impostare manualmente bilanciamento del bianco, esposizione, luminosità, contrasto, saturazione, nitidezza e così via. Tutto lavoro che le impostazioni del colore automatiche della fotocamera fanno al posto vostro se salvate in JPEG. Non stupisce che spesso i fotografi si lamentino che le immagini convertite da file RAW non sono belle quanto quelle in JPEG. Imparate a usare il formato RAW per le occasioni in cui vi serve davvero la migliore qualità possibile. Tenete presente che il processore RAW deve supportare la versione della fotocamera, perché il RAW non è un formato universale. Alcune fotocamere consentono di salvare i file sia in RAW sia in JPEG, che vi potrà servire come riferimento. Ricordate che se stampate a dimensioni inferiori rispetto a quelle ideali o guardate le immagini solo a video, tutti i vantaggi dei file RAW saranno vanificati dal tipo di output.

Lavorazione in serie

Un pregio della lavorazione in RAW è che permette l'elaborazione a lotti (batch processing): dopo aver trovato le impostazioni che funzionano in un caso specifico, potete applicarle a un gruppo di immagini riprese in condizioni simili. Anche se i risultati non sono perfetti, potrete poi metterle a punto risparmiando comunque molto tempo.

BILANCIAMENTO DEL BIANCO VERSATILE

In RAW c'è una completa gamma di valori cromatici con cui lavorare. L'originale (sotto a sinistra) mostra il bilanciamento del bianco allo scatto. Provate a variare le impostazioni: Nuvoloso dà un tono caldo (a fianco); Luce fluorescente uno freddo e rosa (in fondo a destra); Ombra vira sul giallo-rosso (in basso al centro); e Luce al tungsteno tinge la scena di blu (in basso a destra).

Convertitori RAW

Dovete osservare molto attentamente il risultato di file RAW elaborati con perizia per vedere differenze significative tra i convertitori RAW, perciò la scelta dipende più dall'interfaccia utente che preferite, dalla facilità operativa, dal supporto tecnico e dal prezzo. Alcuni hanno particolari funzioni, come la riduzione del rumore; altri sono progettati per specifici dispositivi ottici, con correzioni della distorsione e simili per gli obiettivi supportati. I più versatili uniscono la conversione RAW con la gestione dei file, come Apple Aperture e Adobe Lightroom. Un dato è certo: non c'è un convertitore RAW ideale o nettamente superiore agli altri; gli esempi sono una selezione di quelli più diffusi.

APPLE APERTURE (DEFAULT)

L'elaborazione di default con qualsiasi convertitore RAW dovrebbe dare un risultato corrispondente al file JPEG della fotocamera, ma ci sono piccole differenze. Apple Aperture per Canon dà risultati un po' chiari e poco saturi, come si vede in questa foto del Canyon de Chelly, USA.

APPLE APERTURE (MANUALE)

Apple Aperture dà un ottimo livello di controllo sull'elaborazione in RAW. Ombre e alte luci si recuperano con facilità, ma non è semplice regolare le tinte delle zone in ombra e di massima luce. Nell'insieme, una volta che i file sono importati dal software, si hanno velocemente ottimi risultati.

HASSELBLAD PHOCUS

Questo potente software è forse appesantito da troppe opzioni. Scaricabile gratuitamente (al momento in cui scriviamo), è in grado si supportare molti tipi di file RAW, ma fatica a recuperare sia le ombre sia le alte luci. Con perseveranza, può però dare risultati eccellenti.

ADOBE CAMERA RAW

Disponibile solo come plug-in di Photoshop, questo software dà conversioni nitide e soddisfacenti e schiarisce bene le ombre. Il recupero delle alte luci richiede però tre comandi e non uno come gli altri software. Semplice per regolare tonalità nelle ombre e nelle zone più luminose.

ADOBE LIGHTROOM

Adobe Lightroom dà essenzialmente gli stessi risultati di Adobe Camera Raw ma è molto più semplice e altamente reattivo. Consente di ottenere risultati molto soddisfacenti con facilità. Disponibile per Windows o Mac OS, è anche uno strumento molto efficace per gestire le immagini.

DIGITAL PHOTO PROFESSIONAL

È un componente software dedicato per i file RAW prodotti dalle fotocamere Canon. Le prestazioni deludono per la gamma limitata di controlli e la poca reattività. I risultati non sono convincenti, con scarso recupero di ombre e alte luci. Di positivo c'è il fatto che il programma è gratuito.

L'elaborazione di file RAW

La prima volta che aprite un file RAW potreste sentirvi disorientati. Abituati alla brillantezza e alla vivacità dei file JPEG, potreste trovare l'impostazione predefinita per il file RAW priva di personalità, piatta e con colori spenti. L'elaborazione di default è in genere impostata in modo prudente e l'immagine risultante cerca di essere simile alla scena reale. Se volete più brio, dovrete aggiungerlo. In questa immagine era prioritario conservare il fulgore dell'abito da sposa, quindi ho regolato l'esposizione sulle luci. Questo ha prodotto un'immagine molto scura, ma il file RAW conteneva dati a sufficienza per schiarire le ombre e gestire i colori. Al posto di una resa cromatica realistica, ho scelto di accentuare il rosso diminuendo la forza degli altri colori.

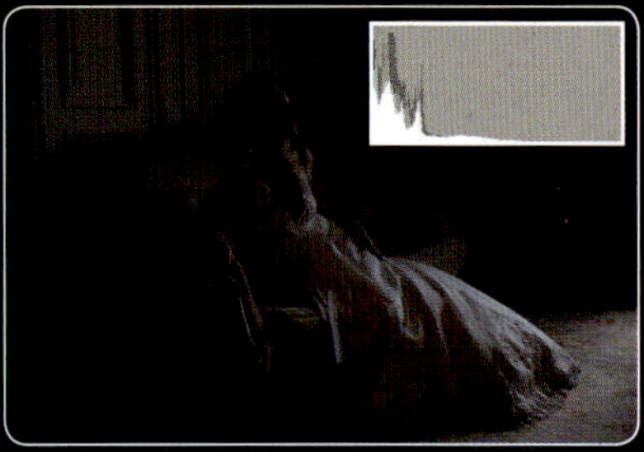

IMMAGINE ORIGINALE

LIVELLI AUTOMATICI

BILANCIAMENTO DEL BIANCO

1 Acquisizione in low-key

Con la luce forte che proveniva dalla finestra (appena fuori dall'inquadratura), era molto facile perdere i dettagli nelle zone più luminose dell'abito. Per evitarlo, ho impostato l'esposizione due stop e mezzo sotto quella misurata: l'istogramma mostra il risultato della sottoesposizione.

2 Regolazione dell'esposizione

Di norma controllo il bilanciamento del bianco per primo, ma l'immagine era così scura da non permettermi di valutarlo. Ho quindi attivato i livelli automatici, per avere un istogramma con distribuzione regolare dei dati, e regolato i toni medi prima del bilanciamento del bianco.

3 Neutri caldi

Il bilanciamento neutro è realistico ma privo di carattere. Volevo un'immagine più calda così ho modificato la temperatura di colore aumentando il magenta per dare una colorazione arancione. Ho poi riportato l'esposizione su una via di mezzo tra l'originale e i livelli automatici.

LUCE DI RIEMPIMENTO

REGOLAZIONE DEL NERO

LUMINOSITÀ, CONTRASTO

4 Schiarire i toni medi

Diminuire la luminosità ha migliorato l'atmosfera complessiva dell'immagine, ma i toni medi meno chiari sono diventati troppo scuri. Per compensare ho usato una luce di riempimento per dare respiro a questi toni, migliorando così anche la pelle sul lato in ombra della modella.

5 Scurire in modo mirato

Schiarire le ombre per migliorare i toni medi più carichi ha attenuato le ombre più scure. Fortunatamente possiamo rendere il nero più denso indipendentemente dai toni medi. L'effetto collaterale è un aumento di contrasto e saturazione.

6 Schiarire le zone luminose

Il processo può sembrare complicato, ma con la pratica imparerete a bilanciare gli effetti di una regolazione con un'altra. Ho aumentato la luminosità per dare brillantezza alle luci senza perdere dettaglio, ma ho abbassato il contrasto perché i colori diventavano troppo forti.

△ **IMMAGINE FINALE**

VIVIDEZZA

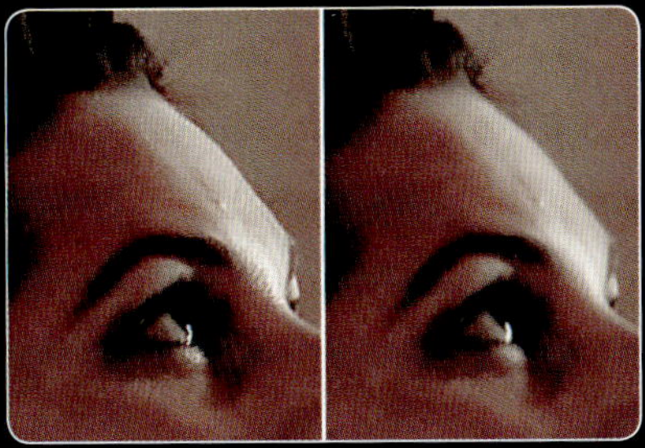

NITIDEZZA

VIGNETTATURA

7 Alleggerire i colori

Ravvivare immagini molto sottoesposte aumenta la saturazione apparente. Il tono della pelle della modella era diventato troppo intenso, così mi è venuta l'idea di ridurre molto la saturazione per un aspetto retro. Ho usato la funzione Vividezza per mantenere i toni della pelle.

8 Abbassare il contrasto

Di norma l'aumento di contrasto è uno degli aggiustamenti finali, ma l'immagine era già molto nitida. In questo caso non volevo attirare l'attenzione sul piccolo brufolo sulla fronte della modella, così ho ridotto la nitidezza impostandola a zero.

9 Effetto da camera oscura

Mancava soltanto un'elementare tecnica da camera oscura per guidare l'occhio dello spettatore nella scena. Ho usato un filtro digitale per applicare una vignettatura, ammorbidendo così gli angoli. Confrontate il tappeto qui sopra con quello al punto 2.

Gestire l'archivio

Per qualsiasi tipo di fotografo, occasionale, dilettante o professionista, le foto rappresentano un grosso investimento. Non conta solo la spesa per la fotocamera e il computer, ma anche le ore impiegate per imparare a usare l'attrezzatura e il software, oltre al tempo speso a caccia di fotografie. E, senza falsa modestia, c'è anche l'importante contributo di abilità e talento.

Ci sono due aspetti basilari nella gestione di un archivio fotografico. Uno è assicurarsi che le immagini non vadano perse e che durino il più a lungo possibile. L'altro è renderle facilmente disponibili, come minimo per voi e come massimo per chiunque le voglia vedere o usare. Ne segue che la gestione coinvolge aspetti software e hardware. Con le attuali tecnologie, nessun mezzo digitale è in grado di

STABILIRE LE NECESSITÀ

1 Gestire l'archivio significa preparare il vostro futuro nella fotografia. Immagini di amici e parenti o dei vostri vicini di casa oggi potrebbero sembrarvi prive di qualsiasi importanza, ma tra 20 anni potreste essere felici di averle salvaguardate. Cercate di prevedere le realistiche possibilità di uso delle vostre foto al fine di ritrovarle con facilità e trarre profitto dal grande lavoro svolto. Questo significa assegnare tag a tutte le immagini (e sottolineo "tutte") e archiviarle in modo da renderle reperibili da voi e da chiunque altro.

RACCOGLIERE LE IMMAGINI

2 Radunate tutti gli hard-disk, i CD e i DVD che contengono le vostre fotografie e ordinatele in una sommaria classifica per importanza, da quelle più rappresentative del vostro lavoro a quelle che potreste non usare mai ma che è meglio conservare. È una buona abitudine non cancellare mai niente: non avete di idea di quello che potreste distruggere. Forse cambierete gusti e il valore di uno scatto ora insignificante si manifesterà solo dopo anni, oppure il vostro occhio diventerà più sofisticato e trasformerà in colpi di fortuna quelli che ora vi sembrano semplici errori.

APPLICARE I METADATI

3 Applicare anche una minima quantità di tag alle immagini a lungo termine vi farà risparmiare molto lavoro. Siete stati a Venezia molte volte, ma potete individuare tutte le foto di Venezia in pochi secondi? Se non contrassegnate le immagini durante il download, fatelo subito dopo. Oltre al luogo dello scatto, aggiungete altri elementi, relativi per esempio al viaggio o alla vacanza, che vi aiuteranno a identificare il contesto. Sfruttate le funzioni del programma di gestione dell'archivio per applicare parole chiave a gruppi di immagini contemporaneamente.

ORDINARE LE CARTELLE

4 Abbozzate, su carta, una struttura delle cartelle che vi risulti congeniale. Se non viaggiate molto, potete organizzarle per anno, mese e luogo o soggetto specifico. Oppure potete ordinarle in base alle nazioni visitate, con una cartella per il vostro paese di origine. Se fotografate a scopo professionale, forse preferirete ordinare le cartelle per anno, mese e cliente. Se seguite progetti a lungo termine, la cartella principale sarà il progetto, con sottocartelle contenenti materiale in lavorazione, quello già corretto e così via.

CONSIDERARE LE PRIORITÀ

5 I mezzi più economici per conservare le immagini, dischi scrivibili grazie a un raggio laser come DVD e Blu-ray, sono anche i più lenti da scrivere e da leggere. Se avete un budget limitato, tenete su questi dischi le immagini meno importanti. È invece preferibile conservare i file che avete bisogno di consultare velocemente, come quelli dei progetti in corso, o la parte migliore del vostro lavoro, su hard-disk accessibili direttamente dal computer.

OPZIONI DI RETE

6 Se più di una persona deve avere accesso al vostro archivio, o se volete poter disporre dei file quando non siete alla vostra scrivania, un dispositivo NAS (Network-Attached Storage) è oggi una soluzione relativamente economica. È in sostanza un hard-disk o un sistema RAID (vedi pagina a fronte) con un collegamento Ethernet, accessibile a chiunque sia collegato al router della rete via cavo o via etere, con dispositivi Wi-Fi. Una soluzione estremamente pratica è la possibilità di impostare il server in modo che sia accessibile via Internet.

uguagliare la sicurezza e la longevità degli archivi fotografici tradizionali. Chi vuole essere certo di lasciare il proprio lavoro in eredità al prossimo secolo farebbe bene a tornare a fotografare su pellicola. Per i meno ambiziosi, la strategia migliore è conservare i file delle immagini digitali su diversi sistemi di archiviazione in luoghi diversi. Per numeri non troppo grandi, si possono usare dischi DVD o Blu-ray.

LO SAPEVATE?

I RAID (Redundant Array of Independent Disks) evitano di perdere dati anche in caso di guasti a uno o più dischi e sono molto veloci. Possono costare quanto una dSLR, ma sono senza dubbio importanti se tenete alle foto e volete averle rapidamente accessibili.

Metadati e didascalie

Se intendete presentare le immagini a una fototeca o a un'agenzia fotografica online, dovete assicurarvi che possano essere trovate agevolmente dal motore di ricerca. Individuare una certa immagine tra decine di milioni è un compito estremamente arduo da svolgere visivamente, ma diventa molto facile se la ricerca è testuale. Metadati o tag sono termini descrittivi e altri dati sono incorporati nell'immagine. La didascalia fornisce ulteriori informazioni chiare e dirette. I punti seguenti vi aiuteranno a scrivere metadati e didascalie efficaci.

- I metadati devono identificare soggetto o evento, data, luogo, detentore del copyright e fotografo. Includono i contatti personali se date le immagini a un'agenzia o a un sito di microstock.
- Molti archivi fotografici online limitano il numero di caratteri che si possono usare per una didascalia. Dovete essere concisi ma includere il maggior numero possibile di elementi rilevanti per dare tutte le informazioni che possano favorire la vendita (pp. 294-295).
- Una didascalia è efficace se risponde alle domande, "chi, quando, dove, come e perché?" Cercate di mettere tutte le informazioni in un'unica frase grammaticalmente corretta.
- Evidenziate con parole chiave gli elementi importanti, come colorazione, momento del giorno, illuminazione, atmosfera, luogo, ambiente e, se possibile, le specie di animali o piante presenti.
- Parole chiave concettuali sono fondamentali per la vendita se mostrano qualcosa, per esempio il ritratto di una ragazza, in grado di illustrare concetti astratti come malinconia, calma, raccoglimento. Parole come "successo", "motivazione", "lavoro di squadra", e "ispirazione" aiutano a vendere le immagini per uno scopo specifico.

COPIE E BACK-UP

7 Copiate sistematicamente e frequentemente tutti i vostri file su dischi RAID o sul sistema di archiviazione scelto. Impiegate il tempo del trasferimento dei file per scrivere un elenco delle cartelle che avete copiato e il numero di file in ciascuna cartella. Sarà il vostro registro di lavoro, vi aiuterà a ricontrollare a che punto siete e potrebbe esservi di aiuto a ritrovare i file in caso di problemi. In seguito a questa prima copia, ripetete il procedimento ogni volta che aggiungete file da nuovi progetti o viaggi.

ARCHIVIAZIONE REMOTA

8 Fare programmi per il futuro include considerare anche gli imprevisti: lo scoppio di un tubo dell'acqua di un vicino che allaga la vostra attrezzatura, un fulmine che colpisce l'abitazione, o peggio. La semplice precauzione di tenere una copia di tutti i file in due luoghi separati (più le copie sono distanti, meglio è) rende molto improbabile che possiate mai perdere tutti i vostri file. Potete anche archiviare le immagini più importanti online su siti di photosharing o con servizi appositi per l'archiviazione che proteggono i dati con grande sicurezza.

ARCHIVIO A LUNGO TERMINE

9 Ci sarà una piccola percentuale di immagini che meritano il sistema di archiviazione più affidabile e sicuro, quelle che salvereste nel proverbiale caso di incendio. Anche se sono solo poche dozzine, il problema è che, se volete conservarle come patrimonio di famiglia o donarle a un'organizzazione, non c'è alcuna garanzia che i mezzi elettronici scelti funzionino per sempre. I musei conservano i file digitali in formato analogico, come stampe, diapositive o pellicole di selezione del colore (una pellicola separata in scala di grigio per ogni canale cromatico).

HOLA

CAPITOLO CINQUE

VALORIZZARE LE IMMAGINI

Procedura di elaborazione

Molti fotografi oggi si lamentano di dover trascorrere troppo tempo al computer, e questo potrebbe essere vero anche per voi. Se le immagini hanno regolarmente bisogno di notevoli correzioni in postproduzione, la soluzione è semplice, ed è alla base di tutta la lavorazione: cercate di ottenere le migliori immagini possibili così come sono registrate dalla fotocamera.

Catturare ed elaborare le immagini digitali dà molta più libertà della pellicola, ma serve disciplina, perché certi errori sono comunque difficili da correggere. Se partite con una fotocamera impostata adeguatamente, con esposizione e bilanciamento del bianco corretti, con una messa a fuoco appropriata e un'apertura del diaframma scelta con cura, le correzioni saranno poche o nessuna. Non dovrete passare

SALVARE UNA COPIA

1 Non lavorate mai sull'immagine originale. Software come Adobe Lightroom o Apple Aperture usano proxy (pp. 176-177), ma con qualsiasi altro programma ricordatevi di lavorare sempre su una copia. Create una cartella del progetto e, non appena aprite l'immagine, salvate una copia nella cartella rinominando il file. Questo sarà il file su cui lavorare. Scegliete un nome che vi aiuti a riconoscere l'immagine (caimano001.jpg invece di DSC4321.jpg). Meglio se potete salvare la copia di lavoro su un dispositivo diverso da quello dove conservate l'originale.

DIMENSIONE E LIVELLI

2 Controllate che la dimensione sia adatta allo scopo: se è più grande, riducetela solo se dovete lavorare velocemente o non sono previste importanti modifiche. Controllate le impostazioni dei Livelli.

RITAGLIO E RIFILATURA

3 Se necessario, correggete l'inclinazione dell'orizzonte e riquadrate l'immagine per rimuovere parti indesiderate o per darle le proporzioni adatte allo scopo (il layout della pagina o il foglio di stampa).

APPLICARE GLI EFFETTI

7 Potete ora manipolare l'immagine. Se è un lavoro complesso, salvate versioni intermedie o usate la funzione di "snapshot" (se disponibile) per poter tornare a fasi di lavorazione precedenti.

RIMUOVERE LA POLVERE

8 Applicate la rimozione della polvere solo dopo aver completato le correzioni, perché tutti gli artefatti introdotti nel pulire l'immagine possono diventare più evidenti con i vari effetti (pp. 194-195). Se ci sono molti segni e imperfezioni, lavorate direttamente sul file con strumenti come Timbro clone, Pennello correttivo e simili. Alcuni software creano una "mappa" dei difetti per rimuoverli in automatico da un gruppo di immagini. Se disponibile, è una funzione da sfruttare, che vi farà risparmiare molto tempo.

CONTROLLARE IL GAMUT

9 Individuate via software i colori fuori gamma, che non possono essere stampati o visualizzati a monitor con i profili della stampante. Piccole aree periferiche fuori gamma non creano problemi.

ore al computer. Con il formato RAW (pp. 184-187), tuttavia, la postproduzione richiederà inevitabilmente tempo. Se elaborate le immagini con un ordine logico eviterete di dover tornare indietro per applicare di nuovo un effetto, perciò controllate con attenzione quello che fate. Se notate che applicate costantemente le stesse modifiche, impostate la fotocamera per anticipare un passaggio nell'elaborazione. Se, per esempio, vi ritrovate a dover scurire sempre le immagini, provate a impostare un certo valore di sottoesposizione per tutte le riprese.

Ci sono numerosi ed efficaci modi per migliorare le immagini senza cambiarne il contenuto. Il metodo di lavoro descritto sotto vi farà risparmiare tempo, aiutandovi a conservare la qualità e a ottenere buoni risultati.

CONTROLLARE IL PROFILO

4 Controllate che l'immagine abbia il giusto profilo colore (p. 178), per esempio sRGB o Adobe RGB (1998). In caso contrario, assegnatelo. Se volete stampare un'immagine con colori saturi, controllate l'anteprima a video.

ESPOSIZIONE E TONI

5 Sistemate con Livelli o Curve (pp. 204-207) l'esposizione complessiva e il contrasto. Non esagerate con il contrasto, perché le regolazioni di colori e nitidezza tendono comunque ad aumentarlo.

REGOLARE I COLORI

6 Correggete bilanciamento del colore e la saturazione. Per modifiche del colore importanti è consigliabile passare in modalità Lab. Se consentito dal software, usate livelli di regolazione per non alterare i dati.

UNICO LIVELLO

10 A questo punto dovete portare su un unico livello di sfondo tutti gli elementi e le regolazioni che compongono l'immagine finale. Salvate il file con un nuovo nome, per conservare la versione su più livelli.

AUMENTO DI CONTRASTO

11 Applicate una maschera di contrasto adeguata: per la stampa visualizzate al 100 per cento, per lo schermo alle dimensioni finali. Aumentate l'effetto finché è appena visibile, senza reintrodurre difetti.

ADATTARE ALLO SCOPO

12 Accertatevi che il file sia pronto per la sua destinazione finale senza ulteriori modifiche. Eliminate tutti gli elementi che non servono, come maschere o tracciati. Ridimensionate l'immagine se necessario, per esempio se deve essere caricata su un sito di photosharing. Includete il profilo colore se la state inviando a un servizio di stampa online. La maggior parte dei sistemi accettano file a colori RGB a 24 bit salvati come JPEG con compressione di qualità buona o alta. Alcuni servizi professionali richiedono TIFF non compressi.

Rimuovere la polvere

Le fotocamere hanno migliorato la capacità di cogliere dettagli, ma nello stesso modo i sensori sono in grado di catturare le microscopiche particelle di polvere su di essi con una resa ottima ma controproducente. Nella sua prosaicità, la polvere è diventata uno dei problemi tecnici più grandi della fotografia digitale.

Nonostante le diverse tecnologie impiegate per ridurre la polvere sui sensori, prima o poi vi troverete ad affrontare le sue tracce distribuite disordinatamente sulle immagini prodotte dalle fotocamere dSLR. Uno dei vantaggi delle compatte con obiettivo fisso è che i loro obiettivi sono incassati in un ambiente protetto tipo "camera sterile". Anche così, il movimento dello zoom fa entrare e uscire aria, quindi la minaccia della polvere non è del tutto scongiurata.

Sistemi di rimozione

C'è anche un altro problema: gli stessi granelli di polvere hanno un aspetto diverso a seconda dell'obiettivo e dell'apertura (vedi box sopra). Ciò pone un limite a qualsiasi sistema automatico per eliminarli. Alcune fotocamere hanno una modalità di pulizia: si fa un'esposizione fuori fuoco su una superficie in tinta unita e illuminata in modo uniforme, come una parete bianca, che "registra" le tracce di polvere. Con l'apposito software fornito dal produttore, la registrazione servirà a rimuovere la polvere da tutte le immagini, ma con lo stesso obiettivo e ad aperture simili. I software che lavorano in proxy (pp. 176-177) hanno strumenti per la rimozione della polvere applicabili a interi gruppi di immagini. Prima di qualsiasi altro intervento, rimuovete la polvere dalla prima immagine della serie, copiate la regolazione e selezionate le immagini simili per applicarla a tutte.

LO SAPEVATE?

I granelli di polvere non si trovano davvero sul sensore. In tal caso, rappresenterebbero un problema molto più grave, perché i segni sarebbero nettamente incisi nell'immagine. La polvere si trova su vari filtri (infrarosso e passa basso) e lastre protettive di vetro, spesse anche più di 2 mm, che si trovano sopra il sensore. L'aspetto delle tracce di polvere dipende dalla qualità della luce che raggiunge il sensore, che a sua volta dipende dalla lunghezza focale dell'obiettivo e dall'apertura, e da quanto vicino si mette a fuoco.

Vento estivo
Dopo due settimane di *meltemi* greco, il sensore era coperto da granelli di polvere. Con un'apertura molto piccola di *f*/16 e una lunghezza focale di 12 mm sono evidenti (nel riquadro). Con un cielo uniforme, il modo più semplice per rimuoverle è selezionare tutta l'area con la Bacchetta magica e applicare il filtro Polvere e grana, o una sfocatura.

Tracce meno evidenti
Ho fotografato l'ingresso di un chiesa greca con lo stesso sensore polveroso del paesaggio della pagina a fronte, ma con una lunghezza focale di 40 mm. Nell'ingrandimento dell'angolo in alto a destra prima della pulizia (sopra) la polvere è molto meno evidente.

Pulizia e autopulizia del sensore

Come per tutti i difetti dell'immagine, la strategia migliore è evitarli fin dal principio. Le fotocamere dSLR usano diversi meccanismi per ridurre la polvere o per evitare che entri nella fotocamera. Il più comune consiste semplicemente in una "scrollata" al sensore per mezzo di minuscoli attuatori piezomagnetici ad alta frequenza. È preferibile che l'autopulizia avvenga allo spegnimento della fotocamera, altrimenti ritarda la procedura di accensione. Altri sistemi riducono la capacità del sensore di attirare la polvere, piuttosto potente con cariche elettrostatiche fino a 15 volt. Nessuna di queste tecniche è efficace al 100 per cento, per cui è bene imparare a pulire il sensore (pp. 338-339). inoltre, cambiate gli obiettivi in ambienti non polverosi e imparate a passare da un obiettivo a un altro velocemente.

Quando si deposita la polvere

Le tracce di polvere sulle immagini di una dSLR di solito non sono evidenti se non a una visione ingrandita, e anche così in genere sono visibili solo se cadono su aree piuttosto chiare e uniformi, come cielo, nuvole, pareti in tinta unita e specchi d'acqua limpida. Sono più evidenti con obiettivi grandangolari e diaframma alle aperture più piccole. La polvere è inoltre più fastidiosa con luce intensa e con il sole, perché i granelli di proietteranno ombre più nette sul sensore, come avviene per le ombre della scena. Anche regolazioni di tono e contrasto rendono i segni della polvere più evidenti (vedi a destra).

Caccia allo sporco

Anche se non vedete tracce di polvere sull'immagine, potete essere certi che in realtà ce ne sono (tranne che con una fotocamera nuova di zecca). Ingrandite al 100 per cento o più e create un livello di regolazione per aumentare il contrasto e scurire l'immagine, o usate i controlli tonali: sarete sorpresi da quante tracce di polvere appariranno all'improvviso, in particolare agli angoli. È un test utile: tracce invisibili prima dell'elaborazione diventano evidenti in modo allarmante, soprattutto se si aumenta il contrasto, si riduce l'esposizione o si mettono in atto procedure per aumentare la nitidezza.

IMMAGINE ORIGINALE

1 Zoom
Ho cercato nelle zone chiare e luminose vicino agli angoli dell'immagine segni di polvere. Prima delle regolazioni erano visibili solo un paio di puntini.

STRUMENTO PENNELLO CORRETTIVO

2 Polvere visibile
Con un livello di regolazione a contrasto elevato i segni aumentano. Sul livello immagine ho applicato il Pennello correttivo, grande quanto i granelli di polvere.

STRUMENTO CLONE

3 Artefatti
Lo strumento Pennello correttivo, se troppo grande e applicato troppo vicino a dettagli, causa artefatti. Con lo strumento Timbro clone ho rimosso la polvere vicino alle zone con dettagli.

Pulire e cancellare

GRANDI MACCHIE SFOCATE

PROBLEMA
Le immagini hanno grandi macchie, chiare o luminose, a volte di vari colori. Le macchie sono disposte disordinatamente e i dettagli potrebbero essere visibili attraverso di esse o rimanere nascosti.

ANALISI
Una sorgente di luce intensa nell'inquadratura, o appena fuori il vostro campo visivo, ha causato luce parassita, ovvero riflessi nell'obiettivo. Le macchie risultanti, non causate da elementi dell'immagine, devono essere ricostruite o riempite da dettagli per cammuffarle.

SOLUZIONE

- ▷ Con lo strumento Timbro clone copiate la trama di parti integre sulla macchia di luce parassita. Impostare lo strumento su Scurisci a volte aiuta migliorare la fusione.
- ▷ Riducete il colore delle macchie con lo strumento Togli saturazione per renderle meno evidenti.
- ▷ Se le macchie si verificano in una parte dell'immagine con una grande zona di tono uniforme, per esempio il cielo, usate lo strumento Toppa per nasconderle.

DETRITI SUL SENSORE

PROBLEMA
Se ingrandite l'immagine, o se aumentate il contrasto o la nitidezza, compaiono pallini sfocati. Potreste anche vedere strisce scure, a volte con un alone chiaro intorno.

ANALISI
Alcuni interventi di regolazione rendono più evidenti particelle estranee presenti sul sensore. Siccome i detriti si trovano sopra il sensore stesso, i segni che lasciano sono sfocati.

SOLUZIONE

- ▷ Se disponibile, usate lo strumento Pennello correttivo o Ripara per rimuovere il segno. Usate la fusione con la zona circostante: impostate una dimensione del pennello un po' più grande della dimensione media delle macchioline.
- ▷ Se non avete gli strumenti Pennello correttivo o Ripara, applicate lo strumento Timbro clone impostato su allineato, prendendo il campione in una zona il più vicino possibile alle macchie.
- ▷ Eliminate il problema alla radice pulendo il sensore (p. 339).

LUCE NON IDENTIFICATA

PROBLEMA
Grandi zone luminose o riflessi speculari distolgono l'attenzione dal soggetto principale.

ANALISI
I nostri occhi sono attratti dalle zone luminose, perciò qualsiasi punto di massima luce, soprattutto se vicino a elementi importanti (come uno scintillio negli occhi di una persona), distrae. Scurire è rischioso perché i margini diventano più scuri e profondi e i punti di massima luce solo più torbidi.

SOLUZIONE

- ▷ Clonate con attenzione per rimuovere i punti di massima luce riempiendo le aree vuote con i colori circostanti.
- ▷ Visivamente potrebbe essere meglio lasciare un accenno di luce, impostando lo strumento Timbro clone a circa il 70 per cento.
- ▷ Se la luce è fortemente colorata ai margini, usate lo strumento Togli saturazione per ridurne l'impatto.

LINEE CHE DISTRAGGONO

PROBLEMA
Linee diritte e strette che non concorrono alla composizione complessiva distolgono l'attenzione dal soggetto principale.

ANALISI
Linee decise, ben visibili e nettamente definite hanno un grande impatto visivo, soprattutto se attraversano l'intera immagine, ma in una posizione inopportuna interferiscono con la composizione. Una maggiore profondità di campo accentua soltanto il problema perché le linee sembreranno più nitide.

SOLUZIONE
- ▷ Eliminate la linea con lo strumento Pennello correttivo o Ripara, campionando una zona vicina.
- ▷ Usate lo strumento Timbro clone se lavorate vicino ad altri dettagli per non rischiare di intaccarli.
- ▷ Usate un ingrandimento del 100 per cento o superiore per evitare artefatti.
- ▷ Impostate il diametro dello strumento poco più grande della linea.
- ▷ Seguite un tracciato ondulato per non sovrapporre alla linea un'altra ugualmente diritta.

PROFONDITÀ ECCESSIVA

PROBLEMA
Lo sfondo disturba il soggetto principale perché è troppo nitido. Il problema è più grave se lo sfondo ha molti particolari o colori vivaci.

ANALISI
Una piccola apertura dà una profondità di campo estesa e l'immagine risultante può essere troppo nitida. È un problema frequente con gli obiettivi grandangolari e quelli delle fotocamere compatte, che hanno una profondità di campo estesa praticamente con tutte le impostazioni.

SOLUZIONE
- ▷ Applicate una sfocatura escludendo con una maschera gli elementi importanti dell'immagine (pp. 240-241). Sfocate gli elementi di distrazione: una sfocatura sfumata dà i risultati migliori. Applicate una sfocatura più forte lontano dal soggetto principale con maschere protettive sempre più grandi, o applicate una mappa sfumatura all'immagine. Il modo più semplice per farlo è con un plug-in specifico.

TROPPO COLORE

PROBLEMA
Una chiazza di colore molto saturo dietro il soggetto del ritratto sbianca il volto e attira l'attenzione su di sé, anche se fortemente sfocato e non identificabile.

ANALISI
Colori forti possono servire per puntare l'attenzione sul soggetto principale, ma molte tinte luminose e sature (per esempio i rossi e i gialli) creano un forte stimolo visivo che distoglie l'attenzione dalle parti più delicate e dettagliate della scena.

SOLUZIONE
- ▷ Riducete in parte il colore usando diminuendo localmente la saturazione. Potete rendere la chiazza completamente neutra, ma lasciare un tocco di colore può essere visivamente più efficace.
- ▷ Alcuni colori diventano più scuri con lo strumento Togli saturazione e altri diventano più chiari. Regolate la luminosità con gli strumenti Brucia o Scherma per fonderli con lo sfondo.
- ▷ La bruciatura rende i colori più scuri e più intensi; la schermatura li rende più chiari e deboli.

Controllare il rumore

Il rumore è stato a lungo una bestia nera della fotografia digitale perché provoca una distribuzione casuale di pixel colorati che interferisce con la purezza della riproduzione. Nelle prime digitali il rumore poteva compromettere seriamente la qualità dell'immagine. Oggi, grazie ai file più grandi e ai progressi tecnologici, il rumore è un problema meno grave.

Il rumore è causato dalla natura elettrica del circuito della fotocamera, dalle caratteristiche del sensore e dall'elaborazione dell'immagine. Riduce in modo evidente la qualità in tre modi diversi: con la sua distribuzione casuale confonde i piccoli dettagli; l'aspetto a grana grossa riduce la morbidezza delle transizioni tonali e la purezza dei colori; infine, una conseguenza del rumore è che aumenta la dimensione del file o dell'immagine compressa.

Tipi di rumore

Tutte le immagini presentano rumore: il punto è se visibile e sgradevole o se invisibile ed esteticamente accettabile. Il rumore può contribuire alla trama di un'immagine e servire a ridurre la formazione di bande in fase di stampa. In generale non è pero gradito, in particolare se si manifesta a schemi fissi come strisce o fasce oppure come grandi macchie di colore irregolari. Aumenta con valori ISO elevati (pp. 102-103), tempi di esposizione lunghi e fotocamere che sviluppano parecchio calore quando sono in funzione. Spesso il rumore è peggiore nelle parti in ombra e meno grave nelle parti illuminate. Cresce anche con interventi come importanti correzioni dell'esposizione o cambiamenti di colore, correzioni di luci e ombre (pp. 214-215) e regolazioni della fotocamera come l'ottimizzazione della gamma dinamica. L'aumento di contrasto e l'ingrandimento lo rendono più evidente.

Ridurre il rumore

Il rumore diventa visibile quando i pixel interessati hanno circa la stessa dimensione dei piccoli dettagli dell'immagine. Qualsiasi metodo per ridurre il rumore toglie qualità ai dettagli. Tra i software usati ci sono Topaz DeNoise, Noise Ninja, e PR Noise Corrector. Alcuni sono plug-in, altri applicazioni autonome. Tutti puntano a distinguere i dettagli dal rumore per poterlo ridurre in modo selettivo, rendendo i toni più uniformi senza sfocare i particolari. Alcuni usano "profili di rumore", che descrivono il comportamento di una fotocamera o di un'impostazione ISO specifica, a partire da

RIDUZIONE DEL RUMORE

Una scultura poco illuminata (sotto) esposta a ISO 3200 presenta molto rumore (a fianco). Una piccola riduzione (in basso al centro) migliora l'uniformità dei toni, ma il rumore rovina i dettagli. Una riduzione più forte (in alto a destra) salva i colori uniformi, ma perde molti dettagli. Accettare un po' di rumore (in basso a destra) per salvare dettagli è un giusto compromesso.

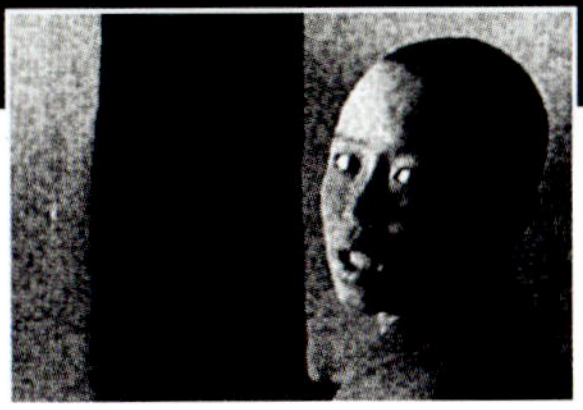

Aumento del rumore
Immagini morbide e dettagliate non sono sempre la scelta migliore per una scena (nel riquadro più a sinistra). Imitare la grana del classico rivelatore Agfa Rodinal (particolare nel riquadro a destra) dà più il senso di una veduta fuori dal tempo dei giovani monaci.

immagini campione, per migliorare la riduzione del rumore senza perdita di dettaglio. Queste applicazioni a volte modificano anche contrasto e altre impostazioni a giudizio dell'utente. In sostanza si deve trovare un compromesso accettabile tra perdita di dettaglio e riduzione del rumore.

Aumentare il rumore

Nonostante sia il peggior nemico della fotografia digitale, il rumore può anche essere utile. Per esempio, è fondamentale se volete ricreare la trama e il tono delle stampe da pellicola; per risultati più realistici, software come DxO Optics e Alien Skin possono simulare la grana della pellicola con profili di rumore ottenuti da pellicole originali.

LO SAPEVATE?

La sovrapposizione di più esposizioni riduce il rumore nelle riprese di soggetti statici. Fate due o più scatti correttamente esposti con un treppiede. Aprite i file e copiateli in diversi livelli di un nuovo documento. Cambiate l'opacità di ogni livello in base al numero di quelli sottostanti. Impostate il livello inferiore al 100 per cento; il secondo livello sopra di esso al 50 per cento, il terzo al 33 per cento, il quarto al 25 per cento e il quinto al 20 per cento. Alcune fotocamere compiono l'operazione in automatico, anche se le esposizioni multiple richiedono più tempo.

Rifilare e ridimensionare

Ci sono molte ragioni per rifilare o ridimensionare le immagini, in particolare quando devono occupare uno spazio prestabilito. La scarsa corrispondenza tra formati di immagini e carte da stampa risale alle diverse priorità di cartai e fotografi, e oggi il problema si è accentuato con gli standard del web. Gli stessi strumenti permettono anche di intervenire sui contenuti.

La rifilatura rimuove piccole strisce ai lati dell'immagine per adattarla a uno spazio prefissato, per esempio una carta da stampa o una pagina web. È utile anche per spostare il centro della composizione o modificare la prospettiva. Se ci sono dettagli importanti ai margini, può essere preferibile deformare la scena invece che ritagliarla, togliendo la spunta all'opzione "mantieni proporzioni" nella finestra di dialogo. Un cambiamento non superiore al 10 per cento in genere non causa distorsioni evidenti.

Metodi di interpolazione

Quando non si cambiano solo le misure di uscita, ma si modifica il numero totale di pixel, l'immagine subisce un processo di ricampionamento. Se diminuite il numero di pixel, per esempio per avere un file più piccolo da allegare a un'email, ricordate che i dati persi sono irrecuperabili. Se invece volete aumentare il numero di pixel, per una stampa più grande, potete usare vari metodi, detti di interpolazione, con cui il software deve mettere in atto raffinate congetture sui nuovi dati da aggiungere ai dati esistenti. Lo scopo è ottenere ingrandimenti che mantengano il disegno dei dettagli e la progressione dei passaggi tonali. Esistono diversi metodi per questo e in genere la qualità dei risultati è legata alla potenza di calcolo. L'interpolazione bicubica (vedi pagina a fronte) è ampiamente usata e metodi basati su modelli matematici possono dare risultati ancora migliori.

LO SAPEVATE?

La differenza tra ridimensionare e ricampionare è importante. Il ridimensionamento agisce solo sulle misure di uscita, senza variare il numero totale di pixel e quindi la dimensione del file. Per esempio, si ridimensiona un'immagine, o lo fa la stampante, per adattarla al formato della pagina. Il ricampionamento cambia invece il numero di pixel. A differenza del semplice ridimensionamento, il ricampionamento richiede un'interpolazione dei dati.

TAGLIO PER CAMBIO DI PROSPETTIVA

In questo spazio su una nave da crociera, non potevo arretrare abbastanza per catturare tutta l'altezza dell'atrio. Un obiettivo ultragrandangolare è riuscito appena a cogliere una parte sufficiente della scena senza puntare verso l'alto, ma il primo piano occupa una porzione troppo grande. La metà inferiore dell'immagine è superflua e può essere rimossa (potete anche cogliere l'occasione per correggere eventuali imprecisioni nel tenere orizzontale la fotocamera). Il centro dell'immagine si sposta verso l'alto, come se fosse stata scattata con un obiettivo decentrabile (p. 108), e include tutta l'altezza della scena conservando le linee verticali parallele. Dato che questa modifica elimina una grossa porzione dell'immagine, è bene fotografare con abbondanza di pixel.

RISULTATI DI INTERPOLAZIONE

Queste immagini mettono a confronto modi diversi per ingrandire un'immagine da 3000 pixel (in alto) a 15.000 pixel di base. Con le opzioni Bicubica più nitida e Bilineare (rispettivamente al centro a sinistra e al centro a destra) si hanno risultati più sfocati, ma le sfumature morbide della rosa sono ben riprodotte. L'opzione Vicina più prossima (in basso a sinistra) dà un risultato nitido ma margini frastagliati. I risultati migliori sono di gran lunga quelli ottenuti con lo strumento Bicubica più morbida (in basso a destra). I metodi bicubici analizzano più pixel degli altri e danno risultatl più omogenei, anche se non sempre più nitidi.

Ritaglio libero

Il ritaglio classico è squadrato e non deforma il contenuto. Se impostate gli angoli del ritaglio liberamente rispetto alla forma dell'immagine, potete correggere l'inclinazione dell'orizzonte e la convergenza delle linee parallele. In questo caso il ritaglio avrà una forma irregolare e l'area selezionata sarà distorta per ricreare un rettangolo. A questo scopo, selezionate "ritaglio prospettico" e collocate gli angoli del ritaglio in modo che i contorni siano paralleli ai dettagli che volete allineare all'inquadratura. L'operazione rientra quasi nella sfera della manipolazione, anche se non altera il significato dell'immagine.

IMMAGINE ORIGINALE

1 Veduta angolata
L'immagine originale è stata scattata da un'automobile ma volevo darle un aspetto più formale, centrato sul soggetto e senza un orizzonte inclinato.

RITAGLIO PROSPETTICO

2 Ritaglio
Ho selezionato l'opzione di ritaglio prospettico e posizionato gli angoli con i contorni paralleli al cavalcavia e alla strada.

IMMAGINE FINALE

3 Correzione
Modificare la prospettiva in fase di ritaglio costringe gli elementi dell'immagine ad allargarsi o stringersi in base al contorno e raddrizza l'orizzonte.

Perfezionare le forme

Con la fotografia digitale possiamo ridefinire le forme delle immagini con grande libertà. Cambiando la forma entro i confini della cornice rettangolare siamo in grado di correggere i problemi di distorsione. Questi si presentano se l'ingrandimento o le proporzioni variano all'interno dell'immagine e possono avere due cause, anche concomitanti in una stessa fotografia.

La distorsione ottica dell'obiettivo fa sì che l'ingrandimento non sia uniforme. Se è minore verso il centro rispetto agli angoli, l'immagine risulta incurvata al centro, come un cuscino; se l'ingrandimento è maggiore al centro, l'immagine è rigonfia, come un barilotto. La distorsione prospettica dipende invece da come si punta la fotocamera verso il soggetto e produce il classico fenomeno della convergenza delle linee parallele. È frequente, ma di solito rappresenta un problema solo con forme geometriche come edifici o dipinti.

Correzione della distorsione

La distorsione ottica è in genere minima e poco evidente. Si corregge facilmente con il filtro Correzione lente o altri filtri software di distorsione, se la variazione è regolare. Se invece è irregolare, più o meno forte in varie zone dell'immagine, l'unico modi di correggerla è impiegare un software specifico per l'obiettivo usato; è una soluzione offerta da alcune attrezzature di alto livello. La distorsione di rado si vede facilmente e deve essere corretta solo se di importanza cruciale, come nella fotografia di architettura.
La distorsione prospettica si verifica ogni volta che la fotocamera non è ortogonale rispetto a un piano. Le parti del soggetto più lontane sembrano più piccole di quelle più vicine e i rettangoli sono distorti in una forma a trapezio, che fa sembrare convergenti le linee parallele. La raffigurazione di edifici ne risulta particolarmente falsata ed è quindi importante correggerla (vedi pagina a fronte).

LO SAPEVATE?

Anche se piccoli cambiamenti di forma non hanno effetti apprezzabili, modifiche più decise riducono la nitidezza. Come con il ritaglio, maggiore è la risoluzione dell'immagine originale, correlata in linea di massima alle dimensioni del file, più potete modificare la forma senza perdita di qualità visibile. Se pensate di dover apportare correzioni di grande portata, registrate in formato RAW (pp. 184-185).

Correzione per fish-eye
Con il centro rigonfio, la distorsione da fish-eye è innaturale e in genere poco gradevole da vedere (nel riquadro). Anche piccole correzioni apportate alle linee più curve migliorano l'effetto, senza perdere il senso basilare di una veduta spiccatamente grandangolare.

Correggere la convergenza

Quando puntate la fotocamera verso l'alto per includere le cime di edifici, l'ingrandimento varia dall'alto al basso. La parte in alto sembra più piccola e le linee parallele dell'edificio sono convergenti. Tutte le superfici che si "allontanano" con un'inclinazione rispetto alla fotocamera mostreranno una simile convergenza. Potete correggere la convergenza via software cambiando la forma dell'immagine rispetto all'inquadratura. Se un edificio sembra inclinato all'indietro, correggete la distorsione ingrandendo la parte superiore alla stessa dimensione di quella inferiore. Le linee parallele torneranno parallele, ma ci saranno inevitabilmente altri elementi da correggere.

IMMAGINE ORIGINALE

STRUMENTO TRASFORMAZIONE LIBERA

STADIO INTERMEDIO

1 Veduta d'insieme Gli edifici e gli alberi sono pericolosamente inclinati perché stavo usando un obiettivo molto grandangolare da troppo vicino alla scena. Avevo puntato l'obiettivo verso l'alto cercando di includere l'edificio in tutta la sua altezza e anche la luna.

2 Parte superiore allargata Ho selezionato l'intera immagine e applicato una distorsione che ha allargato la sua metà superiore fino a quasi al doppio dell'originale. In questo modo ho corretto le linee verticali e reso paralleli gli alberi e gli edifici.

3 Parti dell'immagine perse Allargare la parte superiore dell'immagine ha raddrizzato l'edificio ma l'ha reso troppo tozzo. Siccome anche il cielo si è allargato, la luna è quasi sparita dall'immagine e il tronco dell'albero sulla sinistra è scomparso del tutto.

FILTRO CORREZIONE LENTE

RITAGLIO PROSPETTICO

IMMAGINE FINALE

4 Correzione elegante Alcuni software (come Adobe Photoshop e DxO Optics) hanno un filtro Correzione lente che agisce in due direzioni, verticale e orizzontale. Ho applicato questo filtro per dare all'edificio proporzioni più naturali, ma ho dovuto allargare di nuovo l'immagine verso l'alto.

5 Orizzonte inclinato Le correzioni avevano rivelato un orizzonte non perfettamente allineato. Ho usato il ritaglio prospettico per riposizionare gli angoli in modo che il contorno dell'inquadratura fosse parallelo ai dettagli che volevo allineati. Ciò ha distorto gli elementi nella forma voluta.

6 Risultato verosimile A un attento esame della parte superiore dell'immagine, allargata di quasi il 100 per cento per accogliere le varie correzioni, non sfuggiranno vari difetti. È però un prezzo accettabile per un'immagine che sembra più naturale ora che nella sua versione originale.

Correggere i livelli

Il controllo principale per correggere l'esposizione di un'immagine, cioè la sua luminosità complessiva, è il comando Livelli. Serve per modificare la distribuzione della luminosità dei pixel, da scuri a chiari. I livelli permettono anche di regolare il contrasto, cioè quanto sono veloci le transizioni da toni scuri a chiari. I comandi sono intuitivi e immediati: è la regolazione più usata grazie alla sua semplicità ed efficacia.

Dovete solo selezionare il comando, spostare i cursori e osservare i cambiamenti per fermarvi al risultato voluto. Le funzioni di base del controllo dei livelli sono le stesse in quasi tutte le applicazioni. Due cursori impostano il punto nero e il punto bianco, con un'azione efficace sul contrasto, mentre il cursore centrale regola la luminosità complessiva. Possono esserci anche cursori per i livelli di nero e bianco in uscita, utili per limitare leggermente i valori estremi.

Istogramma

Se volete adottare un approccio sistematico, controllate regolarmente l'istogramma che mostra dati statistici sulla luminosità dei pixel: per ogni valore di luminosità, il numero di pixel corrispondenti sarà rappresentato dall'altezza del grafico in quel punto. Convenzionalmente i pixel più scuri sono sulla sinistra dell'istogramma e quelli più luminosi sulla destra. Un istogramma di una buona immagine mostra pixel lungo tutta la scala con una gobba o due intorno al centro, a indicare che l'esposizione ha catturato in modo corretto una completa gamma di valori distribuiti soprattutto nella fascia dei toni medi. Di solito però nell'istogramma i pixel iniziano e si interrompono a breve distanza dai margini.
L'impostazione ha tre passaggi: primo, posizionate il cursore di sinistra in modo che tocchi l'istogramma proprio dove inizia. Questo è il punto nero: l'immagine diventerà immediatamente più scura. Quindi spostate il cursore di destra fino a fargli toccare il punto in cui l'istogramma si interrompe. Si imposta così il punto bianco e l'immagine diventerà subito più chiara. Infine spostate il cursore dei toni medi centrale per regolare la luminosità globale.

Nero o bianco

Noterete che spostare i cursori di sinistra (nero) e di destra (bianco) rispetto alle loro posizioni iniziali ha anche un altro effetto: se la distanza tra loro si riduce, l'immagine diventa più contrastata. Questo avviene perché se i pixel più scuri non toccavano l'estremità sinistra dell'istogramma, non

Livelli ripristinati
Questa immagine era rimasta abbandonata da anni perché la sovraesposizione al momento dello scatto, da un autobus in movimento, ne aveva nascosto i pregi (nel riquadro). L'impiego dei Livelli per impostare il valore del nero ha fatto emergere i colori e rafforzato le ombre, rivelando una scena interessante di bambini del Bhutan al ritorno da scuola.

EVITARE GLI ESTREMI

Scene con una gamma di luminanza ampia producono neri densi e punti di massima luce molto bianchi (in alto). Potete ridurre i neri in uscita (a circa 20) e in bianchi in uscita (a circa 235) per ridurre il contrasto e gestire meglio l'immagine (in basso). Aumentare leggermente la saturazione spesso migliora la tonalità dei colori.

erano davvero neri: spostare il cursore nero fino a dove ci sono pixel ridefinisce il loro valore come nero. Lo stesso vale per il cursore bianco. Tutti i pixel intermedi si ridistribuiscono di conseguenza e l'intervallo più ampio tra gli estremi della scala aumenta il contrasto tra toni scuri e chiari.

Tecniche avanzate

Tranne i più elementari, tutti i comandi Livelli permettono di regolare i canali di colore separatamente. Questo permette di modificare il bilanciamento del colore: anche se complicato, è utile se altri metodi non funzionano e per creare forti effetti cromatici. Quando preparate le immagini per la stampa o per agenzie fotografiche, potrebbe esservi richiesto di impostare i livelli in uscita a un determinato valore; informatevi in anticipo.

Contagocce per i toni

Gli strumenti contagocce applicano un tono di un determinato valore e forzano di conseguenza una rimappatura del resto. Il contagocce nero imposta al valore più scuro tutti i pixel con la stessa luminosità del punto in cui viene applicato, spostando tutti gli altri in proporzione. Se la zona campionata è colorata, anche i colori saranno rimappati. Il contagocce bianco ha l'effetto opposto: il punto scelto diventa il punto di massima luce. Il contagocce grigio imposta la zona su cui si clicca come grigio neutro: è un modo veloce per bilanciare il colore, se è presente una zona di grigio neutro affidabile.

CONTAGOCCE NERO

1 Ombre
Se applicate il contagocce nero a un tono medio, il software fa diventare nero il punto campionato e tutta l'immagine si scurisce di conseguenza.

CONTAGOCCE GRIGIO

2 Toni medi
Se scegliete il contagocce grigio e lo applicate a una zona di tono medio, l'esposizione cambierà poco o non cambierà affatto.

CONTAGOCCE BIANCO

3 Luci
Se applicate il contagocce bianco a un tono medio, il software fa diventare bianco il punto scelto e tutta l'immagine si schiarisce di conseguenza.

Regolare i toni

Il comando per regolare i toni fu chiamato inizialmente "Curve" in attesa di trovare qualcosa di meglio, ma l'etichetta è rimasta. Il nome si riferisce alla curva di una funzione di trasferimento, in quanto il comando si presenta in forma grafica e la forma della curva determina il modo in cui i valori di ingresso sono trasformati in quelli in uscita.

Il comando Curve modifica la qualità delle transizioni tra chiaro e scuro. Quando viene aperto, la "curva" è una linea retta con un'inclinazione di 45 gradi, il che indica che l'uscita del canale selezionato è uguale all'ingresso. Se cambiate la forma della linea, cambiate i rapporti tra dati in ingresso e in uscita. In questo modo è possibile, per esempio, scurire i toni chiari e schiarire quelli scuri.

Versatilità nei colori

La pratica più comune è modificare le curve RGB composite, cioè tutti e tre i canali di colore. Si possono cambiare luminosità complessiva e qualità dei toni, o il contrasto, cioè quanto il passaggio dai toni luminosi a quelli scuri è veloce o brusco. Potete anche regolare le curve separatamente per ogni canale. Se cambiate la curva di uno o più canali di colore, alterate sia il bilanciamento del colore (pp. 218-219) sia i toni, con la possibilità di restringere le modifiche apportate a ombre, toni medi o alte luci.

Limiti da tenere sotto controllo

Una pendenza ripida, su tutta una curva o una sua parte, indica un forte contrasto, con toni vivaci. Una curva con una pendenza poco accentuata indica variazioni più graduali, o basso contrasto, con toni più morbidi. Quando cambiate la forma della curva, alcune parti risulteranno più ripide, con forti variazioni tonali, e altre saranno invece appiattite, con un contrasto più basso. Cercate di imparare a controllare il contrasto nel modo più consono all'immagine.

Disegnare curve molto ripide richiede grande disponibilità di dati: quelli che erano sufficienti per un contrasto medio ora devono coprire una gamma più ampia di valori in uscita. Eventuali lacune nei dati saranno visibili e potrebbero apparire bande o variazioni a gradini di colori e toni (p. 228). Ricordate inoltre che le parti di una curva in cui cambia direzione spesso creano toni innaturali.

Se prevedete di apportare importanti modifiche di tono o colore è meglio registrare in RAW a 12 bit (RGB a 36 bit) per canale o più, e salvare e modificare l'immagine nello stesso spazio colore (pp. 178-179). La quantità di dati in questi file molto grandi conserva transizioni omogenee senza bande.

LO SAPEVATE?

Potete impostare la luce o l'inchiostro (pigmento) come oggetto dell'azione di Curve con applicazioni più sofisticate come Adobe Photoshop. Se le Curve regolano la luce (di solito in RGB), l'origine della linea di partenza ha luminosità zero o massima oscurità. Più la linea avanza, più i pixel sono luminosi. Alzare una parte della curva rende l'immagine più luminosa. Se le Curve regolano l'inchiostro (di solito in CMYK), il grafico si inverte e la linea inizia con l'inchiostro al minimo, che dà il bianco, fino al massimo, che dà il nero. Abbassare una parte della curva schiarisce l'immagine.

CORREZIONE UNIVERSALE

Le Curve sono utili per risolvere quasi tutti i problemi di tono o colore. Ci sono altri mezzi più semplici, ma nessun comando riunisce la versatilità e la potenza delle Curve. La prima immagine a destra era compromessa da bilanciamento del bianco e luce parassita, con una dominante blu-cyan e scarso contrasto. Una curva composita aumenta il contrasto e una modifica del canale blu corregge il colore (all'estrema destra).

Curve: kit di pronto intervento

Potete risparmiarvi molto lavoro salvando un set di curve da caricare ogni volta che ne avrete bisogno. Un set di sei interventi soddisfa la maggior parte delle esigenze: potrebbero non sempre dare risultati perfetti, ma saranno una buona base per ulteriori rifiniture. Se avete più di una fotocamera, per esempio una dSLR e una compatta, potrebbero servirvi diversi set di curve adatte al modo in cui ogni fotocamera elabora le immagini. Se vi recate in paesi lontani, le fotografie scattate in condizioni di luce insolite potrebbero richiedere nuove curve. Gli istogrammi sotto visualizzano l'inchiostro (vedi pagina a fronte); invertite la forma se avete la regolazione impostata sulla luminosità.

AUMENTO DI LUMINOSITÀ

Aumentate l'esposizione trascinando il punto centrale verso il basso (inchiostro) o verso l'alto (luce) per alzare i toni medi. In questo modo le parti scure e chiare sono meno interessate e restano invariate ai valori estremi. Sono visibili più dettagli in ombra e i colori si schiariscono.

RIDUZIONE DI LUMINOSITÀ

Trascinare il punto centrale verso l'alto (inchiostro) o verso il basso (luce) sposta i toni medi verso le ombre. Le zone chiare sono leggermente più scure, così come quelle in ombra, ma i toni medi sono quelli che cambiano di più. I colori sono più intensi e il contrasto risulta accentuato.

OMBRE E LUCI

Cliccando al centro della linea lo si blocca in posizione mentre si spostano altre parti della curva. Trascinare la parte della curva delle zone in ombra schiarisce le ombre mentre trascinare la parte delle zone più luminose scurisce le luci, ma i toni medi restano accettabili.

CONTRASTO DEI TONI MEDI

Una curva a tre anse, che scurisce leggermente le luci e schiarisce appena le ombre, rende più ripida la zona della curva nei toni medi. Aggiunge così brio ed energia all'immagine, aumentando il contrasto nei toni medi. Molto utile per vivacizzare toni smorti e spenti.

RIDUZIONE DI CONTRASTO

Se si scuriscono le zone più luminose e si schiariscono quelle più chiare con una linea diritta tra i due estremi, il risultato è un contrasto estremamente ridotto con colori sbiaditi. È utile per compensare un aumento di contrasto in uscita, per esempio da parte di stampanti laser.

AUMENTO DI CONTRASTO

Se le zone più luminose e i neri si avvicinano, cioè se alcuni pixel grigio scuro diventano neri e alcuni pixel grigio chiaro diventano bianchi, l'immagine complessiva ha più contrasto, con colori più intensi, ombre molto scure e alte luci di un bianco puro. Utile per stampe su carta di bassa qualità.

Effetti di Livelli e Curve

Il modo migliore per valorizzate le diverse impostazioni di Livelli e Curve è confrontarle. Quando usate questi comandi, fate uno screenshot del risultato di tutti i cambiamenti o salvate tutte le versioni, con nomi che riassumano le impostazioni usate. Avrete un repertorio di effetti visivi a cui fare riferimento e da applicare quando volete.

Quanto trovate un'impostazione che serve ai vostri scopi, salvatela tra quelle predefinite. Sono utili per modifiche in serie: raccogliete le immagini con caratteristiche simili in una cartella e applicate a tutte le correzioni con Batch o Automatizza. Controllate con la prova colori a video che le regolazioni rientrino della gamma stampabile e controllate che i dati dell'immagine siano sufficienti per elaborazioni pesanti.

▼ IMMAGINI ORIGINALI

FILA 1 E 2

FILA 3, 4 E 5

LIVELLI: TONI ▷

I Livelli non servono solo a migliorare l'immagine, ma anche per modifiche tonali per scopi particolari. Usate i Livelli se volete ottenere un aspetto sbiadito o rendere i colori vividi in modo innaturale, senza alterare il contenuto dell'immagine.

INTENSITÀ AUMENTATA

LIVELLI: COLORE ▷

Il bilanciamento del colore si regola con facilità e precisione con i canali di colore separati: potete fare velocemente modifiche complessive separate con i controlli ombre e alte luci. Ancora meglio se potete scegliere il colore su cui regolare il tono medio.

TONI MEDI BLU RIDOTTI

CURVE: TONI ▷

Le Curve danno il meglio con la regolazione dei toni, per cui potete creare effetti leggeri o marcati. La vera forza di questo comando diventa evidente se applicate curve separate per ogni colore, con piccole differenze per effetti sul bilanciamento del colore.

LUCI FREDDE

CURVE: SIMULAZIONI ▷

Oltre a effetti che simulano la grana della pellicola, le Curve possono simulare la vecchia pellicola, caratterizzata da variazioni di resa tonale, contrasto e bilanciamento del colore. Dovrete fare ogni volta piccole correzioni per adattare i risultati all'originale.

PELLICOLA NEGATIVA A COLORI

CURVE: INVERSIONI ▷

Le Curve possono servire per creare cambiamenti drastici in un'immagine senza alterare contenuti e contorni. Con una distorsione libera delle curve dei singoli canali potete ottenere una varietà infinita di effetti cromatici e tonali.

CURVA COMPLESSA

CURSORE TONI MEDI A 3

CONTRASTO ELEVATO

CONTRASTO ELEVATO/BIANCO RIDOTTO

TONI MEDI VERDI RIDOTTI

TONI MEDI ROSSI RIDOTTI

TONI MEDI DI DESTINAZIONE GIALLI

BILANCIAMENTO OTTIMIZZATO

OMBRE SCHIARITE

OMBRE CALDE

CROSS PROCESSING (SVILUPPO INVERTITO)

VECCHIA PELLICOLA

PELLICOLA PER DIAPOSITIVE

OMBRE INVERTITE

TONI E COLORI INVERTITI

CURVA A FORMA DI M

Brucia e Scherma

Gli strumenti Brucia e Scherma si usano così spesso che non si consumano solo perché sono digitali. Brucia scurisce le zone luminose che distraggono e Scherma schiarisce le ombre per far emergere dettagli, come il luccichio degli occhi. Applicati localmente, aumentano il contrasto solo nell'area interessata e sono l'equivalente visivo dell'enfasi data a certe parole di un discorso.

Come con altri strumenti di correzione e ritocco, il vostro intervento dovrebbe essere discreto. Se lavorate su ampie zone, usate pennelli morbidi un poco più grandi dell'area che volete coprire. Per zone più piccole usate pennelli duri con circa la stessa dimensione dell'area su cui lavorate. Iniziate con una pressione più bassa (circa il 3 per cento è un buon punto di partenza, fino a un massimo del 10 per cento) e applicate l'effetto. Se vedete immediatamente le pennellate, state lavorando troppo velocemente.

Impostazioni non intuitive

Brucia e Scherma rappresentano una delle tecniche più semplici di correzione dell'immagine, ma la scelta della gamma tonale su cui agire non è sempre ovvia. Se volete scurire le ombre potrebbe sembrarvi più ovvio scegliere l'opzione Ombre, ma con un po' di esperienza vedrete che così queste zone si scuriscono troppo in fretta. Se volete schiarirle, e scegliete di schermare sempre con l'opzione Ombre, appariranno presto sgradevoli macchie grigie. Per la stessa ragione, scegliere Luci per modificare le zone di massima luce pone alcuni problemi: lavorare direttamente sulla gamma tonale di fatto modifica i toni sbagliati. Se per esempio volete scurire una zona luminosa, dovete scurire i toni medi presenti: questo sarà sufficiente a rivelare i dettagli. Se scurite direttamente le luci, non si vedranno i dettagli ma solo una macchia grigia. Per scurire le ombre, bruciate i Mezzitoni; per scurire i toni medi, bruciate Luci o Ombre; e per scurire le zone luminose bruciate Mezzitoni o Ombre. Per schiarire le ombre, schermate Mezzitoni o Luci; per schiarire i toni medi, schermate Luci o Ombre; infine, per schiarire zone luminose grigie, schermate i Mezzitoni.

Modificare i colori

Questi strumenti cambiano nello stesso modo i valori dei tre canali RGB. Piccole modifiche non alterano i colori, ma quelle più importanti sì (tecnicamente rimuovete il grigio): un'altra ragione per fare piccole modifiche graduali. Spesso un effetto appena percepibile può dare risultati eccellenti.

Pittura tonale
L'immagine originale (nel riquadro) può essere usata senza interventi di postproduzione. Ma è anche ricca di possibilità da esplorare: per esempio scurirla nelle zone in ombra e lasciarla luminosa nelle altre parti. L'effetto rafforza le variazioni tonali, che evidenziano il sentiero, le pieghe del paesaggio e le macchie di luce del sole.

Recupero di toni sbiaditi

Questa fotografia sovraesposta di un gregge di pecore era il risultato di un errore di impostazione della fotocamera. Vale la pena di cercare di salvare l'immagine, anche se il dirupo calcareo e l'erba in pieno sole sono quasi del tutto privi di dettagli. La strategia è scurire tutta l'immagine, per dare alle zone sovraesposte un po' di consistenza, e poi schermare o schiarire in modo mirato per mettere in risalto le pecore. Ho cercato di rendere la scena così come l'avevo vista, lasciando alcune zone luminose bruciate. Le correzioni globali non sono bastate, ma con bruciature e schermature mirate il risultato è accettabile, perché le zone sovraesposte conservavano abbastanza dettagli su cui lavorare.

IMMAGINE ORIGINALE

1 Regolare i Livelli
Il primo passo è scurire tutta l'immagine con i Livelli per rinforzare i toni medi e abbassare i bianchi in uscita a un grigio molto chiaro. Ho resistito alla tentazione di scurire ancora di più, dato che avrei comunque potuto aumentare la densità in qualsiasi passaggio successivo.

MASCHERA SFUMATA

2 Applicare le sfumature
Con lo strumento Sfumatura, a circa il 30 per cento, ho creato un nuovo livello e applicato sfumature sulla parte inferiore. Questo scurisce le rocce in modo piuttosto indiscriminato, ma successivamente migliorabile. Il metodo di fusione scelto è Colore brucia per aumentare il contrasto.

COLORE BRUCIA

3 Aumentare la consistenza
Per ridare spessore alle aree spoglie di roccia calcarea, ho applicato pennellate grigie al livello, usando la modalità Colore brucia per recuperare la texture dove era stata bruciata. Colore brucia aumenta il contrasto e la saturazione e serve anche a rivelare i colori nelle zone più luminose.

SCHERMA

4 Far risaltare i soggetti
Con lo strumento Scherma impostato su Luci, ho usato un piccolo pennello con una leggera pressione sulle pecore per farle risaltare sullo sfondo già scurito. Questo fa apparire lo sfondo più scuro di quanto non sia, per cui è bene evitare di scurire troppo nella fase iniziale.

OMBRE

5 Schiarire le ombre
Gli effetti combinati di Livelli e Sfumatura facevano sembrare alcune parti in ombra tra gli alberi troppo scure, perciò ho applicato lo strumento Scherma impostato su Mezzitoni per far emergere i dettagli. Ho inoltre usato la schermatura qui e là sui rami degli alberi per illuminarli.

BILANCIAMENTO DEL BIANCO

6 Regolazione finale
La serie di regolazioni aveva rivelato che il bilanciamento del bianco originale era troppo spostato verso il rosso. Ho applicato il Bilanciamento colore per ridurre il rosso nei toni medi e nelle ombre. Questo rende più intense le tonalità di verde presenti nella scena.

Raccontare con la luce

Gli strumenti Scherma e Brucia permettono di sottolineare i punti chiave del vostro racconto visivo: rendono le zone chiare più visibili e attenuano le differenze per ridurre gli elementi di distrazione. L'immagine originale era promettente, ma sembrava un freddo elenco delle caratteristiche della Valley of the Gods, USA. Un uso prudente ma deciso di Brucia e Scherma l'ha trasformata in un'eloquente descrizione del paesaggio.

▷ Canon IDs MkIII, 12-24 mm *f*/4.5-5.6 : 12 mm *f*/14 ISO 200 -1.33 EV 1/250 sec

1 Cielo spettacolare

Scurire il cielo con una sfumatura dall'angolo in alto a sinistra attira l'attenzione verso il terreno e serve anche a enfatizzare la struttura delle nuvole. Ho ulteriormente evidenziato le striature bruciando il cielo tra le nuvole sul lato destro dell'immagine.

2 Definizione del terreno

Con la conversione in bianco e nero, la boscaglia verde e il terreno rosso hanno assunto toni di grigio simili, confondendosi. Ho schermato con attenzione tra i ciuffi d'erba e bruciato alcuni di essi per staccarli dal terreno.

3 Fiori illuminati

Quando ho catturato l'immagine, i fiorellini gialli erano accentuati dal controluce diffuso in modo perfetto. In bianco e nero sono ben lontani dall'essere suggestivi. Ho applicato con cautela lo strumento Scherma, impostato su Luci, per riportarli al loro vero splendore originario.

4 Rocce brillanti

Infine ho usato Brucia e Scherma per creare un effetto solo accennato nella scena reale. Le rocce erano opache e riflettevano poca luce, ma piccole zone erano brillanti. Traendone spunto, ho schermato le rocce rendendole lucide e bruciato le ombre per conservare il contrasto.

IN DETTAGLIO

Regolare luci e ombre

Ci sono molte scene brillanti con una gamma di luminosità più ampia di quella che possono catturare o riprodurre fotocamere, monitor o stampe. Per riprodurle come le avete vissute, dovete recuperare i dettagli nelle zone più luminose e riempire o schiarire le ombre.

Il recupero di ombre e alte luci è un processo successivo alla cattura dell'immagine. Se registrate in JPEG, può essere incorporato nella fotocamera. I produttori forniscono diversi metodi, chiamati con vari nomi, come "priorità alte luci". Alcune fotocamere analizzano singole porzioni dell'immagine alla volta e applicano una curva tonale appropriata a ogni area: danno risultati migliori ma possono aumentare molto il rumore (pp. 102-103). Altre sottoespongono per catturare le alte luci e poi schiariscono le ombre e i toni medi.

Elaborazione dei dati dell'immagine

Anche dopo l'elaborazione dei dati integrata alla fotocamera, e inevitabilmente con immagini RAW (pp. 184-185) e altri file, potreste dover ricorrere spesso al comando Ombre/Luci. Lo scopo è mostrare un po' di dettagli nelle zone luminose bruciate o nelle ombre profonde, senza eliminare le caratteristiche generali di luminosità o buio. A differenza di controlli come Curve o Livelli (pp. 204-207), che alterano i pixel senza considerare quelli vicini, Ombre e Luci sono flessibili: lavorano su raggruppamenti di pixel. Per avere i risultati migliori dovete dire al software cosa volete ottenere. Per cominciare, impostate valori bassi per la quantità o la forza dell'effetto. L'ampiezza tonale imposta la gamma di toni modificabile: iniziate con il 50 per cento e aumentate o diminuite per adattarla. Il Raggio determina la grandezza del gruppo di pixel da esaminare, quindi impostatelo più o meno alla stessa dimensione degli elementi importanti: se troppo grande tende a scurire tutta l'immagine.

Limiti di intervento

Evitate correzioni estreme, che possono causare inversioni di toni, in particolare lungo i contorni, o formare aloni e dare un aspetto innaturalmente pittorico a scene con toni medi intensi (pp. 216-217). Un'ipercorrezione delle luci causa zone grigie prive di dettaglio, una delle ombre causa colori spenti, basso contrasto e aumento del rumore.
La guida nella pagina a fronte indica come potete usare Luci, Ombre e Raggio per ottenere diversi risultati a partire da un'immagine con una gamma di luminosità elevata.

Luce supplementare
La scena più semplice può trasformarsi se le ombre sono schiarite e le luci scurite. Lo scopo è fare in modo che l'intervento su ombre e luci riproduca l'esperienza visiva della scena vissuta dal fotografo, invece che l'interpretazione di essa data dalla fotocamera, che in genere ha scarsi dettagli in ombra (nel riquadro).

GAMMA DINAMICA ECCESSIVA

Il sole basso del pomeriggio mette in difficoltà il sensore e il tentativo della fotocamera di ignorare il sole causa zone luminose bruciate e ombre profonde.

LUCI 50 OMBRE 100

Recuperare i dettagli nelle nuvole, dove c'era densità, era facile, ma con le zone bruciate era più difficile. Le ombre profonde sono schiarite ma, se il Raggio è impostato solo su 100, questo va a scapito di toni medi piatti e spenti.

RAGGIO 1000

Ho impostato le Luci su 50 e le Ombre su 100 come prima, ma ho aumentato il raggio in modo che l'algoritmo considerasse un'area più ampia. Questo migliora le tonalità delle ombre e dei toni medi, ma nel complesso l'immagine ha perso la vitalità originaria.

AMPIEZZA TONALE 100

Con le stesse impostazioni di prima, ho aumentato al massimo l'ampiezza tonale, la gamma di luminosità su cui interviene il controllo. Questo ha un effetto radicale sulle nuvole, ma introduce un alone sulle colline.

IMPOSTAZIONI MASSIME

Ho usato le impostazioni massime, compreso il recupero delle luci che dà densità perfino alle zone bruciate, per produrre un'immagine d'effetto. Ma l'elaborazione è forse eccessiva, con aloni visibili e ombre scure.

LUCI 100 RAGGIO 100

Non c'è un'unica impostazione "ideale" perché i rapporti tra luci e ombre sono aperti a interpretazioni soggettive. Qui ho usato un recupero massimo solo per le luci, con un raggio relativamente piccolo per conservare la qualità dei toni medi.

Tone-mapping

Se vi trovate in condizioni di luce che non potete controllare e che producono una gamma dinamica superiore a quella che il sensore è in grado di catturare, potete usare le tecniche HDR (High Dynamic Range). Questo significa unire una serie di diverse esposizioni della stessa scena e spostare i dettagli delle zone in ombra e più luminose nei toni medi, con un procedimento chiamato "tone-mapping", mappatura tonale. Il risultato, più che una registrazione fedele della scena, è una sua interpretazione, che assomiglia spesso a un dipinto per la ricchezza di toni medi. La tecnica funziona meglio con soggetti statici e fotocamere che possono fare esposizioni a forcella in rapida successione; serve anche un software specifico per HDR.

ESPOSIZIONE NORMALE

1 Giornata brillante

Il vento freddo aveva liberato il cielo e la luce era cristallina, con le nuvole che creano un bel effetto controluce. Un'esposizione normale cerca di catturare gli elementi più luminosi e più scuri, ma il cielo risulta troppo pallido e le ombre sono scure e prive di dettaglio.

ESPOSIZIONE SULLE OMBRE

2 Favorire le ombre

Un'esposizione basata su una lettura mirata sulle ombre fa vedere in esse una quantità sorprendente di colori. Questo dimostra che vale la pena di cercare di catturare non solo il disegno delle zone in ombra, ma anche i colori. Il cielo però è quasi completamente bruciato.

ESPOSIZIONE SULLE LUCI

3 Dettagli delle zone luminose

I bei disegni di luce e ombra nel cielo sono fondamentali per l'immagine ed è quindi importante riprodurre bene le zone luminose. Anche per la parte dell'immagine limitata al cielo la gamma dinamica è così ampia che il sensore non è in grado di catturarla completamente.

SEQUENZA CON BRACKETING

4 Sequenza di esposizioni

Serve una gamma di esposizioni a forcella molto ampia, per cui passate in modalità manuale per effettuare una lettura di base. Impostate quindi una sottoesposizione di quattro stop, con successivi incrementi di uno stop fino a sovraesporre di quattro stop.

RACCOLTA DEI FILE

5 Cartella di progetto

Quando si fanno esperimenti con il tone-mapping, è utile separare i file che funzionano dagli altri e tenere raggruppati quelli in fase di lavorazione. In questo modo velocizzerete il processo. Usate un software per HDR specifico, come Photomatix Pro.

HIGH DYNAMIC RANGE

6 Immagine preliminare

L'elaborazione iniziale difficilmente produce un'immagine utilizzabile a meno che la vediate con speciali monitor HDR. Non perdetevi d'animo: ci sono molte più informazioni sia nelle zone in ombra sia in quelle più luminose di quanto sembri, grazie ai dati catturati da ogni esposizione.

△ **IMMAGINE FINALE**

INIZIO DELLA MAPPATURA TONALE

SOVRAILLUMINARE

REGOLAZIONI FINALI

7 Mappatura predefinita

Le impostazioni predefinite producono un'immagine simile all'esposizione normale, ma il file contiene tutte le informazioni necessarie a recuperare colori e dettagli in tutta l'immagine. Si tratta ora di regolare le funzioni per rendere visibili i dati nascosti.

8 Conversione prudente

È il passaggio chiave: si comprime la gamma tonale in modo che i dettagli agli estremi della scala cadano nella fascia media. Riducete il contrasto globale, su tutta l'immagine, e locale. L'esposizione non sarà probabilmente perfetta, ma correggerete toni e colori successivamente.

9 Curve e livelli

Mettete infine a punto l'uscita con il programma di tone-mapping. Avendo applicato impostazioni prudenti per la conversione, avrete più libertà per regolare l'immagine finale. Sistemate tonalità ed esposizione con Livelli o Curve e ritoccate i toni in piccole aree con Brucia e Scherma

Correggere il bilanciamento del bianco

Nella fotografia su pellicola, il bilanciamento del colore si limitava a due o tre opzioni al massimo e il bilanciamento del bianco si otteneva con filtri grossolani. Oggi le voci del menu della fotocamera consentono impostazioni per ogni tipo di illuminazione, ma ci sono ancora ampi margini di errore, sia della macchina sia del fotografo.

LO SAPEVATE?

Il colore in sé non ha una temperatura, ma molte cose che emettono luce sì. Oggetti molto caldi (o incandescenti) emettono una luce più blu di quella di oggetti più freddi, così la temperatura di un oggetto è usata per definire il colore principale che emana. All'epoca della pellicola a colori, tutte le principali sorgenti di luce erano incandescenti e producevano colori tra il blu e il giallo-rosso, perciò bastava bilanciare la riproduzione della temperatura di colore in questa fasci. Le sorgenti luminose moderne, come un tubo fluorescente, emettono due o più colori principali e per una correzione completa sono necessari altri filtri. Da qui nasce il bilanciamento del bianco, che permette di correggere il blu-giallo come il verde-magenta.

Un errore di bilanciamento del bianco non è un disastro, anche se c'è un limite a una correzione completa (per ulteriori informazioni sul bilanciamento del colore e del bianco, vedi pp. 104-105). Nella maggior parte dei casi, da una giornata di sole o nuvolosa fino a un interno illuminato da lampade da tavolo, i file JPEG hanno sufficiente margine, cioè dati cromatici, per migliorare in postproduzione il bilanciamento del bianco predefinito o automatico. Le impostazioni predefinite applicano regolazioni standard e spesso dovrete mettere a punto i risultati. Illuminazioni estreme, come un nightclub con molte luci colorate, sono più difficili da correggere; una correzione completa inoltre spesso è inopportuna, perché guasterebbe l'atmosfera.

Indice di resa cromatica (IRC)

Tecnica per nulla marginale, l'indice di resa cromatica (p. 104) è importante per la correzione del bilanciamento del bianco. Se nell'illuminazione di una scena mancano alcuni colori, cioè se c'è un basso indice di resa cromatica, e li volete ripristinare per una correzione del colore completa, la qualità dell'immagine ne risentirà. Si vedranno passaggi tonali discontinui, o blocchi di colori simili. Questo soprattutto con tramonti, lampadine a incandescenza, lampioni stradali e alcune lampadine a lunga durata; per esempio, un abito blu sotto lampade al tungsteno non potrà essere corretto del tutto se il bilanciamento del bianco della fotocamera è impostato sulla luce diurna (vedi pagina a fronte).

Mischiare e abbinare

Le luci create da sorgenti miste, come una lampada e una finestra, rendono difficile un bilanciamento del bianco preciso. In città, le sorgenti di luce miste sono la norma, con lampade al neon, fluorescenti e alogene in un unico scatto. Se emanano un colore nelle zone in ombra e un altro nei toni medi più chiari, potete correggerli singolarmente con le Curve in canali separati (pp. 206-207). Se sono nella stessa gamma tonale, applicate correzioni mirate con il pennello.

UN BUON BILANCIAMENTO

Quando un soggetto è illuminato da due fonti con temperature di colore diverse, il bilanciamento del bianco è difficile. La modella era illuminata dalla luce blu della finestra e da quella gialla della lampada. Se si vuole rendere bianco l'abito si ha uno slittamento verso il giallo. Se invece si rende bianca la lampada, il resto dell'immagine diventa molto blu. Il risultato migliore è una via di mezzo.

Impostazioni per il bilanciamento del colore

Molte fotocamere hanno impostazioni di bilanciamento del colore predefinite per particolari condizioni, come Luce diurna o Nuvoloso, e bilanciamento del bianco automatico, dotazione standard delle digitali. Le impostazioni predefinite non danno necessariamente risultati migliori del bilanciamento automatico, ma garantiscono una resa dei colori più regolare: le immagini scattate in una stessa situazione sono simili, il che è utile per lavorarle a gruppi o per combinare più scatti in uno. L'efficacia della correzione dipende dall'illuminazione e dal grado di intervento richiesto. E ricordate di cambiare l'impostazione predefinita se cambia l'illuminazione.

TUNGSTENO PER LUCE DIURNA

Se si sceglie l'impostazione predefinita Tungsteno nel bilanciamento del bianco della fotocamera per una scena alla luce del sole, la colorazione globale tenderà decisamente al blu. L'effetto non è sempre sgradevole e a volte viene usato nella fotografia lifestyle e di moda.

COLORE BILANCIATO

Questa correzione completa sui toni neutri, senza difetti visibili, è possibile perché l'illuminazione è distribuita su tutte le lunghezze d'onda. La fotocamera ha raccolto dati a sufficienza per una completa correzione dell'immagine: bastava renderli visibili nella fotografia.

BILANCIAMENTO CALDO

Grazie alla luce del sole, l'immagine è così ricca di dati che ho potuto ottenere una resa molto più calda senza alcuna perdita visibile di qualità. Anzi la differenziazione dei colori nelle zone blu, come i jeans, migliora con questo bilanciamento decisamente caldo.

NUVOLOSO PER TUNGSTENO

All'opposto della situazione descritta sopra, l'impostazione predefinita Nuvoloso con luce artificiale crea un effetto caldo in modo innaturale, con una saturazione eccessiva. La maglia azzurra della modella sembra quasi verde e i toni della pelle sono poco verosimili.

BILANCIAMENTO PARZIALE

Una parziale correzione di come appare il colore produce risultati abbastanza accettabili. Notate le macchie nere nella stoffa blu, le ombre dense prive di dettaglio e il rumore visibile sullo sfondo causato dal tentativo di correggere il bilanciamento del bianco.

BILANCIAMENTO COMPLETO

Con una correzione completa si ha un netto peggioramento, perché il basso indice di resa cromatica dell'illuminazione originale lascia molte lacune nei dati cromatici. Se avessi fotografato la scena correttamente, o in RAW, la resa cromatica sarebbe stata soddisfacente.

Perfezionare il colore

Il solo bilanciamento del bianco non basta a garantire una riproduzione del colore del tutto soddisfacente. Ogni sensore ha propri punti di forza e di debolezza rispetto a colori diversi. Le condizioni della luce possono variare e le sorgenti luminose essere miste.

La fedeltà cromatica è prioritaria, per esempio, nell'industria tessile e delle vernici, mentre per i fotografi non è così fondamentale. Ci interessa l'effetto visivo complessivo, che richiede una regolazione più artistica che oggettiva della quantità di ogni colore presente. A questo scopo si usano funzioni per perfezionare i colori più che il bilanciamento del bianco, che rende neutro il bianco e ridistribuisce i colori di conseguenza (pp. 218-219). Il perfezionamento dei colori limita le modifiche a gamme cromatiche selezionate e ha risultati diversi in base all'ampiezza della gamma selezionata.

Bilanciamento del colore

Disponibile in quasi tutti i software di elaborazione delle immagini, il Bilanciamento colore opera su ampie gamme cromatiche, in base all'esposizione. Potete rendere più calde delle ombre fredde e insieme rendere più fredde le zone più luminose calde, entrambe possibili in giornate di sole. Con tutti e tre i canali di colore in un comando, il Bilanciamento colore è facile da usare e non comporta artefatti (p. 183). Può anche creare effetti di bicromia (pp. 256-257).

Tonalità/Saturazione

Comandi per tonalità e saturazione insieme sono disponibili in tutti i software di elaborazione dell'immagine. La tonalità, componente cromatica del comando, sposta l'intera gamma cromatica nello stesso modo ed è uno strumento immediato per il bilanciamento del colore. La Saturazione riduce o aumenta l'intensità di una tinta (pp. 226-227), globalmente o per specifiche gamme cromatiche. Con molti software potete ulteriormente restringere o allargare l'intervallo di colori da modificare. In tal caso il comando può risultare più complesso, ma offre un alto livello di precisione.

Sostituisci colore

Il comando Sostituisci colore, reso famoso da Adobe Photoshop, permette di modificare gamme cromatiche in modo selettivo in base alla posizione o al colore (vedi pagina a fronte). Potete usare il contagocce per selezionare colori da diversi punti dell'immagine. L'intervallo di colori modificati è regolabile con un cursore che imposta il grado di Tolleranza. È utile per ridurre la saturazione dei colori dove è eccessiva in modo da far rientrare i colori nel gamut (p. 178) affinché siano stampati come appaiono sullo schermo.

LO SAPEVATE?

Il metodo più semplice con cui lavorare è in RGB, dato che ci risulta familiare l'idea che ogni colore sia il frutto di diverse quantità di rosso, verde o blu, e che la compresenza di tutti e tre dia il bianco, mentre bassi livelli di essi diano il nero.
Il metodo Lab è utile se è necessario applicare importanti correzioni cromatiche. Il metodo CMYK serve per lavorare con immagini finalizzate alla stampa, ma soprattutto in ambiti professionali. Evitate di lavorare in CMYK se usate stampanti a getto d'inchiostro.

BILANCIAMENTO DELLA TONALITÀ

Se un'immagine ha colori molto forti ma non bilanciati, un intervento complessivo sulla tonalità può servire. Un bilanciamento del colore lascerebbe l'immagine originale (a fianco) pressoché inalterata, perché le ampie zone blu e rosse si compensano. Un cambiamento complessivo della tonalità (a destra) sposta i rossi verso un giallo più fedele e nello stesso tempo sposta il blu verso un più verosimile color malva.

Rifinitura selettiva

La rifinitura della riproduzione del colore diventa più impegnativa in base alla complessità dell'illuminazione registrata. Le situazioni più critiche sono quelle in cui due sorgenti di luce con bilanciamento del bianco diverso si fondono dolcemente, come in questo scatto di ballerine a una prova. I soggetti erano illuminati dalla luce naturale diffusa del cielo nuvoloso che entrava dalle finestre, per cui il bilanciamento è piuttosto freddo. La luce naturale si fonde con l'illuminazione della pista da ballo, molto verde per le luci fluorescenti. Le differenze nel bilanciamento del colore in parti distanti dell'immagine non sono distinguibili per l'esposizione, il che renderà difficile rifinire il colore.

FOTOCAMERA

Il bilanciamento del colore automatico della fotocamera ha cercato di rendere più caldo il bilanciamento bluastro dei tutù e dei toni della pelle, che erano illuminati dalla luce diurna. In questo modo però le pareti, illuminate da luci fluorescenti, risultano decisamente verdastre.

LIVELLI AUTOMATICI

Per correggere le pareti, non volevo perdere la correzione cromatica nelle altre parti dell'immagine. I livelli automatici rendono più luminosa l'immagine e migliorano il contrasto, ma aumentano anche lo sbilanciamento dei colori rendendo ancora più evidente il verde delle pareti.

CONTAGOCCE SUI TUTÙ

Il contagocce dei Livelli per i toni medi applica le correzioni solo ai pixel simili al punto campionato: fa diventare l'area selezionata grigio medio e rimappa in proporzione gli altri colori. Cliccando sul più luminoso dei tutù li rende neutri, ma genera una forte dominate giallastra.

CONTAGOCCE SULLA PARETE

Scegliere le pareti come bersaglio del contagocce le fa diventare quasi neutre, ma rende l'immagine complessiva marcatamente magenta con un risultato inaccettabile. Mi sono reso conto che il tono verde chiaro delle pareti aveva bisogno di una laboriosa correzione.

CONTAGOCCE SUL PAVIMENTO

Portare il tono medio del bilanciamento sul pavimento rende molto bene i tutù, e dà un buon risultato complessivo. Questo dimostra che una scelta accurata dell'area di campionatura può fornire una soluzione rapida con grande semplicità. Il risultato è accettabile, ma potrebbe essere migliore.

SOSTITUISCI COLORE

Dato che il punto problematico è la sfumatura verde delle pareti, ho deciso di usare Sostituisci colore, che limita le correzioni a pixel dai colori simili. Ho selezionato le pareti, ridotto la saturazione e aumentato la luminosità, facendole così apparire di tono neutro.

Valorizzare tono e colore

Le moderne fotocamere sono così efficienti nel ricavare il meglio da ogni soggetto che nella maggior parte dei casi sarete soddisfatti dei risultati. Se però volete che le vostre immagini abbiano qualcosa di speciale che le distingua, è fondamentale valorizzare toni e colori. Così come la stampa nella camera oscura doveva portare alla luce il potenziale nascosto di un negativo, i processi digitali sono un entusiasmante viaggio di scoperta, in grado di ispirare un dialogo continuo tra l'immagine e la vostra abilità artistica. La foto è stata scattata per un servizio fotografico di moda e avrei potuto concludere le regolazioni al terzo passaggio, con una versione del tutto pubblicabile. Rivelarne altri aspetti ha dimostrato che c'erano diversi modi per interpretarla.

IMMAGINE ORIGINALE

1 Contrasto in controluce

Con un obiettivo 135 mm alla massima apertura di *f*/1.8, lo sfondo ha una gradevole sfocatura. Il forte controluce ha però influenzato l'esposizione, infatti la modella e il suo copricapo di piume sono sottoesposti. Il bilanciamento del bianco è bluastro e troppo freddo.

BILANCIAMENTO DEL BIANCO

2 Pelle dorata

La mia prima mossa è stata correggere il bilanciamento del bianco riducendo cyan e blu nell'immagine, per riportare la carnagione dorata della modella ai colori originali. Anche lo sfondo ha assunto tonalità più calde, il che è un ulteriore miglioramento.

CURVA SEMPLICE

3 Attenuare il contrasto

Con la ricostruzione dei colori reali (passo 2), è evidente che il contrasto tra la modella e lo sfondo è troppo elevato. Ho applicato una curva poco accennata per correggerlo: ho scurito appena le luci e schiarito le ombre in pari misura, poi ho schiarito i toni medi.

SFUMATURE

4 Schiarire lo sfondo

Anche se lo sfondo è morbido, il telaio della finestra e i pannelli distolgono l'attenzione. Ho applicato una sfumatura impostata su Schiarisci nelle zone a sinistra e a destra, badando a non toccare la modella. C'è un miglioramento, ma lo sfondo ha bisogno ancora di qualche ritocco.

PENNELLO SCHERMA GRANDE

5 Mimetizzare lo sfondo

Per mimetizzare meglio lo sfondo, senza alterare la modella, ho usato lo strumento Scherma impostato sui mezzitoni con una densità del 5 per cento. Ho usato un pennello grande e morbido per uniformare lo sfondo alle linee più chiare e alle delicate zone in high-key.

PENNELLO SCHERMA PICCOLO

6 Schiarire

Il passo successivo è stato lavorare sulle piume e sul volto. Il comando Ombre/Luci non era abbastanza selettivo per quello che volevo ottenere. Ho usato invece lo strumento Scherma per far risaltare le piume più chiare e colorate e per schiarire i toni del volto.

△ **IMMAGINE FINALE**

PENNELLO SCHERMA PICCOLO

SATURAZIONE

VIVIDEZZA, TONALITÀ/SATURAZIONE

7 Luci

Le conchiglie della collana erano bianco sporco, ma ho voluto dare loro un po' di brillantezza usando con cautela la schermatura, prestando attenzione a non schiarire la pelle intorno. In questo modo la schiena della modella si è leggermente illuminata.

8 Colori più intensi

Le zone che dai toni medi scuri diventano più chiare spesso appaiono troppo sature. Ho ritoccato le conchiglie con lo strumento Saturazione (o Spugna) per ridurla leggermente. Le piume più scure sembravano poco sature, per cui ho invece aumentato la saturazione.

9 Tocco finale

Ho dovuto prima schiarire i rossi della pelle con Tonalità/Saturazione, perché ridurre la saturazione dei toni scuri può dare un aspetto fangoso sgradevole. Ho poi usato il comando Vividezza per diminuire la saturazione dei colori della pelle e farli apparire più naturali.

Riflessi colorati

In questo moderno complesso alberghiero, materiali riflettenti come vetro, metallo e acqua sono parte integrante del progetto. Di notte, l'interazione di luci colorate dà vita alla piscina e alle superfici scintillanti. L'immagine principale ha il miglior equilibrio di colori e forme nella serie. Ho applicato solo un bilanciamento del bianco sufficiente a far emergere le differenze di colore conservando l'aspetto complessivo caldo. Ho accentuato blu e cyan per avvicinarmi alla realtà e bruciato i dettagli più scuri per fissare il tono.

▷ Sony A900, 12-24 mm *f*/4.5-5.6 : 12 mm *f*/11 ISO 200 -0.5 EV 6 sec

DELLA STESSA SERIE

1 Luce diurna promettente La ricchezza di forme strutturali rende interessante ogni punto di vista e ogni inquadratura. Griglie regolari, curve, linee ripetute e toni uniformi sono controbilanciati dalla presenza degli alberi, e tutti questi elementi sono rafforzati dalla miriade di riflessi che producono.

2 Un risultato banale Il tentativo di catturare lo spazio riesce a includere il foyer, ma non accadeva nulla e sono rimasto con un vuoto privo di attività. La luce riflessa dagli elementi di metallo e di vetro brillava in un arcobaleno di colori, ma l'effetto nell'immagine è mascherato da una dominante cromatica.

3 Variare la palette Esplorare diverse angolazioni ha svelato tutta una nuova gamma di colori. L'immagine, corretto il bilanciamento del bianco in postproduzione, aveva rossi e gialli caldi intorno a una zona centrale azzurra, con in più tocchi di viola. Il terzo inferiore è però privo di interesse.

4 Strisce decise L'immagine ha elementi con strisce marcate, ma non è in equilibrio, con più elementi sulla sinistra che sulla destra. Per questa e per l'immagine principale, ho tenuto con cautela la fotocamera sospesa sopra l'acqua ma per la giusta inquadratura ho dovuto mettermi al centro della piscina.

Saturazione e vividezza

Uno sguardo alle culture dei paesi caldi mostra una passione universale per i colori saturi (brillanti, intensi e carichi) che adornano edifici, abiti e ogni genere di articolo. Nelle prime fasi della fotografia a colori su pellicola e di nuovo all'inizio della fotografia digitale, una saturazione del colore elevata era un traguardo molto ambito. In entrambi i casi, dopo aver ottenuto i risultati che volevamo, abbiamo imparato che anche per una cosa buona vale il concetto di troppo.

Tecnicamente, la saturazione è la pienezza cromatica in rapporto alla luminosità. Colori chiari e poco saturi diventano più scuri se si aumenta la saturazione, mentre colori saturi sembrano più luminosi e vivaci se si aumenta la saturazione. Questa variazione nella qualità del colore spiega perché c'è la tendenza a produrre immagini piene di colori saturi: sembrano molto vivaci se visti sullo schermo.

Saturazione selettiva

D'altra parte, le fotocamere di alta qualità tendono a produrre immagini JPEG non molto sature. I produttori elaborano i dati in modo deliberatamente prudenziale perché un'eccessiva saturazione è difficile da sistemare. Quando un colore diventa troppo forte, le varietà di tinta assumono gli stessi valori per cui, anche se poi si riducono i livelli di saturazione, le differenze di colorazione non sono più recuperabili.
La chiave per migliorare la saturazione dei colori è usarla in modo selettivo: individuate i colori che sembrano più deboli. Se per esempio volete un cielo più blu, invece di aumentare la saturazione globale, selezionate i blu nei comandi di regolazione del vostro software e aumentatela solo per questa fascia cromatica. Il risultato è delicato ma efficace nello stesso tempo.

Regolare la vividezza

Il controllo Vividezza, disponibile nella maggior parte delle applicazioni di elaborazione delle immagini, usa un tipo particolare di saturazione selettiva. Cambia la saturazione dei toni color carne meno degli altri e, se un colore ha già una saturazione elevata, non lo modifica quanto le zone con una saturazione più bassa. Se in un'immagine con una bassa saturazione ci sono toni color carne, la vividezza dà risultati più piacevoli di un aumento della saturazione complessivo. Il pallore della pelle si addice agli stili freddi e distaccati della ritrattistica e delle foto di moda.

SATURAZIONE SU UNA GAMMA LIMITATA

L'atmosfera di un'immagine cambia molto se si modificano diverse gamme cromatiche. L'originale (sotto) ha già colori forti. Con rosso molto acceso (a fianco) è più impetuosa e con un rosso meno saturo (in basso al centro) è più calma. Un blu meno saturo (in alto a destra) rende i rossi più forti, mentre un blu molto acceso li rende giallastri (in basso a destra).

TONI VIVIDI

L'immagine originale (in alto) sembra pallida e sbiadita, anche se alcuni colori come la maglietta rossa e i jeans blu sono abbastanza brillanti. Aumentando la saturazione del 100 per cento si ravviva tutta l'immagine (al centro), ma le magliette rosse sono troppo brillanti e anche i toni della pelle dei bambini sembrano eccessivamente dorati. Invece, applicando il 100 per cento di vividezza (in basso), si accentuano i colori deboli dei gradini di pietra senza rendere i vestiti troppo brillanti e, ancora più importante, senza stravolgere i toni della pelle.

Enfatizzare la selezione

Se il metodo più efficace per aumentare la saturazione nelle immagini è usarla in modo selettivo, lo stesso principio vale per il suo opposto: il modo migliore per ridurre la saturazione è essere selettivi. In tutte le immagini alcuni colori sono più importanti di altri. Potete scegliere di metterli in risalto aumentandone la saturazione o riducendo quella di tutti gli altri colori. In questo caso ho voluto conservare i toni della pelle della modella e il colore del corsetto, e nello stesso tempo ho diminuito la saturazione dello sfondo in modo che il suo colore non distogliesse l'attenzione dalla modella.

IMMAGINE ORIGINALE

1 Colori caldi

Il bilanciamento del colore è molto caldo a causa delle lampade alogene al tungsteno usate per l'illuminazione. Ciò crea una colorazione non voluta dello sfondo.

VIVIDEZZA -70

2 Minore vividezza

Una forte riduzione della vividezza fa diventare il muro neutro e dà un interessante pallore ai toni della pelle, ma il corsetto ha perso troppo il suo colore dorato.

GIALLO DESATURATO

3 Conservare il rosso

Desaturare del tutto i gialli dà un risultato perfetto: toni della pelle gradevoli, corsetto dorato e pareti grigie che lasciano vedere i rossi della pelle e del corsetto.

Correzioni digitali

RUMORE

PROBLEMA
Le immagini sono granulose e macchiettate, cosparse di agglomerati di colore irregolari. Non ci sono neri intensi. Il problema è più evidente quando si ingrandisce l'immagine e dopo le regolazioni dell'esposizione.

ANALISI
Il rumore nell'immagine è dovuto a un valore ISO eccessivamente alto, impostato in condizioni di luce scarsa, o a un tempo di esposizione molto lungo. Anche una fotocamera surriscaldata può causare alti livelli di rumore, che tendono a peggiorare con correzioni dell'esposizione e delle zone in ombra.

SOLUZIONE
- ▷ Con poca luce, limitate il bisogno di un valore ISO elevato con una sottoesposizione di -1 o -2 EV.
- ▷ Evitate di impostare il valore ISO più elevato della fotocamera e migliorate invece l'illuminazione o usate il flash.
- ▷ Potete ridurre il rumore con un software specifico, ma non cercate di eliminare tutti i segni di rumore per non compromettere i dettagli minuti.

RUMORE E STRISCE COLORATE

PROBLEMA
Le immagini sono in gran parte a posto, ma le zone scure evidenziano un rumore a grana fine, a schemi regolari, in particolare dopo aver corretto l'esposizione. Con valori ISO molto elevati ci sono strisce scure e chiare alternate.

ANALISI
Si tratta del cosiddetto "banding", un artefatto conseguente all'elaborazione di segnali deboli connessi a una luce fioca. In genere i difetti restano nascosti nelle zone con le ombre più scure, sotto il rumore di fondo generale, ma diventano visibili se si schiarisce l'immagine.

SOLUZIONE
- ▷ Evitate di impostare valori ISO molto elevati e state attenti a non sottoesporre.
- ▷ Usate un software specifico in grado di individuare il banding.
- ▷ Se il banding si presenta frequentemente, probabilmente la colpa è della fotocamera: i modelli più nuovi sono meno soggetti a questo tipo di errori.

FRANGE COLORATE

PROBLEMA
I piccoli dettagli nell'immagine hanno contorni colorati verdi, rossi o viola, soprattutto negli angoli. Se gli oggetti sono su uno sfondo bianco, chiaro o in tinta unita, le frange colorate diventano più visibili.

ANALISI
Il "fringing" è causato da una combinazione di aberrazione cromatica dell'obiettivo, artefatti catturati dal sensore ed errori nell'elaborazione dei dati. L'aberrazione cromatica può essere attenuata dal software perché le immagini rosse, verdi e blu sono di dimensioni leggermente diverse.

SOLUZIONE
- ▷ Usate le opzioni di Correzione lente del software di elaborazione delle immagini per ridurre l'aberrazione cromatica. Potrebbe non essere possibile rimuovere tutte le tracce se il fringing è in parte dovuto a errori nell'elaborazione dei dati.
- ▷ Ritagliate le immagini per eliminare gli angoli alle estremità.
- ▷ Se il fringing è un problema serio potrebbe essere necessario usare un obiettivo di migliore qualità ed evitare di usare la massima apertura.

DISTORSIONE

PROBLEMA
Le linee diritte nell'immagine risultano curve. Gli orizzonti sembrano leggermente inclinati verso il basso a entrambi i lati e gli oggetti rettangolari non sono riprodotti fedelmente.

ANALISI
Tutti gli obiettivi hanno una certa distorsione: le linee non vengono riprodotte con precisione a causa di leggere variazioni nell'ingrandimento al centro rispetto alla periferia. La distorsione è in genere minima e non avvertibile, ma se molto forte può essere visivamente fastidiosa.

SOLUZIONE

- ▷ Usate un obiettivo a lunghezza focale fissa o impostate lo zoom a circa la metà della sua gamma focale.
- ▷ Evitate di collocare bordi o linee diritte, come l'orizzonte, vicino al margine dell'inquadratura (come sopra).
- ▷ Usate i filtri di distorsione nel software di elaborazione delle immagini per correggere il problema con una deformazione in senso opposto.

OSCURAMENTO AGLI ANGOLI

PROBLEMA
Gli angoli sono più scuri in alcune immagini, ma non in tutte. L'oscuramento cambia, solo accennato in alcuni casi e marcato in altri. Risulta fastidioso soprattutto con panorami con ampie porzioni di cielo.

ANALISI
Con obiettivi grandangolari l'oscuramento degli angoli è dovuto alla minore quantità di luce che li raggiunge rispetto al centro. Negli zoom, l'obiettivo interferisce con il passaggio del fascio di luce e causa vignettatura, in genere più vistosa con focali lunghe. Anche un paraluce non allineato può dare angoli scuri.

SOLUZIONE

- ▷ Applicate bene il paraluce, con i puntini di riferimento allineati.
- ▷ Usate aperture ridotte per evitare l'oscuramento degli angoli con qualsiasi tipo di obiettivo.
- ▷ Evitate le lunghezze focali estreme di uno zoom per fotografare grandi superfici o un cielo terso.
- ▷ Usate il filtro Correzione lente (presente anche nei convertitori RAW) per ridurre la vignettatura schiarendo gli angoli. Se il programma non lo ha, applicate una leggera sfumatura circolare.

MOIRÉ

PROBLEMA
Nell'immagine compaiono inaspettatamente bande colorate, soprattutto se si fotografano soggetti con motivi regolari, come le tegole di un tetto, inferriate o tessuti con motivi a spina di pesce o di tweed.

ANALISI
La configurazione del motivo regolare fotografato si sovrappone in qualche misura a quella del sensore, in cui i pixel sono disposti in una griglia. A certe dimensioni e frequenze, l'interferenza crea un motivo di bande a colori alternati, conosciuto come effetto moiré.

SOLUZIONE

- ▷ Evitate i soggetti con piccoli motivi ripetuti: provocano più facilmente l'effetto moiré.
- ▷ Riducete la profondità di campo usando un'apertura più ampia per sfocare gli elementi ripetitivi.
- ▷ Il moiré si può ridurre con una sfocatura via software: a volte una sfocatura limitata a un solo canale riduce il moiré senza perdere troppi dettagli.
- ▷ Esistono plug-in specifici per ridurre il moiré senza diminuire la nitidezza.

Nitidezza e sfocatura

Il livello di nitidezza richiesto non solo varia in base agli standard qualitativi individuali, ma dipende anche dall'uso che si intende fare dell'immagine. A mio avviso si comprendono meglio i concetti di nitidezza e sfocatura considerandoli facce della stessa medaglia.

È una buona regola catturare l'immagine più nitidamente possibile, perché passare da una scena nitida a una sfocata è sempre possibile in postproduzione, mentre ci sono molti più limiti per il processo inverso.

LO SAPEVATE?

La sfocatura si verifica quando la rappresentazione di un oggetto ha un contrasto minore o contiene meno dettagli di quelli presenti nella scena originale, il che è inevitabile a causa dei limiti tecnici di sensori e obiettivi, e di qualsiasi movimento alla cattura. Tutte le immagini digitali sono soggette a sfocatura, e tutte migliorano aumentando la nitidezza, anche se occorre scegliere attentamente il momento in cui applicare il procedimento.

Aumentare la nitidezza apparente

Determiniamo quanto un'immagine è nitida da quanti dettagli possiamo vedere e da quanto facilmente li vediamo. Il secondo fattore dipende dal microcontrasto, da piccole differenze di luce e ombra che definiscono le linee e le superfici che compongono i dettagli. L'aumento di nitidezza (sharpening) digitale non può aumentare le informazioni di un'immagine, ma rende più visibili quelle presenti aumentando il microcontrasto tra gli elementi dei dettagli. Il metodo più diffuso per aumentare la nitidezza apparente è la funzione Maschera di contrasto (Unsharp mask, USM). Si basa sull'impostazione di tre valori, Fattore, Raggio e Soglia, che permettono di regolare la forza e l'estensione dell'effetto per adeguarlo alle caratteristiche del soggetto (vedi Maschera di contrasto, nella pagina a fronte). Quando si vede una sfocatura in un'immagine, c'è la tentazione di correggerla subito. Si tratta però di un metodo che elimina dati potenzialmente utili per l'elaborazione; in particolare possono andare perdute le variazioni tonali nelle zone più luminose. In generale la Maschera di contrasto va applicata solo dopo tutte le altre regolazioni. Per la stessa ragione è utile disabilitare lo sharpening nella fotocamera, che può seriamente compromettere l'integrità delle immagini, in particolare se a bassa risoluzione.

Migliorare l'immagine
Lo scatto originale era sfocato per scarsa qualità dell'obiettivo della fotocamera del telefono cellulare, messa a fuoco scadente e un certo movimento della fotocamera (nel riquadro). La Maschera di contrasto ha migliorato l'immagine, aumentando il contrasto e la saturazione e di conseguenza rendendo visibili i dettagli e più nitida l'immagine.

AUMENTO DI NITIDEZZA PER OMISSIONE

Lo sfondo dell'immagine, catturata alla massima apertura, è molto morbido ma ancora troppo dettagliato per concentrare l'attenzione sul cocktail (in alto). Mascherare il bicchiere (o selezionare lo sfondo) e applicare una forte sfocatura migliora l'equilibrio tra nitidezza e sfocatura (in basso). Sono stato attento a non esagerare, per non staccare visivamente il bicchiere e la mano dal resto del corpo.

Applicare la sfocatura

Non accade spesso di dover sfocare un'intera immagine, se non per effetti o usi particolari (per esempio, per creare uno sfondo per le pagine di un sito Internet). È invece spesso utile applicare la sfocatura su un'area selezionata, per dirigere l'attenzione sul soggetto a fuoco o per ridurre la distrazione di sfondi troppo dettagliati, in genere causati da una profondità di campo troppo estesa. Usate plug-in specifici o selezionate l'area che vi interessa e applicate uno dei molti filtri disponibili. Selezionate l'area che volete lasciare invariata con una sfumatura ampia, invertite la selezione e applicate il Controllo sfocatura all'intensità desiderata. Variate l'ampiezza della sfumatura per avere una passaggio più o meno graduale tra aree sfocate e nitide.

Maschera di contrasto

Le impostazioni della Maschera di contrasto possono disorientare perché le variabili interagiscono tra loro e si ottengono effetti simili per vie diverse. Se l'immagine contiene soprattutto dettagli minuti, impostate Fattore elevato, Raggio piccolo e Soglia bassa (per esempio: Fattore: 200; Raggio: 1-2; Soglia 0-5). Migliorano tutte le linee di demarcazione a breve distanza, ma aumenta il rumore. Se ci sono ampie zone uniformi, impostate Fattore medio, Raggio ampio e Soglia alta (per esempio, Fattore: 90; Raggio: 40; Soglia: 20). La soglia alta esclude il rumore e il Raggio ampio compensa il Fattore moderato.

IMMAGINE ORIGINALE

1 Messa a fuoco vaga

Uno scatto da una distanza inferiore a quella da cui l'obiettivo mette a fuoco dà un risultato morbido, ma con la maggior parte dei dettagli essenziali.

MASCHERA DI CONTRASTO 250-2-0

2 Priorità ai dettagli

Un Fattore elevato e un Raggio piccolo fanno emergere il disegno della rosa nella tazza, ma le zollette di zucchero e il tavolo sono forse fin troppo definiti.

MASCHERA DI CONTRASTO 90-40-20

3 Conservare i toni

Fattore basso e Raggio ampio offrono un buon compromesso, con tavolo e zollette di aspetto più naturale e contorni della rosa abbastanza definiti.

Nitidezza localizzata

Aumentare la nitidezza delle immagini è un'operazione delicata. Non va bene aumentare troppo lo sharpening e nemmeno applicarlo nello stesso modo in tutta l'immagine. Tecnicamente tiene conto delle differenze di densità, ma non di frequenza (cioè la quantità di dettaglio dell'area in questione).

La Maschera di contrasto serve per aumentare la nitidezza apparente, ma le sue impostazioni possono privilegiare dettagli minuti o ampie zone, non le due cose insieme. La maggior parte delle immagini ha invece sia dettagli minuti sia aree di tono uniforme, così uno sharpening indiscriminato aumenta la nitidezza anche dove non vorremmo, come le imperfezioni di un viso o zone deliberatamente sfocate. Può inoltre evidenziare il rumore. La soluzione è adottare un metodo sensibile alla frequenza dei dettagli, che si adatti alla loro quantità e qualità, comunque lo si chiami: contrasto adattivo, intelligente o localizzato sui contorni.

Accentua passaggio

Il filtro Accentua passaggio maschera le ampie zone di tono uniforme e rende visibili solo i dettagli minuti. Lo scopo è individuare le zone con dettagli e limitare a queste lo sharpening usando un metodo di fusione appropriato. Duplicate l'immagine di sfondo e impostate la fusione del nuovo livello su Sovrapponi. Applicate il filtro Accentua passaggio: il livello in sé sembrerà grigio e in rilievo, ma l'immagine apparirà immediatamente più nitida. Variate il Raggio del filtro per regolare il grado di contrasto e l'opacità del livello per l'intensità della sua applicazione. Provate diversi metodi di fusione, come Luce soffusa o Luce puntiforme per effetti più morbidi, oppure Luce intensa o Luce lineare per risultati più marcati.

Contrasto selettivo

Con ampie porzioni di cielo o di acqua, usate selezioni o maschere per limitare l'aumento di nitidezza alle zone con dettagli prescelte. È più semplice selezionare le grandi zone di tono uniforme e poi invertire la selezione per applicare lo sharpening al resto. Il contrasto selettivo funziona bene con gli occhi. Con la modalità Maschera veloce, usate un pennello morbido intorno agli occhi; uscite da Maschera veloce e invertite la selezione in modo che comprenda gli occhi; applicate con cautela la Maschera di contrasto su occhi e ciglia, lasciando inalterata la pelle del viso.

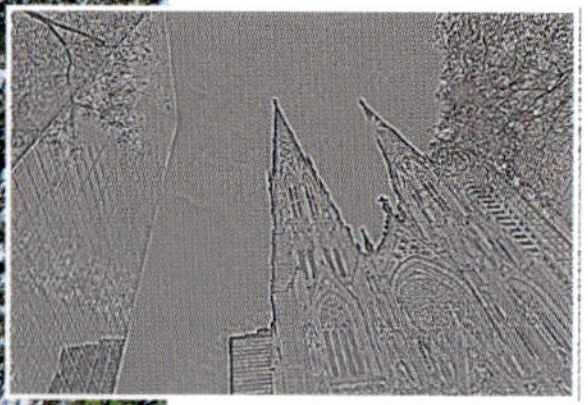

Corsa a ostacoli
Questa immagine è una bella sfida per il contrasto selettivo: le foglie non devono diventare troppo nitide e il cielo deve rimanere com'è. Con il filtro Accentua passaggio, che può essere applicato con il pennello per assicurarsi di limitare lo sharpening agli edifici e agli alberi (nel riquadro), ho ottenuto un risultato equilibrato con il cielo morbido.

Toccata e fuga

Trova bordi è un altro filtro utile per applicare un contrasto selettivo. Potete usarlo per una maschera in modo che l'aumento di nitidezza sia limitato ai tratti principali o fonderlo con l'immagine originale per evidenziarne i contorni. Un punto da sottolineare è che con questo filtro si aggiunge un passaggio intermedio, modificabile a piacere: per esempio potete usare il pennello o la gomma sul risultato del filtro per rendere o non rendere più nitidi determinati contorni. Come sempre, duplicate prima il livello sfondo e poi applicate il filtro Trova bordi. Potete quindi creare una maschera dal livello del filtro o, come in questo caso, applicare un metodo di fusione adatto.

IMMAGINE ORIGINALE

MASCHERA DI CONTRASTO

TROVA BORDI

1 Composizione astratta
Uno scatto artistico di un tavolo apparecchiato in uno sfarzoso ristorante avrebbe dovuto essere più nitido, dato che la modalità autofocus aveva messo a fuoco sullo stelo invece che sulle orchidee.

2 Aumentare le nitidezza
Le impostazioni della Maschera di contrasto sull'immagine hanno messo in risalto fiori e steli. Invece il riflesso del cielo sul piano del tavolo, la forma blu, sembra troppo nitida. In scala ridotta come qui il risultato è accettabile, ma in scala più grande le differenze sarebbero sgradevoli.

3 Contorni e rumore
Ho duplicato lo sfondo su un nuovo livello e applicato il filtro Trova bordi. In genere questo filtro produce un disegno stilizzato di per sé piacevole. In questo caso c'era un effetto collaterale indesiderato, perché i livelli di rumore sono aumentati in misura significativa.

STRUMENTO GOMMA

CONTRASTA BORDI

COLORE PIÙ SCURO

4 Ripulitura
Ho usato il pennello sopra il rumore e ai margini del riflesso, in modo che questi elementi non fossero troppo nitidi, con un pennello dello strumento gomma caricato con il bianco al 60 per cento.

5 Ulteriore contrasto
Ho poi aumentato decisamente la nitidezza del livello Trova bordi con lo strumento Contrasta bordi. Questo ha fatto emergere del rumore, perciò ho applicato sopra questi dettagli il pennello con il bianco al 100 per cento.

6 Ritocchi finali
Per finire, ho applicato al livello Trova bordi il metodo di fusione Colore più scuro, facendo così diventare l'immagine più nitida. Ulteriori regolazioni di luminosità, opacità o riempimento di questo livello permettono di apportare gli ultimi aggiustamenti.

CAPITOLO SEI

ELABORARE LE IMMAGINI

Tecniche di clonazione

Ideale per sistemare o rifinire le immagini, la clonazione è uno degli strumenti più utili del kit di elaborazione delle immagini. Lo strumento Timbro clone sostituisce parti di un'immagine (destinazione) con nuovo materiale (sorgente). La sorgente può trovarsi altrove nella stessa immagine o anche in una del tutto diversa.

A grandi linee ci sono due modi per usare la clonazione. Il primo è la sostituzione di pixel, cioè l'inserimento di elementi al posto di altri (per esempio, gli occhi di un gatto al posto degli occhi di una persona). Per fare ciò prendete i pixel da un'altra immagine o da una parte diversa della stessa e li usate per sovrascrivere i pixel da modificare. Se lavorate con opacità e flusso al 100 per cento sostituirete totalmente i pixel della destinazione con quelli della sorgente. Riducendo opacità e flusso e aumentando la sfumatura, potete sfumare e attenuare la clonazione, il che è particolarmente utile per fondere parti nuove e vecchie.

Spostare i pixel

Il secondo modo consiste nel dislocare i pixel, cioè cambiare la loro posizione. Per esempio, potreste voler spostare un fiore da un punto a un altro. Il clone sarà costituito dalla parte dell'immagine che volete riposizionare e parte del suo sfondo. Provate la clonazione con diversi metodi di fusione, per esempio Schiarisci, per cui saranno clonate le parti dell'area sorgente più chiare dell'area di destinazione.

Tecniche di applicazione

Lo strumento Timbro clone si applica con un pennello e potete regolare l'aspetto dell'area clonata cambiando l'opacità e, con alcuni software, decidere se i pixel sorgente devono essere applicati con la modalità normale o con qualche fusione interattiva come Scurisci o Schiarisci. In alcuni programmi lo strumento ha nomi diversi, ma funzioni analoghe. Ecco alcuni suggerimenti per avere buoni risultati.

- Usate la modalità Allineato per correggere difetti definiti.
- Scegliete Non allineato per sistemare dettagli irregolari.
- Regolate tono e contrasto dell'immagine sorgente prima di iniziare la clonazione.
- Usate bordi morbidi (impostazione sfuma elevata) nelle zone con morbide gradazioni tonali o cromatiche.
- Usate bordi netti (impostazione sfuma bassa) vicino a dettagli o linee di demarcazione ben definiti.
- Evitate sbavature usando un clone con un'opacità del 100 per cento con meno tocchi possibile.

Fioritura straordinaria
Per far "proliferare" i papaveri in modo verosimile serve una clonazione selettiva: i cloni destinazione (nuovi) devono essere un po' più chiari o più scuri della sorgente, secondo dove li volete posizionare, e avere una forma un po' diversa degli originali. Copiate i cloni destinazione su livelli separati per regolarne esposizione, forma e orientamento.

Restaurare una vecchia stampa

Le tecnologie digitali sono oggi in grado di recuperare immagini dei primordi della fotografia. Le tecniche di clonazione sono ideali per riparare danni e imperfezioni causati da muffe, deterioramento della carta e macchie di agenti chimici. Il primo passo consiste nel fare una copia digitale di buona qualità della stampa da riparare: usate uno scanner o scattate una fotografia (illuminate la stampa in modo che non ci siano ombre e usate la qualità più elevata). Le parti integre costituiscono la sorgente dei pixel per riparare le parti danneggiate. Le ampie zone da riparare si sistemano più facilmente selezionando, copiando e incollando un'intera area di pixel.

STAMPA ORIGINALE

STRUMENTO CLONE

TAGLIA E INCOLLA

1 Copia digitale

Questa stampa di un matrimonio di un antenato era stata trovata in una scatola, scivolata fuori dal suo album. Era strappata e spiegazzata, con il rivestimento dell'emulsione rovinato. Ho fatto una copia con uno scanner piano, che mi ha dato un ottimo facsimile su cui lavorare.

2 Rimozione dei graffi

Ho selezionato lo strumento Timbro clone, in modalità non allineato, con un raggio piccolo e una sfumatura media. Sono partito da un angolo, ho campionato una zona che si adattava alle zone intorno a ogni graffio e clonato sopra i segni bianchi distribuiti su tutta la superficie.

3 Margini strappati

Ho rattoppato le parti strappate selezionando, copiando e incollando parti dell'immagine esistente sulle zone mancanti, scegliendo le più adatte per toni e contenuto. Ho fuso i margini dei pixel sorgente con quelli destinazione tramite opportune maschere di livello.

STRUMENTO PENNELLO

STRUMENTO SELEZIONE

IMMAGINE FINALE

4 Toppe e fusione

Ho prestato molta attenzione a fondere perfettamente le nuove toppe con lo sfondo esistente, applicando la maschera con un pennello morbido. L'operazione è stata resa più facile dalla modesta qualità generale dell'immagine.

5 Bordi e sfondi

I bordi netti non sono adatti a quest'epoca della fotografia, perciò ho selezionato il contenuto dell'immagine e l'ho tolto dal bordo originale. Ho creato un nuovo sfondo, di tono chiaro, e vi ho incollato sopra l'immagine, per creare l'effetto di un bordino di carta opaca.

6 Maschera di contrasto

Dopo un'ultima pulizia di piccoli difetti, ho portato l'immagine su un unico livello e applicato un leggero aumento di nitidezza per migliorare la resa dei dettagli. Ho quindi effettuato un controllo finale per verificare di non aver lasciato segni del mio lavoro di restauro.

Metodi di selezione

Quando volete applicare un effetto in modo selettivo, ovvero su specifiche parti dell'immagine, potete scegliere tra due metodi principali. Quello più immediato è usare uno strumento che applica, o "dipinge", l'effetto con la dimensione del pennello che avete selezionato, il che non è pratico per coprire ampie zone. Il secondo è applicare l'effetto di editing a un intero gruppo di pixel selezionati.

Se volete, per esempio, aumentare il contrasto solo nelle zone in ombra, selezionate la parte che vi interessa prima di applicare la modifica. La selezione può essere definita manualmente con il Lazo o altri strumenti che selezionano le parti volute in base non solo alla posizione, ma anche all'aspetto e altre caratteristiche (pp. 242-243).

Abilità con il Lazo

Lo strumento Lazo è il comando di selezione più intuitivo: basta tracciare i margini dell'area da selezionare. Serve soprattutto per selezioni che richiedono decisioni soggettive sulla forma e l'estensione della zona da trattare. Lavorate con un forte ingrandimento per essere sicuri dei risultati. Quando fate una selezione, l'area di lavoro è in genere racchiusa da un perimetro di lineette bianche e nere apparentemente in movimento, dette *marching ants*, ("formiche in marcia"). Una volta tracciata la selezione, potete modificarla e rifinirla con il grado di precisione necessario. Se dovete allargare l'area di lavoro, scegliete uno strumento di selezione e tenete premuto il tasto Shift mentre la applicate: la nuova selezione si aggiungerà alla vecchia. Se al contrario avete selezionato un'area troppo grande, potete ridurla. Per questo tenete premuto il tasto Option (o Alt) mentre tracciate l'area da eliminare con lo strumento di selezione. Sono metodi adottati comunemente da diverse applicazioni. Con alcuni programmi si può anche espandere o stringere la selezione aggiungendo o togliendo un certo numero di pixel tutto intorno ai margini, o anche cambiarne la forma.

Sfumatura

Potete anche definire quanto deve essere netto il passaggio dall'area di lavoro al resto dell'immagine. Questo serve per assicurarsi che i margini degli elementi selezionati abbiano un aspetto realistico. Quando regolate la sfumatura di una selezione, intervenite sull'area di transizione, determinando quanti pixel si trovano tra selezione piena e selezione nulla, cioè quanti pixel si trovano tra l'effetto completo e l'effetto nullo. Nella maggior parte delle applicazioni la linea tratteggiata segna il centro della sfumatura: immaginate una fascia di larghezza pari al grado di sfumatura scelto che si allarga in pari misura ai lati della linea tratteggiata.

LAVORARE CON GLI SFONDI

Sfondo originale
Per separare il soggetto dallo sfondo in una scena ordinaria di solito serve il Lazo. Può essere difficile individuare il contorno della selezione dove soggetto e sfondo sono simili per colore e tono, come la parte in basso a sinistra di questa immagine.

Sfondo neutro
Uno sfondo in tinta unita o luminoso può sembrare la scelta migliore per scontornare un soggetto. Può andare bene con i colori scuri, ma i colori chiari, come la maglietta bianca in questa immagine, tendono a fondersi con lo sfondo.

Schermo verde
Il modo migliore per isolare un soggetto dallo sfondo è usare uno sfondo verde. Nei ritratti, il verde è complementare ai toni della pelle, e per questo è facile da escludere, ma fate attenzione che la luce verde non si rifletta dallo sfondo sul soggetto.

Memoria selettiva

La selezione in sostanza determina linee di demarcazione tra gli elementi di un'immagine. Una fotografia in genere contiene un misto di parti con contorni definiti e di regioni dai confini indistinti. In pratica, pur senza cambiare continuamente strumento di selezione nel passare da un tipo di contorno a un altro, vi accorgerete che usare lo strumento più adatto velocizza il lavoro. Selezionare i pixel automaticamente, per esempio con lo strumento Bacchetta magica, va bene con ampie zone dello stesso colore, mentre il Lazo è preferibile per selezioni a mano libera. Il Lazo magnetico è utile per una selezione precisa, mentre il Lazo poligono è perfetto per forme regolari.

IMMAGINE ORIGINALE

STRUMENTO BACCHETTA MAGICA

STRUMENTO LAZO

1 Istantanea

Nella fotografia di una turista in visita, la torre dell'orologio è finita proprio dietro la sua testa. Separando la ragazza dallo sfondo, posso ingrandirla in modo da farla sembrare più vicina alla fotocamera e nascondere così la torre.

2 Rimuovere il cielo

Il cielo nuvoloso ha toni simili e occupa un'area estesa. L'ho selezionato facilmente con la Bacchetta magica: ho impostato una Tolleranza relativamente bassa per procedere a piccoli passi, tenuto premuto il tasto Shift e cliccato su parti diverse del cielo fino a selezionarlo tutto.

3 Contorno a mano libera

Ho disegnato questa selezione della testa con lo strumento Lazo, come si fa con un pennello. Per un buon risultato serve una mano ferma e possibilmente una tavoletta grafica (p. 332), più pratica del mouse. Gli errori si correggono facilmente con i tasti Shift e Option (Alt).

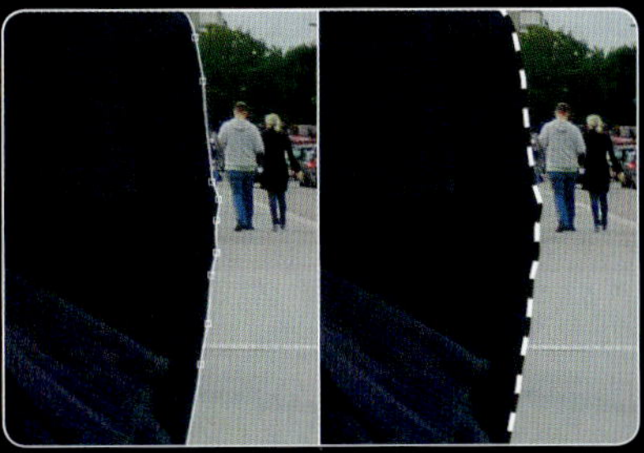

STRUMENTO LAZO MAGNETICO

STRUMENTO PENNA

SCONTORNO FINALE

4 Contorno regolare

Il Lazo magnetico è un'evoluzione dello strumento Lazo: analizza i pixel adiacenti e mantiene la linea di selezione al confine, anche se la vostra mano ha qualche tremolio. L'ho usato dove i dettagli erano nitidi e netti, come la sagoma della ragazza.

5 Linee uniformi

Dove i contorni sono diritti potete usare lo strumento Lazo poligonale, che traccia segmenti di retta tra i punti in cui si clicca. Per maggiore precisione e per le linee curve, come sopra, ho usato lo strumento Penna; il tracciato risultante va poi convertito in un bordo di selezione.

6 Pronta per l'uso

Con una selezione complessa, è facile cliccare per sbaglio sull'immagine deselezionando il tutto: annullate subito – Command (Control) + Z – e la selezione dovrebbe riapparire. Alla fine ho copiato la parte scontornata in un nuovo livello, pronta per le successive modifiche.

Maschere di protezione

Il rapporto tra maschere e selezioni è un punto cruciale nell'elaborazione delle immagini: ci sono solitamente almeno due modi per fare qualsiasi cosa. Anche se diverse dalle selezioni, le maschere hanno essenzialmente i medesimi effetti: determinano cioè dove applicare le regolazioni su un'immagine.

Una maschera protegge l'area scelta da un certo effetto, come un ombrellone che protegge una persona dal sole. In questo senso è l'opposto della selezione, che limita un effetto all'area che racchiude. Inoltre una maschera può essere vista come un'area di colore uniforme (rosso, nero o bianco in base alle impostazioni) mentre una selezione appare come una linea sul perimetro dell'area.

Selezione complicata

Con applicazioni come Adobe Photoshop, potete disegnare o dipingere le maschere nella modalità Maschera veloce, usando normali pennelli. La maschera è spesso visualizzata in rosso (come la "rubylith", la classica pellicola per mascherare i negativi in camera oscura). La parte di immagine non coperta dalla maschera è quella modificabile (pp. 238-239), dove agisce l'elaborazione, mentre quella sotto la "vernice" rossa è protetta, o mascherata. La Maschera veloce è adatta a selezionare forme con passaggi morbidi o complessi, come volti o paesaggi. Quando uscite dalla modalità Maschera veloce, la maschera diventa una selezione, che può essere trasformata di nuovo in maschera.

LO SAPEVATE?

Le selezioni si differenziano dalle maschere in molti modi: una selezione interviene su tutta l'immagine ed è in genere efficace su tutti i livelli attivi, compresi tutti i canali. Le maschere invece limitano la propria azione al livello su cui sono create anche se, per le interazioni tra livelli, possono estendersi ulteriormente. Sono sono una buona scelta in situazioni in cui sia più facile usare gli strumenti pennello o gomma per cambiarne la forma.

Uso delle maschere

Anche se le maschere possono essere usate come le selezioni, il loro campo di applicazione tipico è regolare la visibilità di immagini sovrapposte e disposte su più livelli. Oltre che nascondere o rivelare parti di un'immagine, le maschere in scala di grigio possono anche mostrare, con gradazioni dal nero al bianco, le corrispondenti variazioni di intensità di una qualsiasi regolazione: il nero indica le zone escluse dalla modifica, il bianco quelle incluse e i grigi quelle parzialmente modificate.

MASCHERE PIÙ MORBIDE

Enfasi botanica
Le foglie rosse e il giovane ananas spiccano già tra le foglie verdi, ma è possibile creare un contrasto ancora più forte, per esempio mascherando le foglie rosse e l'ananas per desaturare le foglie verdi.

Maschera dipinta
I metodi di selezione basati sul colore avrebbero fatto perdere le parti gialle dell'ananas. Dipingere usando la Maschera veloce permettere di scegliere le aree da proteggere.

Contrasto cromatico
Se applicate Togli saturazione con la maschera in posizione, le porzioni non protette dalla maschera diventano grigie mentre le parti mascherate conservano tutto il colore originario.

Creare una maschera di profondità

Le maschere consentono di contrastare la tendenza delle fotocamere con piccoli sensori, in particolare dei modelli compatti, a catturare immagini con una profondità di campo troppo estesa. Avere tutto a fuoco può rendere la composizione complicata: lo spettatore non sa dove dirigere la propria attenzione. Con una sfocatura potete dirigere lo sguardo sugli elementi importanti. Per migliori risultati scegliete una maschera adatta al tipo di soggetto. La tecnica di base è mascherare completamente le parti che devono rimanere nitide e ridurre gradualmente l'opacità della maschera sulle aree da sfocare. Potete controllare la progressione dell'effetto variando il grado di sfocatura.

IMMAGINE ORIGINALE

1 Vetrina nitida

La foto proviene da una compatta con una focale corta e, anche con un'apertura relativamente ampia, la profondità di campo è troppo estesa, con tutte le matriosche nitidamente a fuoco, dalla prima fila all'ultima.

MASCHERA SFUMATA

2 Caduta di nitidezza

Per ottenere velocemente minore profondità di campo, ho aggiunto una maschera sfumata, con una transizione da nero a bianco piuttosto brusca. Dopo aver applicato il Controllo sfocatura ho ottenuto una passaggio graduale di nitidezza dal primo piano allo sfondo.

SELEZIONE DI ELEMENTI

3 Sfocatura differenziata

Una maschera sfumata funziona bene con immagini come paesaggi, in cui i dettagli hanno dimensioni simili. Dove ci sono dettagli di vari generi e dimensioni, causa sfocature nei punti sbagliati. Per distribuire la sfocatura a intervalli precisi ho iniziato a selezionare una fila di bambole.

MASCHERA DI PROFONDITÀ

4 Preparazione

Ho copiato l'immagine e creato una maschera. Ho quindi isolato i vari elementi con selezioni e dipinto maschere con sfumature di grigio sempre più chiare. Gli elementi più protetti saranno più nitidi, mentre quelli con le maschere più deboli saranno più sfocati.

SPOSTAMENTO DELLA MESSA A FUOCO

5 Esperimento

Ho pensato che potesse essere interessante spostare la messa a fuoco sulla seconda fila di bambole. Per farlo è bastato cambiare la densità delle diverse parti della maschera: ho usato per la fila davanti un grigio medio e per la seconda il nero, lasciando le altre così com'erano.

IMMAGINE FINALE

6 Sfocature in equilibrio

Provando diversi tipi di sfocatura con la maschera, ho ottenuto un risultato molto soddisfacente: sembra un'immagine scattata con un grande sensore e una ridotta profondità di campo. Regolando la densità delle maschere, ho definito con precisione il grado di sfocatura di ogni fila.

Selezionare i pixel

COLORI SPECIFICI

PROBLEMA

Dovete selezionare un colore o una gamma di colori, per esempio per individuare i colori fuori gamma e modificarli, oppure per lasciare invariata una gamma cromatica e modificare le altre così da renderle monocromatiche.

ANALISI

La selezione dovrebbe basarsi solo sul valore cromatico e non sulla posizione dei pixel, e dovreste poter aggiungere alla selezione ulteriori colori campionati. Una volta completata la selezione (qui visualizzata come Alone bianco), potete salvarla.

SOLUZIONE

▷ Usate il comando Intervallo colori di Adobe Photoshop o un suo equivalente. Spuntate Cluster di colori localizzati per ampliare la selezione (Shift+clic) e modificate la Tolleranza per includere un maggior numero di pixel. L'Intervallo determina l'estensione della parte di immagine esaminata per produrre la selezione.

▷ Se i colori che volete selezionare costituiscono la maggior parte dell'immagine, è più semplice selezionare i colori da escludere e poi invertire la selezione.

ZONE IRREGOLARI

PROBLEMA

Le zone che volete selezionare non sono definite con precisione, con forme irregolari e colori, densità e livelli di nitidezza variabili.

ANALISI

I metodi di selezione automatica rilevano valori simili, perciò se c'è poca uniformità bisogna intervenire direttamente.
Per alcune selezioni potrebbe essere necessario modificare la durezza del contorno in base alle differenze date dalla profondità di campo. Anche queste si eseguono meglio a occhio.

SOLUZIONE

▷ Attivate la modalità Maschera veloce per dipingere le zone che volete selezionare, cancellando dove necessario per correggere gli errori. Usate un pennello e cambiate durezza, flusso e dimensione secondo le caratteristiche del contenuto.

▷ Lavorate con molta attenzione ai margini. Ricordate che le zone coperte parzialmente saranno anche selezionate parzialmente.

▷ Uscite dalla modalità Maschera veloce e trasformate l'area dipinta in una selezione.

ZONE SIMILI SPARSE

PROBLEMA

Volete selezionare molte zone separate con colori simili, ma senza includerne altre che hanno sempre colori simili; dovete essere in grado di regolare la selezione con precisione.

ANALISI

L'Intervallo colori è uno strumento poco preciso per questa operazione, perché non si possono rimuovere le zone da escludere dalla selezione se sono dello stesso esatto colore di quelle da includere. Potete selezionare direttamente le aree (per esempio con il Lazo), ma occorre molto tempo.

SOLUZIONE

▷ Usate lo strumento Bacchetta magica, che seleziona zone con colori simili a quella campione.

▷ L'opzione Contigui seleziona solo colori simili adiacenti: togliete la spunta per selezionare zone simili sparse in tutta l'immagine.

▷ Shift+clic per aggiungere colori alla selezione. Impostate una Tolleranza bassa per restringere la selezione.

▷ Usate lo strumento Lazo e tenete premuto il tasto Opzione (Alt) per rimuovere parti della selezione.

SELEZIONI COMPLESSE

PROBLEMA
Il confine tra due zone dell'immagine è pieno di dettagli complessi, come i rami di un albero. La nitidezza dei dettagli può variare e possono esserci zone con trasparenze (per esempio se fotografate oggetti oltre un vetro).

ANALISI
Potete creare la selezione pixel dopo pixel, ma questo richiede non solo molto tempo, ma anche una grande abilità per risultati credibili, in particolare con dettagli morbidi e parziali trasparenze. Può essere invece meglio lavorare con livelli, contrasto e maschere.

SOLUZIONE

- ▷ Aumentate il contrasto con un Livello di regolazione per facilitare la ricerca dei bordi del soggetto con i normali strumenti di selezione. Cancellate il livello dopo l'uso.
- ▷ Usate selezioni calcolate da software di terze parti (per esempio Topaz Labs Remask 2). Un software di questo tipo calcola una maschera a partire dalla selezione e definisce l'area da mantenere, quella da eliminare e la transizione tra esse.
- ▷ Più volete modificare l'area selezionata, più la maschera dovrà essere determinata con precisione.

OGGETTI DAI BORDI DIRITTI

PROBLEMA
Nella necessità di selezionare parti di colori e densità diverse su un soggetto geometrico e nettamente definito, dovete tracciare linee diritte per creare aree delimitate con precisione.

ANALISI
Gli strumenti di selezione che individuano i pixel con determinate caratteristiche intrinseche non funzionano, perché dovete fare una selezione basata esclusivamente sulla posizione. Lo strumento da usare non deve considerare sfumature o rumore.

SOLUZIONE

- ▷ Usate il Lazo poligonale (o un suo equivalente) per disegnare linee rette tra punti definiti da clic del mouse.
- ▷ Esaminate l'immagine al 100 per cento per controllare la nitidezza. Regolate lo strumento Sfuma per adattarlo al soggetto. Impostate un valore basso o zero per immagini molto nitide e un valore più elevato per immagini più morbide.
- ▷ Salvate la selezione per poterla modificare o applicare di nuovo.

CONTORNO IRREGOLARE

PROBLEMA
Dovete separare velocemente un volto o una persona dallo sfondo: la velocità e la semplicità di utilizzo dell'elaborazione sono più importanti della precisione.

ANALISI
Una persona presenta una varietà di colori e densità diversi, per cui la selezione deve essere applicata a occhio. Per maggiore velocità vi occorre un metodo che compensi le incertezze della mano: deve riconoscere quando i pixel sono troppo diversi e mantenere la selezione più appropriata.

SOLUZIONE

- ▷ Se disponibile, usate lo strumento Lazo magnetico, che cerca di far combaciare i nuovi pixel da modificare con quelli già selezionati. In alternativa usate lo strumento Lazo standard.
- ▷ Impostate Sfuma su un valore adeguato alla nitidezza dell'immagine, di almeno 5 pixel, per evitare una transizione troppo netta.
- ▷ Iniziate lavorando sull'immagine intera, poi ingrandite per perfezionare i bordi. Usate la Maschera veloce per dipingere o cancellare dove serve.

Rimuovere parti del contenuto

Il passaggio della fotografia al digitale ha cambiato sotto diversi aspetti il modo in cui scattiamo fotografie. Uno dei meno evidenti è il fatto che poter rimuovere elementi indesiderati dall'immagine dà una maggiore libertà nell'inquadratura. Potreste accorgervi di fotografare in modo diverso ora che sapete di poter eliminare cavi del telefono o altri elementi non voluti.

Anche se la facile rimozione di dettagli indesiderati offre maggiore libertà, non è il caso di affidarsi sempre e solo al computer. Compiere un piccolo sforzo per escludere un elemento di troppo dall'inquadratura potrebbe portare a un risultato di maggiore effetto, oppure l'elemento di disturbo potrebbe diventare addirittura trasformarsi in un pregio.

Cambiamenti strategici

Potete rimediare efficacemente a piccoli difetti con gli strumenti Pennello correttivo o Timbro clone (p. 236). Non sono però molto adatti per lavorare su ampie zone, perché il controllo sull'area di applicazione è limitato. C'è inoltre il rischio che molte piccole pennellate causino perdite di dettaglio e alterino l'aspetto delle superfici. Per aree più ampie, applicate gli strumenti di selezione per copiare pixel sorgente il più possibile affini, per dimensioni, tono e colore, ai pixel destinazione da sistemare. Strumenti come Toppa operano in automatico una fusione tra i pixel sorgente ai margini della selezione con i pixel destinazione contigui.

Lavorare in sicurezza

Sono stati inventati numerosi metodi per rimuovere i dati da un'immagine, ma nessuno che possa ripristinare dati cancellati o rimossi. È importante tenere presente che il processo è irreversibile. Lavorate sempre su un duplicato o su una copia proxy, in modo che quando si salva il lavoro non sia modificato il file originale.

Buona pratica

Prima di iniziare regolate esposizione complessiva, tono e colore. Impostate Sfuma su un valore piccolo o nullo se lavorate con dettagli molto nitidi e definiti, o con file a risoluzione molto alta, ma usate un valore più grande con elementi indistinti o file piccoli. Se potete, clonate o copiate su un nuovo livello vuoto e regolate esposizione e colore perché non ci siano fratture. Ingrandite molto per controllare che le giunzioni siano invisibili alle dimensioni di utilizzo finale dell'immagine.

Eliminare il superfluo
Per rimuovere il segnale stradale (nel riquadro) e dare all'originale un aspetto fuori dal tempo, ho selezionato il cielo vicino con il Lazo e l'ho copiato su un nuovo livello, modificandolo per nascondere il cartello e far combaciare le nuvole. Le Curve hanno uniformato cielo sorgente e destinazione e una maschera di livello ha reso la fusione impercettibile.

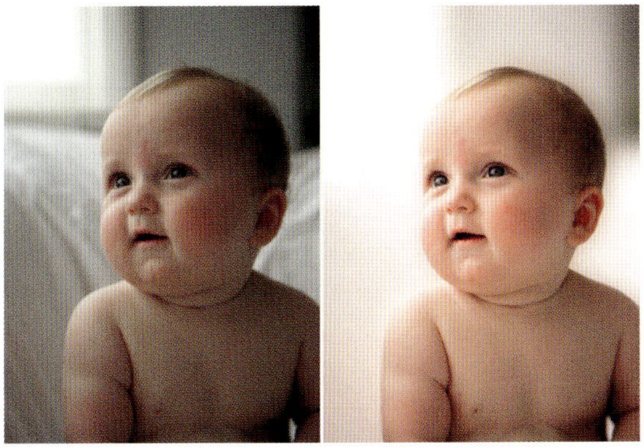

Sfocatura dello sfondo
Potete ammorbidire elementi di distrazione sfocandoli, o rendendoli molto chiari o molto scuri. Ho semplificato lo sfondo con la sfocatura e aumentato l'esposizione.

Correggere le macchie
Per ampie zone indistinte, come l'eruzione cutanea del bambino, applicate lo strumento Pennello correttivo ai margini dell'area per rimpicciolirla e poi il Timbro clone.

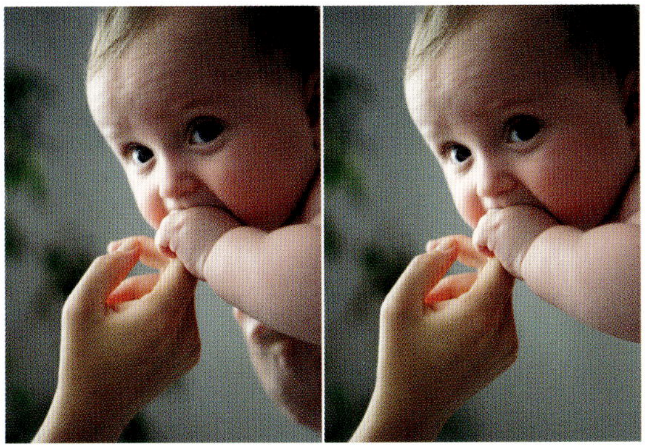

Migliorare la composizione
La mano che sostiene il bambino non ha un senso visivamente. Ho selezionato un'area dello sfondo delle stesse dimensioni della mano e l'ho copiata e incollata su di essa.

Piccoli interventi

In archivio potreste avere molte immagini a suo tempo ritenute inadeguate, forse per dettagli marginali che interferivano con la composizione, o per altri elementi indesiderati nell'inquadratura. Se avete conservato gli scarti, è probabile che alcuni di loro potrebbero essere recuperati con solo qualche piccolo intervento.

▼ COMPITO

▷ Cercate nei vostri archivi immagini il cui potenziale è ridotto da un piccolo difetto che potete riparare con Timbro clone o Pennello correttivo, insieme alle consuete regolazioni.

▼ PUNTI DA RICORDARE

▷ **Duplicate il file** e lavorate sulla copia, senza apportare modifiche sul file originale, come con qualsiasi elaborazione.

▷ **Esercitatevi con le tecniche** apportando aggiustamenti piuttosto grossolani e approssimativi; non pretendete di realizzare da subito correzioni precise e invisibili.

▷ **Imparate le scorciatoie,** e abituatevi a usarle, per cambiare la dimensione e la durezza del pennello; è un buon modo per velocizzare il lavoro e risparmiare fatica.

▷ **Per le correzioni più delicate** è più semplice usare una tavoletta grafica (p. 332) al posto del mouse del computer.

▷ **Cercate di raggiungere una versione "ideale"** dell'immagine, come avreste voluto che fosse al momento della cattura.

DA CERCARE IN INTERNET

- ☐ **Sfumatura**
- ☐ **Opacità**
- ☐ **Thomas Barbey**
- ☐ **Steve Caplin**
- ☐ **Erik Johansson**
- ☐ **Tibor Kalman**
- ☐ **Nick Knight**
- ☐ **Bert Monroy**
- ☐ **Jeff Wall**
- ☐ **David Lorenz Winston**

Ritoccare i volti

OCCHI ROSSI

PROBLEMA
Quando fotografate persone in luce scarsa, il flash causa la comparsa di una macchia rossa luminosa nei loro occhi. Le esposizioni con il flash in condizioni di maggiore luminosità non presentano lo stesso problema.

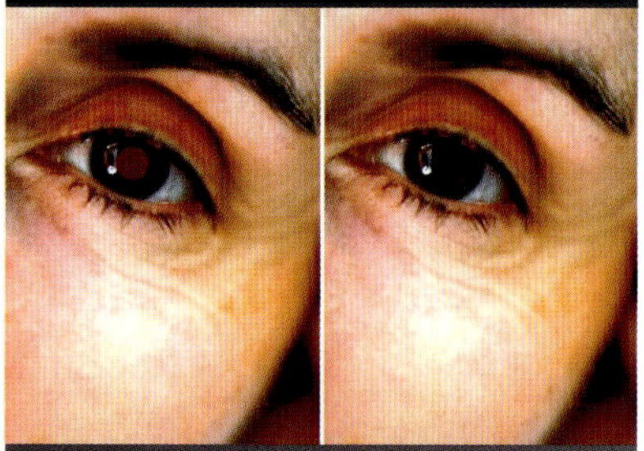

ANALISI
Con luce bassa, l'iride si apre e permette alla luce del flash di entrare nell'occhio. Qui viene riflessa dal fondo della retina, che è di colore rosso sangue. Il fenomeno si manifesta se il flash è vicino e puntato direttamente sugli occhi. Gli occhi di animali, con un'anatomia diversa, possono diventare bianchi, verdi o gialli.

SOLUZIONE

- ▷ Usate lo strumento per la correzione degli occhi rossi presente nella maggior parte delle applicazioni di elaborazione delle immagini.
- ▷ Selezionate manualmente il puntino rosso, desaturate o scurite con Tonalità/Saturazione, o usate lo strumento Togli saturazione. Questo metodo è più efficace per gli occhi di animali perché funziona con qualsiasi colore, mentre lo strumento occhi rossi rileva solo i puntini rossi.
- ▷ Se disponibile, attivate la funzione di correzione automatica degli occhi rossi nella fotocamera.

COLORE DELLA PELLE

PROBLEMA
I toni della pelle sembrano innaturali o malsani, oppure l'incarnato assume una colorazione differente, il che succede spesso sotto una volta di foglie o un tendone, oppure davanti a uno sfondo dai colori forti.

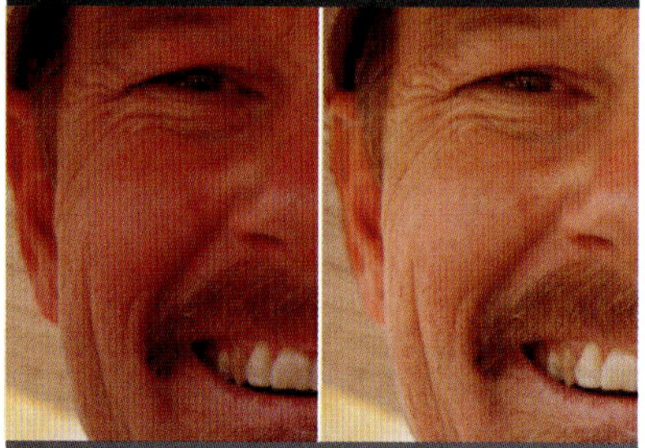

ANALISI
Siamo molto sensibili ai toni della pelle e notiamo ogni minima variazione rispetto alla norma. La pelle chiara in particolare assume con facilità la colorazione di qualsiasi luce la illumini.

SOLUZIONE

- ▷ Ridurre la saturazione complessiva in genere migliora i toni della pelle.
- ▷ Se c'è una zona di colore naturale, impostate su quella i toni medi per riequilibrare il resto (pp. 204-205).
- ▷ Definite un tono di destinazione manualmente: iniziate con valori CMYK di 5, 25, 30, 0 per toni pallidi, 10, 30, 50, 0 per toni medi, e 15, 50, 70, 5 per toni più scuri; cliccate su diversi punti del soggetto per cercare il risultato migliore.
- ▷ Per maggiore precisione, impostare i valori CMYK canale per canale.

PELLE LUCIDA

PROBLEMA
Il soggetto ha una pelle molto lucida, che nella migliore delle ipotesi attira l'attenzione e nella peggiore produce un effetto decisamente sgradevole.

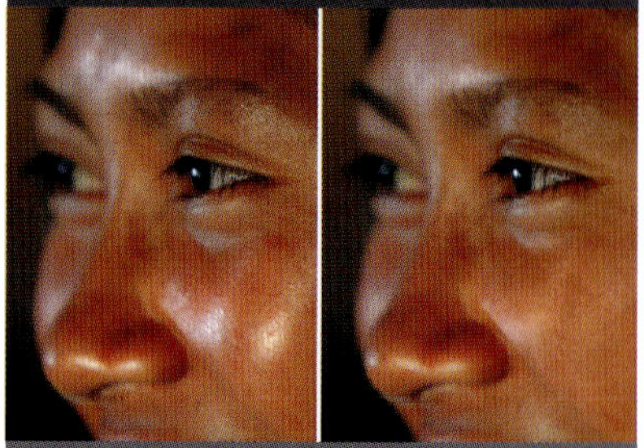

ANALISI
La pelle scura o abbronzata tende a riflettere la luce. L'effetto può essere aggravato dall'esposizione usata per la pelle scura, che rende i punti di massima luce troppo brillanti. Se causato da sudore o pelle oleosa, il riflesso può essere davvero molto forte.

SOLUZIONE

- ▷ Riducete, ma non eliminate del tutto, il riflesso: selezionato uno strumento Timbro clone impostato su circa il 50 per cento per copiare i toni della pelle adiacenti sopra la parte lucida. Usate un pennello morbido o impostate una sfumatura.
- ▷ Non usate uno strumento di bruciatura perché potrebbe creare chiazze grigiastre e aumentare la saturazione delle zone contigue.

RUGHE

PROBLEMA
Il volto del soggetto ha personalità, ma le rughe sembrano esagerate, più profonde e più numerose di quanto lo siano in realtà.

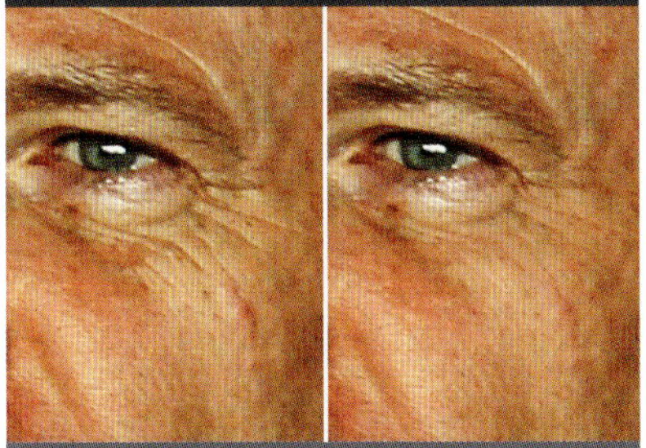

ANALISI
Le fotocamere e gli obiettivi moderni sono tanto evoluti da cogliere ogni dettaglio. Difficilmente visibili sullo schermo della fotocamera, le rughe diventano evidenti con l'ingrandimento. Le rughe possono essere accentuate dall'aumento di nitidezza e di contrasto incorporati alla fotocamera.

SOLUZIONE

- ▷ Usate una luce morbida dalla posizione della fotocamera; evitate luci laterali.
- ▷ Disattivate lo sharpening incorporato.
- ▷ Usate un filtro diffusore e obiettivi non troppo nitidi.
- ▷ Sfocate deliberatamente al momento della ripresa.
- ▷ Usate filtri plug-in per levigare i tratti.
- ▷ Ridurre il rumore serve a sfocare dettagli e ad ammorbidire le rughe: selezionate con un lazo sfumato.

MACCHIE SULLA PELLE

PROBLEMA
Imperfezioni sul volto e sul corpo del soggetto risultano più visibili di quando avete scattato la fotografia. I nei appaiono più evidenti di quanto non siano nella realtà.

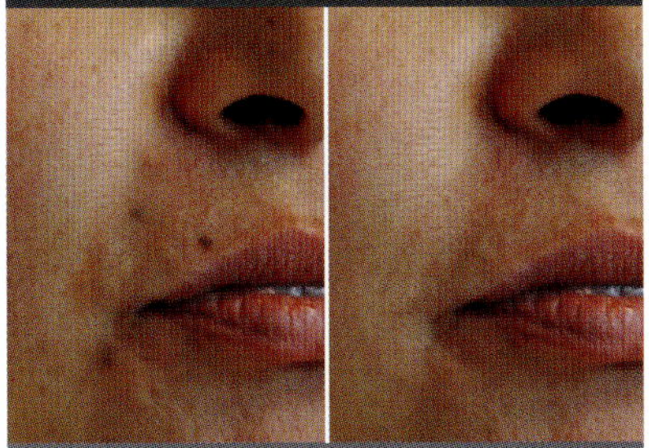

ANALISI
L'elaborazione dei dati concepita per creare le immagini più nitide possibile come effetto collaterale rende più visibili anche elementi sgraditi. Come per le rughe, i nei non sarebbero stati un grosso problema con fotocamere e obiettivi con un basso potere di risoluzione.

SOLUZIONE

- ▷ Disattivate lo sharpening incorporato.
- ▷ Usate uno strumento Timbro clone a circa l'80 per cento con un pennello morbido poco più grande delle macchia per clonare la pelle.
- ▷ Usate un Pennello correttivo con un diametro appena più grande dei nei per rimuoverli direttamente.
- ▷ Convertite l'immagine in bianco e nero: i difetti saranno meno evidenti.
- ▷ Tenete presente che qualche leggera imperfezione contribuisce a dare un aspetto più naturale.

CAPELLI

PROBLEMA
I capelli del soggetto appaiono in disordine e possono nascondere dettagli importanti, come gli occhi o un lato del volto. Potrebbero esserci più zone bianche di quante ne vedevate al momento dell'esposizione.

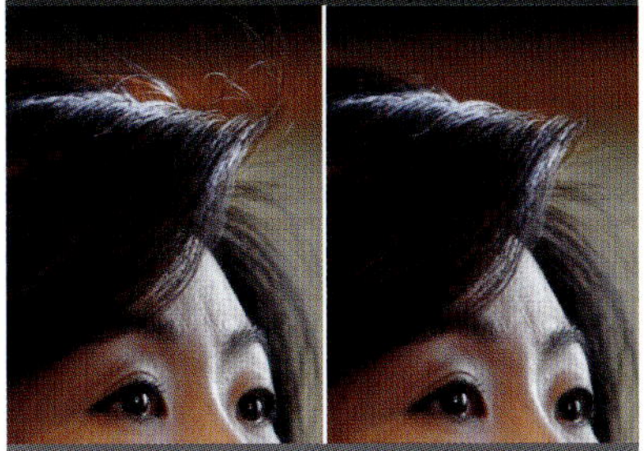

ANALISI
Una ciocca di capelli sembra più grossa se fuori fuoco. I capelli sono anche piuttosto riflettenti, soprattutto se grassi o unti, e catturano facilmente le sorgenti di luce intense, creando linee o zone bianche molto evidenti.

SOLUZIONE

- ▷ Se possibile, sistemate i capelli del soggetto prima di fotografarlo: è molto difficile correggere capelli fuori posto in postproduzione senza introdurre artefatti o rendere il risultato innaturale.
- ▷ Usate un'illuminazione morbida e una piccola apertura per estendere al massimo la profondità di campo.
- ▷ Esaminate l'immagine a livello di singoli pixel e clonate oppure applicate il pennello correttivo lentamente e con attenzione su una ciocca di capelli alla volta.

Immagini su più livelli

La possibilità di lavorare su più livelli sovrapposti è ciò che contraddistingue un'applicazione per l'elaborazione delle immagini davvero efficace. I livelli consentono effetti altrimenti impossibili da ottenere via software.

I livelli (*layers*) permettono tra l'altro un'elaborazione non distruttiva, che non modifica i dati originali. Questo è possibile in due modi. Il primo è applicare le modifiche con i Livelli di regolazione, che possono essere salvati con l'immagine e rielaborati in qualsiasi momento. Oppure potete provare i diversi effetti su livelli separati e archiviare l'intero gruppo: potete rendere un livello visibile o meno e riaprire l'immagine successivamente per continuare a sperimentare livelli diversi a piacere.

LO SAPEVATE?

Se usate software che lavorano su più livelli ma privi di Livelli di regolazione, potete provare un semplice stratagemma che offre un modo immediato per applicare effetti circoscritti. Dovete creare un nuovo livello vuoto sopra lo sfondo e poi colorarlo con un riempimento grigio medio. Regolando la densità del grigio e insieme provando diversi metodi di fusione, avete un controllo indiretto sui toni dell'immagine: il metodo di fusione Scurisci non si limita a scurire ma aumenta anche il contrasto; per converso, il metodo di fusione Schiarisci, oltre che schiarire, diminuisce il contrasto. Potete dipingere un tono più scuro o più chiaro sul livello per localizzare l'effetto. Per attenuarne l'azione globale, diminuite il riempimento del livello.

Livelli di regolazione

Con applicazioni come la famiglia di prodotti Adobe Photoshop e PaintShop Pro, è consigliato l'uso dei Livelli di regolazione per applicare effetti come Livelli (*Levels*), Curve e Tonalità/Saturazione. Il livello contiene istruzioni per apportare la regolazione: se disattivate il livello, la regolazione è immediatamente rimossa. Questi livelli non modificano i dati dell'immagine stessa, ma solo la sua rappresentazione sullo schermo, così si evita la progressiva perdita di qualità causata dall'applicare una serie di regolazioni a un'immagine. Ciò e particolarmente utile con file di dimensioni ridotte o molto compressi che perdono velocemente qualità. Si possono anche sovrapporre più livelli per creare un effetto cumulativo.

Livello di regolazione Mappa sfumatura
Uno scatto poco significativo di un rilievo in pietra (nel riquadro) può essere di maggior impatto se si applica una mappa sfumatura colorata su un livello, senza dover toccare un solo pixel originale. I colori della sfumatura possono essere cambiati facilmente in qualsiasi momento.

Una nuova immagine da due vecchie

È facile sentirsi un po' disorientati dai livelli e dai loro molteplici effetti. Anche due soli livelli portano a un'enorme varietà di risultati e un'operazione in apparenza semplice può diventare complessa in un istante. In questo caso volevo creare un'immagine che riunisse la precisione e lucentezza del moderno edificio con le forme irregolari della natura. Unire l'immagine di una parete di vetro con la silhouette degli uccelli sui cavi richiede qualche prova per ottenere un equilibrio soddisfacente tra il blu dell'edificio e i dettagli definiti degli uccelli. Il trucco è individuare opzioni di fusione basate sui valori dei pixel in sé, in modo da conservare i colori e i particolari.

IMMAGINE SFONDO ORIGINALE

1 Colori urbani

I riflessi del cielo e della cattedrale in un edificio di New York creano un paesaggio urbano astratto. L'immagine è forse fin *troppo* astratta, senza segni di vita e senza elementi casuali.

IMMAGINE PRIMO PIANO ORIGINALE

2 Silhouette in contrasto

Uno raduno di piccioni sui cavi intorno a un palo della luce ha dato origine a una piacevole scena fortuito, ma l'inquadratura è poco precisa. Dovevo isolare gli uccelli e preparare l'immagine per fonderla con lo sfondo.

RITAGLIO, PULIZIA

3 Migliore visibilità

Prima ho riquadrato l'immagine per mantenere gli elementi essenziali e ripulito i dettagli, come le due luci stradali. Con un livello di regolazione ho aumentato il contrasto in modo che il cielo diventasse più sbiadito e le silhouette degli uccelli e del lampione più definiti.

NORMALE, OPACITÀ 50%

4 Prima fusione

Ho provato una prima fusione con metodo Normale e opacità media: ho capito che la sfida principale era mantenere netta la silhouette. Ho sperimentato altri metodi di fusione: con alcuni la silhouette diventava troppo chiara e con altri lo sfondo troppo marcato, coprendo la forma della silhouette.

LUCE INTENSA, OPACITÀ 100%, RIEMPI 88%

5 Silhouette definita

Il metodo di fusione Luce intensa dà un buon risultato, migliorato riducendo di una piccola quantità l'opzione Riempi (l'intensità di una fusione). In questo modo l'effetto conserva un po' del blu dello sfondo senza attenuare la silhouette.

NORMALE OPACITÀ 60%, FONDI SE BLU 120

6 Blu intenso

Volevo che ci fosse più blu, così ho duplicato l'edificio e l'ho posizionato davanti con un metodo di fusione normale e opacità ridotta al 60 per cento. È comunque bastata, così ho impostato nelle opzioni di livello Fondi se blu 120, per avere un colore intenso e una silhouette definita.

Metodi di fusione dei livelli

Imparate a conoscere gli effetti dei metodi di fusione provandoli con vari tipi di immagini. Scegliete due immagini contrastanti, una con forme definite e l'altra più astratta. Selezionatene una, copiatela e incollatela sull'altra, poi provate a variare il metodo di fusione di quella sul livello superiore.

I metodi di fusione combinano un livello con quello sottostante, o base. Ogni volta che cambiate metodo di fusione, provate a modificare colori e toni di uno dei livelli. Spesso un piccolo cambiamento in Livelli o Tonalità/Saturazione trasforma un effetto di fusione poco promettente in una scena visivamente incantevole. Potete anche ottenere effetti diversi cambiando l'opacità del livello superiore. Questi esempi sono solo un campione dei molti metodi disponibili.

▼ IMMAGINI ORIGINALI

IMMAGINE DEL LIVELLO SUPERIORE

IMMAGINE DEL LIVELLO INFERIORE

NORMALE ▷

L'Opacità è il grado con cui il livello inferiore è visibile attraverso il livello superiore. Quando diminuisce, le chiazze più luminose sopra resistono mentre sotto le parti chiare solo le prime ad apparire. Dissolvi trasforma l'immagine in punti trasparenti.

OPACITÀ 80%

SCURIRE ▷

I metodi di fusione che accentuano i pixel scuri creano immagini suggestive dominate dalle ombre. Colore più scuro opera ugualmente su entrambi i livelli (con risultati equilibrati), mentre gli altri metodi intervengono di più su quello superiore.

MOLTIPLICA

SCHIARIRE ▷

Questi metodi simulano un aumento di luce, che produce immagini più chiare senza ombre dense. Anche i colori sono attenuati, con una perdita generale di contrasto, ma possono recuperare intensità con le regolazioni di Livelli o Curve.

SCOLORA

INTENSIFICARE ▷

Questi metodi rendono più luminose le zone luminose e più scure le zone scure, con corrispondenti aumenti nella saturazione e nel contrasto locale. Creano effetti grafici brillanti che possono essere bilanciati giocando con l'opacità del livello.

SOVRAPPONI

CALCOLARE ▷

I metodi più sofisticati usano i dati di entrambi i livelli per invertire toni o colori, o per applicare un parametro (per esempio la tinta) da un livello all'altro, a seconda dei rispettivi valori nei due livelli. I risultati sono piuttosto difficili da prevedere.

DIFFERENZA

OPACITÀ 60%

OPACITÀ 20%

DISSOLVI 50%

BRUCIA LINEARE

COLORE BRUCIA

COLORE PIÙ SCURO

COLORE SCHERMA

SCHIARISCI

COLORE PIÙ CHIARO

LUCE PUNTIFORME

LUCE VIVIDA

MISCELA DURA

ESCLUSIONE

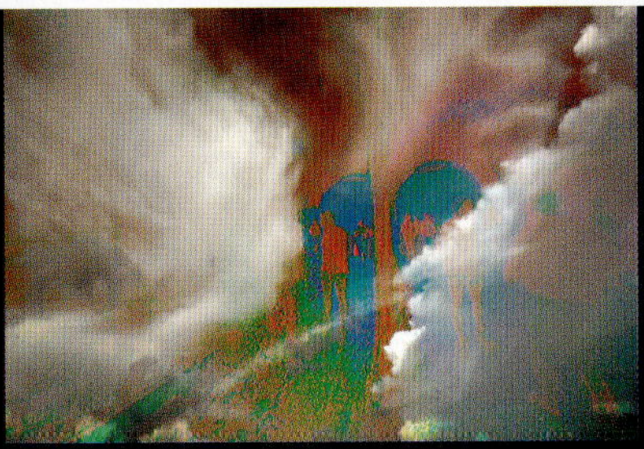
TONALITÀ

LUMINOSITÀ

Scontorno e fotomontaggio

All'epoca della pellicola, unire due immagini in bianco e nero era un'operazione estremamente impegnativa che poteva andare storta in ogni momento (senza neppure pensare di operare sul colore, a meno di non avere un budget industriale). Oggi per creare fotomontaggi di due o più immagini bastano un po' di abilità e pazienza, ma i vecchi principi di scontorno e fusione valgono ancora. Ci sono due passaggi fondamentali. Primo, ritagliare un'immagine per mascherarne un'altra (il che un tempo richiedeva mano ferma e grande abilità). Secondo, fondere le immagini: qui entrano in gioco abilità artistica e fantasia per dare un risultato verosimile. In questo esempio ho valorizzato la magia di un edificio esotico con un cielo scenografico.

IMMAGINE IN PRIMO PIANO

1 Palazzo fiabesco

Un'immagine scattata al crepuscolo coglie il sontuoso stile orientaleggiante del Royal Pavilion di Brighton, Inghilterra, ma l'impatto delle luci che brillano svanisce contro il cielo della serata estiva.

IMMAGINE DI SFONDO

2 Scegliere uno sfondo

Ho cercato nel mio archivio di immagini un cielo adatto rendere la scena emozionante e misteriosa. Volevo una scena con sufficiente dinamismo e una colorazione adatta ad abbinarsi al palazzo in primo piano.

BACCHETTA MAGICA

3 Ritagliare il cielo

Era difficile prevedere quale cielo avrebbe funzionato meglio prima di vederlo nel contesto, perciò ho selezionato il cielo originale per scontornare il palazzo: con il cielo così uniforme e l'edificio così definito è stato semplice selezionare tutti i pixel blu con la Bacchetta magica.

COPIA E INCOLLA

4 Unire le immagini

Ho trasformato il livello di sfondo in un livello normale e la selezione in una maschera. Ho quindi copiato e incollato i vari cieli, opportunamente mascherati, sopra il padiglione e valutato i risultati, per concludere che il cielo scuro era quello più adatto.

BILANCIAMENTO DEL COLORE

5 Correzione del colore

Le nuvole scure bluastre erano troppo in contrasto con i gialli e i rossi caldi delle luci, perciò ho applicato due livelli di correzione del colore, uno con un effetto più marcato dell'altro, con una maschera per un effetto circoscritto. Bilanciamento e composizione sono radicalmente migliorati.

LIVELLI, CURVE

6 Primo piano più scuro

Il contrasto e l'esposizione delle nuvole non si legavano abbastanza all'atmosfera del padiglione, probabilmente a causa del contrasto più morbido delle nuvole. Ho usato Livelli e Curve per ottenere una buona interazione visiva tra i due elementi.

△ **IMMAGINE FINALE**

CURVE

CONTROLLO SFOCATURA

CURVE, AUMENTO DI CONTRASTO

7 Zone luminose nelle nuvole

Una volta a posto il bilanciamento complessivo, restavano da completare alcune rifiniture. Scurire le nuvole le aveva rese incombenti e piuttosto minacciose, così ho usato le Curve per schiarire leggermente i toni medi, in modo che avessero anche punti di luce.

8 Bagliore diffuso

La nitidezza dell'edificio sembrava ora troppo anonima, per cui ho applicato una sfocatura morbida solo sull'edificio. Ho usato una maschera con Controllo sfocatura fino a quando non ho visto il bagliore oltrepassare i contorni dell'edificio, più evidente contro il cielo.

9 Illuminazione finale

Per rendere il bagliore un po' più visibile, l'ho schiarito selezionando solo lo strato sfocato sottostante e ho applicato un livello di regolazione nelle Curve per schiarirlo delicatamente. Ho concluso con un aumento di nitidezza per rendere i dettagli dell'edificio e la creazione di un unico livello.

Convertire in bianco e nero

Anche se può essere eseguita in automatico, la conversione dei colori in bianco e nero è un'operazione di interpretazione creativa. Non c'è un'unica versione definitiva in bianco e nero di un'immagine a colori, ma sono possibili molte variazioni. Non esiste una ragione concreta per cui una certa sfumatura di verde debba essere più scura di un rosso dopo la conversione, o per cui un giallo debba essere più chiaro di un blu. Ci sono innumerevoli possibilità espressive da esplorare.

Il cuore della ripresa digitale del colore è in bianco e nero: ogni canale di colore è un'immagine in scala di grigio, una per il rosso, una per il verde e una per il blu. All'inizio della fotografia digitale, la conversione in bianco e nero imitava il comportamento della pellicola; i moderni strumenti di conversione sono invece immensamente più versatili.

Regolare i colori

Potete elaborare l'immagine a colori originale per prepararla alla conversione: cambiare i valori cromatici inciderà sul risultato finale, perciò usate questo fattore a vostro vantaggio. Se, per esempio, vi piacerebbe dare risalto ai blu e i viola nell'immagine finale, è opportuno accentuarli prima della conversione. Fate pratica con software come Adobe Lightroom o Apple Aperture fino a quando non riuscite a ottenere il risultato desiderato.

Miscelatore canale

Per operare la conversione in bianco e nero, impostate con Miscelatore canale la percentuale con cui ogni canale di colore concorre nel determinare i valori di luminosità nella nuova immagine monocromatica. Se volete che i rossi rimangano luminosi nella conversione, assegnate valori elevati al rosso. Se volete che i blu rimangano scuri assegnate valori bassi al canale blu, e così via. Il rendering risultante in bianco e nero può essere codificato in tre canali RGB (bilanciati per creare toni di grigio) o in un singolo canale in scala di grigio. In entrambi i casi si perderanno tutte le informazioni sulle differenze cromatiche originarie. A seconda di come il software calcola la conversione, la luminosità complessiva dell'immagine può rimanere la stessa o variare in base ai valori applicati. Allo stesso modo, aspettatevi un cambiamento di contrasto, perché colori diversi possono avere la stessa luminosità e convertirsi nella stessa sfumatura di grigio. Alla fine regolate l'esposizione complessiva e la tonalità dell'immagine.

CONVERSIONI DI BASE

Scegliete un'immagine a colori (sotto). Una desaturazione uguale per tutti i colori (a fianco) dà risultati spenti e scuri. Un filtro blu (in alto a destra) dà toni caldi, con toni scuri simili all'emulsione della pellicola; uno verde (in basso al centro) accentua i dettagli e schiarisce le fronde; uno rosso (in basso a destra) è di maggior effetto, con pelle chiara e cielo scuro.

Conversioni in chiave interpretativa

Una conversione standard in scala di grigio assegna ai colori valori di luminosità in base alla loro luminosità percepita. Una macchia blu risulterà più scura di una gialla, anche se entrambe emanano la stessa quantità di luce. La conversione in scala di grigio tiene in considerazione anche la differenza tra valori RGB e valori percepiti. Possiamo dirigere questo procedimento omogeneo su strade più interessanti convertendo i colori in modo arbitrario: per esempio, invece di rendere i verdi più luminosi dei viola, si può invertire il rapporto. I risultati possono essere sorprendentemente soddisfacenti. Grazie al grado di elaborazione consentito da file di grandi dimensioni, le possibilità sono illimitate.

A COLORI

IMMAGINE ORIGINALE

In una giornata burrascosa a Trinidad, le palme si profilano scure su una spiaggia deserta. Con la luce bassa, l'unico colore sembra quello della sabbia ma, paradossalmente, dopo aver convertito l'immagine in bianco e nero, sono apparse gradazioni cromatiche non visibili a occhio.

FILTRO ROSSO

VERDE E BLU SCURITI

Ho impiegato un forte filtro rosso che ha ridotto, o scurito, i blu e i verdi, lasciando la spiaggia relativamente chiara. Il fatto che l'immagine si sia scurita poco in altre zone dimostra che nell'immagine ci sono pochi altri colori.

FILTRO BLU

ROSSO SCURITO

Un filtro blu ha l'effetto di scurire gran parte dell'immagine perché abbassa i valori dei rossi e dei verdi, lasciando invariato solo il tenue blu del cielo. Il risultato ha un aspetto scuro e tetro.

EFFETTO COMBINATO

BLU ANNERITO, VERDE SCHIARITO

Ho provato ad abbinare un forte filtro verde alla soppressione dei blu: questo fa risaltare le foglie delle palme contro il cielo quasi nero. Compaiono anche dettagli nelle colline intono alla baia, ma il primo piano è spento.

REGOLAZIONE DI LUMINOSITÀ

ROSSO ATTENUATO

Un incremento dell'esposizione migliorerebbe il bilanciamento tonale ma, dato che volevo applicarlo solo alla spiaggia, ho usato un altro metodo: attenuare i rossi in modo che il filtro verde facesse passare più luce. In questo modo si è schiarita solo la sabbia.

REGOLAZIONE DEL CANALE

VERDE ACCENTUATO

La spiaggia ora andava meglio, ma le foglie delle palme avevano perso la loro eleganza. Le ho ravvivate accentuando i verdi, il che ha avuto un utile effetto secondario: si sono schiarite alcune zone del cielo, dando un buon equilibrio all'immagine.

Usare la bicromia

I grigi neutri di un'immagine monocromatica sembrano meccanici, impersonali e senza vita. Aggiungere un minimo tocco di colore non solo può rendere l'immagine più affascinante, ma dà anche più profondità e intensità ai toni medi. È un metodo ben noto nell'industria tipografica, dove l'uso di due inchiostri è chiamato stampa in bicromia.

OLIVER WENDELL HOLMES

Quando la mente si allarga per accogliere una nuova idea non ritornerà più alle dimensioni originali.

Ci sono diversi metodi digitali per creare un effetto di bicromia. Con un'immagine monocromatica in modalità RGB (pp. 178-179), usate il Bilanciamento colore per aggiungere colori a ombre, toni medi e luci. Potete anche usare mappe sfumatura colorate (pp. 264-265) per una colorazione complessiva: è un metodo versatile e non distruttivo.

Duplice processo

In alternativa potete lavorare direttamente nella modalità due tonalità con software come Corel Photo-Paint e Adobe Photoshop. Dovete prima convertire l'immagine in scala di grigio (pp. 254-255) e poi attivare le due tonalità. Ci sono due passaggi per configurare una bicromia. Prima caricate i due colori di inchiostro, scegliendo tra qualsiasi colore del software o da altre palette. Il nero non è obbligatorio. Quindi gestite la quantità di inchiostro con la curva di trasferimento: è in pratica una mappa sfumatura che dice al software quanto inchiostro distribuire in base a come varia la luminosità. Le curve di trasferimento sono molto simili al comando Curve (pp. 206-207) e possono assumere qualsiasi forma, con risultati anche stravaganti. Per un approccio più semplice ci sono impostazioni predefinite, molte basate su standard dell'industria tipografica. Salvate le combinazioni di inchiostro e curva più soddisfacenti per poterle riutilizzare. Per risultati ancora più ricchi e complessi, avete la possibilità di lavorare in multicromia con tre o perfino quattro tonalità (pp. 258-259). Potete scegliere qualsiasi combinazione di colori e dosare l'inchiostro per ciascuno di essi in base alla relativa curva.

MIGLIORARE I TONI

L'immagine originale (prima a destra) è comunque già vicina alla bicromia, con il cielo blu e il calcestruzzo marrone. Una conversione in bianco e nero (seconda a destra) non porta un grande miglioramento, perché i grigi neutri tendono ad appiattire la forte energia delle ampie linee. Una calda bicromia applicata con curve di trasferimento relativamente poco profonde (terza a destra) ravviva l'effetto, anche se i toni sono piuttosto piatti. Cambiando il colore degli inchiostri e le relative curve di trasferimento si ottiene un risultato più luminoso e vivace (ultima a destra).

Evoluzioni multitono

La bicromia e le sue varianti sono tra le elaborazioni delle immagini che danno le maggiori soddisfazioni. Potendo gestire due o quattro colori distinti e le corrispondenti curve di trasferimento, le opportunità di modifiche all'immagine sono infinite. Poiché gli inchiostri sono portati a fondersi in un tono generale, c'è un'insita tendenza all'armonia e all'equilibrio. Provate impostazioni diverse finché non ottenete l'effetto voluto; se la destinazione è la stampa, ricordate di fare prove sul tipo di carta scelto, perché gli effetti e le sfumature più delicate possono essere difficili da riprodurre. Controllate anche le differenze di uscita tra la stampa nella modalità due tonalità e RGB.

IMMAGINE ORIGINALE

1 **Spazio sconfinato**
L'immagine originale, scattata in una savana su un altopiano, è una composizione semplice, ma piena di energia, con la strada che si perde in lontananza e le nuvole soffici.

MISCELATORE CANALE

2 **Conversione in bianco e nero**
Ho usato il miscelatore canale per convertire in bianco e nero. Questo ha scurito il primo piano e accentuato il contrasto tra le nuvole e il cielo blu. La conversione originale era leggermente troppo chiara, perciò ho usato i Livelli per aumentare la densità complessiva.

MODALITÀ DUE TONALITÀ

3 **Colore tenue, poco inchiostro**
Un colore sul blu chiaro nella modalità due tonalità, con le curve di trasferimento impostate per applicare meno inchiostro del normale, rende l'immagine più chiara della versione in scala di grigio, con le nuvole meno staccate dal cielo. Il primo piano comunque migliora.

CURVA DI TRASFERIMENTO

4 **Aggiungere colore**
Anche con colori forti e un inchiostro nero, i risultati conservano una fondamentale coerenza. La curva di trasferimento del blu privilegia le zone più luminose, con una forte colorazione complessiva. La curva per il verde dà poco inchiostro alle luci, che sono brillanti.

CURVE INVERTITE

5 **Curve a U**
Con curve a U i toni sono invertiti in parte della gamma tonale, appiattiti verso il centro e normali nelle densità rimanenti. Questo produce frange e a volte altri effetti imprevedibili. L'immagine conserva comunque un aspetto naturale, tranne che per alcuni dettagli nelle nuvole.

TRICROMIA

6 **Curve cariche di inchiostro**
L'impiego di tre inchiostri ha creato effetti interessanti. Ho assegnato un colore alle luci e una tinta contrastante a toni medi e ombre. Queste immagini si prestano a ulteriori modifiche, per esempio attenuando una tonalità e lasciando forti le altre.

Toni evocativi

L'uso di quattro tonalità permette di applicare una varietà illimitata di colori alle gamme tonali di una multicromia, con curve di trasferimento personalizzate. Consente la separazione dei toni, con delicate sfumature a luci, toni medi e ombre che superano ampiamente le possibilità della camera oscura. La terrazza di una villa è un soggetto ideale per quattro tonalità: pittorica ed elegante, è immersa in un gioco di luci e trasparenze.

▷ Sony A900, 24-70 mm *f*/2.8 : 24 mm *f*/16 ISO 100 -1.7 EV 1/100 sec

1 Toni medi freddi

Il cyan che avevo scelto per i toni medi ha reagito con il rosso producendo sfumature viola, così sono passato a una tonalità un po' più verde. La curva di trasferimento predilige i toni medi più chiari per ottenere un aspetto freddo.

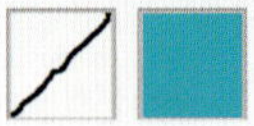

2 Ombre profonde calde

I toni più scuri appena sopra il nero funzionano meglio come toni caldi, perciò ho scelto un rosso intenso. La curva di trasferimento indica l'assenza di rossi nelle luci (a sinistra nella curva), il che contribuisce ad aumentare il contrasto.

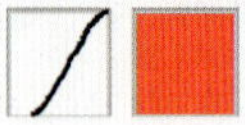

3 Toni alti dorati

Anche se l'oro può migliorare le luci, la curva di trasferimento distribuisce su di esse una piccola quantità di colore. Si impenna invece al centro, per dare una colorazione intensa ai toni medi, e precipita a zero per le ombre.

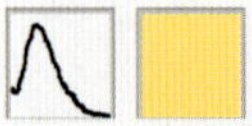

4 Toni bassi neutri

Il nero sostiene la tonalità di un'immagine stabilendo la sua massima densità. Grazie al contrasto creato da cyan e rosso, la curva di trasferimento può discostarsi dalla piena densità per mostrare dettagli nelle ombre.

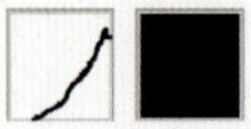

IN DETTAGLIO

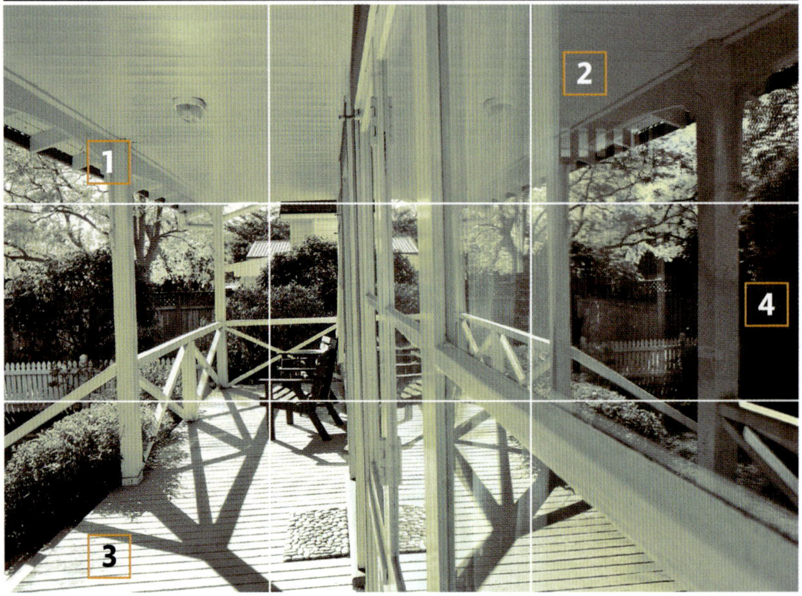

Simulare stampe e pellicole tradizionali

In linea di massima ci sono due metodi per ricreare il vocabolario visivo di effetti basati sull'emulsione della pellicola o sulla stampa. Uno è puntare a riprodurre con precisione i risultati dei procedimenti tradizionali; un altro è prendere spunto dall'aspetto e dallo loro stile in generale per crearne una versione più personale.

Qualsiasi strada scegliate, vi sarà utile vedere prima alcune stampe originali in musei o gallerie d'arte. Scoprirete che le vecchie stampe sono quasi tutte sui grigi morbidi, con appena qualche accenno di colore. Hanno un fascino raffinato e riescono a esprimere molto con poco. Le più sofisticate, come le stampe al platino, sono estremamente difficili da emulare in digitale. La maggior parte dei processi sono comunque ricreabili con buoni risultati (pp. 262-263).

Camera oscura digitale

Molti effetti da camera oscura possono essere simulati con i più comuni software di elaborazione delle immagini. Per migliori risultati usate Livelli o Curve, che permettono di elaborare separatamente i canali per il rosso, il verde e il blu oltre che globalmente. Con l'esperienza vi accorgerete che il metodo Due tonalità (pp. 256-257) è uno dei modi più efficaci per creare effetti raffinati. Potete scegliere fino a quattro inchiostri, ognuno con la propria curva e, con alcune applicazioni, anche un quinto colore in sovrastampa. Abbinando un inchiostro nero a due o più inchiostri di colori adiacenti, per esempio marrone scuro e giallo chiaro, potete creare i toni più delicati. Testerete i limiti della qualità del monitor: le imitazioni di effetti della camera oscura si apprezzano di più sulla carta ed è sempre meglio stampare le varie prove per una corretta valutazione.

Principi di imitazione

Il metodo per ricreare effetti della camera oscura di ogni tipo segue tre passaggi fondamentali. Prima dovete riprodurre la gamma tonale e la qualità della stampa: contrasto elevato per stampe litografiche, morbido con stampe al platino o calotopi. Per questo usate i comandi Curve e Livelli. Abbinate quindi i colori, che possono essere a toni separati, cioè con tonalità diverse associate a differenti intervalli di densità (pp. 256-257). Potete scegliere qualsiasi impostazione del colore che risulti efficace o gestire le tinte con il metodo Due tonalità. Infine applicate grana o texture tipiche del procedimento scelto usando filtri che introducono rumore o software specifici per ricreare la grana della pellicola.

Stampa litografica
Per imitare la disomogeneità e il forte contrasto di una stampa litografica con un'immagine in bianco e nero adatta (nel riquadro), comprimete i toni con Curve o Livelli per renderla scura e densa. Riportate quindi la luminosità a livelli normali per creare zone di tono piatto. Applicate una colorazione marrone e lasciate pure bianche le zone di massima luce.

L'EFFETTO SABATTIER

L'imitazione digitale dell'effetto Sabattier consiste semplicemente nell'applicare curve ad arco o a U. Questa forma della curva implica l'inversione di metà della gamma tonale, mentre la metà rimanente resta invariata, con una zona di transizione di tono piatto. Con le Curve impostate su pigmento/inchiostro, una curva ad arco applicata all'immagine originale (in alto) schiarisce i toni scuri (al centro). Invertire la curva in una forma a U scurisce i toni chiari (in basso). Regolando il punto in cui si inverte l'inclinazione della curva potete cambiare l'esposizione complessiva e mettere in evidenza i dettagli in ombra a vostra discrezione.

Simulare l'infrarosso

Più la vera pellicola diventa un lontano ricordo, più viene apprezzato il particolare aspetto che dava alle immagini. La più ricercata è la pellicola in bianco e nero all'infrarosso, più sensibile alla luce appena sotto i rossi, relativamente poco sensibile agli altri colori e per nulla ai blu. La pellicola all'infrarosso rendeva il fogliame brillante e i cieli molto scuri, con risultati granulosi e un contrasto elevato. Per simulare pienamente l'effetto serve anche un intervento sulla nitidezza, perché i normali obiettivi non mettevano a fuoco l'infrarosso, causando una sfocatura intorno a un nucleo centrale più nitido.

SATURAZIONE

1 Immagine originale

Le immagini con molto cielo blu e fogliame verde sono la base più semplice per la conversione. Illuminate i verdi aumentandone la saturazione.

INFRAROSSO

2 Conversione

Usate un'impostazione predefinita per l'infrarosso e convertite in bianco e nero: i blu diventano molto scuri, i verdi e i rossi diventano luminosi.

SCHIARISCI, SFOCATURA, GRANULOSITÀ

3 Controllo sfocatura

Duplicate il livello, cambiate il metodo di fusione su Schiarisci (o simili), e applicate una decisa sfocatura. Per finire aggiungete granulosità.

Ricreare gli effetti da camera oscura

Anche se bisogna ammettere che i risultati non hanno tutta la finezza e la delicatezza degli agenti chimici sulla carta, nella maggior parte dei casi il processo digitale è efficace per ricreare gli effetti della camera oscura.

Possiamo simulare praticamente tutto quello che un tempo veniva fatto in camera oscura, con un controllo molto più accurato di quanto non fosse possibile allora: possiamo ingrandire per interventi di precisione e procedere con tutta calma. I processi digitali sono inoltre ripetibili e le impostazioni salvate applicabili ad altre immagini. Il digitale ha un altro grande vantaggio: potete provare effetti diversi a piacere. Sperimentate liberamente, una lieve modifica in una curva o nei colori può fare una grossa differenza.

▼ TRUCCHI DEL MESTIERE

- ▷ **Lavorate con la massima dimensione del file** e la massima profondità di bit per evitare la posterizzazione o la frammentazione dell'immagine. Usate una dimensione più contenuta solo nel caso vogliate produrre effetti di granulosità.
- ▷ **Per effetti di bicromia,** le immagini devono essere in bianco e nero; per altri effetti da camera oscura devono essere a colori.
- ▷ **Controllate che il monitor sia calibrato** correttamente e con il giusto profilo (p. 334).
- ▷ **Se usate colori molto forti**, attivate la prova colori a video (pp. 288-289) per verificare che siano riproducibili in stampa.
- ▷ **Con i livelli di regolazione** potete apportare numerose modifiche senza intaccare i dati originali.

BICROMIA ▷

Per creare l'effetto di bicromia, prodotto da due inchiostri, usate Due tonalità, Mappa sfumatura o Bilanciamento colore. Anche con un solo colore aggiunto al nero, la ricchezza di sfumature ottenibili si apprezza meglio lavorando con delicatezza.

MARRONE

MULTICROMIA ▷

Combinare tre o più inchiostri colorati consente un'enorme varietà di effetti: usate la fantasia per scegliere il colore e la curva dell'inchiostro. È importante controllare sulla carta che i colori più forti siano effettivamente riproducibili in stampa.

NERO-MAGENTA-GIALLO

EFFETTI DA PELLICOLA ▷

Un tipico effetto da pellicola è il cross processing, cioè lo sviluppo di una pellicola invertibile (per diapositive) come un normale negativo a colori e viceversa. Altri classici sono la grana della pellicola in bianco e nero o i toni sbiaditi delle vecchie foto.

NEGATIVO COME PELLICOLA INVERTIBILE

EFFETTI DA STAMPA ▷

I tipi di sviluppo che usavano agenti chimici tossici e metodi dall'esito incerto sono oggi rimpiazzati da lindi sistemi digitali. Lo strumento principale è Curve: applicatelo a singoli canali per riprodurre le tonalità e i colori dello sviluppo.

EFFETTO SABATTIER

TECNICHE MANUALI ▷

Per un controllo totale, unite curve e altre regolazioni a colori, maschere e distorsioni applicate a mano. I trattamenti della pellicola danno un ricco repertorio di effetti: vale la pena di studiare stampe originali a scopo didattico e creativo.

COLORAZIONE A MANO

ROSSO

VERDE

VIOLA

NERO-BLU-GIALLO

NERO-BLU-ARANCIO-GIALLO

NERO-BLU-VERDE-ARANCIO INVERTITI

PELLICOLA INVERTIBILE COME NEGATIVO

PELLICOLA AD ALTA SENSIBILITÀ

VECCHIA PELLICOLA A COLORI

SABATTIER CON TONI VERDI

DORATURA

CIANOTIPIA

GOMMA BICROMATA

STRATO DI PELLICOLA PROTETTIVA

EMULSIONE A PENNELLO

Cambiare i colori

I metodi di elaborazione delle immagini possono essere divisi in due grandi categorie, a seconda che intervengano o meno sul colore. Gli effetti non cromatici, o monocromatici, modificano le relazioni spaziali tra pixel, come tagli, deformazioni, distorsioni e variazioni di risoluzione. Gli effetti cromatici, che includono praticamente tutte le altre tecniche, aumentano o diminuiscono l'impatto visivo.

A un estremo ci sono le sottili modifiche di bilanciamento del bianco, vividezza, granulosità, nitidezza e sfocatura. All'altro ci sono i cambiamenti più drastici che hanno tanto entusiasmato la prima generazione di fotografi digitali. Se alcuni portano a risultati vistosi ma raramente utilizzabili, altri sono meno spettacolari ma comunque visivamente efficaci.

Pennellate sapienti

Le modifiche più apprezzate sono quelle con un'azione circoscritta. Potete desaturare i colori applicando lo strumento Spugna con un pennello grande e a punta morbida: il risultato ricorderà una vecchia cartolina. In applicazioni che dispongono di un Pennello storia o un altro modo per tornare selettivamente a una versione precedente, potete desaturare l'intero quadro e passare il pennello sulle zone da riportare allo stato originario, mentre le altre rimangono grigie. Un'alternativa è caricare il normale pennello con un colore e dipingere sull'immagine o su un nuovo livello, con il pennello o il Livello impostato su Colora. Ci sono molti altri modi per creare un aspetto da colorazione a mano, come Timbro clone o le maschere di livello. Ognuno produce risultati leggermente diversi e occorrerà qualche prova per scoprire quale metodo vi è più congeniale.

LO SAPEVATE?

Maggiore è la profondità di bit, più è possibile modificare l'immagine. La profondità di bit è il numero di colori che possono essere codificati. Le immagini normalmente usano i canali rosso, verde e blu, ognuno con una profondità di otto bit. Ogni canale codifica 256 colori, perciò 8 bit per canale (RGB a 24 bit) codificano 16,8 milioni di colori. Se cambiate colori o toni i dati non sono più sufficienti e ciò causa lacune visibili e la frammentazione dell'immagine in strisce colorate. Per evitarlo si devono codificare più colori: 12 bit (RGB a 36 bit) significano 68 miliardi di colori con cui poter lavorare.

Mappa sfumatura
Funzione di regolazione di raro impiego, la Mappa sfumatura è uno strumento che mappa o converte valori in scala di grigio in una sfumatura da regolare e colorare a piacere. In questo caso, una sfumatura blu a un'estremità e color cioccolato dall'altra dà un risultato delicato, ma sono possibili anche effetti colorati e psichedelici (nel riquadro).

COLORARE A MANO

Ho applicato un tenue effetto di colorazione a mano convertendo in bianco e nero un'immagine a colori (sotto) e usando un Pennello storia a punta morbida impostato su una pressione molto lieve. Se il programma non ha un Pennello storia, copiate la versione monocromatica su un nuovo livello e clonate dall'originale. Il risultato sarà lo stesso.

Colori più caldi

Ci sono anche molti modi per apportare modifiche più radicali ai colori delle immagini. Esplorare le voci del menu e le regolazioni disponibili è un passatempo divertente. Se vi capita di trovare qualche effetto che vi piace in modo particolare, salvate l'immagine annotando con precisione nella didascalia i passaggi compiuti per un certo risultato. Modificare Livelli e Curve separatamente per ogni canale di colore è il modo più immediato, e a disposizione di tutti, per apportare cambiamenti drastici ai colori di un'immagine (pp. 204-207). Altri metodi come la mappatura tonale e regolazioni come Posterizza, Miscelatore canale e Tonalità/saturazione possono tutti cambiare in modo radicale i colori senza modificare la posizione dei pixel.

L'altro genere di cambiamenti è costituito dai filtri che abbinano variazioni di colore a mutamenti nelle relazioni spaziali tra i pixel. L'azione di questi filtri rientra nella sfera degli effetti speciali: ne avrete bisogno molto di rado, ma è bene sapere che ci sono. La cosa migliore è come sempre provarli in prima persona (pp. 276-277).

Tavolozza cromatica ridotta
L'immagine originale a colori è stata convertita nella modalità Scala di colore con la tavola Corpo nero. La conversione distribuisce i valori RGB in una palette, o indice, di soli 256 toni di rossi e gialli, lasciando i colori di fondo nel complesso inalterati.

Abbellire la realtà

Le immagini si ritoccano da una parte per modificarne radicalmente contenuto e significato, dall'altra, per rivelarne il potenziale e ottenere una scena che potrebbe benissimo essere vista e fotografata nella realtà. Al contrario di una composizione di fantasia, il risultato deve essere realistico e senza tracce di artificio. Qui, un'alba nebbiosa è migliorata da un cielo serale più intenso, ma credibile, e gabbiani che volano in cerchio.

▷ Nikon D3x, 24-70 mm *f*/2.8 : 55 mm *f*/6.7 ISO 640 -0.5 EV 1/8 sec

1 Rimuovere le tracce dell'uomo Il sentiero è indice di una zona periferica. Volevo dare la sensazione di piena campagna, così ho esteso le zone d'erba vicine per nascondere le tracce umane. Ho fatto una copia dell'erba aggiunta per un'ulteriore fusione in modo da rendere del tutto invisibile la giunzione.

2 Rosso di sera Ho creato una maschera per il primo piano e gli alberi dell'immagine base, e copiato e incollato il cielo da una seconda immagine sull'area non protetta, regolando dimensione e posizione. Ho raddoppiato la forza del metodo di fusione Sovrapponi duplicando il livello e regolandolo.

3 Tempo di posarsi Ho selezionato gli uccelli dal cielo (della seconda immagine) nel canale blu. Portati gli uccelli su un livello separato, ho impostato il metodo di fusione su Moltiplica con un'opacità ridotta e una leggera sfocatura, per inserirli meglio nel cielo e dargli un aspetto più autentico.

4 Sentimento profondo Il primo piano appariva tristemente scuro: con una serie di livelli di regolazione ho schiarito alcune zone dell'erba per aumentare i dettagli e dato un colore più caldo all'immagine con lo strumento Saturazione. Una vignettatura molto morbida sul cielo incornicia la scena.

IN DETTAGLIO

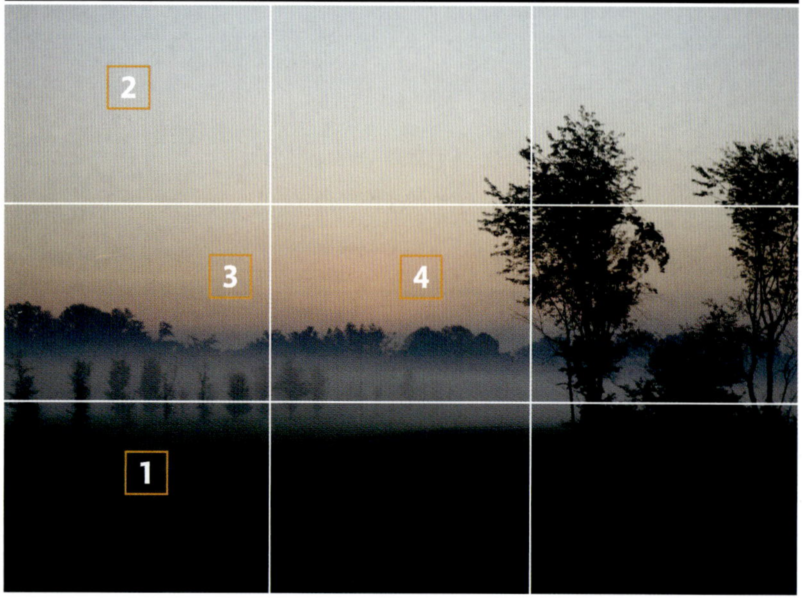

Ritaglio a effetto

Alcuni fotografi ritengono che le immagini siano troppo sacre per poterle ritagliare e che debbano essere inquadrate già con la fotocamera in modo che non ci sia mai bisogno di interventi successivi. Questo punto di vista si basa sulla convinzione che, eliminando alcune parti di un'immagine, venga intaccata la sua integrità e quella dell'intero processo creativo.

JOE ROSENTHAL

L'atto di ritagliare una fotografia... è di fondo una decisione morale.

Eliminando parti marginali di un'immagine, il ritaglio consente però di evidenziare gli elementi importanti e presentare il suo contenuto in modo selettivo. Va evitato in settori della fotografia basati su fatti reali, come documentari o reportage, dove può cambiare il senso di un'immagine.

Rifilare per adattare

Potete usare il ritaglio per rimuovere elementi indesiderati dietro il soggetto principale, come altre persone o zone molto luminose, o per ingrandire un volto o un particolare. Ci sono anche casi un cui il ritaglio è l'unica soluzione. Il più comune è quando non potete avvicinarvi ulteriormente al soggetto o usare un obiettivo con una lunghezza focale maggiore: scattate comunque e successivamente ritagliate per evidenziare l'elemento che vi interessa. Lavorate alla massima qualità e risoluzione per avere una scorta di dati sufficiente a preservare la nitidezza. Dovete anche prestare particolare attenzione alla messa a fuoco e tenere la camera saldamente, perché ogni difetto diventerà più evidente. Per compensare la definizione persa con il ritaglio, a volte occorre applicare una dose più sostanziosa di maschera di contrasto in postproduzione (pp. 230-233).
Nel software per l'elaborazione delle immagini potete impostare le dimensioni del ritaglio scegliendo formati predefiniti o tracciandoli a mano. L'area ritagliata in genere appare ombreggiata e potete spostarla o regolare con precisione i margini. Ricordate che, impostando il ritaglio per mantenere le proporzioni dell'originale, se cambiate le dimensioni di un lato si modifica anche l'altro. Ritagli di questo tipo, ridimensionati allo stesso numero di pixel

Lungo la strada
Eliminando un'ampia porzione di cielo e rifilando leggermente l'immagine in basso ne ho rivelato il nucleo centrale, che si allunga seguendo la strada, e ho messo in evidenza la sua attività, la vendita di piccole taniche di benzina, e le diverse proporzioni di automobili e persone.

Una foto di alcuni amici alla massima estensione dello zoom, di 70 mm, non arriva abbastanza vicino al soggetto principale, con un miscuglio di dettagli dello sfondo (in alto a sinistra), sfocati grazie all'apertura di *f*/2.8 ma comunque evidenti. Un taglio con le stesse proporzioni ma decisamente più stretto (in basso a sinistra) avvicina il volto, ma perde il vestito e i fiori. Un taglio che modifica l'orientamento dell'immagine (a destra) mostra il bouquet e guida l'attenzione verso la persona sullo sfondo.

dell'originale (p. 201), sono difficili da notare se eseguiti correttamente, salvo che con un confronto diretto con l'immagine di partenza.

Forma e spazio

Un'immagine è caratterizzata da due tipi di forma: il formato esteriore (la forma dei suoi margini) e la struttura interna (la forma del soggetto). Dato che lo strumento Ritaglio può alterarne l'orientamento, da orizzontale a verticale o, in modo più drastico, da verticale a orizzontale, si può agire sul formato per descrivere meglio il contenuto. Nei paesaggi il cielo e il primo piano spesso non sono interessanti quanto la parte centrale; rimuovere il cielo e il primo piano per produrre un formato allungato mette in evidenza la parte centrale. È una soluzione adatta, per esempio, a un filare di alberi all'orizzonte, per rafforzare il senso complessivo dell'ampiezza del panorama. Ritagli di questo tipo rimuovono una parte considerevole dell'immagine e, anche qui, è bene usare file della massima dimensione possibile per evitare di perdere troppa risoluzione, e quindi aumentare la nitidezza in postproduzione se necessario. Potete sperimentare anche forme insolite: un ritaglio ovale, tanto in voga negli studi dei primi fotografi, si addice a ritratti informali. Potete mantenere un formato rettangolare, ma usare una vignettatura o scurire gli angoli per creare un cerchio o un ovale al centro: ciò agisce come un ritaglio, eliminando i dettagli superflui, e concentra l'attenzione di chi guarda sul punto focale principale dell'immagine.

Invecchiare un'immagine

Con i miliardi di immagini perfette, ultranitide e ad alta risoluzione che invadono Internet, trovarsi davanti a una vecchia immagine logora può essere una piacevole sorpresa. Dare a immagini moderne e nitide un aspetto vintage è semplicissimo. Ci sono due fattori chiave: le texture irregolari dei processi di sviluppo con agenti chimici, con difetti dovuti all'età e al deterioramento, e la tonalità dei procedimenti analogici, solitamente basata sui toni medi con una resa limitata di luci e ombre. Per questa immagine ho preso le texture da un cartoncino variegato e crepato che incorniciava una vecchia stampa. Per imitare il morbido contrasto e i toni di una stampa color seppia, ho provato vari metodi di fusione fino a trovare l'effetto adatto.

IMMAGINE ORIGINALE

1 Scegliere un'immagine

Questa immagine a colori si presta all'invecchiamento perché ha una composizione semplice, con un senso incipiente di mistero che sarà accresciuto dalla perdita di definizione. Solo la pettinatura moderna potrebbe rivelare la vera età dell'immagine.

CREARE LO SFONDO

2 Scegliere una cornice

Rovistando tra vecchie carte, ho trovato un vecchio passepartout che avevo conservato appositamente a questo scopo. Potete fotografare o passare allo scanner il materiale scelto, ma per ridurre al minimo le ombre causate da un'illuminazione laterale è meglio una scansione.

CONVERSIONE IN SCALA DI GRIGIO

3 Scala di grigio e canale rosso

Convertire tutti i canali di colore avrebbe dato un risultato di aspetto troppo moderno, che volevo evitare. L'immagine è composta soprattutto da rossi, perciò ho attivato i canali di colore e selezionato, copiato e incollato il canale rosso (pp. 254-255) su un nuovo sfondo.

TAGLIA E INCOLLA

4 Incorniciare l'immagine

Con il facsimile della cornice aperto, ho incollato l'immagine in scala di grigio del canale rosso nella cornice. Ho poi usato lo strumento Trasformazione per regolare l'immagine in modo da adattarla alla cornice; dato che questa era fatta per il formato 35 mm, si adatta perfettamente.

LUCE MORBIDA

5 Metodi di fusione dei livelli

Posizionata l'immagine in scala di grigio, ho passato in rassegna la gamma di metodi di fusione, provando vari effetti con opacità e riempimento diversi. Ho scelto Luce soffusa perché aumenta la luminosità e riduce il contrasto, conferendo colore e consistenza della cornice all'immagine.

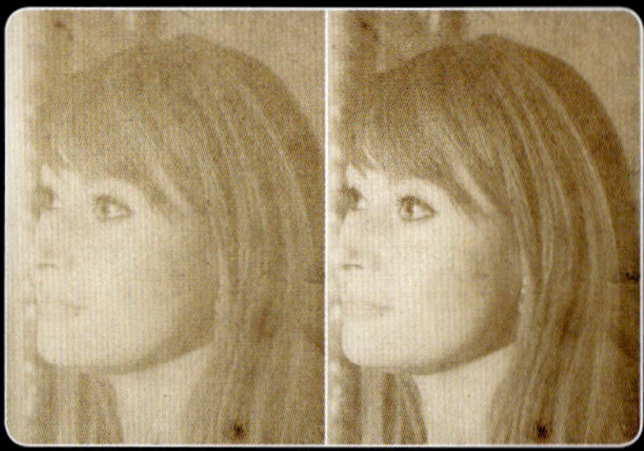

RIEMPIMENTO AL 56 PER CENTO

6 Aggiungere dettagli

Anche se la tonalità del metodo di fusione Luce soffusa ottiene buoni risultati, troppi dettagli rimanevano nascosti. Li ho recuperati duplicando il livello, ottenendone però perfino troppi; ho quindi ridotto il riempimento al 56 per cento per trovare un'equilibrata via di mezzo.

△ **IMMAGINE FINALE**

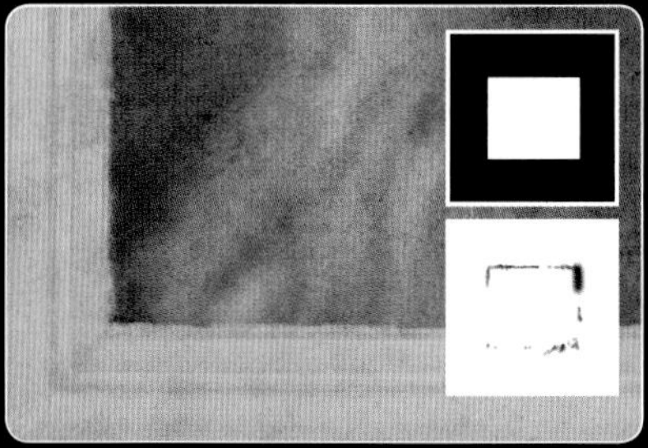

MASCHERA DI LIVELLO E GOMMA

7 Logorare i margini

Posizionati i due livelli, li ho raggruppati e ho aggiunto su di essi una maschera di livello. Questo mi ha permesso di trattare i margini dell'immagine con un pennello ruvido. Ho aggiunto un livello di regolazione per accentuare la densità complessiva del ritratto.

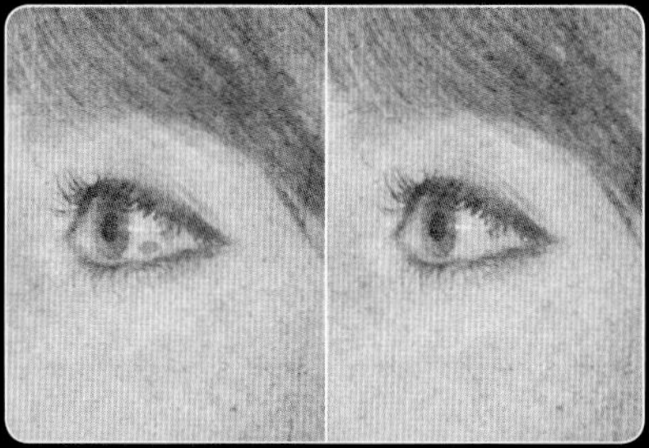

PENNELLO CORRETTIVO E SFOCATURA

8 Perfezionare le macchioline

Una delle imperfezioni posizionate in modo casuale, ricreate dalla texture della cornice, era finita sopra l'occhio del soggetto. Ho deciso di pulirla usando il Pennello correttivo; nello stesso tempo ho ridotto leggermente la nitidezza complessiva con lo strumento Sfocatura.

LIVELLI E CURVE

9 Ultime rifiniture

Ho regolato i Livelli per migliorare le zone nere e poi le Curve per ridurre il contrasto. A causa di un analogo grado di esposizione, la cornice non era più ben distinta dalla fotografia, perciò ho selezionato solo la cornice e usato di nuovo i Livelli per schiarirla appena e separare i toni

Effetti di testo

Testo e immagine sono stati a lungo in lotta per il predominio. Attualmente si prediligono le immagini prive di testo, ma non è stato sempre così. Da parte sua, il controllo digitale dei caratteri tipografici ha avuto un effetto dirompente sulla stampa quanto la rivoluzione digitale sulla fotografia. L'unione della forza dei due fenomeni conduce a un nuovo ed entusiasmante campo di azione per l'energia creativa.

La potenza dell'unione tra testo e immagine è un settore maturo per la sperimentazione, perché ancora poco esplorato. Potreste per esempio approfondire l'arte della tipografia, o semplicemente usare il testo come elemento grafico a tutti gli effetti. Saper combinare testo e immagini è un'ottima preparazione per impieghi diversi: impaginazione di libri, animazioni di pagine web e titoli di testa dei film.

Un cocktail di combinazioni

Iniziate con qualcosa di semplice senza troppe forme e colori: vi servirà per capire come interagiscono testo e immagini. Con l'esperienza potrete affrontare situazioni via via più complesse. Copiate del testo o digitatelo direttamente su un nuovo livello di testo. Potreste dover cambiare la dimensione del carattere perché sia leggibile, ma dovrà essere anche proporzionato all'immagine.

LO SAPEVATE?

Ci sono due tecniche profondamente diverse per codificare il testo per il computer. Un metodo deriva dal modo in cui scriviamo e descrive i caratteri in base ai tocchi che ne tracciano la forma: verso l'alto, verso il basso o curvi e spessi, sottili o affusolati. Questo tipo di grafica si chiama vettoriale e ha il vantaggio di sfruttare sempre la risoluzione più alta per ogni dispositivo. Ciò garantisce caratteri precisi a qualsiasi dimensione. L'alternativa è la grafica bitmap o raster, che descrive i caratteri pixel per pixel, come normali immagini. In questo caso la risoluzione dipende dal numero di pixel.

Spostate il testo e osservate il modo in cui interagisce con gli elementi della fotografia: in alcune posizioni l'immagine potrebbe nascondere i caratteri, in altre il contrasto tra caratteri ed elementi grafici potrebbe renderli visibili in uguale misura. Provate a variare i colori per ogni carattere e fate pratica con diversi metodi di fusione per il testo: non deve essere di un unico colore che si sovrappone al resto. Alcuni software sofisticati creano effetti che danno spessore e tridimensionalità ai testi, come rilievo, bagliori e ombre esterne (per cui sembra che le lettere siano sollevate rispetto alla carta e che proiettino su di essa un'ombra).

PER INIZIARE

Stili di livello
Anche limitandosi agli effetti più sobri come testi in rilievo (per un aspetto tridimensionale) o sovrapposizione di colori, ci sono infinite possibilità. Potete modificare la forza e il metodo di fusione di ogni effetto e determinare l'opacità complessiva.

Abbellimenti
Con l'impiego di opzioni decorative, come bagliori e distorsioni, potete ottenere risultati suggestivi. La strategia migliore è limitare gli effetti al minimo indispensabile, perché il rischio di esagerare è sempre presente.

Testo a tre dimensioni
Potete trasformate un testo piano in tre dimensioni e illuminarlo come se fosse composto da blocchi di materia solida. Ruotare e spostare il testo cambia riflessi e ombre, fornendo una base per realizzare effetti animati.

Creare una filigrana digitale

È curioso che per tutelate il proprio lavoro i fotografi si siano ispirati a un metodo noto ai cartai dal XIII secolo: la filigrana. Sulla carta, è un disegno con uno spessore leggermente inferiore al resto del foglio, visibile perché lascia filtrare un po' più di luce. È un marchio discreto che non interferisce con l'uso della carta ma anche molto difficile da rimuovere. Per le immagini digitali vale lo stesso principio: serve qualcosa che identifichi con chiarezza la proprietà dell'immagine senza essere invadente. Nello stesso tempo deve essere difficile da rimuovere per evitare appropriazioni indebite. Tutti i software in grado di inserire testo nelle immagini possono servire per creare una filigrana digitale, o "watermark".

IMMAGINE ORIGINALE

1 Nessuna assegnazione

Un'immagine messa su Internet senza protezione è esposta al rischio di essere copiata e usata senza il vostro consenso (pp. 286-287). Anche se un avviso di copyright non impedisce che l'immagine possa comunque essere usata liberamente, serve come avvertimento.

TESTO SEMPLICE

2 Soluzione semplice

Ho creato un livello di testo sopra l'immagine e digitato il simbolo di copyright "©" seguito dal mio nome. L'ho fatto abbastanza grande da essere facilmente visibile. Ho cambiato il colore con un grigio a circa il 50 per cento perché non fosse troppo appariscente.

METODO DI FUSIONE DIFFERENZA

3 Effetti con i livelli

La filigrana era visibile ma non sarebbe stato molto difficile rimuoverla clonando altre parti dell'immagine, in particolare se, come in questo caso, ci sono ampie zone di tono abbastanza uniforme. Ho cambiato il metodo di fusione su Differenza e riposizionato il testo.

OMBRA ESTERNA, RILIEVO

4 Effetti di testo

Mi serviva una soluzione per non dover ogni volta riposizionare il marchio a seconda dello sfondo. Ho creato un testo semitrasparente usando Ombra esterna e Rilievo con un'opacità ridotta con il metodo Differenza. Questo tipo di filigrana sarà visibile su qualsiasi immagine.

DIMENSIONI RIDOTTE

5 Facilmente cancellabile

Se intendete vendere l'immagine, una filigrana grande è controproducente. Ho provato a ridurre la dimensione della filigrana e a collocarla in una posizione più discreta. Potrebbe funzionare in molti casi, ma qui sarebbe facilmente eliminabile con la clonazione.

FILIGRANE RIPETUTE

6 Copie multiple

Una soluzione per ridurre al minimo l'ingerenza sull'immagine, e insieme rendere il marchio difficile da rimuovere, è posizionare molti piccoli watermark. Una volta soddisfatti della vostra filigrana, salvate il livello di testo per poterla aggiungere ad altre immagini.

Effetti artistici

I filtri che simulano tecniche artistiche come colori a olio, pastelli e matite colorate sono tra quelli con cui è più divertente sperimentare. Funzionano combinando i dati cromatici dell'immagine con effetti basati sull'analisi delle tecniche di disegno e pittura. Per esempio, alcuni filtri esaminano un gruppo di pixel per individuare i colori brillanti e li usano per creare linee parallele e ricreare l'effetto di pennellate.

I diversi software per l'elaborazione delle immagini affrontano questa categoria di filtri con vari gradi di successo. Alcuni agiscono direttamente su tutta l'immagine, mentre altri sono applicabili a singole pennellate. Il problema è che una buona simulazione di tecniche artistiche comporta un certo grado di randomizzazione e richiede molta potenza di calcolo.

Modifiche globali o circoscritte

I filtri che agiscono su tutta l'immagine tengono conto dei dati locali, ma il risultato può essere piuttosto approssimativo. I filtri che permettono di applicare gli effetti a mano, variando la forza e la qualità delle pennellate passando da una zona all'altra, sono molto più versatili e verosimili. Producono risultati soddisfacenti e credibili, ma richiedono più tempo. In entrambi i casi, la chiave è scegliere il giusto tipo di immagine: quelle con forme definite e contorni definiti sono le più semplici con cui lavorare.

Migliorare l'autenticità

Potete incrementare l'effetto dei filtri artistici applicando prima un filtro che crei una trama di fondo (pp. 76-77), per snellire i dettagli in forme definite e semplici. Potete anche utilizzare un filtro artistico che applichi direttamente una certa texture, come un tratteggio o uno strato di pennellate, e poi un altro filtro per migliorare il risultato. Per esempio, aggiungere alcune pennellate sopra un filtro applicato a tutta l'immagine è un sistema sorprendentemente efficace per dissimulare la presenza del computer dietro l'effetto. Un altro trucco è applicare il filtro con una forza diversa nelle varie parti dell'immagine, usando maschere e selezioni, per variare leggermente la qualità della pennellata. Tenete infine presente che il video non sarà sempre la destinazione finale: se stampate su carta a grana grossa, l'interazione delle pennellate con la trama della carta può accentuare l'impressione che l'immagine sia stata realizzata con vere tecniche pittoriche.

FILTRI ARTISTICI

Gli effetti disponibili grazie ai filtri artistici sono numerosi e vari. Su questa comune immagine (sotto) ne ho sperimentati alcuni: ombra tratteggiata (a fianco); pennelli su superficie ruvida (in alto a destra); vetro colorato (in basso al centro); e effetto ritaglio (in basso a destra). Volendo, i risultati si possono ulteriormente elaborare (pp. 276-277).

Effetti pittorici
Soggetto amato dagli artisti, una classica veduta di Venezia (nella prima cornice a destra) è più interessante se usata con un effetto acquerello (dettaglio, nella seconda cornice). Una luminosità dei toni medi portata al massimo la rende ancore più pittorica.

Applicare l'effetto manualmente

Usare i filtri per effetti artistici è un po' come caricare i pennelli con colori speciali. A differenza di un semplice pennello con un singolo colore, questo strumento contiene anche le istruzioni che specificano, per esempio, se il colore o l'intensità dell'effetto devono diminuire se la pennellata è eseguita velocemente, e rimanere invece forti se la pennellata è lenta e decisa. Oltre a questo, scegliete le proprietà del pennello con i consueti parametri come dimensione, forma e sfumatura.
Il colore del pennello può essere determinato dai colori dell'immagine sottostante, o sorgente; rappresenta un metodo efficace per trasformare velocemente la scena originale. In alternativa potete campionare un colore dall'immagine, in modo da apportare modifiche meno evidenti e più legate al contesto.

Spazio alla creatività

Anche se i filtri artistici sono un mezzo molto efficace per trasformare immagini preesistenti, c'è un'altra strategia per assicurarvi buoni risultati: scattare pensando fin dall'inizio di usare filtri artistici in postproduzione. Cercate soggetti con linee nette, schemi cromatici semplici e composizioni decise. Lavorare con questo metodo giova anche all'abilità fotografica in generale, perché induce a considerare le proprietà di una scena o di un soggetto in un modo nuovo.

Filtri digitali

I filtri per effetti speciali in postproduzione non sono "filtri" veri e propri ma applicano una serie di funzioni matematiche ai valori e alla posizione dei pixel.

Oltre che per il loro effetto specifico, i filtri sono utili anche per unire insieme operazioni diverse o per compiere passaggi intermedi prima di applicare altri filtri e regolazioni. Alcuni, per esempio, offrono anche un mezzo per controllare la nitidezza, mentre altri tendono a migliorare il risultato di effetti artistici (pp. 274-275). Spesso si devono regolare gli effetti dei filtri con Livelli o Curve per mettere a punto i risultati. Gli esempi qui riportati provengono tutti da Adobe Photoshop, ma filtri con funzioni analoghe sono disponibili anche in altri programmi.

▼ IMMAGINI ORIGINALI

▷ **Abbinate il genere di immagine** al tipo di filtro: i filtri di distorsione lavorano meglio con elementi grandi e netti, quelli con texture sono adatti ai piccoli dettagli.

DISTORSIONE ▷

Questi filtri modificano la posizione dei pixel con maggiore o minore intensità per incurvare, torcere e attorcigliare, mantenendo i valori cromatici e di luminosità. Sono utili per simulare le distorsioni create dall'acqua e dal vetro.

BAGLIORE DIFFUSO

EFFETTO PIXEL ▷

I filtri effetto pixel campionano gruppi di pixel e calcolano un valore medio per l'intero gruppo, che può variare per dimensione e forma. Sono utili prima di effetti artistici. Lo strumento Mosaico è efficace per semplificare le immagini all'essenziale.

EFFETTO PUNTI

RENDERING ▷

Questo tipo di filtro applica un'altra immagine o un effetto su quella originale. Con alcuni filtri, come Riflesso lente o Effetti di luce, avete un ampio controllo sull'interazione, con altri, come i filtri Nuvole, il risultato segue un ordine casuale.

NUVOLE

STILIZZAZIONE ▷

I filtri Stilizzazione danno una distorsione e un effetto tonale o cromatico basati sui pixel sorgente, ma conservano il contenuto complessivo dell'immagine. Producono un'ampia gamma di effetti, con in genere la possibilità di gestire la distorsione del filtro.

EFFETTO RILIEVO

TEXTURE ▷

Una via di mezzo tra i filtri Effetto pixel e Stilizzazione, i filtri Texture ricavano da gruppi di pixel una media per i nuovi pixel, ma operano anche una leggera distorsione. Sono efficaci per imitare la stampa di immagini su certi materiali, come tele o piastrelle.

PATCHWORK

VETRO

EFFETTO SPIRALE

EFFETTO ONDA

MOSAICO

CRISTALLIZZA

COLORE MEZZETINTE

NUVOLE IN DIFFERENZA

RIFLESSO LENTE

EFFETTI DI LUCE FARETTO

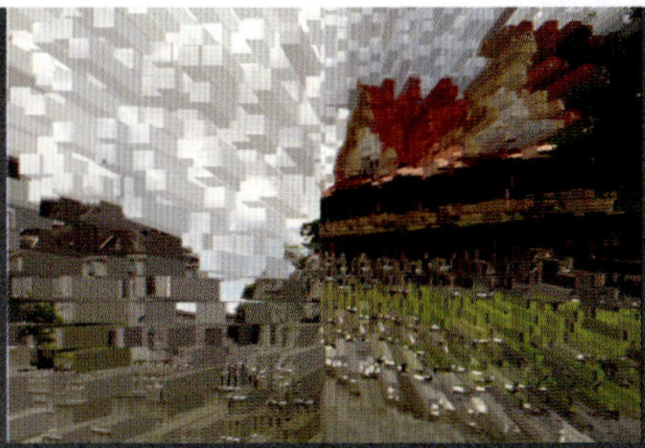
ESTRUSIONE BLOCCHI

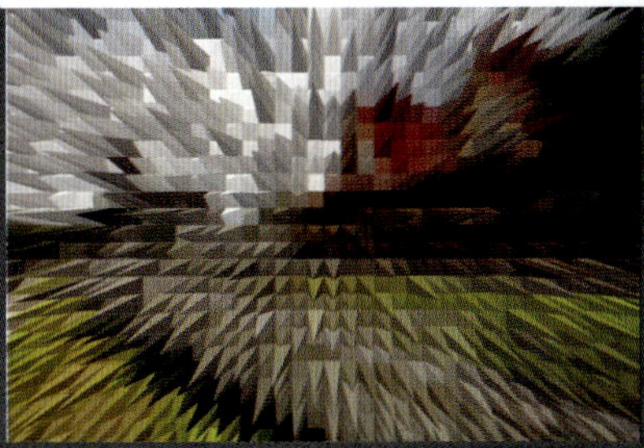
ESTRUSIONE PIRAMIDI

TROVA BORDI

GRANULOSITÀ

PORZIONI MOSAICO

APPLICA TEXTURE TELA QUADRO

Scene composite

Il banco di prova definitivo per il fotografo digitale è il fotomontaggio. Per avere immagini da fondere facilmente vi occorre una buona tecnica; dovete controllare con lucidità che i cambiamenti di contenuto e significato si inseriscano bene, e padroneggiare ogni tecnica di elaborazione di questo libro per costruire l'immagine usando livelli, maschere e una miriade di piccole correzioni. Per questo fotomontaggio quattro immagini sono unite in modo che ognuna assuma un diverso significato come parte di un nuovo intero. A chi guarda può bastare un attimo per realizzare che nella scena c'è la luce di tre soli, ma se almeno a un esame superficiale appare verosimile, significa che la ricombinazione di quattro elementi è riuscita.

IMMAGINE ORIGINALE

1 Vedere il potenziale

Con le linee nette e grandi zone di spazio libero, questa scena dall'aspetto vagamente surreale è un'ottima base per un fotomontaggio.

SECONDO LIVELLO

2 Riempire l'orizzonte

Per lo sfondo ho selezionato un paesaggio urbano visto dall'alto, in modo da suggerire un senso di altezza. Per il momento ho messo l'immagine da parte, ma è utile sapere quale sarà l'aspetto finale dello skyline.

INCOLLA E MASCHERA

3 Aggiungere una persona

Ho copiato e incollato sul livello di base la fotografia di un uomo seduto su una panchina di pietra mentre telefona. Per rimuovere le parti superflue e conservare solo l'uomo e la panchina, ho disegnato una maschera di livello con un pennello morbido per una fusione impercettibile.

COPIA E INCOLLA, DISTORSIONE

4 Allungare la panchina

Per inserire meglio la nuova panchina nell'immagine l'ho allungata copiandone una piccola porzione e incollandola cinque volte, cercando di fare combaciare il motivo della pietra. Ho usato un tocco di distorsione per correggere un errore di prospettiva.

MASCHERA DI LIVELLO

5 Aggiungere struttura

Il lato destro era troppo vuoto, perciò ho inserito una sezione di una terza immagine. Regolate forma e posizione, ho creato una maschera di livello per nascondere lo sfondo non voluto. La maschera di livello permette di modificare le zone nascoste quando occorre.

COPIA E INCOLLA, MASCHERA DI LIVELLO

6 Incorporare lo skyline

Ho aperto l'immagine con lo skyline e l'ho copiata e incollata. Ho nascosto il primo piano con una selezione della parte inferiore, poi convertita in maschera di livello. Dopo qualche prova, ho deciso che lo skyline sarebbe stato meglio con un'inversione da sinistra a destra.

△ **IMMAGINE FINALE**

LIVELLI, CURVE

METODI DI FUSIONE

MASCHERE DI LIVELLO

7 Migliorare i toni
Il cielo sembrava ora troppo pallido e sbiadito. Ho usato i Livelli per aumentare la densità in alcune delle zone più chiare. Ho aggiunto consistenza e colore in modo selettivo nel cielo bruciato applicando un livello di regolazione Curve su selezioni specifiche.

8 Trasparenza
Ho aggiunto un tetto di vetro (sopra) nello stesso modo in cui avevo aggiunto l'edificio del passo 5 e usato Moltiplica per far trasparire il livello inferiore. Il tetto era troppo inconsistente, così ho duplicato il livello e usato il metodo Scolora per dargli più forza conservando la trasparenza.

9 Regolazioni finali
Con tutti gli elementi al loro posto e grosso modo mascherati, ho usato più maschere di livello per le regolazioni finali, rendendo alcuni passaggi più nitidi e altri più sfocati e ritoccando oscurità e luminosità in varie zone per un bilanciamento complessivo realistico.

CAPITOLO SETTE

CONDIVIDERE LE IMMAGINI

Mostrare le immagini

L'aspetto più significativo della rivoluzione della fotografia digitale è l'emancipazione dalla forma fisica a quella virtuale, che ha cambiato non solo il modo di realizzare le fotografie, ma anche di esibirle. In passato, con la pellicola e le stampe, le immagini erano condivisibili a quattr'occhi. Solo pochissimi fotografi raggiungevano un pubblico più vasto grazie alla pubblicazione su riviste, quotidiani o libri.

Oggi bastano pochi clic del mouse (o tocchi sullo smartphone) per inviare ovunque le fotografie. Forse ancora più rivoluzionario è il fatto che, con un computer e un collegamento a Internet, i mezzi di produzione e di diffusione sono completamente nelle vostre mani; potete fare tutto da soli. E milioni di fotografi fanno proprio così, ogni giorno. E se non basta questo ad entusiasmarvi, la rivoluzione digitale ha anche enormemente ampliato i modi in cui possiamo distribuire e vendere il nostro lavoro.

Un risultato tangibile

Le vere stampe fotografiche, quelle che potete tenere in mano, restano un modo sempre molto gratificante per apprezzare le immagini. La loro presenza fisica, la facilità con cui si possono vedere e la qualità dei colori non sono stati ancora eguagliati da nessun metodo digitale.
Le stampanti sono oggi relativamente economiche e molti modelli di fascia media sono in grado di dare risultati di qualità professionale. Potete realizzare stampe di ottima qualità comodamente alla vostra scrivania, ma dovete avere a disposizione scorte di inchiostro e carta, e impostare la stampante (pp. 288-289). Se prevedete stampe in quantità, vale la pena di acquistare l'attrezzatura. In alternativa, per stampe occasionali, rivolgetevi a uno dei molti servizi di stampa online disponibili. Anche se avete una vostra stampante, all'occorrenza molti siti offrono stampe di alta qualità e grande formato per mostre o manifesti.
Una scelta sempre più diffusa è progettare un libro fotografico personale con i propri lavori. Potete realizzarlo con software gratuiti di un sito di stampa di libri o collegarvi a un webware, un programma disponibile via Internet. Tutti i programmi del genere sono di semplice impiego, ma variano per versatilità nel layout e nella gestione del testo. Quando siete soddisfatti dell'impostazione finale, ordinate il libro, specificando la qualità della carta, il tipo di rilegatura e altri dettagli (pp. 292-293).

Album virtuale

Il photosharing digitale si divide in due ampie categorie. Una è l'equivalente moderno del far circolare le stampe, e consiste nel mostrare le fotografie a qualcuno attraverso un dispositivo di visualizzazione. L'altra è la distribuzione virtuale delle fotografie a un dispositivo di visualizzazione a distanza. Smartphone e tablet come l'iPad stanno modificando il modo di mostrare e vedere le immagini. Su un unico dispositivo è possibile caricare molti album diversi, ognuno contenente centinaia di fotografie. Serie di foto di vacanze ed eventi diversi, per esempio, possono essere caricate direttamente senza la necessità di ulteriori passaggi. Un altro modo efficace per mostrare le immagini è la cornice digitale: è come un portaritratti classico, ma con uno schermo LCD su cui può far scorrere ininterrottamente una sequenza di foto per ravvivare un angolo del soggiorno.

GUARDARE E CONDIVIDERE

Anche se guardare le singole stampe con qualcuno è divertente e il confronto faccia a faccia stimola un controllo attento e la discussione, la digitalizzazione ha aperto un nuovo mondo alla visualizzazione delle immagini. Con un computer portatile o un tablet potete mostrare facilmente le vostre fotografie e, se avete un dispositivo dotato di Wi-Fi o 3G, potete istantaneamente inviarle in qualsiasi parte del mondo.

Stampe di forte impatto
Realizzare ogni tanto stampe dalle dimensioni di un poster è entusiasmante. Potreste essere così abituati a vedere le immagini in dimensioni ridotte sul retro della fotocamera o, al massimo, sul monitor del computer, da lasciarvi sfuggire il potenziale di fotografie riprodotte in grandi dimensioni. Scegliete soggetti con linee e forme nette, colori forti e dinamismo. Controllate che l'immagine abbia il lato più lungo di almeno 3000 pixel: questo consente stampe di grande formato anche se a una risoluzione relativamente bassa, dato che saranno viste da una certa distanza.

Da uno a molti

La stampa e la visualizzazione a video hanno sempre un rapporto uno a uno: io mostro, tu guardi. Con la visualizzazione via Internet la condivisione assume un rapporto uno a molti. Il pubblico più vasto può trovarsi in qualsiasi parte del mondo e la stessa immagine può essere vista su centinaia di schermi nello stesso momento. Ci sono molti modi per raggiungere un grande numero di persone e vanno da quelli che potete controllare in tutto per tutto a quelli che non potete controllare in nessun modo.
Se mandate agli amici email in formato HTML, il processo è interamente sotto la vostra gestione. Potete facilmente creare email con una formattazione da pagina web. Molti modelli, utilizzabili così come sono o adattabili alle vostre necessità, sono scaricabili gratuitamente. Se volete raggiungere un pubblico più ampio degli indirizzi in rubrica, il passo successivo è un sito web personale.

Essere presenti su Internet

Oggi che "chiunque" ha un indirizzo email, sta diventando obbligatorio per i fotografi essere presenti nella rete, ed è difficile pensare a un modo migliore di esibire il vostro lavoro. Con un sito Internet, la vostra galleria fotografica è aperta 24 ore su 24, sette giorni su sette e può essere visitata da qualsiasi posto nel mondo da chiunque abbia un accesso a Internet. Per contro, non avete alcun controllo su chi la visita, né su come vengano usate le immagini (pp. 286-287).
Se decidete di unirvi agli oltre 300 milioni di siti presenti su Internet, siete voi a decidere quanto lavoro e quanto impegno dedicargli. Il primo problema è come chiamare il sito. La scelta più ovvia è il vostro nome o quello del vostro studio o, se non più disponibile, una variante facilmente associabile a esso. Quando trovate un nome adatto, è consigliabile registrarlo anche se non avete intenzione di aprire un sito nell'immediato futuro.
I siti Internet impiegano in genere il linguaggio HTML e il modo più semplice per preparare le pagine web è che il software di elaborazione delle immagini le crei e scriva automaticamente per voi. Indicate al programma la cartella in cui si trovano le immagini e in pochi minuti il sito sarà pronto. Dovrete poi semplicemente caricare il sito sul server seguendo le istruzioni del vostro provider (ISP).

Photosharing

Uno dei prodigi più evidenti dell'epoca digitale è la gigantesca esplosione di fotografie sui siti di photosharing. Il photosharing si è sviluppato dai servizi di stampa online (pp. 292-293) degli anni novanta. Si caricavano le foto da stampare, poi archiviate nel caso servissero per un nuovo ordine. Una naturale evoluzione fu permettere ad altri di vedere le immagini e di ordinare a loro volta le stampe. Quasi tutti i siti permettono di iniziare in modo gratuito: alcuni offrono un periodo di prova, altri un servizio limitato ma comunque utile. Anche la registrazione in genere è semplice. In breve, per iniziare basta registrarsi e caricare le immagini, soggette ai termini di utilizzo del sito. Pagando un piccolo abbonamento potrete accedere a funzioni molto più complete e avere più spazio a disposizione.

Blog di fotografia

Mentre un sito ha un contenuto prevalentemente statico, i blog sono in continua evoluzione e cambiano ogni volta che il blogger decide di scrivere e caricare nuovo materiale. L'ideale è postare nuove fotografie una volta alla settimana, con notizie, commenti e link ad argomenti trovati interessanti. Se saprete soddisfare un qualche tipo di esigenza di nicchia in modo piacevole e informativo, incoraggerete i visitatori a ritornare. La maggior parte dei software per blog sono facili da usare per creare e gestire il sito. Concentratevi su quello che sapete e che avete a disposizione, il vostro lavoro "ufficiale", altri hobby e interessi: il blog non deve essere tutto fotografico. Potete aggiungere musica e video per dare più vivacità al contenuto.

Suscitare interesse

La creazione di un sito Internet o di un blog fotografico è solo l'inizio del lavoro. Vorrete che il sito abbia numerose visite. Segnalate l'indirizzo, gli aggiornamenti e il nuovo materiale caricato a tutti i vostri amici sui siti di social network. Informate tutti i contatti che avete sui siti di photosharing. Usate gli strumenti di cui disponete per incoraggiare tutti a dire "mi piace". Invitate altre persone a entrare in collegamento con voi e a contraddistinguere la vostra pagina tra quelle che vale la pena di visitare o tra i preferiti. Potete anche dare ai visitatori la possibilità di iscriversi per essere informati di tutti gli aggiornamenti. Cosa più importante, rinnovate regolarmente il sito per attrarre un flusso costante di visitatori affezionati.

Raggiungere tutto il mondo

Tutto questo è immensamente stimolante, ma alle nuove libertà corrispondono molte nuove responsabilità. Dovete rendere conto di sistematicità, qualità e legalità di tutto ciò che fate. E siete direttamente responsabili della vostra reputazione. Un errore di valutazione può mettervi in imbarazzo su scala mondiale e trascurare la visibilità internazionale è causa di enormi problemi se le fotografie infrangono la legge o offendono la religione di altri paesi. Ci sono grandi opportunità per chi risponde a un'esigenza o suscita un ampio interesse, riesce a mantenere uno standard costante ed elevato e offre con regolarità nuovo materiale. Al prezzo del tempo impiegato e della connessione a Internet è possibile conquistarsi una notorietà internazionale e, se dimostrate di generare un traffico Internet sufficiente, anche una fonte di guadagno: se ai visitatori piacerà quello che vedono, lo diranno a loro amici.

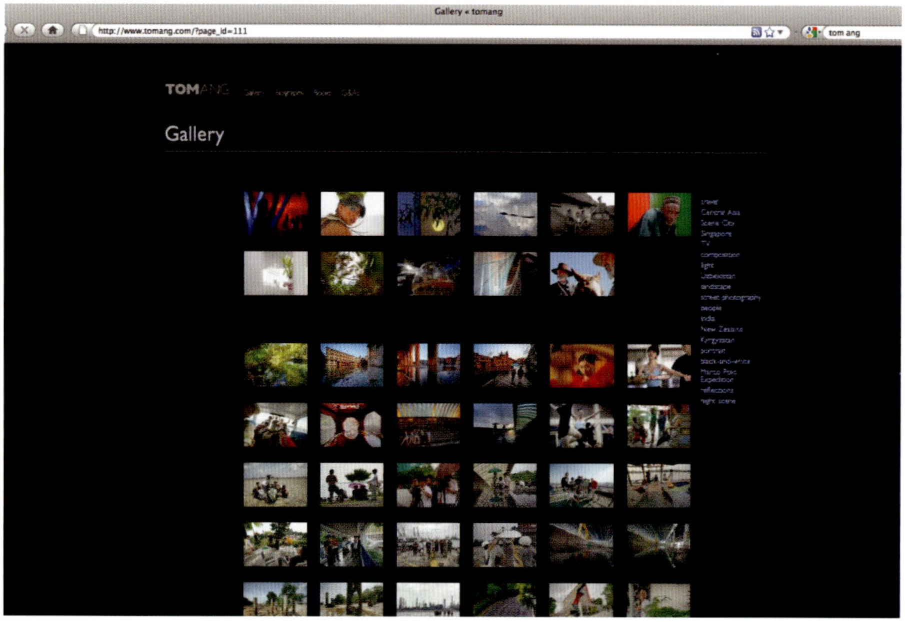

Sito web personale
Software per realizzare siti Internet personali, come WordPress, sono oggi facili da padroneggiare, con un'ampia gamma di modelli disegnati abilmente per dare al vostro sito uno schema di colori equilibrato e un layout piacevole. Potete aggiornare il sito con nuove immagini con grande semplicità, aggiungere testo e invitare i visitatori a commentare o discutere di argomenti di comune interesse.

PER METTERSI IN MOSTRA

Caricare le immagini su siti di photosharing è un modo per entrare in contatto con persone con interessi simili. Unitevi a gruppi del sito: partecipare attivamente alla comunità di chi è appassionato di fotografia può dare molto incoraggiamento, aiuto e ispirazione. Le fotografie di interesse umano (in alto) sono diffuse, ma quelle con un punto di vista insolito o non convenzionale (al centro) stimolano più facilmente reazioni. Anche gli scatti con una bella composizione che dimostrano buona tecnica, in particolare con soggetti piuttosto inconsueti (in basso), suscitano interesse.

Galleria globale

Realizzare il primo sito Internet può spaventare un po', così come la prima mostra o il primo libro. Dovete prendere molte decisioni: che carattere usare, quali colori vanno meglio, quali immagini mostrare e a quali dimensioni. Fare siti di prova vi darà la sicurezza necessaria a presentare al mondo quello vero quando sarà il momento giusto.

▼ COMPITO

▷ Create un sito Internet per esibire 20 tra le vostre immagini migliori, a partire da quella che preferite in assoluto. Date a ognuna un titolo semplice e una didascalia, usando le funzioni automatiche per realizzare un sito del software di elaborazione o di gestione delle immagini.

▼ PUNTI DA RICORDARE

▷ **Il procedimento per scegliere le fotografie** è di per sé un esercizio. Iniziate con una cartella di possibili scelte e rivedetele attentamente fino ad arrivare a 20 (pp. 180-181).

▷ **Controllate le immagini** verificando che soddisfino i requisiti di esposizione, colore, nitidezza e qualità complessiva.

▷ **Esistono molti modelli di siti** Internet disponibili: fate qualche prova per vedere quale vi sembra più adatto ai vostri scopi. Potete rivedere i siti con il vostro browser senza doverli mettere online.

▷ **Mostrate il sito** a familiari e amici per avere il loro parere.

DA CERCARE IN INTERNET

☐ **HTML**	☐ **Reddit**
☐ **Wordpress**	☐ **StumbleUpon**
☐ **Blogging**	☐ **Digg**
☐ **Feed RSS**	☐ **Flickr**
☐ **Delicious**	☐ **1x**

Proteggere i propri diritti

Quando si divulgano informazioni nel mondo virtuale è facile perderne il controllo. Inviare un file via email, caricarlo sul vostro sito Internet o postarlo su siti di social network o photosharing significa produrne una copia: se volete che le vostre fotografie siano visibili online, dovete farne una copia.

In effetti, la riproduzione dell'immagine è un passaggio fondamentale per praticamente qualsiasi uso ne vogliate fare su Internet; la copia è parte necessaria al funzionamento dell'epoca digitale. Questo indurrebbe a pensare che quanto è stato copiato possa essere usato liberamente, ma non è così: qualsiasi cosa vogliate fare con un'immagine copiata molto probabilmente viola i diritti del suo proprietario.

Eccezioni alla regola

Alcune normative consentono eccezioni per alcune violazioni, per esempio a scopo di studio e ricerca, critica o servizi giornalistici. Questo significa che è possibile copiare e stampare le immagini per un corso di studi o per illustrare un saggio critico. Anche se non intendete sfruttare l'immagine di qualcun altro a scopi commerciali, nella misura in cui ha caratteristiche che soddisfano le vostre esigenze, state sfruttando ingiustamente le capacità artistiche e tecniche di un'altra persona. Prima di prendere un'immagine altrui, considerate come vi sentireste se qualcuno si servisse di una delle vostre senza permesso, per esempio per illustrare un progetto personale o come sfondo in un'elaborazione. Anche la riproduzione parziale di materiale che non vi appartiene è un'infrazione. Se inserite parte di una creazione altrui in un vostro lavoro senza specificarne la provenienza, non solo l'avete copiata illegalmente, ma l'avete anche modificata senza averne l'autorizzazione, il che può costituire un ulteriore reato. Non specificarne la fonte è una colpevole omissione e, se dichiarate l'opera interamente vostra, potreste anche commettere il reato di falsa attribuzione, perché in realtà il lavoro finale non è completamente vostro. I termini molto restrittivi delle normative sul copyright hanno portato alcuni a proporre sistemi meno rigidi, come le licenze Creative Commons (vedi box nella pagina a fronte) .

Come tutelare i propri diritti

Nell'era del digitale la realtà è che chiunque è in grado di accedere al materiale presente sul vostro sito Internet, anche a vostra insaputa e al di fuori del vostro controllo. La maggior

Punto di contatto
I soggetti specifici, per esempio insetti, oggetti da collezione e formazioni rocciose, hanno meno probabilità di essere copiati illegalmente rispetto ai temi di interesse più generale, come animali graziosi, automobili prestigiose o favolosi tramonti. Nondimeno, è utile fare in modo che per il potenziale acquirente sia facile contattarvi. Se ciò accade, rispondete con tempestività e chiedete dettagli sul tipo di utilizzo. Potete trovare un aiuto per stabilire il giusto prezzo cercando su Internet e nei gruppi di discussione.

COPYRIGHT E MANIPOLAZIONE

Usare il lavoro di altri per migliorare il proprio è una tentazione insita in tutte le forme d'arte. Nella fotografia digitale la tentazione è anche più forte per la grande facilità con sui si copiano le immagini. Uno scatto monotono di un martin pescatore (in alto) migliora decisamente con una sezione ritagliata di un tramonto fotografato da mia moglie (in basso). Ci sono almeno due violazioni di copyright, copia non autorizzata e adattamento non autorizzato, con l'aggiunta di una falsa attribuzione se avessi dichiarato il risultato finale come opera mia. L'effetto finale (all'estrema destra) è coerente e verosimile e il fotografo originale potrebbe non accorgersi mai che è stata usata parte di una sua opera, a maggior ragione se fosse stata caricata online fra milioni di altre immagini.

parte degli accessi non avranno alcuna intenzione malevola, ma non ci sono garanzie a riguardo. L'unica reale difesa dei vostri diritti quando una copia di un'immagine finisce nelle mani di altre persone sta nella loro onestà e nella loro conoscenza dei vincoli previsti dalla normativa sul diritto d'autore del proprio paese. Non per questo dovete rinunciare a priori a mantenere il controllo sulle vostre opere e i consigli che seguono vi saranno utili in questo senso.

- Ricordatevi di specificare sempre il copyright nelle informazioni della didascalia e nei metadati dell'immagine.
- Non caricate immagini con base di oltre 1024 pixel su siti da cui possano essere scaricate nelle dimensioni originali.
- Leggete con attenzione i termini di servizio dei siti di photosharing per verificare che il caricamento delle immagini non implichi la cessione dei diritti relativi.
- Rispettate le regole del sito di photosharing o le vostre immagini potrebbero essere cancellate senza preavviso.
- Conservate sempre una copia dei file caricati su un sito Internet, che potrebbe avere malfunzionamenti o addirittura cessare il servizio all'improvviso.
- Non partecipate a concorsi che vi chiedono di rinunciare ai diritti sulle vostre immagini.
- Usate filigrane digitali (watermark) per identificare le vostre fotografie: meglio se discrete e distribuite in diverse zone per renderle difficili da rimuovere senza stravolgere il contenuto (p. 273).
- Per utenti professionisti, esistono filigrane digitali invisibili che possono essere posizionate e individuate solo con un software apposito. Questi watermark resistono a qualsiasi modifica o ritaglio, anche pronunciato, e, cosa ancora più importante, sono rintracciabili con una specifica ricerca automatizzata in Internet.

LO SAPEVATE?

Creative Commons è un'organizzazione impegnata nella ricerca di un compromesso tra un controllo del copyright restrittivo e un pubblico dominio in cui qualsiasi cosa può essere copiata e usata. Offre uno schema di licenze che permette la distribuzione di opere coperte da copyright senza spese, a patto che siano rispettate alcune condizioni. Il requisito principale è l'attribuzione: l'utente deve citare copyright, URL del sito, nome dell'opera e le altre informazioni richieste. Altre condizioni possono essere l'esclusione di usi commerciali o in opere derivate. Una volte soddisfatte le condizioni, i titolari della licenza possono copiare, distribuire o mostrare le immagini gratuitamente. Se copiate un'immagine con la licenza "Attribuzione – non commerciale" e l'accreditate al fotografo, potete usarla per dimostrare la vostra abilità con Photoshop al club di fotografia, ma non per illustrare un articolo su una rivista.

Impostare la stampa

Le moderne stampanti sono macchine estremamente sofisticate che uniscono le nanotecnologie per posizionare l'inchiostro sulla carta con precisione microscopica ai meccanismi più grandi che permettono di gestire efficacemente la carta. Nello stesso tempo, il controllo del software sulle funzioni della stampante è molto complesso. Basta una minima discrepanza tra l'inchiostro che il software ritiene debba uscire dagli ugelli e quello che davvero raggiunge la carta perché siano visibili evidenti imperfezioni che compromettono la qualità del risultato. Le stampanti eseguono dei test di sistema, ma solo per controllare che tutto funzioni normalmente. Potete fare altre importanti verifiche per ottenere immagini finali di buona qualità.

PROVA GENERALE

1 Prima di stampare a tutta pagina, fate una prova con una piccola immagine per confrontarne l'aspetto con quello a video.

- Controllate che la dimensione in uscita sia adatta alla carta e che la risoluzione sia sufficiente.
- Se in formato orizzontale, ruotate l'immagine per adattarla alla carta (molti driver di stampa intervengono automaticamente).
- Per un confronto, stampate tre versioni affiancate di una stessa immagine: una più chiara, una normale e una più scura.

SCELTA DELLA CARTA

2 La carta ha grande importanza per la qualità del risultato. Con le stampanti a getto d'inchiostro, su carta normale l'inchiostro si spande e i dettagli si confondono. Usate una carta specifica per il tipo di stampante: lucida dà colori brillanti e risultati più nitidi, semiopaca è molto versatile e opaca serve a ottenere toni morbidi.

- Se alla carta corrisponde un profilo della stampante, sceglietelo nelle impostazioni di anteprima di stampa. Altrimenti usate un profilo simile.
- Guardate come reagisce l'inchiostro con la stessa foto su vari tipi di carta.

STAMPA

3 Controllate che la stampante sia accesa e collegata al computer. Caricate la carta, badando che sia inserita correttamente. Aprite il file con il software di elaborazione delle immagini e date il comando di stampa. Servirà più tempo che con documenti di testo o fogli di calcolo.

- Se il vassoio per la carta è sullo stesso lato della fessura da cui esce la stampa ultimata, la carta è in genere posizionata con il lato di stampa rivolto verso il basso.
- Se la stampa esce da dietro, la carta ha il lato di stampa verso l'alto.

ANALISI

4 Sottoponete la stampa al vostro giudizio critico. Prendetela ai margini perché l'inchiostro potrebbe essere ancora umido. Esaminatela alla luce naturale o con una lampada al tungsteno a basso voltaggio.

- Controllate il colore e la densità dell'immagine ma anche se ci sono difetti, indizio che la stampante ha bisogno di pulizia o manutenzione.
- Se la stampa è diversa dall'immagine a monitor, controllate se è più chiara o più scura. Confrontate anche il grado di saturazione del colore.

REGOLAZIONI

5 Se necessario, correggete l'immagine. Se per esempio la saturazione è troppo bassa nella stampa, dovete aumentarla sullo schermo; se la stampa è troppo rossa, dovete ridurre il rosso a video. È un intervento consigliabile solo per stampe occasionali e in mancanza di profili. Stampate e controllate di nuovo.

- Se stampate con profili, le regolazioni dovrebbero essere minime.
- Fate solo piccole correzioni a meno che le differenze non siano evidenti.
- Con l'esperienza potreste notare che ripetete spesso le stesse correzioni.

GAMUT

6 Se stampate con regolarità, ci sono due controlli da fare se volete risultati attendibili. Il primo consiste in una prova di stampa a monitor (soft-proof). Il secondo è verificare che tutti i colori rientrino nella gamma di colori riproducibili dalla stampante (gamut). Attivate l'opzione Avvertimento gamma per evidenziare in rosso o bianco le zone fuori gamma.

- Se una vasta area è fuori gamma, riducete la saturazione.
- Non è necessario eliminare ogni singolo punto fuori gamma.

Anche se le moderne stampanti hanno compiuto grandi progressi tecnologici, è sempre meglio procedere con costanza e attenzione per ottenere la migliore qualità ed evitare sprechi di inchiostro o carta. Prima di stampare, controllate sempre l'anteprima o la prova colori a monitor. Guardate l'immagine su uno schermo calibrato e a cui sia stato assegnato un profilo abbinato alla stampante per assicurarvi che la stampa finale corrisponda a quello che vedete a video (p. 334). Controllate anche che sia previsto il corretto abbinamento tra stampante e carta.
La risoluzione di stampa si misura in punti per pollice (dpi, *dots per inch*). Le immagini provenienti dalla fotocamera potrebbero essere a 72 dpi, ma è meglio impostarle a 300 dpi, che garantiscono un'alta qualità con la maggior parte delle stampanti. Dividete il numero di pixel per 300 per determinare le dimensioni (in pollici) della stampa.

Requisiti minimi

Seguite queste linee guida tecniche per assicurarvi che la stampante sia impostata e usata correttamente.

- Le stampe più affidabili sono quelle di stampanti regolarmente in funzione e non lasciate ferme per mesi senza vedere la carta. Di tanto in tanto lanciate almeno una stampa di prova per evitare di lasciare l'apparecchio inutilizzato per lunghi periodi.
- Se la stampante si rifiuta di stampare del tutto, potreste aver aggiornato il sistema operativo trascurando di fare lo stesso per il driver della stampante. Se stampate in rete, controllate di aver selezionato la stampante giusta, che la rete funzioni e che sia installato il driver giusto.
- Se i colori non sono proprio quelli che vi sareste aspettati, potreste aver applicato il profilo per il tipo di carta sbagliato o usato carta inadatta alla stampante. Controllate anche se i colori sono gestiti dal sistema e, in questo caso, provate a cambiare impostazione in modo che sia la stampante a gestirli.
- Se i colori sono inconsistenti, uno o più ugelli della cartuccia d'inchiostro potrebbero essere bloccati. Se l'immagine è confusa, probabilmente avete stampato sul lato sbagliato della carta.
- Se la stampa finale non è della dimensione prevista, controllate la risoluzione e la dimensione di uscita. Potreste dover ricampionare l'immagine (p. 200).
- È meglio collegare la stampante direttamente al computer: collegate il cavo USB nella porta USB del computer e non attraverso un adattatore multiporta.
- Se avete provato molte volte a stampare senza riuscirci, controllate la coda di stampa nel pannello di controllo della stampante e cancellate i documenti non stampati. Non farlo comporta l'accumulo di stampe impreviste per quando accenderete di nuovo la stampante.

PROFILI

7 Per stampe destinate a mostre, regali o vendita, occorre carta di alta qualità. Prima dell'acquisto verificate che abbia profili compatibili con la vostra stampante. Un profilo, anche se generico, incide in modo sostanziale sulla qualità di stampa e permette affidabili regolazioni a video.

- Evitate che il monitor si trovi sotto una forte luce diretta.
- Esistono lampade a luce neutra per una visione corretta dei colori.
- Calibrate il monitor periodicamente: può cambiare da un mese all'altro.

RISTAMPA

8 Per stampe di grandi dimensioni, controllate che l'immagine abbia una risoluzione sufficiente per buoni risultati. La risoluzione varia in base alla carta: deve essere più elevata con carta lucida, mentre può essere più bassa e dare comunque eccellenti risultati con carta opaca. In generale si sceglie una risoluzione di 300 pixel per pollice.

- Controllate con l'anteprima di stampa la dimensione rispetto alla carta.
- Una risoluzione più alta non sempre migliora la qualità di stampa.
- Una maschera di contrasto migliora la nitidezza ma introduce artefatti.

INCHIOSTRO E CARTA

9 Cambiare l'inchiostro o la carta richiede una nuova serie di test, perché minime variazioni possono alterare la riproduzione del colore. Qualche prova evita di sprecare molto inchiostro e molti fogli di carta.

- Conservate la carta con cura, in particolare in ambienti umidi o secchi: l'acqua nella carta influenza l'assorbimento dell'inchiostro.
- Per una riproduzione fedele dei colori, create un profilo specifico per la vostra stampante con un apposito sistema di calibrazione o rivolgetevi a un servizio di profilazione online.

Presentare le stampe

A differenza di quanto spesso si crede, l'arrivo del digitale non ha segnato la fine della visualizzazione su carta. Per la prima volta nella storia della fotografia abbiamo due modi diversi di mostrare le immagini e possiamo trarre il meglio da entrambi.

La gente ha sempre amato guardare le fotografie, appese in mostra o pubblicate su libri illustrati. Le stampe sono perfette in situazioni con elevati livelli di luminosità e quando occorre la massima qualità.

Cornici

La maggior parte delle stampe su carta sono prodotte con stampanti a getto d'inchiostro. Il grosso vantaggio delle stampe a getto d'inchiostro è l'ampia scelta di tipi di carta disponibili. Dalla quella metallizzata, molto lucida, a quella a grana grossa da acquerello fino a tela o carta di cotone, le possibilità sono molteplici e anche la qualità di stampa varia molto. Potete così abbinare la superficie della carta al tipo di immagine che volete realizzare. Un'immagine luminosa e colorata con molti dettagli trae beneficio da una carta molto lucida, mentre un surreale still life può essere valorizzato da una carta opaca o satinata.

Che stiate allestendo una mostra o solo appendendo alla parete le foto preferite, tenete presente che anche il modo in cui sono incorniciate influisce sul loro impatto. Scegliete cornici semplici che le completino senza sopraffarle.
Si può anche usare un bordo o passepartout per separare i margini dell'immagine dalla cornice. Esistono numerose varianti ma scegliete il colore con cura: un bianco sporco andrà bene per la maggior parte delle immagini. Se le pareti sono bianche in tinta unita, le stampe che arrivano esattamente ai bordi della cornice sono semplici ed eleganti.

Nozioni fondamentali per le esposizioni

Se esibite le fotografie perché altri le vedano, l'ordine in cui sono disposte cambia il loro effetto. Se l'intento è raccontare una storia, potreste conservare le migliori alla fine, dopo aver alimentato le aspettative di chi guarda, oppure la narrazione può seguire un ciclo naturale, per esempio raccontare un giorno dall'alba al tramonto.
Dato che le immagini saranno viste una dopo l'altra, è utile dare allo spettatore un senso di progressione. Per iniziare, privilegiate la semplicità. La chiave è sistemare le stampe in modo che siano facili da vedere, posizionate ad altezza costante e distanziate in modo regolare, e appese diritte.

SCEGLIERE LA CARTA

Ogni modello di stampante ha i propri pregi e i propri difetti: alcune daranno immagini in bianco e nero ben bilanciate, mentre altre produrranno colori vibranti e intensi. La scelta della carta determina anche la qualità del risultato. Per immagini di arti figurative con colori morbidi, caratterizzate da toni delicati (a fianco in alto), va bene una carta satinata, incorniciata senza vetro. Per ritratti in bianco e nero (a fianco in basso), una carta lucida in una cornice con il vetro ricorda la tradizionale carta fotografica a base d'argento. Le carte opache vanno bene per la stampa in grande formato di paesaggi con gamme tonali estese (a destra), perché sono facili da illuminare e da vedere in quanto non creano forti riflessi.

SEQUENZA NARRATIVA

È istintivo puntare a costruire una storia di tipo narrativo a partire da una sequenza di immagini. Più per gli spettatori sarà facile seguire la narrazione, più vi ripagheranno con una maggiore reattività di fronte a quello che vedono. Sviluppate il racconto di un viaggio, o create una serie basata su un colore o sulla scala tonale, per esempio da chiaro a scuro. La sequenza può essere discontinua o anche invertirsi in alcuni punti. Nell'esempio sopra, sono partito dal bungalow e mi sono inoltrato nella giungla per scoprire infine la fauna selvatica del posto.

Mostra casalinga

Organizzare una mostra è divertente e gratificante, ma molti rinunciano in partenza perché puntano troppo in alto. Non è obbligatorio trovare uno spazio pubblico come una biblioteca, per non parlare di una vera galleria d'arte. Trasformate in una galleria la stanza più grande della casa, oppure il garage di amici o un bar.

▼ COMPITO

▷ Organizzate una mostra delle vostre immagini preferite e invitate parenti e amici a prendervi parte. Può essere anche un'opportunità per imbiancare e riordinare una stanza. Realizzate alcune stampe (da un minimo di 10 a un massimo di 20) di grandi dimensioni. Potete anche organizzare una presentazione che scorra in parallelo su un televisore o un computer. La musica di sottofondo può contribuire all'atmosfera.

▼ PUNTI DA RICORDARE

▷ **Per migliorare l'illuminazione** aggiungete lampade o più scenografici faretti.

▷ **Realizzate gli inviti** con la fotografia migliore per contraddistinguere la mostra. Specificate titolo, data e luogo, e distribuiteli via email.

▷ **Preparate un rinfresco** per ringraziare i partecipanti alla vostra mostra privata.

▷ **Decidete il prezzo** a cui vorreste vendere ogni immagine prima che qualcuno ve lo chieda.

▷ **Invitate amici fotografi** a unirsi a voi per arricchire la varietà delle opere in mostra.

DA CERCARE IN INTERNET

☐ **Passepartout**	☐ **Allestimento mostre**
☐ **Gradazione di carta**	☐ **Family of Man**
☐ **Cornici fotografiche**	☐ **Intertestualità**
☐ **Luci per mostre**	☐ **Semiologia**
☐ **Appendere quadri**	☐ **Gallerie fotografiche**

Stampare online

Una delle vittime principali del passaggio della fotografia al digitale è la stampa. Quasi all'improvviso siamo passati dallo stampare quasi tutte le foto scattate a meno di una ogni mille. A parte la durata incerta delle immagini digitali, ciò significa che intere generazioni di fotografi non conoscono la bellezza, la delicatezza e la ricchezza di toni della stampa di qualità.

Il processo di sviluppo e stampa in via di estinzione avrebbe dovuto essere compensato dalla crescita delle stampanti per uso domestico, ma la difficoltà di ottenere risultati costanti e affidabili (pp. 288-289) ha favorito la nascita di servizi di stampa alternativi. Ai livelli più alti, competenza e stampanti di livello professionale danno il meglio di entrambi i mondi, a quelli più bassi si trovano prezzi contenuti e praticità.

Stampare sul posto

Se abitate in città, il negozio fotografico della zona potrebbe avere installato postazioni che permettono di selezionare e stampare le immagini direttamente dalla scheda di memoria. Sono servizi veloci ed economici, ma in genere realizzano solo stampe di piccole dimensioni. Inoltre la qualità e la durata delle stampe sono variabili.

Stampare a distanza

I servizi di stampa online sono un'ottima risorsa per l'utente occasionale. Vi basta andare sul sito, caricare le vostre fotografie e inoltrare l'ordine. Molti hanno istruzioni chiare per gestire spazio colore, risoluzione e formato. Potete anche scegliere il tipo di carta: servizi di buona qualità usano carte giclée (per qualità da esposizione o archivio) e forniscono profili di stampa per controllare o vedere un'anteprima del risultato si stampa prima dell'ordine. Effettuato il pagamento, la stampa è automaticamente collocata in coda di stampa. I servizi offerti includono tempi rapidi, consegna con corriere e spedizioni all'estero. Anche in questo caso è sempre una buona idea controllare il sito dello stampatore per cercare garanzie sul servizio e commenti degli utenti.

Libri fotografici online

La possibilità di stampare le fotografie si è diversificata in forme ancora più entusiasmanti. Potete creare e stampare online album fotografici e riceverli a casa. Grazie a questa sorprendente evoluzione, è semplice trasformare la vostra opera in un gradito regalo. Il procedimento è un po' più complesso rispetto alla stampa di singole fotografie, dato che dovete impostare il libro (ma alcuni software lo fanno in automatico). Può essere utile disporre le immagini in base all'ordine che volete dare loro e numerarle in sequenza. Magari tracciate un abbozzo di massima, dove alcune fotografie potrebbero essere a tutta pagina o su doppia pagina e altre variamente raggruppate.
Dopo aver scelto il servizio, potete iniziare la progettazione. Molti siti consentono di farlo online; con altri si deve scaricare il software di impaginazione previsto (anche programmi come Adobe Lightroom e Apple Aperture hanno modelli predefiniti). Dovete quindi scegliere il formato del libro, la carta e il tipo di copertina. Inserite le immagini nel layout scelto o seguite le istruzioni. Confermate l'ordine e dopo pochi giorni riceverete il vostro libro fotografico (di solito il prezzo unitario scende se aumenta il numero di copie) stampato e rilegato con professionalità.

CREARE UNO SCHEMA DI IMPAGINAZIONE

Il modo più semplice per impostare il vostro progetto è prendere esempio da un libro che vi piace. Cercate nella vostra libreria o in biblioteca un tipo di impaginazione che potrebbe essere consona alle immagini. Fotocopiate o fate una scansione di alcune pagine e usatele come modelli per il layout del vostro libro. Lasciate alle immagini sufficiente "aria" nella pagina.

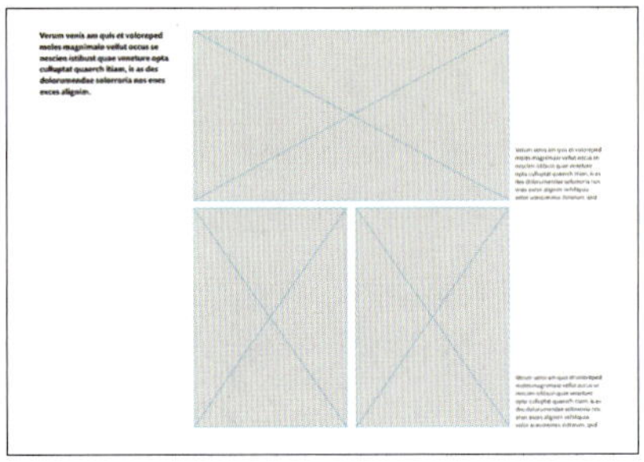

SFIDE DELLA STAMPA

Un'immagine in bianco e nero (in alto) è un buon banco di prova per un sito di stampa online, perché anche il minimo errore nel bilanciamento del colore risulterà evidente nel contesto monocromatico. Al contrario, un paesaggio o una veduta con molti colori tollera variazioni più ampie nel bilanciamento del colore e nella saturazione dando comunque risultati accettabili (in basso).

Provare i siti

Ci sono numerosi servizi di stampa online e su Internet troverete molti commenti, ma niente vale quanto il vostro parere personale. Provate servizi diversi con piccoli ordini prima di passare a un lavoro importante. Valutate quanto è semplice apportare modifiche, se il sistema di comunicazione è efficiente, se ha un buon rapporto qualità-prezzo e quanto velocemente avrete il materiale.

▼ COMPITO

▷ Esaminate velocità, qualità, e prezzo di tre o quattro diversi servizi online ordinando piccole stampe di quattro immagini rappresentative. Cercate di includere tipologie diverse, per esempio un ritratto con morbidi toni pastello, un paesaggio in bianco e nero, uno scatto di viaggio dai colori intensi e una tavola cromatica standard.

▼ PUNTI DA RICORDARE

▷ **Caricate la stessa immagine** su tutti i siti scelti nello stesso giorno.

▷ **Ordinate stampe sulla carta migliore** e in generale scegliete le opzioni che privilegiano la qualità, limitando le dimensioni di stampa per contenere i costi.

▷ **Scegliete il tipo di carta** più simile che potete, in modo che sia sempre lucida o opaca. Evitate superfici satinate perché sono soggette a variazioni considerevoli.

▷ **Quando ricevete le stampe,** valutatene tutti gli aspetti e chiedete un parere anche ad altre persone.

DA CERCARE IN INTERNET

☐ **Giclée**	☐ **Stampa cromogenica**
☐ **Profilo di stampa**	☐ **Photobox**
☐ **Getto d'inchiostro**	☐ **Graham Nash**
☐ **Stampa lambda**	☐ **Stampe foto gratuite**
☐ **Dpi**	☐ **Archiviare immagini**

Opportunità remunerative

L'enorme crescita numerica di fotografi in grado di produrre immagini di eccezionale qualità ha ribaltato gli equilibri: è un grande beneficio per i fotografi dilettanti, ma quasi un disastro per i professionisti incapaci di adattarsi. Ci sono tanti fotografi capaci nel mondo come mai prima d'ora, e le opportunità per guadagnarsi da vivere, in parte o del tutto, con la fotografia non potrebbero essere più varie.

Anche la competizione per i clienti è più agguerrita. Non è facile farsi notare tra centinaia di milioni di altri fotografi, ma neppure impossibile. La chiave fondamentale per attirare attenzione è la qualità e la natura innovativa del vostro lavoro, mentre la caratteristica più importante per trovare clienti è la professionalità sotto tutti gli aspetti. Non è difficile guadagnare qualcosa dalle immagini, ma lo è ricavarne tanto da vivere, più o meno agiatamente.

Suscitare interesse

Per vendere le vostre fotografie dovete renderle visibili. L'idea più ovvia è mettere quelle migliori e della qualità più elevata sul vostro sito, ma non è semplice organizzare un sistema sicuro ed efficiente di vendita online con un archivio di file ad alta risoluzione. Un modo per aggirare l'ostacolo è cercare un sito di hosting che offra i servizi che di cui avete bisogno al quale affidare un vostro microsito (un po' quello che succede in un sito di photosharing). I siti di hosting sono concepiti per scopi professionali e includono motori di ricerca per trovare immagini con parole chiave, supportano le transazioni per vendere diritti e permettono agli utenti a pagamento di tenere e scaricare file di grandi dimensioni. Potete personalizzare l'aspetto del vostro spazio online e gestirne il contenuto. Il sito di hosting potrebbe anche promuovere i suoi iscritti, per esempio gestendo blog per far conoscere i fotografi ai potenziali clienti.
Un altro metodo è avvicinarsi al mercato locale con un portfolio. Potete contattare ristoranti o negozi con vedute o articoli da esibire, o magari un produttore di cartoline.
Il portfolio può essere una presentazione sul portatile, sul tablet o sullo smartphone. Mostrate immagini adatte al potenziale cliente. Lasciate un biglietto da visita e cercate di ricavare un nuovo contatto da ogni telefonata che fate.

Siti di microstock

Chiunque che abbia discrete abilità e volontà può entrare nel business dei microstock. Queste organizzazioni vendono i diritti delle fotografie per cifre modiche come un dollaro o meno. L'acquirente può usare a vita l'immagine senza ulteriori spese o royalty, anche per scopi commerciali. Le cifre in gioco sono sicuramente micro, ma con tante piccole vendite si può anche costruire una fortuna.
Che piaccia o no, questo modello ha preso il posto di quello che un tempo era un business dai profitti elevati, perché per molti scopi quello che i siti di microstock offrono è più che sufficiente. Chiunque può guadagnare piccole somme, a patto che le sue fotografie siano nitide, chiare, ben esposte e dai toni verosimili. Il giro dei microstock è aperto a chiunque possa soddisfare gli standard per superare i test dei revisori che controllano qualità e contenuto, secondo criteri non troppo rigidi (pp. 182-183). Più fotografie mettete in vendita su un sito di microstock, più potrete guadagnare. Il mercato di immagini semplici e piacevoli è in crescita in

VENDIBILITÀ

Immagini da archivio fotografico di successo sono in genere quelle con soggetti chiaramente distinguibili, a fuoco, bene illuminati e con colori intensi. Non dovete puntare su soluzioni innovative, astratte o intriganti. Lo scatto dei porcellini salvadanaio (a fianco) non è fantasioso, ma si può vendere. Lo scatto degli ombrelloni e del cielo blu (a destra) è interessante ma difficilmente vendibile.

Spazio libero
Immagini che lasciano uno spazio per inserire del testo sono apprezzate da grafici e pubblicitari. Questa si adatta anche a un taglio verticale per maggiori possibilità di utilizzo.

tutto il mondo. Inoltre, il materiale su questi siti deve essere continuamente rinnovato, perciò anche se c'è un'immagine di successo, c'è sempre spazio per un'alternativa analoga.

Concorsi

Entrare in competizione è un buon modo per mostrare il meglio della vostra opera e mettervi alla prova rispetto ad altri fotografi. Potete scattare fotografie apposta per un concorso o cercare nei vostri archivi qualcosa che soddisfi i requisiti. Se possibile, andate in posti nuovi: i concorsi ricevono fotografie da una varietà di luoghi sorprendentemente ristretta. Se vi trovate in una località nota, cercate di essere originali. Guardate come altri hanno fotografato i punti più rinomati (cercate su Flickr o Photobucket) e pensate a come trovare un approccio diverso. Evitate di emulare i vincitori delle precedenti edizioni: è utile imparare da loro, ma non scattate foto simili. Guardate i vincitori del passato per capire cosa non fare. In primo luogo, le foto vincenti sono foto favolose, ma questo di rado può bastare. Oltre all'ovvia ottimale qualità tecnica, ci sono altri punti da ricordare. Seguite alla lettera le regole del concorso e ogni dettaglio delle istruzioni. Non elaborate troppo l'immagine. Inviate il materiale con anticipo: evitate la ressa dell'ultimo minuto che intasa il server dell'organizzatore. Leggete tra le righe: se il concorso è per la copertina di un libro, scegliete il formato ritratto anche se il regolamento non lo specifica. Non preoccupatevi se lo sponsor è un produttore di fotocamere: in genere non ci saranno pregiudizi nei confronti di marche concorrenti.

Vendere il proprio lavoro

Se è gratificante sapere che qualcuno apprezza una vostra foto, pensate quanto è elettrizzante scoprire che è addirittura disposto a pagarla. I siti di microstock come Fotolia, Shutterstock, iStockphoto e altri hanno democratizzato la vendita di diritti. Vale la pena di tentare, anche se non siete del tutto sicuri delle vostre capacità.

▼ COMPITO

▷ Raccogliete un numero sufficiente di immagini tra quelle migliori che soddisfino i criteri di presentazione del sito scelto. Inviatele con il preciso scopo che siano accettate e messe in vendita.

▼ PUNTI DA RICORDARE

▷ **Leggete i termini e le condizioni** per essere sicuri che siano di vostro gradimento; non limitatevi a cliccare sul pulsante "accetta".

▷ **Esaminate le immagini** con attenzione e con forte ingrandimento per controllare che siano pulite, nitide (ma non troppo), ben esposte e con un bilanciamento del bianco corretto.

▷ **Assicuratevi che rispondano alle regole del sito** per dimensioni, risoluzione, contenuto e liberatorie, se richieste.

▷ **Seguite con attenzione tutte le istruzioni** riguardanti didascalie e parole chiave.

▷ **Alcuni siti vi lasceranno in attesa** per settimane o perfino mesi prima di poter riprovare se fallite la prima prova. I cinque o sei siti più importanti sono più rigorosi di quelli piccoli.

DA CERCARE IN INTERNET

- ☐ **Microstock**
- ☐ **Royalty-free**
- ☐ **Liberatoria**
- ☐ **Archivio fotografico**
- ☐ **Tag**
- ☐ **Parole chiave**
- ☐ **Corbis**
- ☐ **Shutterstock**
- ☐ **Diritti d'autore**
- ☐ **Diritti di riproduzione**

CAPITOLO OTTO

GIRARE FILMATI

La rivoluzione della cinematografia

Di quale rivoluzione parliamo? È facile sottovalutare l'importante cambiamento che si è verificato nel mercato delle dSLR negli ultimi cinque anni, per come siamo abituati a vedere diventare i prodotti sempre più economici, più sofisticati e più piccoli. Ma una grossa novità ha ora trasformato il mondo dei film.

Anche se le fotocamere dSLR registrano video di qualità accettabile da diverso tempo, solo dall'arrivo della Canon 5D Mk II hanno raggiunto un livello che ne consente un uso professionale. In passato uno degli ostacoli per i registi era che anche le videocamere "prosumer" (di fascia intermedia tra professionale e amatoriale) avevano obiettivi fissi con cui era arduo ottenere una ridotta profondità di campo e che limitavano l'aspetto del filmato. Ora tutto questo è cambiato.

Niente panico!

Se è il vostro primo giorno di lavoro come registi, potreste desiderare di aver frequentato una scuola di cinema (per consolarvi, leggete il box nella pagina a fronte). Se siete intimiditi da quello che succederà, può confortarvi sapere che, grazie a Internet, non è mai stato così facile imparare qualcosa sulla cinematografia o su come girare e montare film con un budget limitato. Il procedimento in passato era costoso e laborioso e l'unico modo di diventare registi o direttori della fotografia era di costruirsi una carriera dai gradini più in basso, iniziando con il pulire i pavimenti e con l'accatastare le pellicole fino a regolare la messa a fuoco. Parlando di pratiche storiche, una precisazione sulla terminologia adottata. "Video" si riferiva a riprese registrate su nastro magnetico e "film" a quelle su pellicola in formato 16 mm o 35 mm. Oggi che tutto è digitale, quando parliamo di film o video, intendiamo sempre una registrazione di immagini in movimento con una camera.

Un nuovo inizio

Potete girare un filmato di qualità professionale con una dSLR dotata di funzione video usando liberamente un'ampia gamma di obiettivi. Molti studi professionali usano regolarmente dSLR al posto di attrezzature che costano centinaia di volte tanto. Dai lungometraggi al *Dr. House*, sono state usate dSLR in produzioni di tutto il mondo: pur con ancora qualche limite, hanno senza dubbio cambiato per sempre l'arte della cinematografia.

RIVELARE POCO ALLA VOLTA

Queste immagini sono prese da due film molto diversi. La striscia superiore è tratta da una pubblicità per una banca di investimento, mentre quella inferiore proviene da un documentario su un'associazione di volontariato operativa in Malawi. Entrambe le serie di immagini ci raccontano la loro storia in ordine sequenziale. Anche se ci sono solo cinque immagini in ogni striscia, ognuna rivela qualcosa di più di quanto accade. La striscia superiore è un film concettuale che non ha un senso in un'ottica convenzionale. Ogni fase comunica qualche informazione in più sulla biglia, per svelare alla fine che si muove in un "labirinto del cervello". In modo simile, il vostro video dovrebbe rivelare gradualmente i suoi segreti al pubblico.

Definizione standard e alta definizione

La televisione impiega due standard principali di trasmissione e ricezione: PAL (Phase Alternate Line), nella maggior parte di Europa, Asia, e Australia, e NTSC (National Television System Committee), in Nordamerica. Il resto del mondo è diviso tra questi due formati e un terzo: SECAM (Séquentiel Couleur à Mémoire). Questi standard stanno diventando velocemente obsoleti con l'arrivo dell'alta definizione, High Definition (HD), ma la frequenza dei fotogrammi (numero di immagini consecutive per secondo) varia ancora da paese a paese: le nazioni con il sistema PAL girano a 25 fotogrammi al secondo (fps), quelle con il sistema NTSC a 30 fps. Gli standard televisivi variano sotto molti aspetti e uno di questi è la quantità di pixel per fotogramma. Ci sono due tipi di HD, un formato full HD, con 1920 x 1080 pixel (detto 1080p) e un formato più piccolo con 1280 x 720 pixel (detto 720p). La definizione standard, Standard Definition (SD), si riferisce a PAL o NTSC, in base al paese. Anche se l'argomento non sembra appassionante, è importante avere una conoscenza di base di formati e frequenze dei fotogrammi per controllare che la fotocamera sia impostata correttamente per girare un film.

LO SAPEVATE?

Se pensate di aver bisogno di una laurea per avere successo nel cinema, ricredetevi. Hollywood è piena di grandi registi che non hanno seguito una formazione accademica. Con fatica e impegno, non c'è ragione per cui non possiate unirvi a loro. Per esempio Peter Jackson (*Il Signore degli Anelli*, *King Kong*), David Fincher (*Fight Club*, *Se7en*), James Cameron (*Titanic*, *Avatar*) e Stephen Spielberg (*ET*, *Schindler's List*) non hanno seguito una scuola di cinema; Ridley Scott (*Alien*, *Gladiator*) realizzò il suo primo lungometraggio a 40 anni. *The Blair Witch Project* fu girato dai tre attori che vi recitavano e non avevano mai usato una videocamera prima. Il film arrivò a incassare 248 milioni di dollari nelle sale: era costato appena 20.000 dollari ed era stato girato in soli otto giorni. Nel campo della cinematografia documentaria, sia Michael Moore (*Bowling a Columbine*, *Fahrenheit 9/11*) sia Errol Morris (*The Fog of War*, *Standard Operating Procedure*) avevano abbandonato il college.
La morale della favola è chiara: se avete una buona idea, avete fiducia in voi stessi, e siete pronti a lavorare duramente per quello che volete, tutto è possibile.

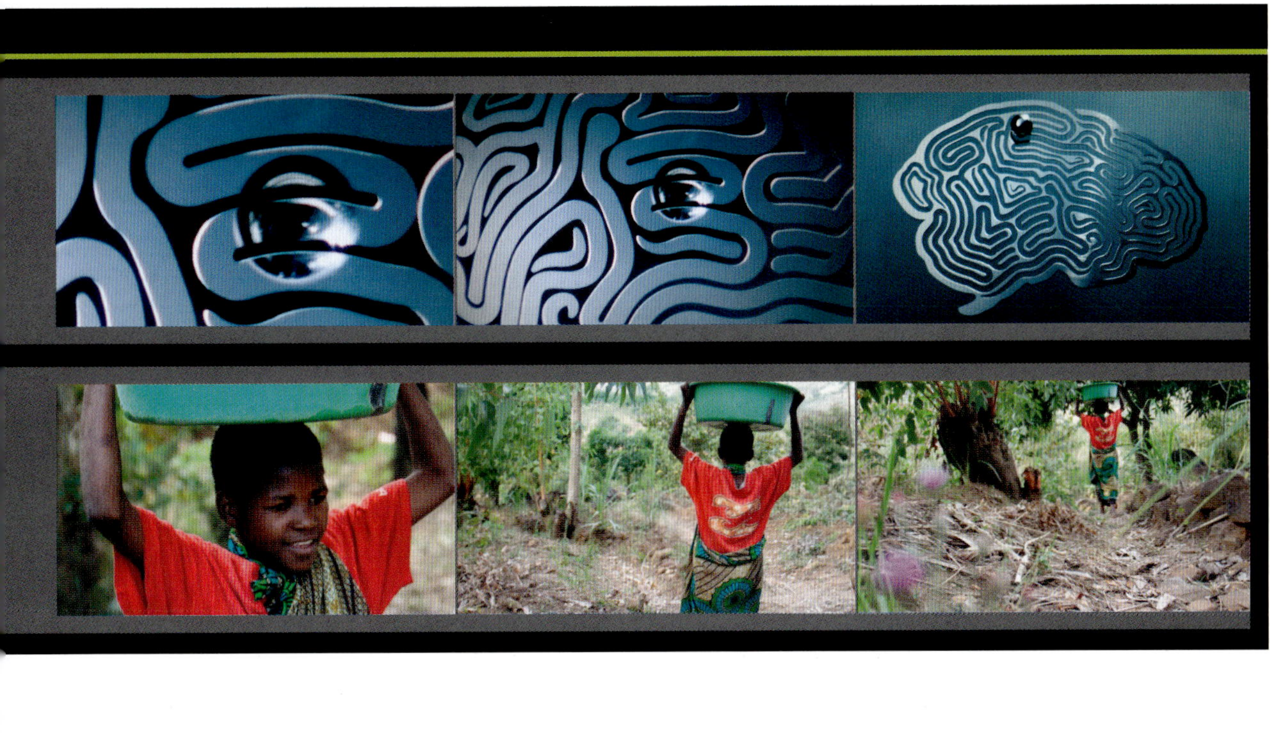

Attrezzatura

La buona notizia, se volete girare film con una dSLR, è che avete già praticamente tutto quello che vi serve per iniziare. Il suono potrebbe non essere perfetto e forse non arriverete a vincere premi prestigiosi, ma potrete comunque ottenere buoni risultati.

Le dSLR di nuova generazione sono perfette per girare filmati di buona qualità con un budget limitato, anche se i microfoni montati sulla fotocamera sono in genere di basso livello. Potreste incontrare anche altri problemi, come il rumore di fondo (p. 305), che non potrete eliminare con un microfono incorporato. Se volete passare a un livello superiore per girare un documentario o un cortometraggio, o anche solo per registrare per bene le prime parole di vostro figlio, valutate l'acquisto di qualche dispositivo più specialistico.

Attrezzatura audio

Il primo investimento dovrebbe essere un paio di cuffie di discreta qualità, se compatibili con la fotocamera. Molti registi dilettanti si dimenticano del suono, che è invece un fattore determinante per la qualità della produzione finale. Con le cuffie vi renderete inoltre contro di quanto è davvero terribile il microfono incorporato. Se decidete di acquistare un microfono separato, anche uno dei più economici farà una grande differenza per la qualità complessiva del suono. Purtroppo molte fotocamere economiche non hanno l'ingresso per il microfono esterno (o la cuffia); in questo caso vale la pena di considerare l'acquisto di un registratore audio. Aumentando un po' il budget, una giraffa (boom) permette di posizionare con precisione il microfono per una qualità del suono ottimale.

Stabilità della fotocamera

Uno stativo è il migliore amico del cineasta. Con un treppiede bloccato (in posizione fissa), sarete liberi di dirigere, intervistare il soggetto o occuparvi della registrazione del suono. È provvidenziale per girare al rallentatore e consente di eseguire zoomate veloci (a schiaffo) in modo controllato.

Potete improvvisare uno stativo mettendo la fotocamera su una superficie piana, ma in questo modo correte il rischio di non avere la libertà di manovra necessaria per dirigere le riprese come volete. Il vero vantaggio di un treppiede è con il movimento, e un film è sempre correlato al movimento, che seguiate una persona che corre o facciate una panoramica di una scena per rivelare qualcosa al di fuori dell'inquadratura. Se decidete di acquistare un treppiede, cercate un modello con testa fluida, che si muove in modo morbido e regolare.

I monopiedi, leggeri e versatili, sono una buona alternativa al treppiede. Nelle riprese video si prestano anche a modi di impiego diversi rispetto alla fotografia di immagini fisse. Per esempio, con l'asta chiusa diventano un utile contrappeso per riprese a mano libera. Con l'asta allungata, danno una stabilità sufficiente per una panoramica in orizzontale o in verticale senza dover ricorrere a un treppiede in posizione fissa. I monopiedi Manfrotto di nuova generazione hanno perfino una testa fluida che dà molti dei vantaggi di un treppiede con solo un terzo del peso.

LO SAPEVATE?

La prima cosa che dovreste fare con la vostra nuova attrezzatura è scoprire se sono disponibili aggiornamenti firmware (il firmware è il software integrato nella camera). Gli aggiornamenti firmware danno funzioni migliorate e spesso risolvono eventuali problemi. Controllate il sito Internet del produttore: gli aggiornamenti sono disponibili con regolarità.

Velocità di trasmissione e schede di memoria

Ogni dSLR ha una diversa velocità di trasmissione (la quantità di informazioni digitali elaborate al secondo e registrate sulla scheda di memoria). In genere, più è alta la velocità di trasferimento, migliore è la qualità dell'immagine registrata. Le dSLR riempiono le schede molto velocemente ed è bene averne a sufficienza per tutte le riprese previste. Come regola empirica, una scheda da 8 GB basta per 20 minuti di filmato, ma il rapporto varia in base al modello della fotocamera e alle impostazioni. Le schede di marca a volte costano molto, ma non vi serve avere un marchio noto. Averne una buona scorta è invece un grosso aiuto, perché non si deve perdere tempo per trasferire i dati durante le riprese. La cosa più importante è conoscere la velocità di trasmissione della fotocamera per verificare che la scheda sia compatibile. Controllate il manuale in proposito.

ATTREZZATURA SUL SET

1 DSLR
Il direttore della fotografia usa la funzione zebra sul display della sua dSLR per determinare la giusta esposizione per questa ripresa.

2 Treppiede
Con una mano sull'impugnatura del treppiede, il direttore della fotografia può seguire l'azione in tempo reale usando l'altra mano per regolare la messa a fuoco.

3 Illuminazione
È una semplice illuminazione a tre punti con lampade da 800 watt, con le porte del tutto aperte e diffusori appesi con pinze a coccodrillo.

4 Accessori per l'illuminazione
Una tavola riflette sul soggetto una luce di riempimento supplementare. Il diffusore di riserva e gelatine blu possono correggere il colore.

5 Asta e impugnatura a pistola
La giraffa e l'impugnatura a pistola proteggono il microfono dalle vibrazioni e permettono al fonico di registrare audio di qualità senza essere ripreso.

6 Microfono
Il microfono molto direzionale raccoglie la maggior parte del suono direttamente davanti a sé in un'area a forma di cuore, o supercardioide.

7 Registratore audio
Se usate una dSLR con microfono incorporato di modesta qualità, affiancatele un registratore audio. Un cavo XLR collega il microfono al registratore.

8 Cuffie
Parte essenziale dell'attrezzatura, le cuffie vanno impiegate ogni volta che si registra il suono, anche se si usa solo il microfono della fotocamera.

9 Varie
Altri elementi che tornano sempre utili sono nastro adesivo, lampadine (e guanti per non scottarsi), schede di memoria, batterie, pinze e morsetti.

Regolazioni per il video

Benvenuti in un nuovo mondo che non si misura in pollici e megapixel ma in secondi, minuti e fotogrammi. Il video oggi corrisponde a circa la metà di tutto il traffico Internet e, come registi e direttori della fotografia, siete un po' più vicini a girare, montare e distribuire il vostro primo film.

Quando registrate immagini fisse catturate un singolo istante, con un filmato invece catturate interi intervalli di tempo. La maggior parte dei programmi televisivi sono filmati a una frequenza di 25-30 fotogrammi al secondo (fps), ma molte fotocamere dSLR arrivano a 50-60 fps o più.

Rallentatore

Se girate con una frequenza dei fotogrammi elevata e poi rivedete il filmato a velocità dimezzata, avrete un bel filmato al rallentatore, che è un mezzo eccezionale per dare solennità a qualsiasi produzione. È efficace soprattutto per scene commoventi o sequenze d'azione. Probabilmente scoprirete di non poter girare in full HD con una frequenza dei fotogrammi più elevata: c'è sempre un compromesso tra la dimensione e la frequenza dei fotogrammi. Come regola generale, cercate di girare sempre in full HD, se non si tratta di materiale per scene al rallentatore o stacchi.

Impostazioni dell'otturatore

Come nella fotografia di immagini fisse, anche con le immagini in movimento cambiare tempi di otturazione porta a risultati diversi. Di solito imposterete un tempo di 1/50 sec (PAL) o 1/60 sec (NTSC), ma portandolo a 1/30 sec (o anche più lungo con alcune camere) vedrete apparire un effetto di sfocatura, spesso usato per suggerire che il soggetto ha bevuto o è in una situazione di forte stress. Al contrario, se girate con tempi di esposizione brevi, l'immagine apparirà nitida e con un effetto stroboscopico: una tecnica usata con efficacia nelle scene di combattimento di *Il gladiatore* e *Salvate il soldato Ryan* e ideale per mantenere nitida una ripresa panoramica.

Cogliere la luce giusta

La prima decisione da prendere quando allestite una ripresa riguarda l'obiettivo e l'apertura del diaframma. Se non avete molta libertà di manovra per cambiare le impostazioni dell'otturatore per ottenere l'esposizione assolutamente corretta, dovete impiegare altri strumenti. Filtri a densità neutra sono la scelta migliore per una ridotta profondità di campo quando girate con il sole alto, ma regolare i valori ISO vi garantisce un maggiore controllo. Se scegliete un valore ISO 800 o più potreste notare una grana che con un filmato rappresenta un problema molto più grave che con una fotografia. Per la minore risoluzione e la compressione applicata, si può infatti fare ben poco per correggere il filmato in fase di montaggio.

Usare la funzione zebra

Se state girando in esterni, le condizioni di luce possono cambiare oppure potreste spostare la ripresa su un'altra zona con luce diversa. Alcune fotocamere hanno l'opzione per includere la funzione zebra sul display. Questa indica con strisce quali zone sono sovraesposte e dà informazioni in tempo reale mentre girate. Se potete regolare la funzione zebra manualmente, impostate un valore IRE compreso tra 70 e 90. La funzione zebra è particolarmente utile per riprendere persone perché assicura che i toni della pelle siano correttamente esposti. È più precisa degli istogrammi e di quello che vedete sul display, per cui attivatela se disponibile. Anche i livelli sonori sono in costante oscillazione, perciò se avete cuffie e audiometri usateli sempre per controllare la qualità dell'audio.

LO SAPEVATE?

Una corretta messa a fuoco per un video è un processo molto diverso dalla messa a fuoco di immagini fisse. Per esempio, a volte zoomare avanti e indietro con un obiettivo comporta un cambiamento della messa a fuoco che avete preimpostato, perciò è meglio usare i comandi digitali per ingrandire e controllare che la messa a fuoco sia rimasta alle impostazioni volute. L'autofocus può essere controproducente perché quando il soggetto si muove potrebbe scegliere di mettere a fuoco un soggetto diverso o un oggetto sullo sfondo. Se possibile, provate a impostare la ripresa manualmente. Anche in tali condizioni il soggetto potrebbe comunque spostarsi fuori fuoco ed è più prudente impostare una profondità di campo estesa.

Problemi comuni

Le moderne fotocamere dSLR offrono un immenso numero di opportunità per girare filmati di qualità, ma ci sono ancora limiti di cui è bene essere consapevoli. Per superarli occorre un minimo di organizzazione, in particolare se non si ha una troupe di supporto, ma se dedicate tempo e riflessione alla ripresa non ci sono motivi per cui non possiate ottenere buoni risultati. Un consiglio generale è controllare che il firmware sia aggiornato regolarmente: servirà a mantenere la macchina al massimo dell'efficienza (p. 300).
Anche se alcuni dei problemi qui affrontati sono specifici della nuova generazione di dSLR, molti riguardano anche le videocamere digitali.

LUCI FLUORESCENTI

Se girate con luci fluorescenti e non avete un sistema di illuminazione professionale, il filmato potrebbe essere sciupato da bande di colore che pulsano nell'immagine. È un problema soprattutto con impostazioni di otturazione rapide. Per evitarlo impostate un tempo di 1/50 o 1/60 sec.

FUNZIONE ZEBRA

Come nella fotografia, conoscere la fotocamera e usare i comandi manuali quando occorre dà un maggiore controllo sulla qualità del filmato. Se disponibile, attivate sempre la funzione zebra sullo schermo per controllare l'esposizione e usate audiometri per i livelli sonori.

MESSA A FUOCO

Mantenere la messa a fuoco è difficile se il soggetto si muove; impostate la ripresa con un'estesa profondità di campo o cercate di limitare il movimento. Dato che gli anelli di messa a fuoco sugli obiettivi delle dSLR sono scomodi, vi servirà un adattatore per regolare il fuoco durante la ripresa.

ISO E GRANA

Evitate di usare valori ISO elevati perché potrebbero sorgere artefatti di compressione se cercate di recuperare i dettagli in postproduzione. Anche se potete modificare colori e livelli, ricordate che avete meno opzioni con un filmato che con foto ad alta risoluzione o in RAW.

LIMITI DEI DATI

Girare film su una dSLR richiede una grande quantità di dati, perciò assicuratevi di avere con voi schede di memoria in abbondanza. Molte dSLR registrano solo un massimo di 4 GB di dati prima di interrompersi. Questo equivale all'incirca a 10 minuti di filmato in HD: tenete d'occhio l'orologio.

LINEE SFASATE

Se fate una panoramica veloce, o con un soggetto in rapido movimento, la scansione linea per linea produce un effetto (detto "rolling shutter") per cui sembra che gli oggetti siano inclinati lateralmente. Il modo migliore per evitarla è fare una panoramica lenta e accelerare poi il filmato se necessario.

Illuminazione per il video

Potreste aver sperimentato schemi di illuminazione con la fotografia, ma ci sono differenze significative da tenere in considerazione quando girate un filmato. La più evidente è che non potete impiegare il flash, perché vi serve una sorgente luminosa costante.

In alcune situazioni, per esempio all'aperto, non sarete in grado di controllare la sorgente di luce facilmente. Dovrete comunque stare attenti a qualsiasi cambiamento avvenga intorno a voi: il filmato sembrerà strano se, per esempio, una scena è in pieno sole e quella successiva con cielo coperto. Anche girare in un interno comporta problemi, come quelli associati alle luci fluorescenti (p. 303), per cui è una buona idea allestire una vostra illuminazione. In questo modo potrete controllare l'ambientazione della produzione e otterrete più facilmente l'aspetto voluto.

Illuminazione a tre punti

Lo schema di illuminazione di base quando si gira in interni è quello a tre punti. Non vi servono costose lampade, ma potete usare una commistione di luce naturale (se c'è una finestra), riflettori e qualsiasi luce a disposizione a casa o sul lavoro. La sorgente di luce più importante e potente è detta luce chiave (potete usare anche una finestra), che deve essere collocata a un lato del soggetto. Una seconda luce, detta luce di riempimento, viene posta sul lato opposto. La luce di riempimento riduce le ombre e a questo scopo potete usare un pannello riflettente se preferite. Posizionate poi una luce dietro il soggetto per creare definizione e staccarlo dallo sfondo. Con luci forti è utile un diffusore per ammorbidire il risultato. Applicate un filtro blu per bilanciare il colore delle luci artificiali in modo che si avvicinino alla luce naturale. Infine, ricordate di regolare il bilanciamento del bianco della fotocamera.

LO SAPEVATE?

L'uso di diffusori e filtri migliorerà sostanzialmente l'aspetto della vostra produzione, perciò teneteli a portata di mano. Vi conviene avere anche lampadine di scorta per l'illuminazione (quelle da 200 watt sono economiche e si prestano a vari tipi di impiego). Altri oggetti essenziali da avere con sé sono nastro adesivo, pinze e morsetti, utili per tenere in posizione pannelli, filtri e oggetti di scena.

Schema di illuminazione economico
Questo è un sistema di illuminazione a tre punti molto essenziale ma efficace. La finestra fornisce la luce principale (luce chiave), mentre il pannello riflettente rimanda la luce sul soggetto (luce di riempimento). Una lampada da scrivania da 50 watt dà una luce sufficiente a illuminare da dietro il soggetto e produce un leggero alone intorno a braccio, spalla e testa.

Registrare il suono

È facile trascurare l'importanza del sonoro fino a quando non ci si ritrova con del materiale inutilizzabile al momento del montaggio. Registrare un suono di buona qualità è una forma d'arte in sé, ma ci sono diverse tecniche semplici ed economiche che potete adottare per migliorare il risultato.

I microfono incorporati che si trovano sulla maggior parte delle dSLR sono di scarsa qualità ed è consigliabile non fare troppo affidamento solo su di loro. Se il budget lo consente, acquistate un microfono cardioide, che raccoglie la maggior parte del suono dalla direzione verso cui è puntato. Se avete un amico che vi dà una mano durante le riprese, chiedetegli di controllare la qualità del suono (meglio se con cuffie e audiometri). Un'asta microfonica o giraffa permette di tenere il microfono più vicino possibile all'azione. Potete improvvisare una giraffa fissando il microfono a un ramo o a un'asta. Nel maneggiare una giraffa, badate che ogni movimento delle dita o cambiamento nella presa può essere percepito dal microfono. Idealmente il microfono deve essere tenuto a meno di un metro di distanza dal soggetto ed essere puntato verso la bocca.

Condizioni ambientali

L'ambiente in cui state lavorando è importante quanto l'attrezzatura impiegata. Se girate in interni, controllate che tutti gli impianti di climatizzazione siano spenti, che le porte siano chiuse, che tutti i telefoni cellulari siano spenti e che non ci siano forti rumori di fondo. Se girate in esterni, in particolare se c'è vento, applicate sempre al microfono una protezione antivento e cercate di evitare situazioni fuori dal vostro controllo. Basta allontanare soggetto e microfono dal traffico o dalla folla per avere una notevole differenza.

Colonna a vuoto

Una volta che avete finito di girare, registrate un minuto di suono separato, senza alcun dialogo. Anche se siete in un contesto tranquillo, ci saranno lievi suoni di sottofondo che potreste non notare al momento ma comunque presenti. Questa colonna a vuoto, o "wild track", vi sarà utile durante il montaggio per riempire lacune nella traccia del sonoro in modo coerente, laddove il silenzio assoluto risulterebbe palesemente diverso dal resto della registrazione.

Ridurre il rumore dell'ambiente
In questa situazione ci sono due modi per limitare il rumore del traffico in sottofondo: puntare il microfono dal basso verso la bocca del soggetto o usare una giraffa per tenere il microfono più vicino possibile con un'inquadratura più stretta.

LO SAPEVATE?

Se la vostra dSLR non ha un ingresso per il microfono, la possibilità di avere un sonoro di qualità sarà limitata e dovrete ricorrere a un dispositivo audio esterno per registrare il suono. Anche se quello registrato dalla fotocamera non sarà perfetto, vi servirà come traccia per sincronizzare l'audio separato in fase di montaggio. Se registrate il suono separatamente, regolate sempre data e ora dell'unità audio e della fotocamera e usate un ciak (o battete le mani) appena prima di iniziare la ripresa per ottenere un picco nel suono sul quale sincronizzare i file audio e video.

Tecniche di ripresa

Una buona comprensione di quando occorre un certo tipo di ripresa è indispensabile per girare filmati. Il vantaggio è che avete già acquisito un intuito per capire quello che può funzionare o meno, perché le tecniche fondamentali sono quelle che avete già visto molte volte in passato. Come in molti casi, le regole servono per essere infrante: con le competenze crescerà di pari passo il desiderio di sperimentare inquadrature diverse. Potreste trovare utile realizzare prima lo storyboard delle sequenze: anche semplici schizzi vi serviranno per avere le idee più chiare su che cosa volete comunicare (pp. 316-317). Può essere anche una saggia decisione girare la scena con diverse inquadrature per avere più possibilità di scelta in fase di montaggio.

CAMPO LUNGHISSIMO

Il campo lunghissimo, o piano d'ambientazione, serve per mostrare dove si svolge la scena e il contesto dell'azione. Spesso si vede un esterno o il luogo dell'azione principale. È una buona regola includere un nuovo piano di ambientazione ogni volta che il luogo dell'azione cambia.

CAMPO LUNGO

Il campo lungo serve a presentare la scena e fornisce al pubblico una più ampia varietà di informazioni rispetto al campo lunghissimo. Per quanto riguarda l'inquadratura, l'altezza deve essere più o meno quella dei soggetti in piedi.

CAMPO MEDIO

Il campo medio ci porta più vicino al mondo dei soggetti ed è ampiamente usato nelle scene di dialogo (in genere ripresi all'incirca dalla vita alla testa). In questo esempio è stata messa in atto un'inquadratura a due.

PRIMO PIANO

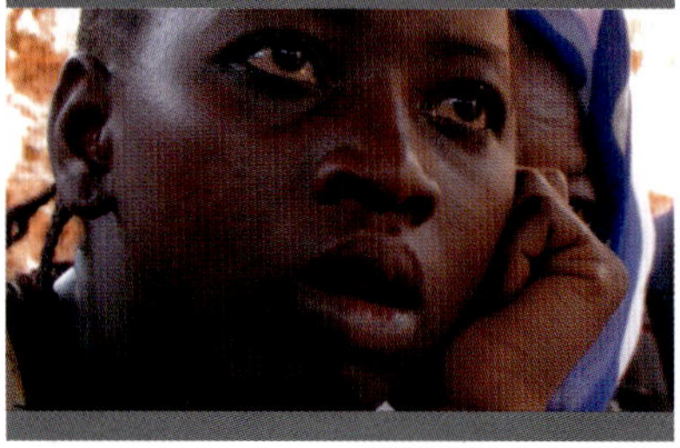

Il primo piano ci porta dentro l'azione e spesso serve a rivelare le emozioni che i soggetti stanno vivendo in modo da coinvolgerci nella loro storia. Una zoomata "a schiaffo", con un rapido passaggio da un campo lungo a un primo piano, è una tecnica efficace per creare tensione.

PRIMISSIMO PIANO

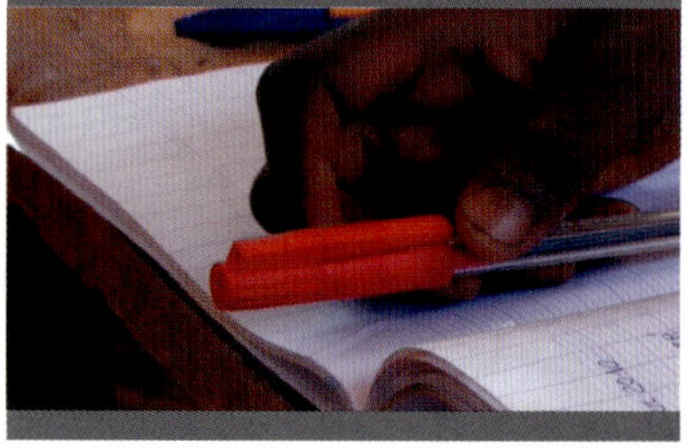

Il primissimo piano mostra un particolare specifico e fornisce al pubblico ulteriori indizi sulla storia. Potrebbe essere una goccia di sudore che scorre sul volto di una persona, o la penna con cui il soggetto giocherella nervosamente, indice di un suo stato d'ansia.

SOGGETTIVA

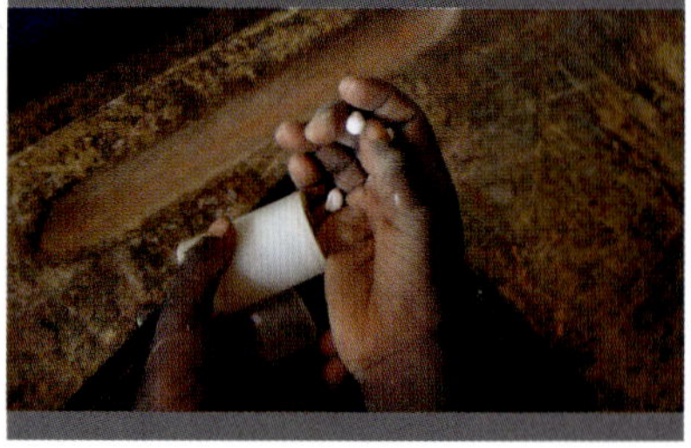

Una ripresa soggettiva ci trasporta direttamente nel mondo del protagonista e ci permette di vedere la scena intorno a lui attraverso i suoi stessi occhi. È un'ottima tecnica per coinvolgere lo spettatore mettendolo al centro dell'azione.

Movimenti di macchina

Muovere la camera significa da allo spettatore informazioni che prima non possedeva. Immaginate un ragazzino dall'aria triste, che guarda il mare da un molo: perché è triste? Una nave prende il largo senza di lui? Forse ha solo perso il pallone che se ne va tra le onde. In ogni caso, spostare la fotocamera e cambiare messa a fuoco o lunghezza focale sono i mezzi più importanti per rappresentare l'evento. Potete fare una panoramica da un primo piano degli occhi a un campo lungo della nave che si allontana, o spostare la messa a fuoco dal bambino alla palla nell'acqua, ma il movimento della camera è sempre fondamentale. Un buon treppiede renderà tutto più semplice.

Panoramica orizzontale e verticale

Per la panoramica orizzontale (panning) la fotocamera ruota sull'asse verticale per mostrare, per esempio, una vista a 180 gradi. Nella panoramica verticale (tilting) la rotazione avviene su un asse orizzontale per passare, per esempio, dal volto del soggetto alle sue mani. Insieme, sono strumenti potenti per costruire la storia.

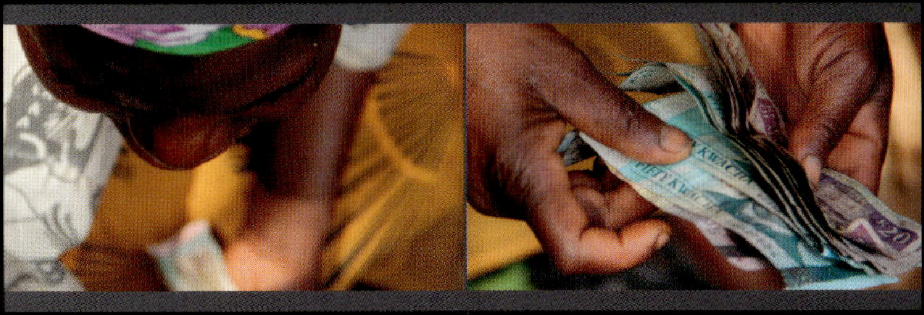

Zoomata

In linea di massima, la zoomata per una ripresa video equivale a quella della fotografia statica, ma in pratica ottenere una zoomata su una dSLR è difficile senza un'unità specialistica. Dovrete anche badare ai cambiamenti di esposizione nella zoomata e questo può condizionare molto la ripresa.

Spostamento di messa a fuoco

Un'altra tecnica efficace e discreta per rivelare informazioni è spostare la messa a fuoco tra due elementi (pulling focus). I due soggetti (o punti focali) devono essere abbastanza distanti tra loro e l'operatore relativamente vicino al più prossimo dei due per spostare efficacemente la messa a fuoco da uno all'altro.

Ripresa in movimento

A volte preferirete abbandonare il treppiede e riprendere in movimento. La prima immagine a destra è stata colta da un'automobile con la fotocamera appoggiata al finestrino. La seconda mostra un monopiede con l'asta chiusa che fa da contrappeso alla fotocamera.

Scaricare e importare

Essere organizzati e lavorare con metodo è ancora più importante con i filmati che con le immagini fisse. Ci sono molti passaggi da tenere in considerazione, ognuno con le sue problematiche. Fino a poco tempo i video si registravano su nastro. Un vantaggio di questo sistema rispetto alle schede di memoria era che, conservando le cassette originali, si era al riparo da perdite irreparabili anche in caso di rottura dell'hard-disk del computer. Nonostante i vantaggi che offrono, le schede di memoria non sono a prova di incidenti e dovete trattare i vostri dati con riguardo. Il metodo di lavoro descritto sotto vi aiuterà a velocizzare le operazioni e ad assicurarvi di non perdere tutto se qualcosa va storto.

CURA DELLE SCHEDE

1 Le schede di memoria sono robuste ma possono comunque guastarsi. Spesso i dati si possono recuperare, ma è meglio cercare di evitare problemi trattandole con cura.

- Non tenete le schede in ambienti umidi e polverosi.
- Quando non le usate, riponetele nelle loro custodie di plastica.
- Numeratele o nominatele per sapere quali dati contengono.
- Inseritele con molta attenzione nella fotocamera o nei lettori: i pin possono piegarsi o rompersi, rendendole inutilizzabili.

TRASFERIMENTO DEI DATI

2 A meno che non abbiate le risorse per acquistare una dozzina di schede con molta memoria, potrebbe capitarvi di non avere più spazio libero durante le riprese. Questo diventa un problema se vi costringe a cancellare materiale che potreste poi pentirvi di avere eliminato.

- Una soluzione poco elegante ma pratica è trasferire i dati mentre girate.
- Vi serve un portatile e la possibilità di collegare un hard-disk esterno.
- Il processo richiede buone capacità organizzative ma permette di cavarsela con poco.

LETTORI DI SCHEDE DI MEMORIA

3 In genere si possono trasferire i dati direttamente dalla fotocamera via cavo, ma vi conviene considerare l'ipotesi di comprare un lettore di schede se già non lo avete.

- In questo modo avrete un punto di accesso alternativo se dovesse esserci qualche problema con l'interfaccia della fotocamera e avrete maggiore libertà per trasferire i dati durante le riprese.
- Con due schede di memoria e un lettore esterno potete liberare la fotocamera e continuare a girare mentre trasferite i dati.

FREQUENZA DEI FOTOGRAMMI

7 Di norma, girerete il filmato con una frequenza di 25, 30, 50, o 60 fotogrammi al secondo (fps). Per un filmato al rallentatore, la frequenza sale a 50-60 fps.

- Alcune camere oggi girano a 24 fps per ottenere un effetto da pellicola cinematografica.
- Controllate che il programma di editing abbia le stesse impostazioni della fotocamera, in modo che il filmato sia riprodotto alla velocità corretta.

TIMECODE

8 Il programma di montaggio registra un timecode, un codice temporale, su ogni clip. Questo vi permetterà di muovervi agevolmente da un punto all'altro del filmato.

- In qualsiasi punto della clip vedrete il punto esatto in riferimento al tempo, come per esempio: 00:10:23:04.
- Leggendo da sinistra a destra, ogni gruppo di due cifre si riferisce rispettivamente a ore, minuti, secondi e fotogrammi.

IMPORTARE LE RIPRESE

9 Ora che tutto è impostato correttamente, iniziate a importare i video. Essere bene organizzati in questa fase serve a evitare ore di lavoro in seguito.

- Preparate cartelle separate, o bin (dai cesti in cui si tenevano le pellicole) del file di montaggio per raggruppare filmati simili insieme.
- Potete catalogare i bin per persone, luogo o argomento.
- Controllate che tutte le clip siano state copiate correttamente.
- Verificate che i file siano riproducibili prima di liberare la scheda.

Girare filmati in HD sulle moderne fotocamere dSLR produce velocemente grandi quantità di dati. Per esempio, una scheda di memoria da 8 GB basta per soli 20 minuti di filmato o meno. Dovete avere come minimo due schede da 8 GB a disposizione durante le riprese. In questo modo ne avrete sempre una di riserva se l'altra non dovesse funzionare a dovere. Ancora più importante, dovete controllare che la velocità di scrittura della scheda sia adatta alla fotocamera. Varia in base al modello e la dSLR non deve elaborare più dati di quelli che può registrare sulla scheda. Per la stessa ragione non c'è ragione di pagare il prezzo di una scheda di massimo livello se altre con una velocità inferiore e di marche meno note soddisfano altrettanto bene le vostre esigenze.

BACKUP DEI DATI

4 I dati sono preziosi e, una volta persi, sono persi per sempre. Fate sempre un backup completo su un altro hard-disk non appena potete.

- Piccole unità di memoria portatili sono una spesa sostenibile e in molti casi non necessitano di alimentazione separata, per cui potete usarle ovunque. Le velocità di lettura e scrittura sono però relativamente lente e questo può causare problemi nell'editing di progetti di dimensioni impegnative.

IMPOSTARE LA SEQUENZA

5 La prima decisione da fare quando impostate il montaggio di un nuovo progetto è quale dimensione di fotogramma scegliere.

- Potete lavorare sia in alta definizione (720p o 1080p) sia in definizione standard (576p).
- Le opzioni possono essere limitate, in base alle impostazioni scelte sulla fotocamera e a quelle disponibili nel software di editing.
- Potete tranquillamente lavorare in definizione standard (SD) se il filmato è destinato a Internet o alla televisione non ancora in HD.

RIPRESE IN HD, EDITING IN SD

6 Anche se il mondo è in rapida evoluzione verso l'HD, c'è ancora qualche vantaggio nell'SD. Girare in HD ma montare in SD grazie alla maggiore dimensione del fotogramma permette di usare lo stesso filmato in diverse dimensioni senza perdita di qualità.

- Per adattare il fotogramma pieno del filmato in HD 1080p a una sequenza in SD, dovete ridurre la clip al 55 per cento della dimensione originale.
- La clip ora coincide perfettamente con filmati della stessa sequenza riprodotti al 100 per cento delle dimensioni originali (p. 318).

INTERPRETARE LE RIPRESE

10 Il programma di editing può essere dotato della funzione per "interpretare" il filmato, che vi permette di controllare come appaiono le clip. Potreste non averne mai bisogno, ma può essere molto utile per unire filmati con diverse frequenze dei fotogrammi, per esempio se avete girato alcune clip a 50 o a 60 fps. In tal caso potete forzarne la riproduzione alla normale velocità di 25 o 30 fps, dimezzando la loro velocità di riproduzione per ottenere un bel filmato a rallentatore. Questa funzione può anche adattare immagini e filmati da altre sorgenti alla visualizzazione corretta.

ORGANIZZARE IL FILMATO

11 Oltre che collocare le riprese in bin separati, potreste scoprire che dividerle in timeline o sequenze separate è un modo pratico per tenere insieme materiale importante.

- Rinominate le singole clip con un titolo appropriato per identificarle il più facilmente possibile.
- Se avete filmato qualche intervista, dividetela in singole frasi sulla timeline.
- Potete rinominare ogni clip con una descrizione di quello che viene detto in modo da velocizzare il montaggio.

FILE PROXY

12 Il piacere di girare in HD con una dSLR può essere guastato da problemi insorti nella fase di montaggio. Molti computer non sono semplicemente abbastanza potenti per montare questo tipo di filmato senza causare problemi di riproduzione, il che rende l'editing un processo frustrante.

- Per evitarlo dovete fare il rendering delle clip a risoluzione e frequenza di dati inferiori e sostituirle nella sequenza per il montaggio.
- Rimettete le clip in alta risoluzione nel progetto prima dell'esportazione finale del film.

Video editing

Si dice che si scrive un film, se ne gira un secondo e se ne monta un terzo. Ogni fase del processo richiede un diverso modo di pensare, di programmare e di agire, ma la fase di montaggio, o editing, è quella in cui tutto il duro lavoro inizia a dare i suoi frutti e il film comincia ad assumere una propria fisionomia. Per imparare a realizzare un buon montaggio serve tempo, ma se avete lavorato bene finora, il processo sarà piacevole e istruttivo. Ricordate che un buon montaggio non si fa notare, mentre uno cattivo è un pugno in un occhio.

Siate critici con ogni scena e chiedetevi se serve davvero alla storia. Il pubblico si annoia in fretta, in particolare se il ritmo inizia a trascinarsi. Limitatevi a un lavoro di non oltre cinque

TIMELINE

1 L'interfaccia utente è simile nella maggior parte delle applicazioni di editing e include una timeline per montare visivamente le clip. In genere diverse clip di contenuto misto (compresi video, fotografie, disegni e audio) sono trascinate sulla timeline e sovrapposte per creare effetti diversi.

- La timeline può diventare in fretta una pasticcio: tenete i media dello stesso tipo sullo stesso livello.
- Le clip possono essere trascinate, spostate e duplicate da un livello a un altro, e si può tagliarne la parte iniziale e finale spostando le maniglie laterali.

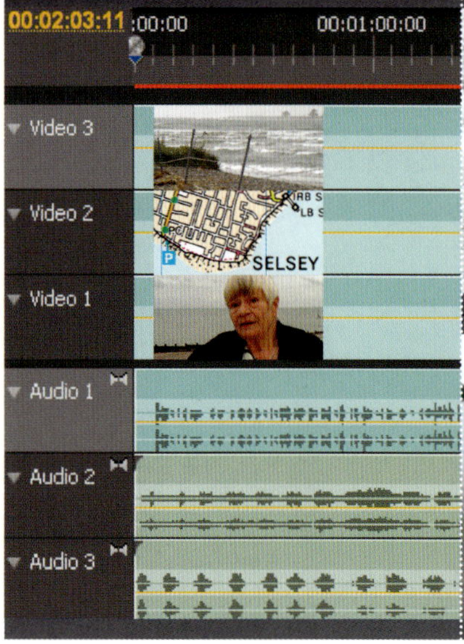

MONTAGGIO DISCONTINUO

2 Un errore comune è un'unione di due clip che non funziona. Un esempio è un passaggio in cui la posizione della fotocamera o l'azione cambiano solo leggermente e sembra che ci sia un salto nel filmato (in alto e al centro). Evitatelo con un inserto (in basso) tra le due clip simili.

MESSA A PUNTO

3 La vera abilità nel montaggio consiste nel sapere esattamente dove far iniziare e finire una clip. Richiede pratica ma innalzerà decisamente il livello del montaggio una volta compreso il meccanismo.

- In un documentario, non lasciate passare troppo tempo prima che i soggetti inizino a parlare: potete partire anche solo due o tre fotogrammi prima che sia pronunciato il primo suono.
- Come regola generale, non lasciate troppo tempo prima che inizi davvero l'azione: l'attesa è snervante per lo spettatore e si allungano i tempi del montaggio finale.

minuti, come se doveste metterlo su Internet. Anche se tempismo e ritmo sono i fattori chiave, non abbiate paura di sperimentare. Spesso sono i cambiamenti che si notano ad avere il maggiore impatto e spezzare il ritmo è importante quanto la continuità. Per esempio, inserire alcune riprese brevi e poi soffermarsi su una ripresa più lunga del soggetto ha risultati di notevole efficacia.

LO SAPEVATE?

Se volete sviluppare una maggiore comprensione della psicologia del montaggio, leggete *In un batter d'occhi* di Walter Murch, vincitore di più premi Oscar per il sonoro e per il montaggio: è la migliore fonte disponibile sull'argomento.

INSERTI

4 L'inserto è il vostro migliore alleato nel montaggio. Vi permette di collegare due clip (o parti di una stessa clip) senza che l'intervento sia evidente. Il trucco è fare uno stacco su qualcosa di rilevante per mantenere il flusso della storia e non distrarre lo spettatore.

TRANSIZIONI

5 Le transizioni sono il modo in cui si passa da una clip a un'altra. Ci saranno probabilmente un certo numero di transizioni predefinite tra cui scegliere nel programma: provate i diversi tipi. La transizione più utile è comunque la dissolvenza incrociata, che fonde una clip in un'altra.

EFFETTI

6 Gli effetti possono far una grande differenza nell'atmosfera della produzione ma devono essere impiegati sempre con moderazione. Applicare effetti di colore al filmato può produrre un forte impatto, rendendo la storia più emozionante. Per esempio, l'unico colore che appare in tutto *Schindler's List* è quello dell'abito rosso di una bambina, il che rende la sequenza particolarmente significativa.

- Un effetto in scala di grigio è comunemente usato per i ricordi.
- Una dominante blu è usata spesso per comunicare freddo o paura.
- Una dominante calda può servire per suggerire rabbia o emozione.

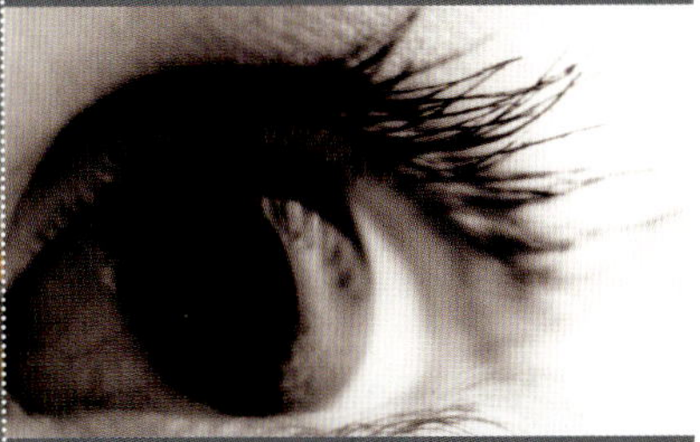

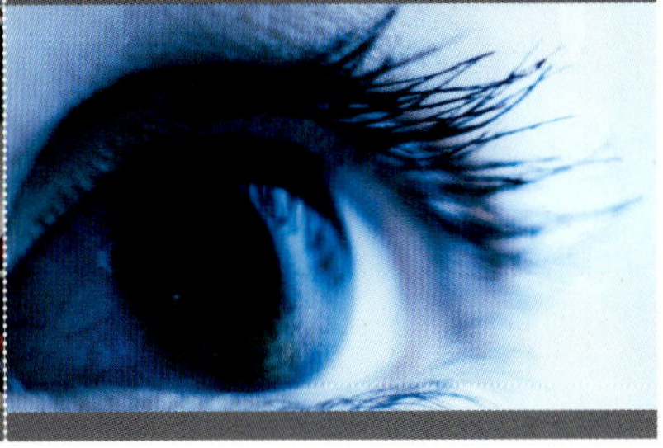

Gestire il suono

Se la progettazione del suono di una produzione è ben realizzata, sarà d'aiuto per comunicare gli stati d'animo, sostenere il ritmo del film e sottolineare l'azione. Una progettazione del suono di scarsa qualità nei casi migliori è sgradevole, in quelli peggiori confonde lo spettatore e rende la produzione inguardabile.

Come per il montaggio, il suono spesso si nota solo se mal costruito o inadatto al filmato. Una buona progettazione del suono deve essere appena percettibile e un aiuto per rafforzare ogni scena della storia.

Elementi fondamentali

Il suono della produzione può essere suddiviso in tre componenti principali: dialogo, musica ed effetti. Ogni elemento ha la sua importanza nell'impatto di un determinato momento e la loro relazione reciproca è decisiva. Dovrete scegliere non solo quali suoni sono più appropriati per la scena, ma anche quale elemento deve avere la priorità in un certo istante. La progettazione del suono non si limita a collocare una traccia in un punto particolare, ma deve anche adeguare opportunamente i livelli di volume in modo che il suono di volta in volta faccia sussultare, sviluppi tensione crescente o semplicemente proponga i rumori ambientali di sottofondo. Come per l'editing in generale, provate diverse soluzioni.

Montare i dialoghi

Se c'è un rumore di fondo non voluto, potete applicare un filtro passa banda nelle opzioni di editing, anche se è impossibile recuperare un audio oltre certi limiti. Se avete registrato l'audio separatamente con un'unità specifica dovrete sincronizzarlo al sonoro registrato dalla fotocamera. Basta far corrispondere il picco delle due tracce audio nel momento in cui avete fatto il ciak prima di registrare (p. 305).

Aggiungere la musica

La scelta della musica per la produzione avrà un grande influenza sull'atmosfera complessiva del filmato ed è importante accertarsi che l'audio e gli elementi visivi funzionino bene insieme per ottenere l'effetto desiderato. La musica gioca un ruolo fondamentale anche per sottolineare la transizione da una scena a un'altra, o per attirare l'attenzione del pubblico su un cambiamento importante avvenuto nella storia.

LO SAPEVATE?

Includere una colonna sonora nella produzione può essere costoso anche se usate musica libera da diritti o "stock music". Il prezzo è determinato dalla durata nel tempo della licenza e dal mezzo attraverso cui la musica sarà distribuita; in genere la TV commerciale comporta il prezzo più alto mentre è Internet è l'opzione meno onerosa. I costi della musica per colonne sonore in vendita online sono minimi se messi a confronto con le licenze per musica di successo, come canzoni da classifica. In questi casi le tariffe salgono a decine o centinaia di euro a brano. Per fortuna se caricate video su YouTube potete aggirare il problema perché YouTube ha un accordo commerciale con molte delle maggiori etichette discografiche per usare la loro musica.

RICREARE I RUMORI

A volte non è possibile registrare gli effetti sonori che servono per il filmato nel momento un cui si gira. Potreste trovare i suoni che vi occorrono online, ma spesso dovrete ricrearli voi stessi: un processo chiamato "foley", dal nome di uno storico rumorista. Fred Ginsburg, un rumorista di Hollywood, suggerisce di "camminare" con le dita in una ciotola di riso per simulare il rumore di passi in un bosco.

LA MUSICA GIUSTA

Il vostro pubblico avrà senza dubbio visto migliaia di ore di film e di televisione e sarà quindi in grado di comprendere in modo istintivo le regole convenzionali su come la musica e le immagini in movimento debbano intrecciarsi. È quindi fondamentale che la scelta della colonna sonora integri il filmato che avete scelto e sia rilevante per le emozioni e il ritmo della scena. Le tre immagini sopra provengono da tre progetti distinti e hanno richiesto colonne sonore di generi molto diversi, dalla musica classica a quella più concitata.

Paesaggio sonoro

Gli effetti sonori sono il terzo elemento della trinità dell'audio e possono servire per creare un coinvolgente "paesaggio sonoro", o ambiente acustico, per gli spettatori. Un buon paesaggio sonoro deve essere costituito da molti suoni diversi. Il fattore più importante è che deve sembrare naturale e ben integrato nella produzione.

▼ COMPITO

▷ Immaginate di avere effettuato un'intervista in un parco in una giornata estiva, ma senza aver avuto la possibilità di registrare una colonna a vuoto al momento. Create un paesaggio sonoro di 30 secondi includendo suoni adatti, come bambini che giocano in lontananza, il canto degli uccelli e cani che abbaiano.

▼ PUNTI DA RICORDARE

▷ **Se scaricate effetti sonori da Internet,** assicuratevi che la qualità sia sufficiente per il vostro lavoro. Idealmente la frequenza del campione dovrebbe essere di 44,1 or 48 kHz e la capacità di trasmissione di 128 kilobit per secondo (kbps) o superiore.

▷ **Se registrate i suoni personalmente,** all'aperto applicate una cuffia antivento al microfono o schermate il vento con cartoni o altre protezioni.

▷ **Se ripetete gli stessi suoni,** cambiate il volume o spostate il bilanciamento tra gli altoparlanti, da sinistra a destra, per simulare il passaggio di oggetti, persone o animali davanti al microfono.

▷ **Ricordate che i suoni devono rispettare sottili equilibri:** il paesaggio sonoro deve potenziare la produzione senza soffocarla.

DA CERCARE IN INTERNET

- ☐ **Colonne sonore**
- ☐ **Stock music**
- ☐ **Filmsound**
- ☐ **Sound fx library**
- ☐ **Paesaggio sonoro**
- ☐ **Supercardioide**
- ☐ **Walter Murch**
- ☐ **Worldizing**
- ☐ **Accordo YouTube Universal**

Girare il primo film

È ora di mettere in pratica le vostre capacità e realizzare un film: è il momento che stavate aspettando! Sarà la vostra chance per distinguervi come regista o direttore della fotografia (e produttore, fattorino, distributore di cibo e bevande e autista, per citare solo alcune delle mansioni che svolgerete). Anche se siete pieni di idee per il vostro primo film, prima di buttarvi nelle riprese del prossimo blockbuster dovete essere ben preparati.

Energia, creatività e determinazione sono i pilastri fondamentali che sorreggono ogni film di successo. La vostra prima opera non deve diventare un'ossessione, ma richiede la giusta misura di pianificazione e dedizione. La prima, e spesso sottovalutata, questione è essere sicuri di avere una storia interessante che meriti di riversarvi il cuore e l'anima. Molti non dedicano abbastanza tempo per elaborare questa fase cruciale, ma è importante resistere alla tentazione di iniziare immediatamente a girare. Dovete essere certi di esservi preparati nel modo più completo possibile in preproduzione (scrittura e pianificazione), perché i processi di produzione (le riprese) e postproduzione (montaggio e correzione colore) spesso richiedono più tempo del previsto. Di conseguenza, avrete scarse opportunità di risolvere qualsiasi problema di fondo nella sceneggiatura una volta che iniziate a girare. Anche ai più alti livelli di produzione al mondo, se la storia non è avvincente, nessuno guarderà il film.

Interpretare una storia

Non preoccupatevi se la vostra idea non sembra originale, quello che conta è come la interpretate e presentate. Robert McKee, esperto nella scrittura di sceneggiature, ha riassunto l'essenza della cinematografia in una frase: «La storia non è quello che avete da raccontare, ma come lo raccontate». Spesso la storia è una semplice reinterpretazione di trame già esplorate. Per esempio, il canovaccio di un "viaggio dell'eroe" vede il protagonista che abbandona la propria casa per avventurarsi nell'ignoto, spesso insieme a un compagno. Lungo la strada il nostro eroe affronta numerose sfide, culminanti in un confronto finale, e dopo aver riparato a tutti i torti se ne ritorna a casa. È la struttura essenziale di molti film tra cui *Guerre Stellari* e *Il Signore degli Anelli*. McKee descrive il punto fondamentale di ogni invenzione narrativa come un "incidente scatenante", un momento in cui la vita del protagonista viene sconvolta. Il suo desiderio di ripristinare l'equilibrio è quello che sospinge la narrazione.

NON SUPERATE QUELLA LINEA

Nel parlare di storia e dialoghi è utile capire la regola dei 180 gradi, conosciuta anche come "crossing the line". Avrete già visto applicata in migliaia di occasioni questa regola e, anche se a livello inconscio, istintivamente sapete come funziona. Se immaginate che ci sia una linea che collega i due protagonisti, potete filmare da un lato o dall'altro, ma non da entrambi i lati nella stessa sequenza. Questa convenzione non viene quasi mai trasgredita e ignorarla porta a risultati incongrui. In questi esempi, tutte le riprese possono andare bene insieme, tranne l'immagine in alto a destra, che è stata girata dal lato opposto della linea immaginaria e comporta quindi uno scavalcamento di campo.

Pianificare in preproduzione

Il giorno o i giorni delle riprese sarete probabilmente molto occupati. La preproduzione è incredibilmente importante perché vi consente di pianificare tutto quello che vi servirà durante la produzione e di risolvere qualsiasi problema prima che si presenti. La cosa peggiore quando arriva il momento di cominciare le riprese è rimanere bloccati perché manca un'autorizzazione per filmare o scoprire che l'attrezzatura non funziona. Non è certo la parte più interessante del progetto, ma uno sforzo in più in questa fase vi risparmierà spiacevoli sorprese. Pensate al film come a un pasto che preparate per una persona cara: se gli ingredienti non sono buoni, la cena sarà un disastro.

CERCARE LA LOCATION

Il luogo in cui si gira ha grande importanza per l'atmosfera della produzione, ma ogni ambiente pone problemi specifici. Se girate in esterni o in pubblico verificate se vi serve un permesso, pensate a come alimentare l'attrezzatura e decidete come illuminare la scena dopo il tramonto.

PRATICHE BUROCRATICHE

Gli aspetti burocratici sono la parte più noiosa, ma necessaria, del lavoro. Potrebbero servire permessi per la location, liberatorie da chi viene ripreso e, in alcune circostanze, copertura assicurativa. Controllate ogni dettaglio per essere sicuri che la produzione sia legale e sicura.

PROGRAMMA DI LAVORO

Prendetevi il tempo per girare senza fretta e prevedete ogni evenienza. Per esempio, la location è accessibile tutto il giorno o solo in alcuni orari? Avete orari vincolati per scene particolari, per esempio l'alba o il crepuscolo? Che piano alternativo avete se piove o se la ripresa sfora i tempi previsti?

CAST E TROUPE

Girare con un budget minimo è difficile ed è probabile che, almeno inizialmente dobbiate ricorrere all'aiuto di amici e familiari. Assicuratevi che i membri del cast e della troupe conoscano i propri ruoli, che cosa vi aspettate da loro e l'attrezzatura che useranno durante la giornata.

OGGETTI E COSTUMI

Il modo per rovinare in un baleno un film è interpretare, per esempio, un gladiatore romano con un orologio da polso o scarpe da ginnastica. Anche se non costosi, oggetti di scena e costumi possono fare una grande differenza: stanziate un budget sufficiente per gli oggetti basilari.

ATTREZZATURA

Controllate ogni elemento dell'attrezzatura il giorno prima delle riprese. Verificate che le batterie siano completamente cariche, che le schede di memoria siano libere e tutti i cavi e gli accessori siano in buone condizioni. Scrivete un elenco completo e spuntate via via le singole voci.

Il giorno delle riprese

Il grande giorno è arrivato. Avete organizzato il cast e la troupe, controllato tutta l'attrezzatura, gli uccellini cinguettano e il sole è splendente. Dovreste sentirvi pronti e impazienti di iniziare le riprese. È il vostro giorno e di chi condividerà l'esperienza con voi. Cercate di mantenere la calma, anche se vi sembra di non sapere cosa state facendo e avete il cuore e lo stomaco in gola. Ricordate che ogni grande regista si è trovato almeno una volta nella vostra stessa situazione.

Lista di controllo prima delle riprese

Prima di gridare "Azione!" o di iniziare l'intervista, ci sono alcune domante che dovreste porvi:

- La piastra di fissaggio è ben montata alla base della fotocamera?
- La piastra di fissaggio è bloccata nella testa del treppiede e la testa è stretta a sufficienza?
- Le gambe del treppiede sono bloccate e i bulloni stretti in modo che il treppiede non possa cadere?
- Controllate la livella a bolla (se ne avete una) sul treppiede. Il treppiede è perfettamente in bolla?
- Le batterie sono cariche, le schede di memoria libere, e le batterie e le schede di scorta sono a portata di mano?
- L'obiettivo è pulito?
- Avete controllato il bilanciamento del bianco della fotocamera usando un cartoncino bianco?
- Avete controllato di aver impostato il formato e la frequenza che volete?
- Avete messo a fuoco correttamente? Non usate lo zoom per controllare la messa a fuoco ma i comandi digitali.
- Avete controllato se c'è rumore di fondo e che tutti i condizionatori e i telefoni cellulari siano spenti? Se girate in un luogo aperto al pubblico è una buona idea mettere avvisi per informare la gente che state riprendendo.
- Avete controllato i livelli audio? Indossate le cuffie.

Durante le riprese

Una volta che avete completato i controlli finali e attori e operatori sono ai loro posti, è il momento di premere il pulsante di registrazione della fotocamera e, se ne state usando uno, del registratore audio. Aspettate tre secondi e poi gridate "Azione!".

Durante la ripresa, non dovete mai avere timore di chiedere ad attori, membri della troupe, tecnici o a chiunque altro, il loro parere. Nello stesso tempo siate fermi nell'attenervi alle decisioni che prendete. Non fatevi scrupoli per girare di nuovo delle scene di cui non siete soddisfatti, o per chiedere modifiche sul set o delle luci. In caso di errori, tutt'altro che improbabili, riconosceteli e andate avanti. Se per esempio

DISEGNARE UNO STORYBOARD

La funzione principale di uno storyboard (una sceneggiatura disegnata) è darvi un punto di riferimento quando definite la scelta delle riprese e, di conseguenza, come lista di controllo mentre girate.
Non preoccupatevi se non siete grandi disegnatori: gli storyboard hanno una funzione esclusivamente pratica (nonostante alcuni possano essere anche belli esteticamente: il regista Akira Kurosawa era famoso per la ricchezza di dettagli dei suoi storyboard).
Se volete vedere come funzionano le riprese nel complesso, e controllare se il ritmo del film va bene, potete fare una scansione dello storyboard e fare un montaggio approssimativo usando le singole immagini per creare quello che viene chiamato "animatic".

la fotocamera ha esaurito le batterie o il microfono non è acceso, scusatevi con l'intervistato o con gli attori e chiedete loro di ricominciare. Chiunque vuole il miglior risultato possibile ed è molto meglio affrontare una situazione non appena si presenta piuttosto che rinunciare a una ripresa o sperare di poter migliorare un suono di scarsa qualità in postproduzione.
Se state girando da soli, dovete controllare il suono, la messa a fuoco e la luce, e insieme ascoltare e dirigere gli attori o l'intervistato. Tenete d'occhio quanti minuti avete filmato, perché molte fotocamere si interrompono automaticamente dopo circa 10 minuti.

Siate creativi

La cosa più importante da non dimenticare durante le riprese è probabilmente quella di godervi l'esperienza e di darvi l'opportunità di esplorare la vostra creatività. Tenete lo storyboard come guida ma sentitevi liberi di provare qualche variante più sperimentale. Provate a cambiare il punto di vista della fotocamera, l'inquadratura e gli obiettivi, e assicuratevi di avere girato ogni scena da un paio di posizioni diverse. Una volta terminata la scena o l'intervista, lasciate alcuni secondi di silenzio prima di fermare la registrazione. Se usate un registratore audio, spegnetelo. Ecco fatto! Siete pronti per la fase finale della produzione.

LO SAPEVATE?

Ci sono alcune tecniche valide per un'intervista di successo. La prima decisione è chi intervistare. Non si tratta semplicemente di chi è più preparato per aiutarvi a raccontare la storia, ma chi comunicherà meglio tramite la fotocamera. Anche grandi manager si bloccano davanti all'obiettivo, è quindi meglio fare una prova prima o accertarsi che non abbiano difficoltà a lasciarsi riprendere. Cercate di far sentire il soggetto a proprio agio: se è nervoso, provate a intervistarlo a casa sua o a parlare in anticipo delle domande in via informale. Familiarizzate con l'argomento da trattare in modo da poter fare domande pertinenti, ma non interrompete l'intervistato e aspettate a porre la domanda quando ha finito di parlare. Evitate segni di incoraggiamento sonori (tipo "sì" o "hmm") mentre l'intervistato risponde, che aumenterebbero i problemi in fase di montaggio. Se, come spesso succede, l'intervistato prende sicurezza con il passare del tempo, ponetegli di nuovo le prime domande alla fine. È inoltre importante chiedere al soggetto di includere la domanda come parte della risposta. Per esempio, potrebbe iniziare la risposta citando le vostre stesse parole: «Il luogo in cui preferisco stare in Francia è...». In questo modo, anche se eliminate la domanda, nel montaggio la risposta dell'intervistato continuerà ad avere un senso compiuto.

L'immagine in alto mostra un filmato in HD inserito in una sequenza in SD: il filmato è riprodotto al 100 per cento delle dimensioni e in buona parte non viene visualizzato. L'immagine sottostante mostra il filmato al 55 per cento: le due riprese coincidono perfettamente.

Grading: prima e dopo
Il lato sinistro dell'immagine mostra il filmato originale senza nessun miglioramento del colore applicato dalla fotocamera. A destra il colore è stato corretto usando il software Magic Bullet di Red Giant.

Il montaggio

Avete finito di girare, le riprese sono ultimate, e tutto quello che c'è tra voi e il traguardo finale è il montaggio. A meno che non abbiate una scadenza per il lavoro, la pressione si è ormai allentata e potete procedere con più tranquillità. C'è però ancora molto lavoro creativo da portare a termine.
Se avete disegnato lo storyboard del film avete una buona base di partenza per il montaggio. Anche se non avete girato esattamente le stesse scene previste, con un po' di fortuna avrete materiale a sufficienza per colmare le lacune.
Il montaggio è il momento in cui la storia prende una sua fisionomia, in cui date vita al vostro film e, soprattutto, in cui provate a capire quello che funziona o non funziona.

Narrazione lineare e non lineare

Una possibilità da considerare nella fase di montaggio è di cambiare la successione degli eventi per raccontarli in un ordine non cronologico. È una tecnica di montaggio coinvolgente usata con grande efficacia in film come *Memento* e *Pulp Fiction*. Certo il rischio è di smarrire il senso e dovrete comunque attenervi alla trama, ma è un'occasione per divertirsi un po' con la sequenza degli eventi.
Può essere una scelta valida anche per un documentario: a poche persone interessa vedere in perfetto ordine cronologico la vita del soggetto scelto e gli eventi più interessanti potrebbero accadere nell'ultima parte, quando gli spettatori avranno ormai smesso di guardare il film. È meglio allora iniziare con un evento o un incidente che ha segnato profondamente il soggetto e, una volta catturato l'interesse del pubblico, presentare il resto della storia.

Conclusione del film

La trama e i dialoghi stabiliranno a grandi linee quale materiale dovrà concludere il film, ma con varie possibilità di scelta. L'ultimo passaggio del film avrà un forte impatto sul pubblico e dovrete scegliere attentamente le scene. Finirete con l'inquadratura della ragazza che guarda con aria malinconica il treno che se ne va? O sceglierete l'inquadratura dell'uomo dall'aria abbattuta seduto nella carrozza del treno? Ogni decisione di editing influenza l'impatto emotivo della scena, ancora di più alla fine del film. La conclusione di un documentario può essere ardua quanto l'inizio. Se vi siete occupati di un soggetto specifico, il film potrebbe condurre a un evento particolare che rappresenta la conclusione naturale la storia. Oppure cercate un dialogo che riassuma la condizione del protagonista e che lasci allo spettatore la sensazione di aver imparato qualcosa o di essere stato toccato dalla vicenda mostrata. In qualunque modo iniziate o finiate il film, la sua durata complessiva è fondamentale. Per un filmato online, il limite massimo è di cinque minuti, oltre il quale il pubblico perde interesse o non inizia neppure a guardarlo.

Grading e titoli

Ogni correzione finale del colore una volta completato il montaggio è detta "grading". Permette effettivamente di migliorare l'aspetto del filmato, ma non si deve esagerare. Molti programmi di editing hanno semplici strumenti di ricolorazione, ma gli interventi di vaste proporzioni sono una minaccia per la qualità tecnica del film.
I titoli sono un ottimo modo per ringraziare chiunque vi abbia aiutato e possono contribuire in se stessi al tono generale della produzione. Per trarne ispirazione, guardate qualcosa di grandi designer come Saul Bass (*Casinò*, *Quei bravi ragazzi*) o Kyle Cooper (*Se7en*, *Twister*).

Esportazione e diffusione

Congratulazioni, il film è finito! E adesso? Molti programmi per il montaggio hanno un'opzione per esportare direttamente su Vimeo o YouTube, il che elimina il problema del formato del video. Se il software non ha questa funzione non preoccupatevi, vi basterà esportare il film a una qualità sufficiente perché possa essere guardato online. Controllate le impostazioni di esportazione per essere sicuri che la frequenza dei fotogrammi e le loro dimensioni siano le stesse di quando avete creato la sequenza, che il bitrate audio sia di almeno 84 kbps e che il bitrate video di almeno 800 kbps. La maggior parte dei formati principali sono supportati da Vimeo e YouTube, ma se avete dubbi esportate il film in un file Quicktime (MOV) o Windows Media (WMV) .

Passi successivi

Se avete scoperto di nutrire una passione per il cinema e volete saperne di più, guardate più film che potete e ascoltate le testimonianze di registi. Analizzate ogni film in base a storia, movimento della camera, progettazione del suono e montaggio e chiedetevi perché il regista ha preso certe decisioni.

Corto di due minuti

Il momento giusto per cominciare è proprio adesso. Temperate la matita e accendete il computer: è ora di mettere a frutto tutto quello che avete imparato per creare il vostro primo cortometraggio. Prendetevi il tempo di programmare cosa fare in ogni fase e vedrete che non ci saranno spiacevoli sorprese, o almeno non troppe.

▼ COMPITO

▷ Create un cortometraggio di due minuti intitolato *Una nuova alba*. Il film può essere svolto nel modo che preferite (narrativo, documentario, o perfino in stop motion) purché in tema.

▼ PUNTI DA RICORDARE

▷ **Non fate il passo più lungo della gamba:** non è un lungometraggio, quindi controllate di avere budget e tempo sufficienti per ciò che volete. Meglio realizzare bene un'idea semplice che un pasticcio complicato.

▷ **Lavorate sulla storia** fino all'ultimo. Non c'è il rischio di pianificare troppo all'inizio, soprattutto per rifinire la sceneggiatura. Cercate di valutare il progetto oggettivamente e chiedete ad amici di leggere e commentare le prime bozze.

▷ **È un cortometraggio,** per cui se avete scelto il documentario ci sarà probabilmente posto per una sola intervista.

▷ **Se altre persone vi aiutano** (attori, troupe, o intervistati), fate in modo che ci sia da mangiare e da bere durante il lavoro e prevedete un rimborso per eventuali spese.

DA CERCARE IN INTERNET

☐ **Cortometraggi**	☐ **Guerilla filmmaking**
☐ **Future Shorts**	☐ **Robert McKee**
☐ **Rottentomatoes**	☐ **Shootingpeople**
☐ **IMDb**	☐ **YouTube**
☐ **Film a basso costo**	☐ **Vimeo**

CAPITOLO NOVE

EQUIPAGGIAMENTO E RISORSE

Scegliere una fotocamera digitale

Anche se il budget sarà sempre un fattore importante nella scelta della fotocamera digitale, con l'attuale ampia scelta di fotocamere sul mercato, dotate di tecnologia e funzioni sofisticate a ogni livello, qualunque siano le vostre esigenze, la fotocamera ideale è alla vostra portata.

Avere una scelta praticamente illimitata non rende comunque semplice la ricerca dell'apparecchio giusto. Anche se raccomandazioni ben documentate e consigli di esperti sono preziosi, ci sono alcune considerazioni chiave che miglioreranno la scelta (vedi riquadro a sinistra). Tenerle in considerazione può anche aiutarvi a scegliere tra una fotocamera digitale compatta o una dSLR.

CONSIDERAZIONI DI BASE

Potreste pensare di avere le idee chiare su quale tipo di fotocamera fa al caso vostro, ma cercate di avere una mentalità aperta mentre operate la vostra scelta e considerate i punti che seguono.

Soggetti

La cosa forse più importante da considerare è quale tipo di fotografie pensate di scattare. Se, per esempio, avete intenzione di usare la fotocamera soprattutto per fotografare amici e parenti o le vacanze, dimensioni e semplicità d'uso sono più importanti della qualità e delle opzioni creative.

Dimensioni

La distinzione fisica più evidente tra compatte e dSLR è la dimensione. La mole e il peso sono il prezzo da pagare per la qualità delle immagini più elevata e la migliore flessibilità creativa. Avere una fotocamera più piccola potrebbe significare averla con sé più spesso di quanto accadrebbe con una più grande.

Qualità dell'immagine

I megapixel sono un punto di forza nella vendita delle fotocamere digitali, ma ormai anche quelle più economiche ne hanno abbastanza da produrre stampe eccellenti in formato A3. Inoltre i megapixel in sé non garantiscono foto migliori, perché obiettivo e sensore hanno ruoli altrettanto importanti.

Semplicità d'uso

La maggior parte delle dSLR hanno modalità automatiche e preimpostazioni per diversi tipi di soggetti, ma non c'è confronto con le compatte in quanto semplicità d'uso, con modalità completamente automatiche e funzioni di correzione incorporate.

Comandi creativi

Anche se le compatte di alta gamma offrono qualche forma di controllo manuale, le dSLR offrono molta più versatilità. Con obiettivi intercambiabili, comandi manuali e funzioni di scatto avanzate, una dSLR è la scelta più ovvia per un uso avanzato e professionale.

Fotocamere digitali compatte

Le ultime fotocamere digitali compatte, con qualità d'immagine in qualche caso paragonabile a quella di una dSLR, offrono un ottimo rapporto qualità-prezzo. Quasi tutte hanno obiettivi zoom, alcuni con una gamma focale molto estesa. A differenza di molte dSLR, le compatte hanno uno schermo LCD utilizzabile per inquadrare o rivedere le immagini. Hanno anche una serie di modalità e funzioni automatiche che, insieme alle dimensioni, le rendono appetibili.

COMPATTA DI FASCIA BASSA

Forse il segmento di mercato delle fotocamere digitali più competitivo, le compatte di fascia bassa hanno un ottimo rapporto qualità-prezzo. La dimensione ridotta e la facilità d'uso le rendono ideali per utenti occasionali. La qualità dell'immagine è in genere molto buona, in particolare nei modelli dei marchi più importanti. La gamma focale può però essere molto limitata e gli schermi LCD di scarsa qualità.

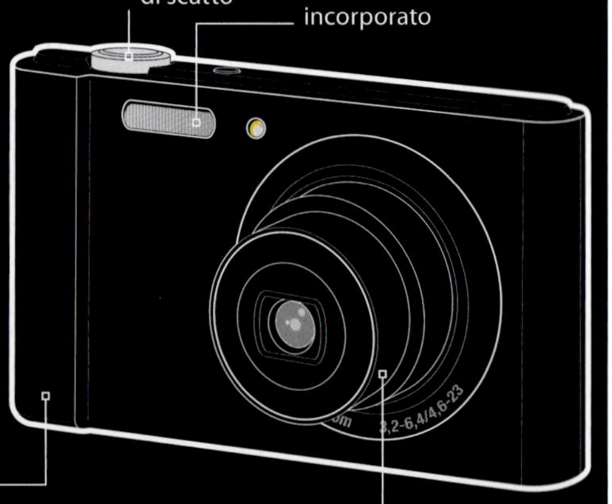

PRO	CONTRO
☐ **Prezzo economico**	☐ **Gamma focale limitata**
☐ **Gestione economica**	☐ **Lentezza d'uso**
☐ **Facilità d'uso**	☐ **Accessori limitati**
☐ **Leggera e compatta**	☐ **Schermo modesto**

COMPATTA EVOLUTA

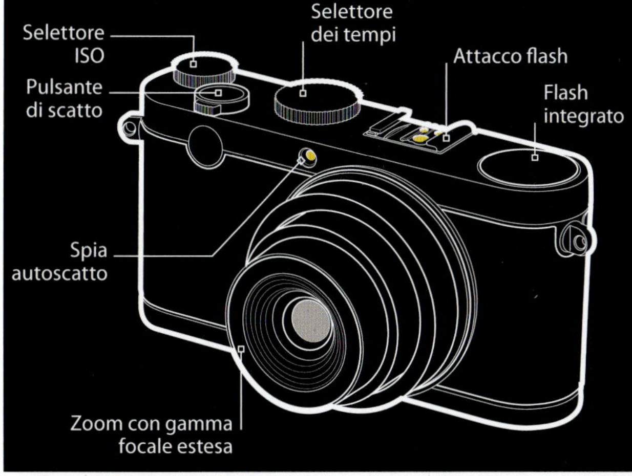

Rivolte ai fotografi appassionati che non vogliono un'ingombrante dSLR, le compatte evolute offrono prestazioni elevate e versatilità in un corpo di ottima fattura. Alcune hanno una lunghezza focale fissa, ma dove presente lo zoom ha spesso un'ampia gamma focale. Ancora più importante, hanno comandi manuali per l'esposizione e la messa a fuoco.

PRO	CONTRO
☐ Alta qualità costruttiva	☐ Prezzo a volte elevato
☐ Ottima qualità immagini	☐ Complessità d'uso
☐ Ampia estensione zoom	☐ Obiettivo fisso
☐ Comandi anche manuali	☐ Peso

COMPATTACONOBIETTIVOINTERCAMBIABILE

I modelli di compatte con obiettivo intercambiabile superano i limiti dello zoom incorporato permettendovi di scegliere l'ottica che preferite. Offrono anche una qualità d'immagine paragonabile a quella delle dSLR, tempi di otturazione veloci e completo controllo manuale per una maggiore creatività.

PRO	CONTRO
☐ Compatta e leggera	☐ Prezzo elevato
☐ Ottica intercambiabile	☐ Difficoltà d'uso
☐ Comandi anche manuali	☐ Sensazione di peso
☐ Buona qualità immagine	sbilanciato

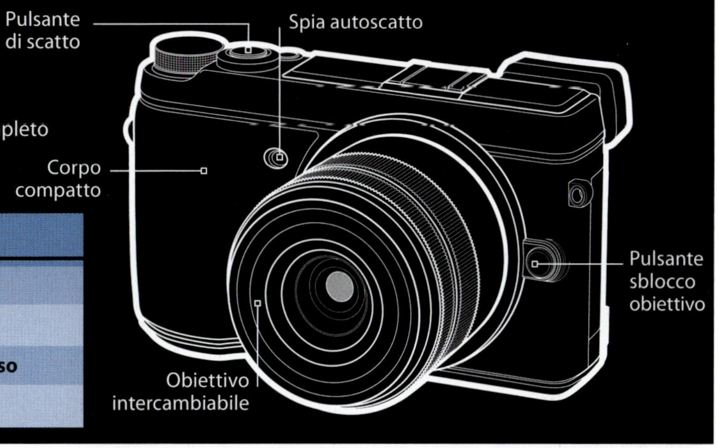

IBRIDA

Le fotocamere ibride sono chiamate anche "bridge" e "prosumer". Occupano il segmento tra i modelli di largo consumo e quelli professionali per produrre immagini di buona qualità senza le dimensioni e il peso delle dSLR. Non hanno però nemmeno la qualità costruttiva di queste ultime né la possibilità di cambiare obiettivi.

PRO	CONTRO
☐ Buona qualità immagini	☐ Inferiore a una dSLR
☐ Ampia estensione zoom	☐ Obiettivo fisso
☐ Unità flash compatibili	☐ Più ingombrante di
☐ Prestazioni veloci	una compatta

DSLR (fotocamere digitali reflex a obiettivo singolo)

Scelta dalla maggior parte dei fotografi appassionati o professionisti, la dSLR offre il meglio per controllo, versatilità e qualità dell'immagine. La possibilità di montare obiettivi e accessori di ogni tipo si affianca al completo controllo su esposizione, profondità di campo e messa a fuoco. A differenza delle compatte, con la maggior parte delle dSLR si usa il mirino, che dà un'anteprima più precisa dell'inquadratura e della profondità di campo. Le dSLR vanno dai modelli di fascia bassa più economici a quelli espressamente destinati ai professionisti.

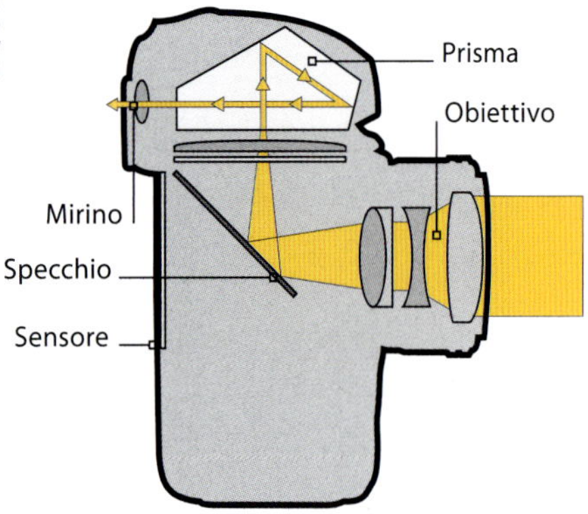

Cosa è una dSLR?
Come una SLR tradizionale, una dSLR usa un sistema composto da uno specchio e da un prisma per dirigere la luce dall'obiettivo a un mirino ottico nella parte posteriore della fotocamera. Prima dell'esposizione lo specchio si sposta verso l'alto, quindi si apre l'otturatore e l'obiettivo manda la luce sul sensore. Un secondo otturatore copre il sensore terminando l'esposizione.

REGISTRAZIONE VIDEO IN HD

L'introduzione delle modalità video in alta risoluzione in alcune dSLR ha dato loro un'ulteriore dimensione creativa. Di fatto la qualità dei filmati delle HDSLR supera quella della videocamere amatoriali. Le prime dSLR che potevano registrare in HD erano modelli molto specializzati, ma oggi l'HD è una dotazione di molte fotocamere di fascia bassa. Con obiettivi intercambiabili, le HDSLR sono diventate una scelta interessante per i videoamatori. Sotto è mostrato un confronto tra i formati HD.

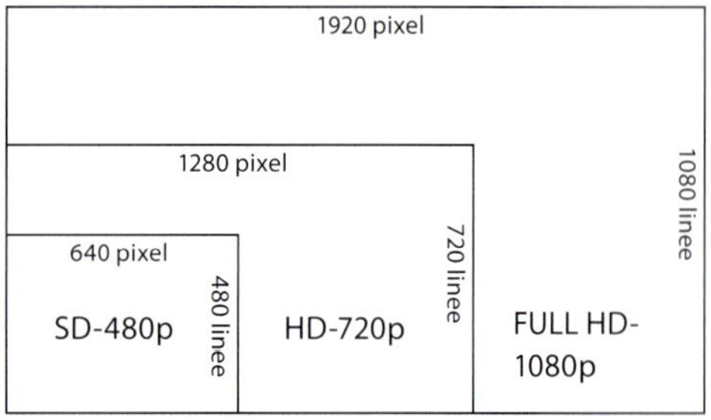

DSLR QUATTRO TERZI

Quattro Terzi si riferisce al formato 4:3 del sensore di queste fotocamere, che le distingue dalla maggior parte delle dSLR. Le fotocamere Quattro Terzi sono nel catalogo di pochi produttori, ma sono in genere molto specializzate, anche nella fascia più bassa, e con molte funzioni.

PRO	CONTRO
☐ **Relativamente compatta**	☐ **Autofocus lento**
☐ **Buona qualità immagine**	☐ **Mirino spesso piccolo**
☐ **Molto specializzata**	
☐ **Molte funzioni**	

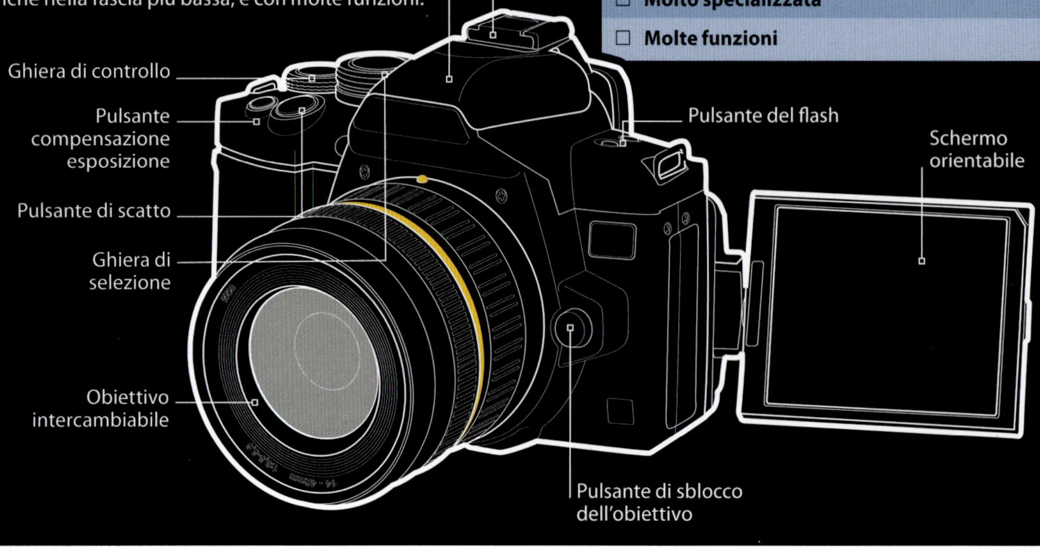

DSLR DI FASCIA BASSA

Anche le dSLR più economiche oggi vantano sensori da almeno 10 megapixel. Questo significa che qualsiasi modello è ormai in grado di produrre immagini di elevata qualità. Le dSLR di fascia bassa non hanno la qualità costruttiva dei modelli professionali, ma sono più leggere e compatte, e offrono funzioni supplementari come schermo LCD live view, che visualizza l'inquadratura in tempo reale.

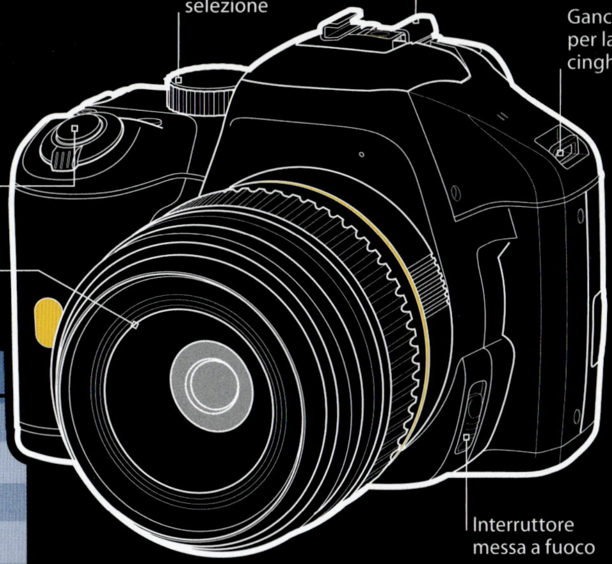

PRO	CONTRO
☐ **Qualità-prezzo**	☐ **Qualità costruttiva inferiore**
☐ **Relativamente compatta**	☐ **Può sembrare sbilanciata**
☐ **Modalità automatiche**	
☐ **Ricchezza di funzioni**	

DSLR PROSUMER E PROFESSIONALE

Andando verso il vertice della gamma, le dSLR prosumer e professionali offrono il meglio in termini di qualità costruttiva e prestazioni. Le fotocamere più grandi di questa categoria, rivolte ai fotografi professionisti, sono progettate per il lavoro più duro in condizioni ambientali difficili e hanno tempi di risposta molto veloci con motore e messa a fuoco rapidi.
Anche se la maggior parte delle dSLR hanno sensori di piccolo formato (APS), alcuni modelli professionali hanno sensori a fotogramma pieno (cioè nel classico formato 35 mm da pellicola), per una qualità senza compromessi.

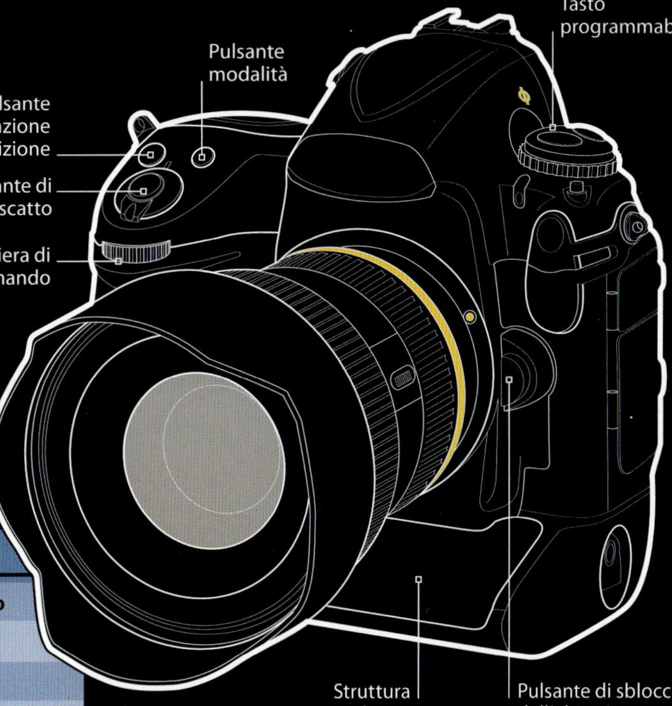

PRO	CONTRO
☐ **Immagini eccellenti**	☐ **Prezzo molto alto**
☐ **Qualità costruttiva**	☐ **Peso e ingombro**
☐ **Prestazioni superiori**	☐ **Difficoltà d'uso**
☐ **Funzioni avanzate**	

Scegliere l'obiettivo giusto

Le ultime generazioni di obiettivi vantano tecnologia avanzata e prestazioni eccellenti, anche nelle fasce di prezzo più basse. Un semplice obiettivo solido e con ottica di qualità darà comunque risultati migliori di obiettivi di modesta fattura anche se con specifiche superiori.

Nell'acquisto di un obiettivo per la vostra dSLR, il primo fattore da considerare è la lunghezza focale, che determina il campo visivo. Una lunghezza focale elevata ingrandisce una piccola parte del soggetto, una ridotta ottiene un'inquadratura più ampia ma rimpicciolita. È importante anche la luminosità, determinata dall'apertura massima. Più l'apertura è ampia, più luce entra nell'obiettivo, consentendo esposizioni brevi o valori di sensibilità (ISO) bassi. Sono disponibili obiettivi in praticamente ogni combinazione di lunghezza focale e luminosità.

LO SAPEVATE?

Gli obiettivi "veloci" sono quelli luminosi, con cui si possono impostare tempi di esposizione brevi. La luminosità dell'obiettivo è importante per mantenere la qualità dell'immagine con luce scarsa e controllare la profondità di campo. Potete paragonare la luminosità di obiettivi di uguale lunghezza focale confrontando i numeri *f/*: ricordate che un numero basso indica un'apertura grande.

Come nell'occhio umano, nella maggior parte degli obiettivi la dimensione dell'apertura è regolata da un diaframma a iride. Numero e forma delle lamelle che costituiscono il diaframma cambiano la forma dell'apertura, che influisce sulla qualità delle zone sfocate, o "bokeh". Un'apertura arrotondata produce una sfocatura più morbida e piacevole.

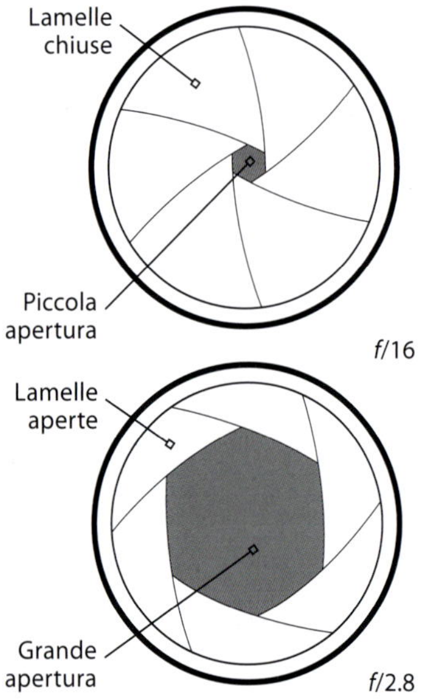

STRUTTURA DELL'OBIETTIVO

La struttura dell'obiettivo varia dagli obiettivi fissi relativamente semplici ai complessi zoom con diverse parti mobili. Gli obiettivi zoom hanno un'ampia ghiera per modificare la lunghezza focale e un anello di messa a fuoco regolabile manualmente o con l'autofocus.

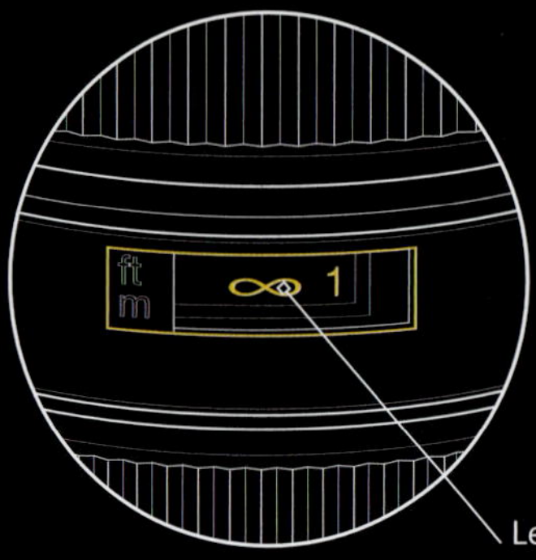

Distanza di messa a fuoco
Molti obiettivi moderni includono un indicatore della distanza di messa a fuoco con una scala collegata alla ghiera di messa a fuoco. Indica la distanza a cui l'obiettivo sta mettendo a fuoco.

Lettura della distanza di messa a fuoco

Tipi di obiettivo

Esistono due tipologie principali di obiettivi, a lunghezza focale variabile o fissa. Quelli del primo tipo, gli zoom, sono di gran lunga i più diffusi perché permettono di cambiare l'angolo di ripresa mantenendo il soggetto a fuoco. La versatilità rende gli zoom una scelta pratica per coprire con un solo obiettivo un'ampia gamma di lunghezze focali. Con gli obiettivi a lunghezza focale fissa, invece, l'unico modo per cambiare l'angolo di campo è avvicinarsi o allontanarsi dal soggetto. Gli obiettivi monofocali, anche se meno versatili degli zoom, sono in genere più leggeri, più luminosi e di qualità ottica superiore. Esistono anche obiettivi specialistici per generi particolari di fotografia.

ZOOM STANDARD

Comunemente inclusi come dotazione di serie di una dSLR, gli zoom standard in genere hanno una gamma focale tra il grandangolare e il teleobiettivo medio, per esempio 35-135 mm. Sono adatti per riprendere soggetti di vario genere e la versatilità abitualmente si abbina a un design compatto che li rende pratici da portare appresso.

ZOOM GRANDANGOLARE

Gli zoom grandangolari hanno una gamma focale notevolmente ridotta rispetto a quelli standard, per esempio 12-24 mm. Sono una scelta versatile per fotografare soggetti come paesaggi e architettura, per i quali è consigliato un angolo di campo ampio. Possono essere piuttosto ingombranti a causa della struttura complessa.

ZOOM A FOCALE LUNGA

Gli obiettivi zoom con una gamma di lunghezze focali elevate sono particolarmente utili per soggetti in movimento a una certa distanza, come uccelli e altri animali selvatici. Gli obiettivi con ampia gamma focale sono classificati in base al rapporto tra le lunghezze focali più elevate e quelle più ridotte; per esempio un obiettivo 80-320 mm è detto zoom "4x".

GRANDANGOLARE

Gli obiettivi monofocali grandangolari non hanno la versatilità degli zoom equivalenti, ma in compenso hanno dimensioni compatte e producono immagini di qualità molto elevata. Gli obiettivi fissi grandangolari in genere hanno specifiche contenute e, nella maggior parte dei casi, sono più luminosi degli zoom grandangolari.

TELEOBIETTIVO

Gli obiettivi con lunghezze focali fisse tra 300 e 600 mm sono impiegati dai fotografi di sport e vita naturale che necessitano di performance e qualità eccellenti. Sono strumenti destinati a un uso professionali, anche per il costo elevato. Alle lunghezze focali estreme diventano molto ingombranti e pesanti e necessitano di un buon treppiede di supporto.

OBIETTIVI SPECIALISTICI

Gli obiettivi per usi specifici includono ultragrandangolari, che allargano moltissimo l'angolo di campo, teleobiettivi estremi per soggetti a grande distanza, macro per oggetti di piccole dimensioni a distanza ravvicinata (pp. 54-55) e fish-eye per effetti di deformazione circolari. Gli obiettivi basculanti e decentrabili hanno elementi mobili per spostare e inclinare il piano di messa a fuoco ottimale.

Gamma focale e dimensioni del sensore

La maggior parte delle dSLR sono compatibili con obiettivi per le fotocamere a pellicola 35 mm. Le dSLR però hanno sovente sensori più piccoli del formato 35 mm, per cui il campo visivo è ridotto e la lunghezza focale effettiva dell'obiettivo aumenta. Sulle fotocamere in formato APS l'incremento ha un fattore di circa 1.5x, e su quelle in formato Quattro Terzi di circa 2x. La tabella mostra le diverse lunghezze focali usate per produrre angoli di campo all'incirca equivalenti.

TIPO DI OBIETTIVO	DIMENSIONI DEL SENSORE		
	35 mm	APS-C	Quattro Terzi
Ultragrandangolare	12 mm	8 mm	6 mm
Grandangolare	35 mm	24 mm	18 mm
Standard	50 mm	30 mm	25 mm
Teleobiettivo	70 mm	50 mm	40 mm

Accessori

Pochi accessori per la fotocamera scelti con cura vi aiuteranno a ottenere il massimo dalla fotografia digitale. La scelta è molto ampia e individuare quali soddisfano meglio esigenze e interessi è fondamentale.

Gli accessori per la fotocamera vanno da oggetti indispensabili a fini pratici, come borse e custodie, a oggetti opzionali e creativi come i filtri colorati. Arricchire e personalizzare l'equipaggiamento fotografico è sempre una tentazione, ma non esagerate perché troppi accessori possono trasformarsi in un intralcio.

LO SAPEVATE?

Quando sceglIete un treppiede, una regola generale è che deve pesare almeno il doppio dell'oggetto più pesante che dovrà sostenere, per esempio un grosso teleobiettivo.

ACCESSORI PER L'OBIETTIVO

Le lunghezze focali e la gamma focale dello zoom di obiettivi fissi o intercambiabili possono essere alterate usando accessori che si montano davanti o dietro l'obiettivo.

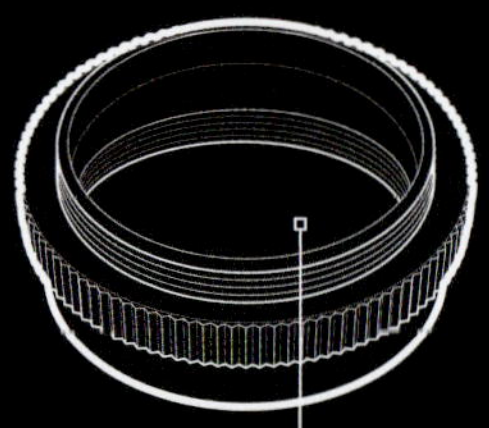

Tubo di prolunga

I tubi di prolunga montati dietro l'obiettivo aumentano l'estensione focale di un obiettivo intercambiabile per mettere a fuoco a breve distanza.

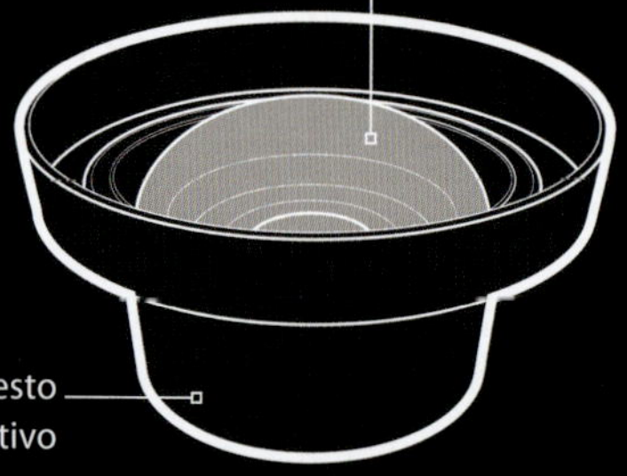

Lente addizionale

Serve per cambiare la lunghezza focale di fotocamere con obiettivo fisso. Si fissa alla parte anteriore dell'obiettivo, spesso tramite un adattatore.

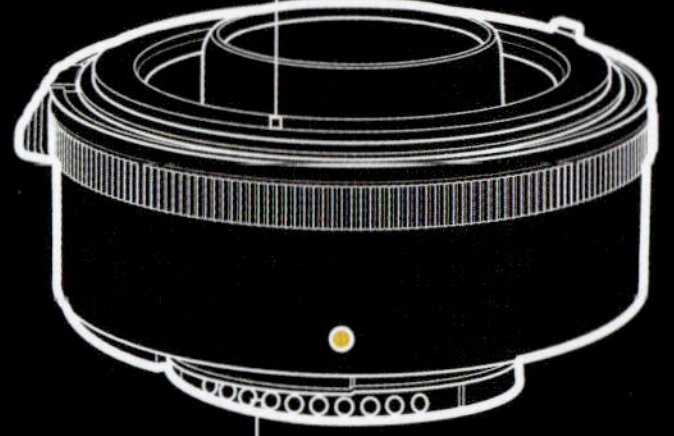

Moltiplicatore di focale

È un aggiuntivo ottico che serve per aumentare la lunghezza focale di un obiettivo intercambiabile. Si monta tra il corpo macchina e l'obiettivo.

FILTRI

I filtri forniscono un controllo ulteriore sulla luce che entra nell'obiettivo. Alcuni, come i filtri graduati, possono servire per creare effetti particolari, altri producono cambiamenti meno evidenti. Uno degli accessori più utili è un filtro polarizzatore, che riduce il riflesso e scurisce il cielo.

Attacco filettato o a innesto

I filtri rettangolari si montano su un adattatore posto sulla parte anteriore dell'obiettivo mentre quelli, più comuni, di forma circolare si avvitano sul davanti dell'obiettivo.

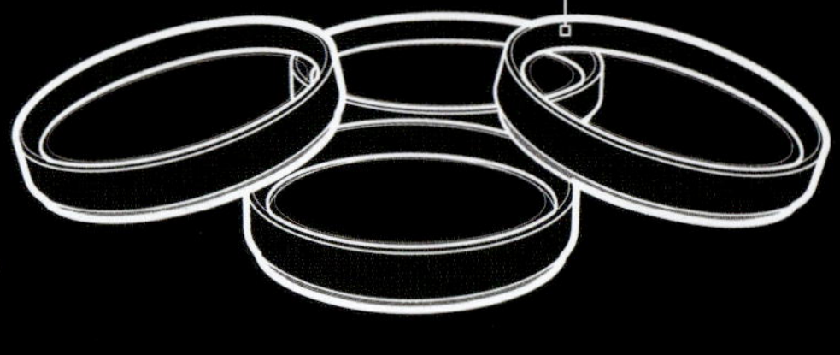

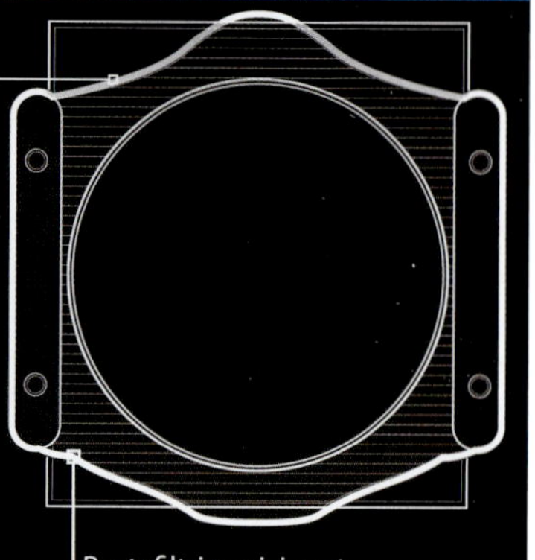

SUPPORTI

Spesso trascurato o sottovalutato dai fotografi dilettanti, il treppiede è l'accessorio che può fare la differenza nella qualità delle vostre fotografie. La testa del treppiede si ancora alla fotocamera e permette di puntarla dove si vuole. Supporti specifici hanno varie forme e misure.

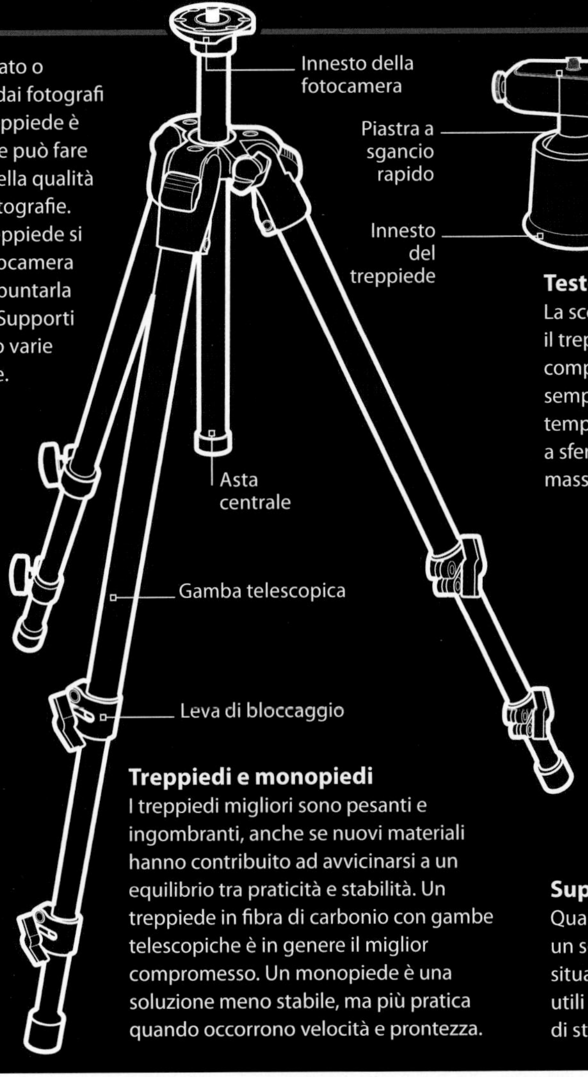

Treppiedi e monopiedi

I treppiedi migliori sono pesanti e ingombranti, anche se nuovi materiali hanno contribuito ad avvicinarsi a un equilibrio tra praticità e stabilità. Un treppiede in fibra di carbonio con gambe telescopiche è in genere il miglior compromesso. Un monopiede è una soluzione meno stabile, ma più pratica quando occorrono velocità e prontezza.

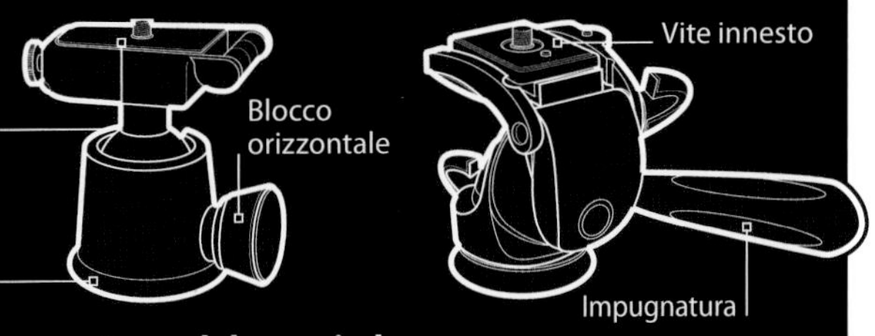

Teste del treppiede

La scelta della testa del treppiede è importante come il treppiede stesso. Trovatene una che sia innanzitutto compatibile con il vostro sistema. Deve essere semplice e veloce da manovrare, ma nello stesso tempo stabile. Le teste variano dalle semplici teste a sfera (sopra a sinistra) a quelle a cremagliera per il massimo controllo dei movimenti (sopra a destra).

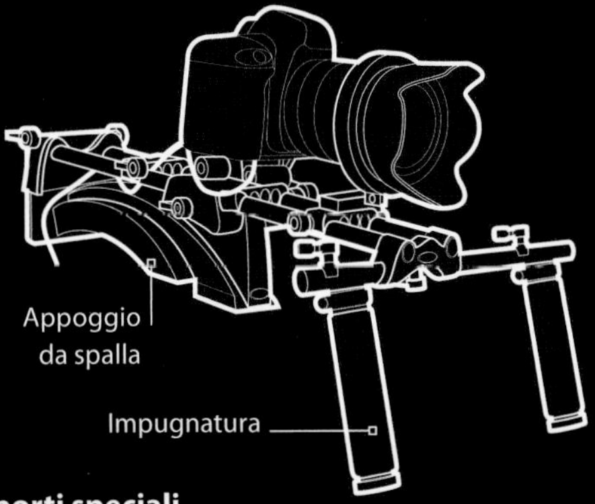

Supporti speciali

Qualunque fotocamera abbiate, potrete trovare un sostegno adatto per praticamente ogni tipo di situazione. In particolare, gli spallacci sono molto utili per girare video e in situazioni che richiedono di stare in movimento.

BORSE E CUSTODIE

La scelta va da piccole borse morbide per fotocamere compatte a valigette rigide antiurto in grado di trasportare un sistema dSLR completo. Qualunque tipo di fotocamera abbiate, la borsa dovrebbe essere resistente all'acqua e imbottita per proteggere l'attrezzatura da urti e scossoni. Ci sono zaini con suddivisioni interne imbottite in cui si possono sistemare fotocamera, obiettivi e accessori, e alcuni hanno anche scomparti per il trasporto del treppiede.

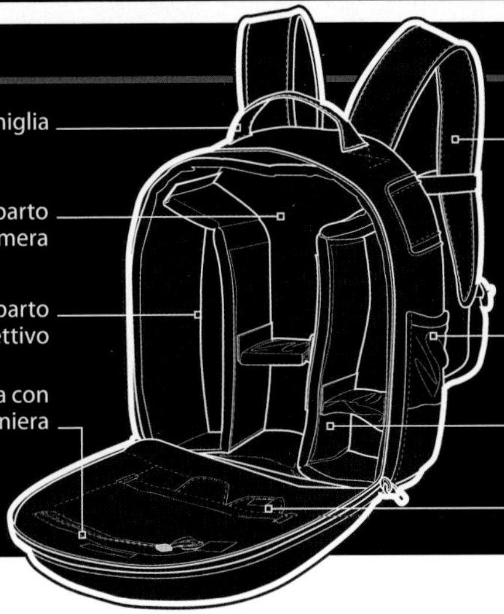

Flash e accessori per l'illuminazione

Anche se gli effetti della luce naturale difficilmente possono essere migliorati, in alcuni casi potreste però avere bisogno di un'illuminazione supplementare, il più delle volte fornita dal flash incorporato o da unità flash montate sulla fotocamera.

La maggior parte delle fotocamere digitali, soprattutto le compatte, sono dotate di flash incorporati o integrati. Anche se sono molti pratici e in genere adeguati a un uso quotidiano, sono piuttosto limitati. Alcune unità flash da fissare alla fotocamera, montate su una slitta a contatto caldo, possono avere la testa inclinabile e orientabile per far "rimbalzare" la luce ed ammorbidirne gli effetti. Le unità flash ausiliarie si collegano alla fotocamera tramite una presa sincro-flash. Diverse unità flash indipendenti possono essere innescate da servoflash, o servocellule, che rilevano quando scatta il flash principale. Un sistema di questo genere non è costoso e con il procedere della vostra carriera potete aggiungere accessori come softbox, riflettori e unità flash particolari per realizzare effetti visivi diversi.

LO SAPEVATE?

Il numero guida delle unità flash indica la loro potenza e raggio d'azione. Più è alto il numero guida, più potente ed efficace sarà il flash. Il numero guida di un flash permette di regolare l'impostazione di apertura della fotocamera per correggere l'esposizione (se state lavorando in modalità manuale). L'apertura del diaframma in numeri *f/* può essere calcolata dividendo il numero guida (in genere in metri o piedi) per la distanza tra il flash e il soggetto. Per esempio, usando un flash con un numero guida pari a 40 m su un soggetto a 10 m di distanza occorre un'apertura *f/*4 con valore ISO 100.

Servoflash
Un servoflash reagisce al flash incorporato della fotocamera e fa scattare un'unità non collegata al contatto caldo.

FLASH AUSILIARI DA MONTARE SULLA FOTOCAMERA

I flash da montare sulla fotocamera sono efficaci e, almeno quelli di fascia alta, danno un miglioramento netto rispetto ai flash incorporati. Le unità più avanzate hanno fascio direzionabile e controllo dell'intensità luminosa, mentre un piccolo softbox o un diffusore sono utili per ammorbidire l'effetto. Per la scelta del modello, è bene seguire le indicazioni del produttore della fotocamera.

Modello base
I flash ausiliari più economici possono servire per potenziare l'azione del flash incorporato, ma il loro campo di impiego è piuttosto limitato.

Diffusore e mini softbox.
Questi piccoli accessori si fissano direttamente all'unità flash per diffondere o ammorbidire la luce.

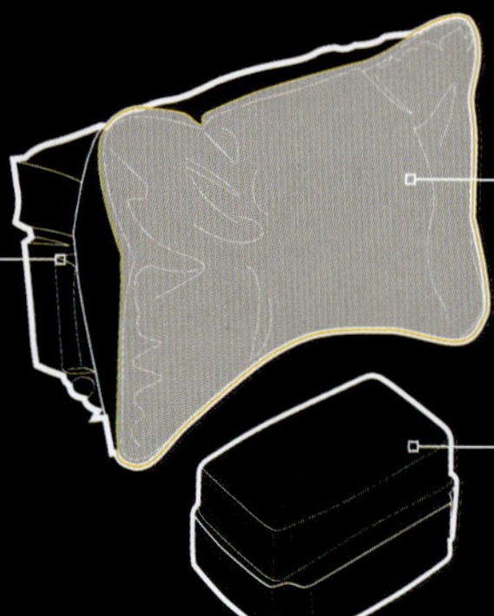

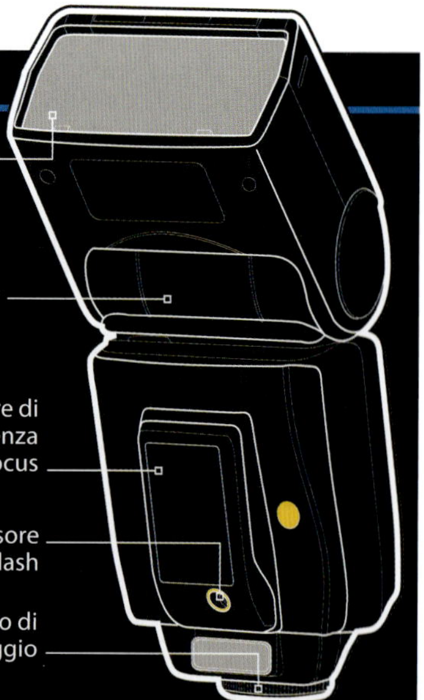

Modello avanzato
Oltre a dirigere la luce grazie a una torretta girevole, molte unità flash con tecnologia avanzata consentono di regolare la copertura, cioè l'ampiezza dell'angolo di emissione della luce.

UNITÀ FLASH E ATTREZZATURA DA STUDIO

Se fotografate in studio avete un controllo totale su illuminazione ed esposizione. Lo schema di illuminazione standard è formato da almeno due unità angolate rispetto al soggetto e possibilmente una terza per illuminare lo sfondo. L'opzione più economica è costituita da monoblocchi (sotto) che integrano lampada, comandi e alimentatore in un'unica unità.

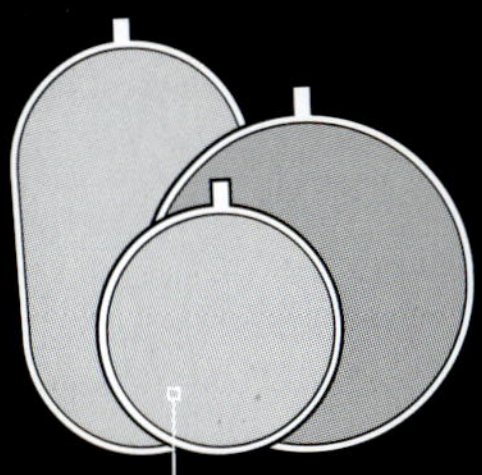

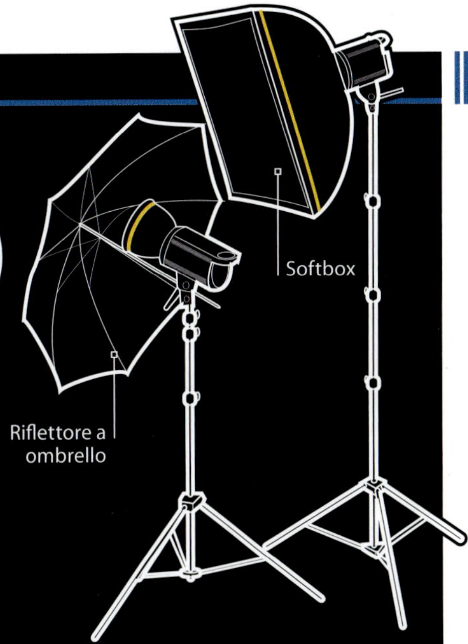

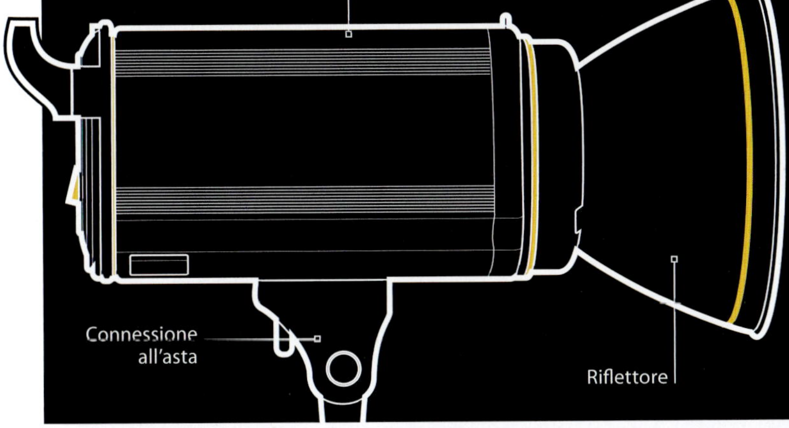

Riflettori, ombrelli e softbox
I riflettori hanno grande varietà di forme, colori e trame e creano ognuno un effetto diverso; riflettendo la luce possono anche modificarne il tono. I softbox creano una sorgente luminosa ampia a cui corrisponde una luce morbida, con basso contrasto e ombre diffuse.

SOLUZIONI PER USI SPECIALISTICI

Alcune unità flash portatili sono progettate per scopi particolari, per esempio per la macrofotografia. Con soggetti di piccole dimensioni, un'unità per close-up, come un flash anulare o un flash multiplo, è l'unico modo per evitare foto mosse pur impostando l'apertura per avere la massima profondità di campo.

Flash multiplo regolabile
La soluzione più versatile per la macrofotografia è data da due o più piccole unità flash orientabili fissate intorno all'obiettivo.

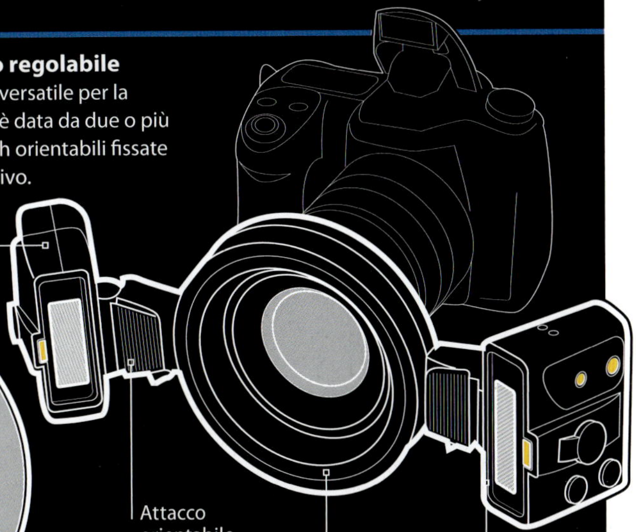

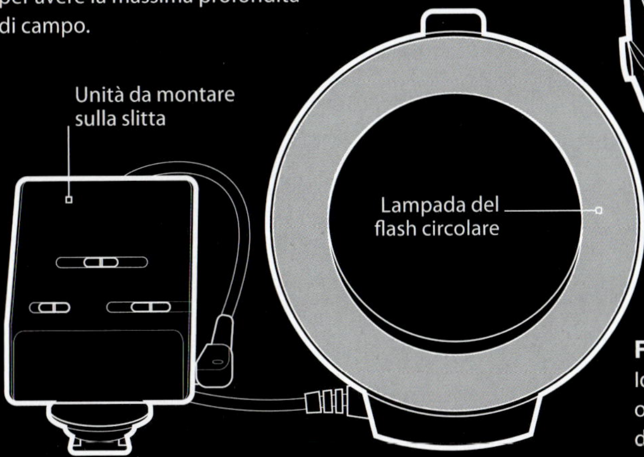

Flash anulare
Ideale per riprese senza ombre di soggetti di piccole dimensioni come fiori e insetti.

Computer e hardware

Che usiate un Mac o un PC, un portatile o un modello da tavolo, il computer sarà fulcro della vostra fotografia digitale. Passerete probabilmente più tempo per rivedere e gestire le fotografie al computer di quello che impiegherete per catturarle con la fotocamera.

Mano a mano che cresce la vostra esperienza nella fotografia digitale e aumenta di pari passo il numero delle immagini prodotte, vi doterete di componenti hardware e accessori che rendano l'archiviazione, la revisione e la gestione delle fotografie più semplici ed efficienti. Il laboratorio di un vero fotografo digitale può contenere anche una dozzina di dispositivi, ciascuno con una funzione specifica e nell'insieme finalizzati all'ottimizzazione del metodo di lavoro. Potete ottenere migliori risultati se sapete quali computer e periferiche sono disponibili e capite in che modo possono migliorare la lavorazione. Un lettore di schede di memoria, per esempio, è una scelta che fa risparmiare tempo per scaricare le immagini, mentre le tavolette grafiche sono usate da molti fotografi per intervenire sulle immagini con un alto livello di controllo e precisione.

Tavoletta grafica
In sostituzione del mouse di un computer da tavolo, una tavoletta grafica può semplificare molto la lavorazione delle immagini e renderla più precisa grazie alla sensibilità alla pressione dello stilo.

TIPI DI MEMORIE DI MASSA

Dato che l'enorme volume di dati creato dalle fotografie digitali riempie velocemente l'hard-disk del computer, è necessario cercare una soluzione di archiviazione esterna. La maggior parte degli hard-disk esterni richiede l'uso di un computer, ma alcuni hanno un proprio lettore di memory card e uno schermo per rivedere e mostrare le immagini.

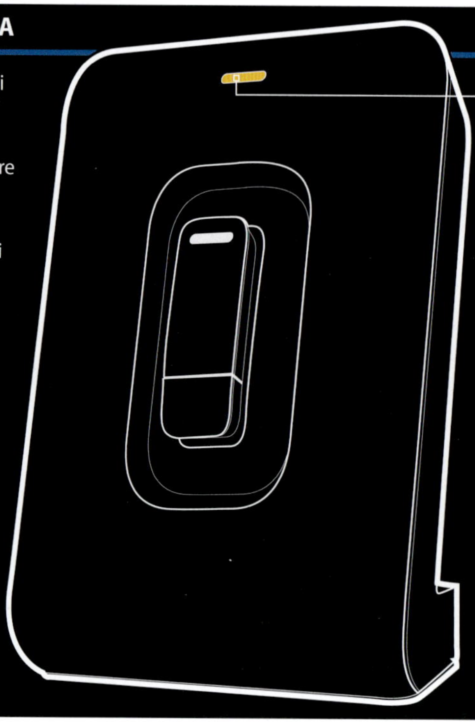

Hard-disk esterni
Sono la scelta che consente il maggiore volume di archiviazione per le fotografie. Molto veloci da usare, hanno grandi capacità e alcuni raggiungono anche diversi terabyte (TB), dove 1 TB è pari a 1000 GB o 1.000.000 MB.

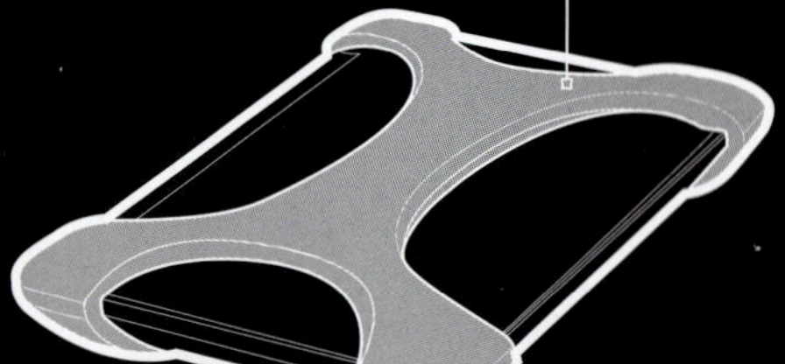

Hard-disk portatili
Gli hard-disk portatili sono sempre più compatti, pur dotati di grande capacità. Questo li rende l'ideale per il backup delle fotografie. Molti possono essere alimentati dalla porta USB o FireWire del portatile, il che li rende una buona scelta per lavorare in esterni.

SCHEDE DI MEMORIA E LETTORI

Le memory card sono usate anche in telefoni cellulari, lettori MP3 e computer portatili. Sono riscrivibili, conservano i dati anche quando non sono alimentate e hanno una capacità di memorizzazione che è andata via via aumentando. Il contenuto è accessibile sia quando sono ancora nella fotocamera, sia tramite un lettore di schede di memoria.

CompactFlash

È il tipo di memoria più comune per la fotografia digitale. Le schede CompactFlash sono disponibili con varie capacità (fino a 128 GB) e velocità, con prezzi per tutte le tasche.

Secure Digital (SD)

Le schede SD sono molto usate sia per le fotocamere compatte sia per le dSLR. Le schede SD standard arrivano a 4 GB, mentre le SDHC (High-Capacity) raggiungono una capacità massima di 32 GB.

xD-Picture

Queste schede, con capacità di memoria fino a 2 GB, hanno buone prestazioni con minore consumo di energia. Sviluppate da Olympus e Fujifilm, non godono però di ampio supporto.

Lettore di schede di memoria

Un lettore di memory card permette di scaricare le fotografie senza collegare la fotocamera al computer. Trasferisce i dati direttamente dalla memory card al computer tramite un cavo USB 2.0 o FireWire (p. 334). Alcuni computer hanno slot per le schede che eliminano la necessità di un lettore esterno.

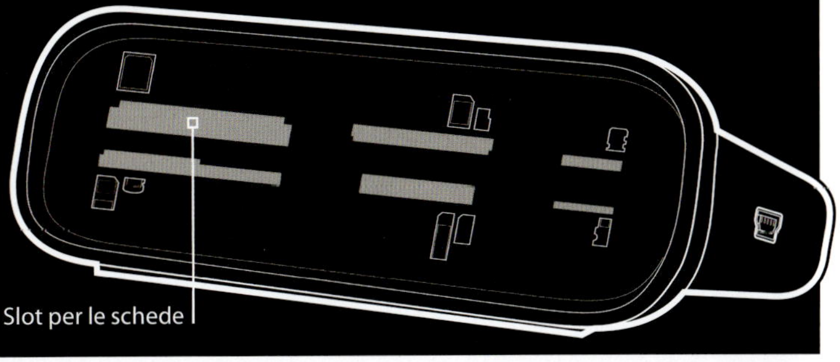

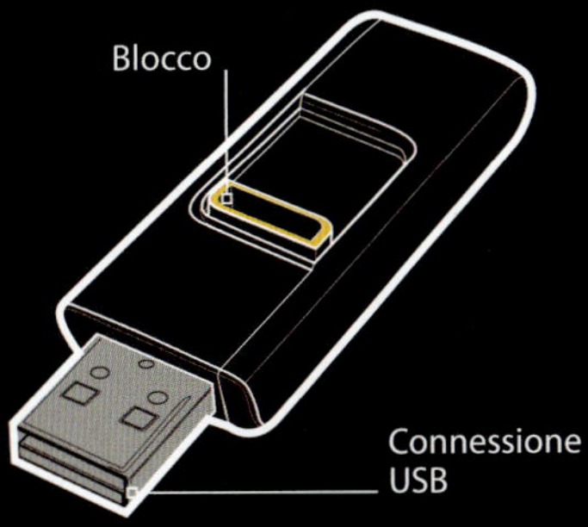

Chiavetta USB

Anche dette penne USB, le chiavette USB si collegano direttamente alla corrispondente porta del computer. Per la loro praticità sono diventate molto diffuse per trasferire i file da un computer a un altro. Hanno capacità di memoria notevoli in rapporto alle dimensioni fisiche.

Dispositivo di archiviazione multimediale

Questi dispositivi multimediali portatili non solo permettono di rivedere e mostrare le immagini non appena le scattate, ma anche di archiviare e gestire fotografie, filmati e musica digitale ovunque siate.

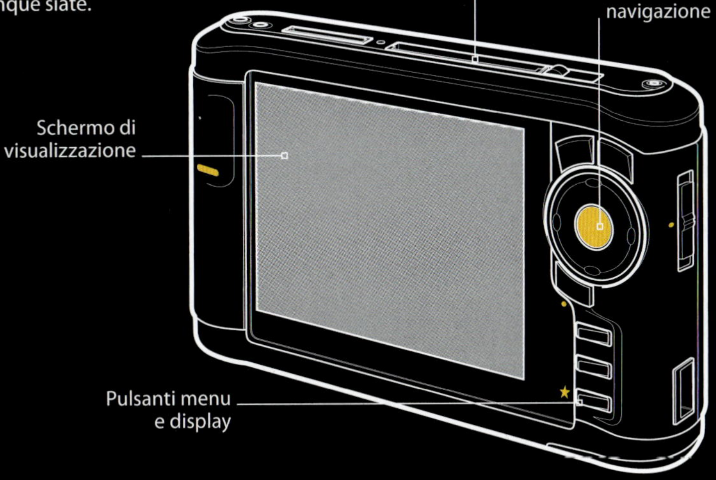

Corrente elettrica e connessioni

Gli sbalzi di tensione possono danneggiare l'hard-disk o altri elementi del computer, per cui è prudente prendere qualche precauzione per evitare picchi o interruzioni. Un gruppo statico di continuità (UPS) agisce come una batteria di riserva per il computer: interviene in caso di interruzione della corrente principale dandovi il tempo di salvare il lavoro e spegnere il computer correttamente. I dispositivi di protezione da sovratensione evitano invece che picchi improvvisi di corrente possano danneggiare l'attrezzatura. Con l'acquisto di vari dispositivi elettronici accumulerete via via molti fili e cavi per collegarli al computer e tra di loro. I tipi di cavi di collegamento più comuni sono quelli per le porte USB e FireWire.

VELOCITÀ DI TRASFERIMENTO DEI DATI

La tabella mostra le velocità massime a cui sono trasferiti i dati con diversi tipi di connessioni. FireWire 800 ha una velocità quasi doppia di USB 2.0, ma l'arrivo di USB 3.0 promette velocità di 3 GB/sec.

FireWire 400	400 MB/sec
USB 2.0	480 MB/sec
FireWire 800	800 MB/sec
USB 3.0	3 GB/sec

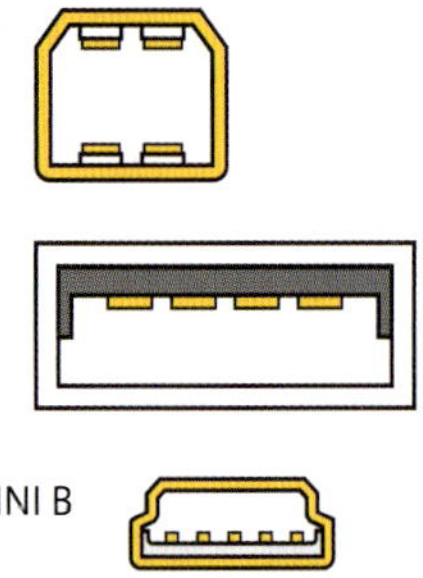

USB 2.0

Ci sono molti tipi di connettori USB. Il connettore mini B, qui illustrato insieme ai connettori standard A e B, è stato introdotto con l'USB 2.0.

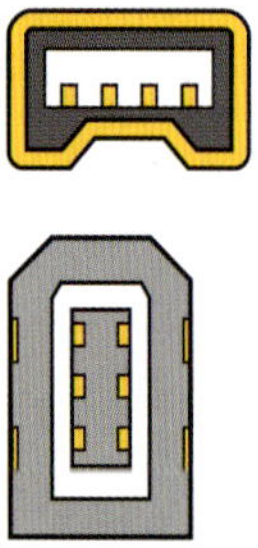

FireWire 400

La versione originale del FireWire, il FireWire 400, usa configurazioni maschio/femmina a 4 pin e a 6 pin.

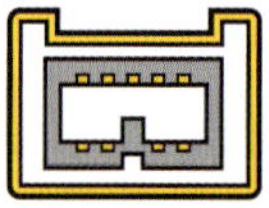

FireWire 800

I dispositivi FireWire 800 usano una configurazione a 9 pin, ma sono compatibili con il precedente sistema FireWire 400. I FireWire 800 hanno una notevole velocità di trasferimento che li rende adatti per immagini e video.

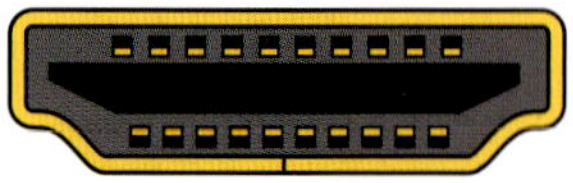

HDMI

Le porte High-Definition Multimedia Interface si usano per collegare dispositivi audio-video, comprese alcune fotocamere e videocamere digitali, a unità di visualizzazione o ascolto. Diffusi per collegare console di videogiochi alle TV.

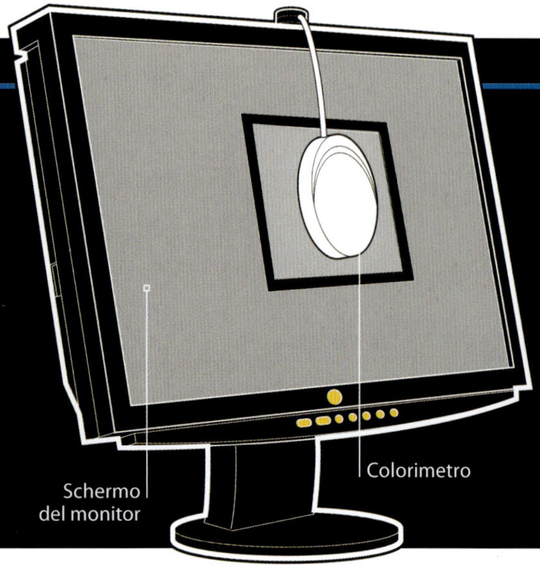

CALIBRAZIONE E PROFILAZIONE

Grazie alla calibrazione del monitor del computer e della stampante potete ridurre le possibili discrepanze nei colori e assicurarvi che la stampa corrisponda ai colori che vedete sullo schermo (pp. 178-179).

Alcune funzioni di calibrazione del monitor sono incluse nel sistema operativo del computer, ma la soluzione migliore è impiegare un strumento specifico chiamato colorimetro. È un dispositivo hardware che, posto sullo schermo del computer, gli invia le istruzioni per visualizzare una gamma di colori standard. Questi sono misurati e confrontati con valori prefissati per creare un profilo tarato specificatamente per quel monitor.

La calibrazione della stampante può essere eseguita in modo simile da dispositivi analoghi per la stampa. Per usi generici ci si accontenta spesso di una calibrazione visiva, cioè una semplice comparazione dei colori stampati con quelli del monitor.

SCEGLIERE LA STAMPANTE

Le stampanti a getto d'inchiostro sono il tipo di stampante più comune per uso domestico. Sono molto affidabili e semplici, con un tempo di riscaldamento praticamente nullo; inoltre sono economiche ma in genere danno ugualmente eccellenti risultati con carta di buona qualità. In passato usate soprattutto da servizi di stampa professionali e tipografie, le stampanti a sublimazione stanno diventando diffuse anche in ambito domestico. La tecnologia a sublimazione non produce punti di stampa visibili (nonostante una risoluzione inferiore alle stampanti a getto d'inchiostro) e dà risultati simili alla stampa fotografica tradizionale. I modelli per piccolo formato sono di semplice uso e occupano poco spazio sulla scrivania.

LO SAPEVATE?

Anche se il prezzo è sceso molto negli ultimi anni, le stampanti laser sono ancora costose, almeno come spesa iniziale. La velocità di stampa è molto elevata e nel tempo il costo medio per pagina con i toner è molto più basso di quelle a getto d'inchiostro. Per testo e grafica sono imbattibili, ma per le foto non si può dire altrettanto. Le immagini prodotte dalle stampanti laser non hanno tutti i passaggi di tono delle stampanti a getto d'inchiostro e a sublimazione.

Stampante a sublimazione

Con questo sistema di stampa un nastro con i colori viene scaldato in modo che i pigmenti passino dallo stato solido a quello gassoso senza passare da quello liquido. Il colore si diffonde quindi sul supporto di stampa prima di risolidificarsi.

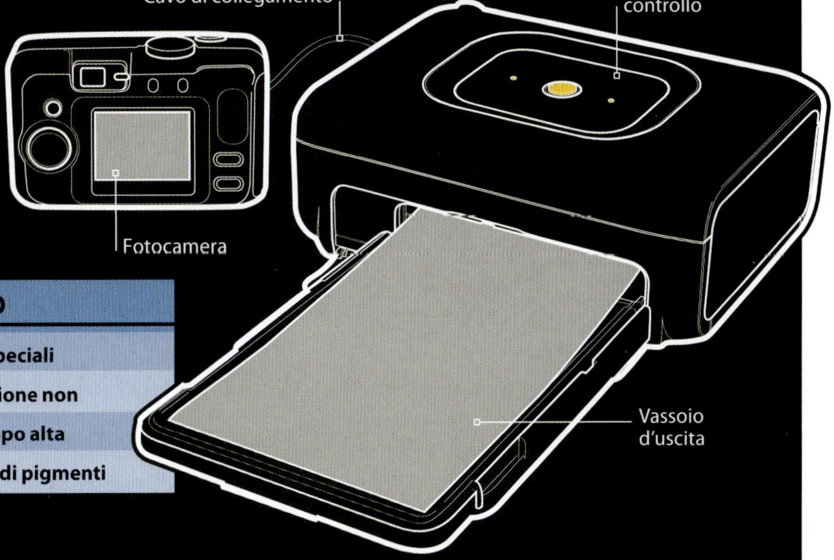

PRO	CONTRO
☐ Toni continui	☐ Carte speciali
☐ Componenti affidabili	☐ Definizione non troppo alta
☐ Stampe asciutte	
☐ Metodo pulito	☐ Spreco di pigmenti

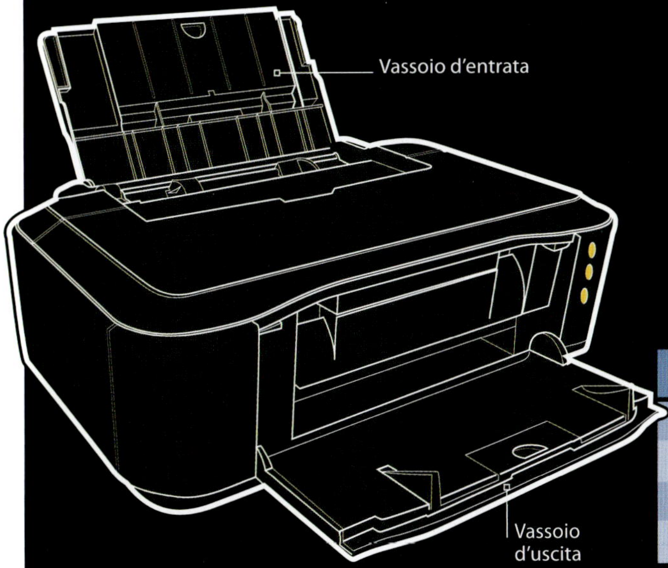

Stampante a getto d'inchiostro

Funzionano spruzzando minuscole goccioline di inchiostro sul supporto di stampa. Gli inchiostri sono piuttosto cari e il costo per pagina è più elevato di quello delle stampanti laser. Con carta di buona qualità si possono però ottenere buone stampe fotografiche.

PRO	CONTRO
☐ Colori fedeli	☐ Inchiostri costosi
☐ Stampe di alta qualità	☐ Inchiostri deteriorabili
☐ Vari supporti di stampa	☐ L'inchiostro può bloccare gli ugelli
☐ Molto affidabile	

Software per la fotografia

Il software è la linfa vitale che vi permette di usare il computer per animare la fotografia digitale. Oltre a utility che consentono a fotocamera, stampante e computer di comunicare, avrete bisogno di un programma per l'elaborazione delle immagini o di un pacchetto che combini l'elaborazione e la gestione delle fotografie.

Il software migliore è quello che più si addice al vostro metodo di lavoro. Lo sviluppo dei programmi attuali ha puntato a migliorare l'efficienza e i pacchetti più riusciti sono quelli che uniscono varie funzioni. I più diffusi, Adobe Lightroom e Apple Aperture, combinano efficaci strumenti di gestione con quelli per elaborare le immagini, oltre ad avere funzioni di esportazione automatica per creare pagine web, presentazioni e altro.

Software di base per l'elaborazione delle immagini

Ci sono molte applicazioni per l'elaborazione delle immagini concepite per essere semplici da usare, e la maggior parte sono molto economiche, se non gratuite (vedi tabella nella pagina a fronte). La qualità dei risultati però è variabile: un software più economico può usare una capacità di calcolo meno affidabile, o tecniche meno precise nell'elaborare le immagini delle applicazioni professionali. Adobe Photoshop Elements, la versione semplificata di Adobe Photoshop, è facile da usare e offre una serie di funzioni in grado di svolgere molte operazioni. Inoltre è un buon punto di partenza per poi passare alle funzioni più complesse di Photoshop nella versione completa.

Adobe Photoshop

Il software più largamente usato sia dai dilettanti sia dai professionisti è Adobe Photoshop, l'applicazione di punta del settore. La sua ampia ed efficiente gamma di funzioni garantisce controllo e creatività praticamente illimitati. Le funzioni disponibili sono però così vaste che solo pochi dei professionisti che lo usano con maggiore assiduità potrebbero dire di sfruttare regolarmente o di conoscere bene tutti gli strumenti e i comandi disponibili nel software.
Gli utenti esperti possono apprezzare la facilità di personalizzazione di Adobe Photoshop, grazie alla quale lavorare con le numerosi funzioni diventa un processo spedito ed efficiente. Potete poi aumentare in modo sensibile la potenza dell'applicazione con i molti plug-in disponibili. Questi possono ampliare la capacità di azione delle sue funzioni, dalle configurazioni particolari per il salvataggio dei file JPEG fino alla correzione delle distorsioni ottiche. Adobe Photoshop è impareggiabile anche per quanto riguarda la possibilità di gestire livelli multipli e maschere.

LISTA DI CONTROLLO

Prima di acquistare qualsiasi programma, e in particolare un'applicazione per uso professionale con impostazioni avanzate, controllate i punti che seguono.

Requisiti di sistema
Controllate che la versione del sistema operativo sia in grado far girare il software. Potreste dover scaricare aggiornamenti per il sistema operativo. Controllate anche che il processore del computer soddisfi i requisiti minimi richiesti dal software.

RAM minima
Controllate di quanta memoria ha bisogno il software per funzionare bene. Un vantaggio dei pacchetti più semplici è che hanno bisogno di poca RAM.

Scheda video
Controllate i requisiti video: alcuni software, come Apple Aperture, utilizzano la scheda video del computer per alcune operazioni nell'elaborazione dell'immagine.

Spazio sull'hard-disk
Controllate di quanto spazio libero sull'hard-disk il software ha bisogno. Oltre allo spazio per il software in sé, ne servirà altro per i file temporanei: più grandi sono i file, maggiore sarà lo spazio necessario.

Tipo di installazione
Avrete bisogno almeno di un lettore CD per installare i file, ma alcuni software sono distribuiti su DVD. Potrebbe servire la connessione a Internet per sbloccare o registrare il software e per scaricare aggiornamenti o correzioni di bug.

Software a confronto

Nel scegliere quale software acquistare, la considerazione più importante è cosa dovete fare con le fotografie. Se avete bisogno di organizzazione e velocità di elaborazione è bene puntare a un pacchetto più mirato al metodo di lavoro, come Aperture o Lightroom. Se invece siete più interessati all'elaborazione e alla manipolazione delle fotografie, è preferibile scegliere un software con una gamma più completa di strumenti per migliorare e correggere le immagini. Dovreste riuscire a trovare un pacchetto adatto alle vostre esigenze, qualsiasi sia il budget.

Caratteristiche dei software
La tabella mostra compatibilità e funzioni di alcuni dei più importanti pacchetti per elaborare e gestire le immagini. I pacchetti gratuiti reggono piuttosto bene il confronto.

Legenda □ No ■ Sì

	APPLE APERTURE	ADOBE LIGHTROOM	MICROSOFT PHOTO EDITOR	APPLE IPHOTO	PICASA	COREL PAINTSHOP PRO	ULEAD PHOTOIMPACT	GIMP	PAINT.NET	PHOTOSHOP ELEMENTS	ADOBE PHOTOSHOP
Gratuito	□	□	□	□	■	□	□	■	■	□	□
Windows	□	■	■	□	■	■	■	■	■	■	■
Mac	■	■	□	■	■	□	□	■	□	■	■
Importazione file RAW	■	■	□	■	■	■	■	■	■	■	■
Conversione file RAW	■	■	□	■	□	■	□	□	■	■	■
Galleria immagini	■	■	□	■	■	■	■	□	□	□	□
Presentazione	■	■	□	■	■	□	■	□	□	■	■
Ottimizzazione web	■	■	■	□	□	■	■	□	□	■	■
Plug-in supportati	■	■	■	■	□	■	■	■	■	■	■
Ridimensionamento	■	■	■	■	■	■	■	■	■	■	■
Livelli	□	□	□	□	□	■	■	■	■	■	■
Selezioni	■	■	■	□	□	■	■	■	■	■	■
Riduzione rumore	■	■	■	■	□	■	■	■	■	■	■
Aumento nitidezza	■	■	■	■	■	■	■	■	■	■	■
Correzione del colore	■	■	■	■	■	■	■	■	■	■	■
Correzione del contrasto	■	■	■	■	■	■	■	■	■	■	■
Luminosità	■	■	■	■	■	■	■	■	■	■	■
Correzione luci e ombre	■	■	■	■	■	□	■	□	□	■	■
Istogrammi	■	■	□	■	■	■	■	■	■	■	■
Correzione ottica	■	■	□	□	□	□	■	■	□	□	■

Manutenzione

L'attrezzatura per la fotografia digitale, esclusi pochi accessori, è caratterizzata da elevata precisione, alta tecnologia ed estrema delicatezza. Basta un'incrinatura o una deformazione minima, o una corrente elettrica vagante, per rendere un dispositivo inutilizzabile.

Dato che tutto l'equipaggiamento è comunque costruito per resistere all'usura quotidiana, vi basteranno poche precauzioni di buon senso per poterlo usare senza alcun timore. Per tutta l'attrezzatura è meglio evitare polvere, umidità e acqua, caldo o freddo intensi e forti campi magnetici. Tenete scrupolosamente puliti obiettivi e sensori delle dSLR: eventuali difetti compromettono immediatamente la qualità delle immagini.

Pulire un obiettivo

Usate una luce forte e mirata per vedere bene la polvere. Soffiate sulla superficie di vetro con un soffietto in silicone per rimuovere le particelle più grosse che potrebbero causare graffi se cercate di toglierle strofinando. Esaminate l'obiettivo da vicino sotto la luce per cercare macchie e segni sulla superficie. Aiutatevi con una lente d'ingrandimento. Per eliminare una macchia, usate un morbido panno in microfibra. Piegatelo e passatelo con movimenti circolari sulla macchia. Dopo una o due passate ripiegatelo per usare una parte pulita. Il movimento circolare evita di creare forme regolari, come una lunga striscia, che influenzino le prestazioni dell'ottica. I segni casuali sono meno visibili. Per le macchie più difficili, arrotolate un fazzoletto pulito a cono come la punta di una matita. Ammorbidite il fazzoletto con una soluzione per pulire gli obiettivi (ne basta una goccia). Strofinate con piccoli movimenti circolari senza spremere liquido che potrebbe finire sul bordo dell'innesto. Aspettate che gli aloni evaporino prima di ripetere: il solvente sembra macchiare ma scompare quando evapora. Eliminate le macchie peggiori, date una pulita generale. Se mettete un filtro sull'obiettivo, ricordatevi di pulire prima la superficie interna. Date una soffiata o due nello spazio tra l'obiettivo e il filtro prima di avvitare il filtro completamente. Pulite l'innesto posteriore soffiando via la polvere. Se l'elemento posteriore è sporco, pulitelo come quello anteriore. Ricordate di pulire anche i coperchietti dell'obiettivo prima di rimetterli.

Maneggiare schede di memoria e lettori

Le schede di memoria sono robuste e affidabili rispetto a prezzo e dimensioni. I problemi sono in genere dovuti a incuria: in caso di malfunzionamenti smettete subito di usarle e cercate di recuperare i file via software. Badate a non riformattare o cancellare la scheda inavvertitamente.

CONTROLLATE LA GARANZIA

1 Alcuni produttori invalidano la garanzia se cercate di pulire il sensore da soli, quindi controllate prima le condizioni stabilite dal produttore della vostra fotocamera.

- Pulite il sensore solo se i granelli di polvere causano problemi o poco prima di un servizio fotografico importante. Se le tracce di polvere sull'immagine non sono preoccupanti, evitate di scoprire il sensore.

PREPARAZIONE

2 È fondamentale usare materiali e procedure adatti alla pulizia del sensore, perché un danno al vetro di protezione sarà costoso da riparare.

- Controllate che la batteria della fotocamera sia del tutto carica.
- Lavorate nell'ambiente più pulito a disposizione, per esempio in un ufficio con aria condizionata (meglio di prima mattina o in tarda serata quando si solleva meno polvere), con il condizionatore spento.
- Sistemate gli strumenti vicino a voi.
- Non mettere guanti: lasciano fili e polvere. Un grembiule va bene.

ESPORRE IL SENSORE

3 Seguite il manuale di istruzioni e le particolari precauzioni elencate dopo aver impostato sulla modalità di pulizia la fotocamera.

- Togliete con cautela l'obiettivo e appoggiatelo con la parte anteriore in basso.
- Mettete il coperchietto posteriore sull'obiettivo per proteggerlo dalla polvere.
- Vedrete che la modalità di pulizia solleva lo specchio e apre l'otturatore per esporre il sensore.

In generale osservate le precauzioni che seguono.

- Non rimuovete una memory card dal dispositivo se ci sono luci fisse o intermittenti per non danneggiare i dati.
- Evitate di toccare i contatti delle schede con pin piani.
- Fate attenzione a inserire la scheda di memoria nella fessura giusta di un lettore per più formati e nel modo corretto. Se dovete forzare, state usando lo slot sbagliato.
- Riformattate la scheda nella fotocamera ogni volta che scaricate, salvate e fate un backup delle immagini.
- Caricate le batterie: se si esauriscono durante la scrittura possono danneggiare la scheda.
- Non spegnete la fotocamera mentre sta salvando dati sulla scheda.
- Con Windows 2000 o XP, svuotate la cache prima di togliere la scheda: cliccate sulla freccia verde nell'area di notifica e selezionate la lettera del dispositivo da espellere.

Pulire il sensore

Nell'eventualità che occorra pulire il sensore di una compatta si dovrà portare la fotocamera a un centro di assistenza. Non esiste una fotocamera dSLR in grado di rimanere con i sensori perfettamente privi di polvere e chi possiede una dSLR dovrà superare un istintivo timore di lavorare direttamente sul sensore se vuole imparare a pulirlo. La procedura è descritta nella sequenza sotto.

LO SAPEVATE?

Una fotocamera caduta in acqua con un pizzico di fortuna e un intervento deciso può essere salvata. Ci sono fotografi che hanno recuperato perfino fotocamere cadute in mare. Lo stesso vale anche per computer portatili su cui sia stata rovesciata dell'acqua.

- Non appena la recuperate, spegnete la fotocamera.
- Se è caduta nel mare o nel fango, risciacquatela appena possibile con acqua pulita.
- Asciugate il grosso con quello che avete sotto mano.
- Togliete batteria e scheda di memoria cercando di non fare entrare altra acqua negli scomparti.
- Asciugate con cura tutte le superfici con un panno.
- Rimuovere obiettivo e accessori come correzione diottrica per oculare o filtri.
- Asciugate le superfici esterne di tutti gli accessori e riponeteli al sicuro.
- Tenete la fotocamera più asciutta che potete fino a quando non tornate a casa.
- Mettete fotocamera e obiettivo in un ambiente caldo, come una piccola stanza con un termosifone accesso. Nei pressi di un boiler per l'acqua va benissimo. Non cercate di accelerare l'asciugatura mettendo la fotocamera in un forno o vicino a una fonte di calore.
- Portate l'apparecchio in un centro di assistenza.

LAVAGGIO A SECCO

4 Usate un soffietto in buono stato per soffiare aria nella fotocamera (quelli vecchi emettono sbuffi di polvere). Appoggiate la fotocamera sulla scrivania, tenete il beccuccio con una mano e premete la parte rigonfia con l'altra. Rimuovere le particelle di polvere con un pennello.

- Usate solo pennellini specifici per sensori: teneteli puliti e non toccate mai le setole con le dita.
- Quando usate un pennellino, non fate andare le setole fuori dall'area del sensore perché potrebbero raccogliere e spalmare lubrificante.

LAVAGGIO AD ACQUA

5 Per una pulizia più accurata, togliete la polvere attaccata al vetro del sensore con apposite spatole e solventi a base di metanolo.

- Togliete la protezione alla spatola appena prima dell'uso. Mettete una o due gocce di solvente e passatela con un movimento uniforme da un lato all'altro del sensore.
- Girate la spatola e ripetete in direzione opposta. Il solvente di solito asciuga senza lasciare tracce.
- Spegnendo la fotocamera si termina la pulizia. Soffiate via la polvere dal retro dell'obiettivo e rimontatelo.

TEST

6 Fotografate un soggetto vuoto come il cielo o lo schermo bianco del monitor per individuare tracce di polvere o usate un apposito kit (una lente di ingrandimento con luce) per esaminare il sensore direttamente.

- Le immagini sono invertite sul sensore e una traccia di polvere nell'angolo in alto a destra dell'immagine sarà in basso a sinistra sul sensore.
- Non pretendete di eliminare ogni traccia di polvere. Tutte le parti interne sono molto delicate: non toccatele. Lavorate con calma e attenzione per evitare incidenti.

Siti web

PORTALI

Software, blog, photosharing:
http://mashable.com/2007/06/23 photography-toolbox
Selezione di articoli e newsfeed:
http://photography.alltop.com
Corsi, riviste, gallerie:
http://www.photographydirectory project.com
Gallerie per tema, risorse generali:
http://www.photographysites.com
Gallerie, blog, software e altro:
http://www.prosphotos.com
Tutorial, guide, software, consigli:
http://www.urban75.org/photos/resources

FOTOGRAFIA IN GENERALE

http://www.amateurphotographer.co.uk
http://www.amateursnapper.com
http://www.aperture.org
http://www.beyondmegapixels.com
http://www.demystifyingdigital.com
http://www.digital-photography-school.com
http://www.digitalartsonline.co.uk
http://www.digitalphotography.co.uk
http://www.diyphotography.net
http://www.dslrtips.com
http://www.luminous-landscape.com
http://www.photo-i.co.uk
http://photo.net
http://www.photography.com
http://www.photographycorner.com
http://www.photographywebsite.co.uk
http://photojojo.com
http://photonotes.org
http://www.photoradar.com
http://www.photoxels.com
http://www.smokinphoto.com
http://www.theshutter.co.uk

Riviste online:
http://www.1000wordsmag.com
http://www.apogeephoto.com
http://www.dphotographer.co.uk
http://www.ephotozine.com
http://www.geo.de
http://www.guardian.co.uk/artanddesign/photography
http://www.illustratedphotography.com
http://jpgmag.com
http://www.lensculture.com
http://www.photoanswers.co.uk
http://www.photoclub.canadiangeographic.ca
http://www.photoeye.com
http://www.photography.ca
http://www.photographymonthly.com
http://pixsylated.com
http://www.professionalphotographer.co.uk
http://www.reflex.it
http://www.shutterbug.com
Arte, design, moda:
http://www.artreview.com
http://www.arturban.co.uk/blog
http://www.dazeddigital.com/photography
http://www.hautstyle.co.uk
http://www.okaygreat.com
http://omgposters.com
http://www.zonezero.com
Natura, paesaggio:
http://www.naturephotographers.net
http://www.naturesbestphotography.com
http://www.naturescapes.net
http://www.outdoorphotographer.com
http://photography.nationalgeographic.com

PHOTOBLOG

Viaggi, con ricerca per località:
http://www.coolphotoblogs.com
Per tema e luogo:
http://www.photoblogdirectory.net
Per tema:
http://www.photoblogdirectory.org
I più cliccati:
http://www.photoblogs.org
Elenco generale:
http://www.photography-colleges.org/the-top-100-photography-blogs
Blog di fotografia in generale:
http://www.aphotoeditor.com
http://blogs.photopreneur.com/
http://blogs.telegraph.co.uk/culture/kateday
http://exposurecompensation.com
http://www.fotohacker.com
http://framestop.net
http://heyhotshot.com/blog
http://www.iheartphotograph.blogspot.com
http://www.londonrubbish.com
http://www.mnemospection.com/blog
http://www.petapixel.com
http://www.photo-muse.blogspot.com
http://www.photographyblog.com
http://picture-of-the-day.com
http://theclick.us
http://www.thephotographsnottaken.com
http://thephotoletariat.com
http://wecantpaint.com/log
http://wvs.topleftpixel.com

PHOTOSHARING

http://www.dphoto.com
http://www.dropshots.com
http://www.flickr.com
http://www.fotki.com
http://www.fotopages.com
http://www.imagehosting.com
http://imageshack.us
http://www.photobucket.com
http://www.photoshelter.com
http://picasa.Google.com

http://www.pixyblog.com
http://www.smugmug.com
http://www.snapfish.co.uk
http://www.webshots.com
http://www.zoomandgo.com
http://www.zooomr.com

GALLERIE

Foto dal Canada:
http://www.allcanadaphotos.com
Fotografia e cultura:
http://www.americansuburbx.com
Fotografie dell'agenzia Magnum:
http://blog.magnumphotos.com
Lavori di nuovi fotografi:
http://www.burnmagazine.org
Fotografia contemporanea:
http://flakphoto.com
Saggi fotografici da tutto il mondo:
http://www.jansochor.com
Fotografie attuali e d'archivio della rivista «Life»:
http://www.life.com
Pittura con la luce:
http://www.luminarymovie.com
Fotografia di viaggio/progetto fotografico per beneficenza:
http://www.millionplacesonearth.com
Portfolio di Photography Now:
http://photography-now.net
Fotografia di strada:
http://www.street-photographers.com
Portfolio da tutto il mondo:
http://www.theblacksnapper.net/archive
Artisti emergenti:
http://theexposureproject.com
Saggi fotografici dall'Asia:
http://www.thephotoessay.com
Fotografie inviate dagli utenti:
http://www.theworldsbestphotography.com
Saggi fotografici della rivista «Time»:
http://www.time.com/time/photoessays
Gallerie fotografiche di città, paesi e campagna:
http://www.urban75.org/photos
Fotografia di città e metropoli:
http://www.urbanlandscape.org.uk
Gallerie di esplorazione urbana:
http://www.forbidden-places.net
http://www.sleepycity.net
http://www.talkurbex.com/explore/gallery
http://www.urban-exposure.com

FORUM

http://www.cambridgeincolour.com/forums
http://www.canonclubitalia.com/forum-di-fotografia
http://www.dcresource.com/forums
http://www.dphoto.it/forum
http://www.digi-darkroom.com
http://digital-photography-school.com/forum
http://www.dpforums.com
http://www.dpreview.com/forums
http://forum.fotografia.it/
http://forums.adobe.com
http://forums.photographyreview.com
http://www.ifotografi.it
http://www.lightstalkers.org
http://www.nikonclubitalia.com/forum/forums.html
http://www.nikonians.org
http://photo.net/community
http://www.photo4u.it
http://www.photography-forum.org
http://photography-on-the.net/forum
http://www.phototopix.co.uk
http://www.photozo.com/forum
http://www.talkphotography.co.uk
http://www.thephotoforum.com

RECENSIONI TECNICHE

http://www.cameralabs.com
http://www.dcresource.com
http://www.digital-slr-guide.com
http://www.digitalslrphoto.com
http://www.dpreview.com
http://www.dslr.co.uk
http://www.dslruser.co.uk
http://www.fotopratica.it
http://www.imaging-resource.com
http://www.kenrockwell.com
http://nikonslrcamerareviews.com
http://www.photographyreview.com
http://www.radiantlite.com
http://www.whatdigitalcamera.com
http://www.zmphoto.it/ux

ACCESSORI

Stativi e spallacci:
http://bushhawk.com
Tablet:
http://graphicssoft.about.com/od/aboutgraphics/tp/graphicstablets.htm
Sagome stampabili per paraluce:
http://www.lenshoods.co.uk
Fotografia digitale all'infrarosso:
www.lifepixel.com
Pulizia del sensore:
http://www.sensorcleaning.com/how.php

RIPRESE VIDEO CON DSLR

Informazioni generali, articoli, risorse:
http://www.brighthub.com/multimedia/video.aspx
Soluzioni fai da te:
http://cheesycam.com
Forum sul video con dSLR:
http://www.cinema5d.com

Forum, tutorial, riviste e altro:
http://www.creativecow.net
Notizie, articoli, video:
http://digitalslrshooter.com
Notizie, recensioni, tutorial:
http://www.dslr-cinematography.com
Notizie e blog:
http://dslrfilm.com
Informazioni generali e blog:
http://dslrhd.com
Giornalismo televisivo con dSLR:
http://www.dslrnewsshooter.com
Risorse generali:
http://dslruniversity.com
Informazioni, recensioni, blog:
http://dslrvideoshooter.com
Riviste online:
http://www.dv.com
Video digitali del «Guardian»:
http://www.guardian.co.uk/technology/digitalvideo
Guide Guerilla Film Makers:
http://www.livingspirit.com/books
Firmware Magic Lantern per dSLR Canon:
http://http://magiclantern.wikia.com/wiki/Unified/IT
Blog, informazioni, guide:
http://nofilmschool.com
Recensioni film e notizie sul cinema:
http://www.rottentomatoes.com
Rete e forum di cineasti indipendenti, inserzioni di lavoro:
http://shootingpeople.org
Tutorial di video editing digitale, recensioni:
http://videoediting.digitalmedianet.com
Forum di video editing:
http://www.videoforums.co.uk
Articoli, tutorial:
http://www.videomaker.com
Video caricamento/condivisione:
http://www.vimeo.com/hd
http://www.youtube.com

TUTORIAL ONLINE

http://www.digital-photography-school.com
http://www.good-tutorials.com
http://www.lynda.com
http://www.naturescapes.net/072006/rh0706_1.htm
http://www.photoshop101.com
http://www.photoshopdaily.co.uk
http://www.photoshopgurus.com
http://www.prophotoinsights.net
http://www.3megapixel.it/

CONCORSI

Elenchi di concorsi e manifestazioni:
http://www.photocompete.com
http://www.photocompetitions.com
http://www.photographycompetitions.net
http://www.photolinks.com/Photo_Contests
http://www.shootexperience.com/events/home/CMP
Concorsi di fotografia in generale:
http://www.fotothing.com/competitions
http://www.onevisionphoto.org
http://renaissancephotography.org
http://shootnations.org
http://www.snapalley.com
Fotografia e musica:
http://www.billboardphotocontest.com
Garden Photographer of the Year:
http://www.igpoty.com
Wildlife Photographer of the Year:
http://www.nhm.ac.uk
Travel Photographer of the Year:
http://www.tpoty.com
World Photography Organisation:
http://www.worldphoto.org
World Press Photo:
http://www.worldpressphoto.org

FOTOGIORNALISMO

Nuove storie per immagini:
http://www.boston.com/bigpicture
Fotografia sociale:
http://www.collectivelens.com
Giornalismo partecipativo:
http://www.agoravox.it
http://www.demotix.com
Fotogiornalisti Professionisti Associati:
http://www.fotogiornalisti.eu/
Rivista online:
http://www.foto8.com
Fotogiornalismo globale:
http://www.gaia-photos.com
Portfolio, gallerie:
http://greatphotojournalism.com
Blog del «New York Times»:
http://lens.blogs.nytimes.com
Fondazione Nieman di Harvard:
http://www.niemanlab.org
Saggi fotografici, problematiche del settore:
http://www.rethink-dispatches.com
E-book sull'etica professionale:
http://rising.blackstar.com/photojournalism-technology-and-ethics-whats-right-and-wrong-today

AGENZIE FOTOGRAFICHE

http://www.agencevu.com
http://www.alamy.com
http://www.corbisimages.com
http://www.everystockphoto.com
http://en.fotolia.com
http://www.gettyimages.com
http://www.magnumphotos.com
http://www.istockphoto.com
http://www.sciencephoto.com
http://www.viiphoto.com

PRODUTTORI

http://www.canon.com
http://www.epson.com
http://www.fujifilm.com
http://www.hasselblad.se
http://www.hoyaoptics.com
http://www.hp.com
http://www.kodak.com
http://www.konicaminolta.com
http://www.leica-camera.com
http://www.minox.com
http://www.nikon.com
http://www.olympus-global.com
http://www.panasonic.com
http://www.pentax.com
http://www.polaroid.com
http://www.ricoh.com
http://www.rollei.com
http://www.samsung.com/
http://www.sigmaphoto.com
http://www.sony.com
http://www.tiffen.com
http://www.tokina.com
http://www.voigtlaender.de

SOFTWARE

http://www.acdsee.com
http://www.adobe.com
http://www.alienskin.com
http://www.andromeda.com
http://www.apple.com
http://www.arcadiasoftware.com
http://www.arcsoft.com
http://www.autofx.com
http://www.batchimageprocessor.com
http://www.corel.com
http://www.datacolor.com
http://www.digitalanarchy.com
http://www.digitalfilmtools.com
http://www.download.com
http://www.dxo.com
http://www.engelmann.com
http://www.freephotoresources.com
http://www.getpaint.net
http://www.gimp.org
http://www.hdrsoft.com
http://www.humansoftware.com
http://www.imagenomic.com
http://www.irfanview.com
http://www.kekus.com
http://www.lumapix.com
http://www.magix.com
http://www.microsoft.com
http://www.niksoftware.com
http://www.ononesoftware.com
http://www.phaseone.com
http://www.photo-plugins.com
http://photoediting.dphotojournal.com
http://www.photolightning.com
http://www.photoscape.org
http://www.photoshopsupport.com
http://www.picnik.com
http://www.picturecode.com
http://www.pixelmator.com
http://www.serif.com/photoplus
http://thepluginsite.com
http://www.toolfarm.com
http://www.topazlabs.com
http://www.ulead.com
http://www.vertustech.com

Software di focus stacking:

http://www.hadleyweb.pwp.blueyonder.co.uk/CZP/Installation.htm
http://www.heliconsoft.com
http://www.tawbaware.com/tufusepro
http://www.zerenesystems.com/stacker

Software di recupero immagini:

http://www.photonose.com
http://www.photosrecovery.com

MISCELLANEA

British Journal of Photography:
http://www.bjp-online.com
Wiki sulle fotocamere:
http://www.camerapedia.org
Copyright e condivisione:
http://www.creativecommons.it/
Procedure e flussi di lavoro:
http://www.dpbestflow.org
Fotografie famose:
http://www.famouspictures.org
Selezione internazionale di notizie, informazioni, recensioni:
http://www.focalpointdaily.com
Guida ai gadget digitali:
http://www.gizmodo.it/
Fotografia di strada:
http://www.in-public.com
Questioni legali:
http://www.photoattorney.com
Citazioni sulla fotografia:
http://www.photoquotes.com
Diritti dei creatori di immagini:
http://www.pro-imaging.org
Blog dedicato a flash e illuminazione:
http://strobist.blogspot.com
Notiziario tecnologico:
http://techcrunch.com
Recensioni prodotti tecnologici:
http://www.trustedreviews.com
Rivista «Wired»:
http://www.wired.it
Donne nella fotografia:
http://www.wipnyc.org
Festival di fotografia:
http://www.photographyforchange.net
http://www.rencontres-arles.com
http://www.scotiabankcontactphoto.com
http://www.visapourlimage.com

Bibliografia

MANUALI

ABC fotografia digitale
Simon Joinson
Cesco Ciapanna Editore
Un'introduzione agli elementi fondamentali nell'uso di una fotocamera.

Corso di fotografia. Viaggi e vacanze: i segreti per realizzare grandi fotografie
Robert Caputo
Gruppo Editoriale l'Espresso
Consigli preziosi e di prima mano in un formato compatto. Altamente raccomandato.

Digital Macro Photography
Ross Hoddinott
Photographers' Institute Press
Libro di facile lettura di un competente appassionato di macrofotografia.

Fotografia digitale. Strumenti e tecniche avanzate
Tom Ang
Mondadori
Come acquisire nuove capacità per guardare e fotografare meglio.

Fotografia digitale. Una guida completa
Tom Ang
Mondadori
Le classiche tecniche fotografiche aggiornate all'era digitale.

Masterclass di fotografia. A scuola dai maestri del digitale per sviluppare stile e creatività
Tom Ang
Mondadori
Una guida ai dieci generi e stili fotografici più popolari.

Mastering Digital Panoramic Photography
Harald Woeste
O'Reilly
Una guida dettagliata alla moderna fotografia panoramica dalla ripresa alla postproduzione.

Mastering Digital Photography
Michael Freeman
Il FX
Enorme e autorevole volume di 640 pagine. Vale la spesa.

The Hot Shoe Diaries
Joe McNally
New Riders
Un'introduzione al flash elettronico con molti esempi.

USO DEL SOFTWARE

Adobe Photoshop CS5 for Photographers
Martin Evening
Focal Press
Grande e molto dettagliato volume di riferimento.

Adobe Photoshop Lightroom 3 Classroom in a Book
Adobe Creative Team
Adobe
Corso ufficiale Adobe, con descrizioni puntuali e approfondite.

Apple Pro Training Series: Aperture 3
Dion Scoppettuolo
Peachpit Press
Tutorial completi ed esaurienti.

Come imbrogliare con Photoshop CS5. L'arte di creare fotomontaggi realistici
Steve Caplin
Il Castello
Lettura indispensabile per realizzare fotomontaggi realistici con i consigli di un maestro del genere.

Photoshop Masking Compositing
Katrin Eismann
New Riders
Eccellente, anche se un po' datata, introduzione a selezioni e maschere.

Photoshop professionale. La guida completa alla correzione del colore
Dan Margulis
Hoepli
Trattazione esauriente di un tema specifico.

Real World Color Management
Bruce Fraser, Chris Murphy, Fred Bunting
Peachpit Press
Introduzione autorevole e di alto di livello alla gestione del colore. Un libro altamente raccomandato.

FOTOGIORNALISMO

Life. I grandi fotografi
A cura della redazione di «Life»
Contrasto
Una ricca collezione di immagini degli anni d'oro del fotogiornalismo.

Magnum Magnum
Brigitte Lardinois
Contrasto
Il fotogiornalismo per eccellenza.

Photojournalism. The Professionals' Approach
Kenneth Kobre
Focal Press
Un classico aggiornato con nuove fotografie. Indispensabile.

Truth Needs No Ally. Inside Photojournalism
Howard Chapnick
University of Missouri Press
Appassionata testimonianza del fotogiornalismo visto dall'interno.

STORIA

Foto:Box. Le immagini dei più grandi maestri della fotografia internazionale
A cura di Roberto Koch
Contrasto
Eccellente collezione di fotografie, con testi e biografie.

Fotografia del XX secolo
Museum Ludwig, Colonia
Taschen
Prezioso volume di grande respiro.

World History of Photography
Naomi Rosenblum
Abbeville Press
Opera di riferimento sulla storia della fotografia in generale. Ben illustrata.

SAGGI

On Photography
Susan Sontag
Penguin Classics
Saggi sul significato della fotografia.

RIPRESE VIDEO CON DSLR

100 regole per girare un film: tutto quello che ogni regista o sceneggiatore non può non conoscere
Jennifer Van Sijll
Gremese
Analisi e spiegazione delle convenzioni cinematografiche.

1001 film. I capolavori del cinema mondiale
Steven Jay Schneider
Atlante
Un catalogo dei film da non perdere di tutti i generi, con curiosità e statistiche.

A Filmmaker's Handbook. A Comprehensive Guide for the Digital Age
Steven Ascher, Edward Pincus
Plume
Una guida pratica con tutto quello che serve sapere su come girare video digitali.

Cinematography
Peter Ettedgui
Rotovision
I metodi di lavoro di 15 registi.

Directing the Documentary
Michael Rabiger
Focal Press
Guida completa al documentario.

L'ABC della ripresa cinematografica
Joseph V. Mascelli
Silman-James Press
Con l'aiuto di illustrazioni esemplificative, sono presentate idee e tecniche per l'uso della macchina da presa.

The Guerilla Film Makers Handbook
Chris Jones, Genevieve Jolliffe
Continuum International Publishing Group Ltd
Un libro indispensabile per aspiranti registi. Stimolante e ricco di informazioni.

Radio Times Guide to Films 2011
Radio Times Film Unit
Radio Times
Guida con recensioni e informazioni su 23.000 film.

Story. Contenuti, struttura, stile, principi della sceneggiatura per il cinema e per la fiction TV
Robert McKee
International Forum
Consigli pratici e succinti per scrivere sceneggiature per il piccolo schermo.

Glossario

La prima parte del glossario si riferisce alla fotografia di immagini fisse. Un elenco di termini riguardanti le riprese video si trova alle pp. 352-353.

24 bit Misura delle dimensioni o risoluzione dei dati con cui un computer, un programma o un componente lavorano. Anche 12 bit, 14 bit, 36 bit.

32x, velocità Significa che un dispositivo registra (scrive) o legge dati a un ritmo 32 volte quello del valore di riferimento di 150 KB/sec, cioè a una velocità di 4,8 MB/sec; analogamente, 66x corrisponde a 10 MB/sec e 133x a 20 MB/s.

6500 Standard di luce bianca simile alla luce naturale calda; largamente usato come punto bianco di riferimento.

9300 Standard di luce bianca simile alla luce naturale; profilo raccomandabile per simulare stampe viste alla luce diurna.

Additiva, sintesi del colore Combinazione o fusione di una o più luci colorate per simulare o creare l'impressione di un altro colore.

Al vivo Fotografia o altro elemento grafico stampato oltre i margini della pagina.

Aliasing Effetto dovuto a carenza di dati dell'immagine o difetti di elaborazione che consiste nella creazione di toni interrotti, dentellati o scalettati invece che continui e uniformi.

Analogico Effetto, rappresentazione o registrazione proporzionata a qualche altra proprietà o variazione fisica.

Anti-aliasing Attenuazione dei bordi scalettati o dentellati di un'immagine o di un testo.

Apertura Parte dell'obiettivo attraverso la quale passa la luce.

Appiattire Combinare insieme livelli multipli e altri elementi in un unico livello di sfondo.

APS-C Formato di sensore simile al classico Advanced Photo System (25,1 mm x 16,7 mm).

Archiviazione Copia di file conservati in sicurezza su sopporti affidabili..

Artefatto Caratteristica o dettaglio in un'immagine dovuto al processo di elaborazione o manipolazione.

AWB (Auto White Balance) Impostazione del bilanciamento del bianco in automatico per correggere dominanti cromatiche.

Back up Creazione e conservazione di una o più copie di file digitali.

Banding Configurazioni di rumore elettronico che si manifestano sotto forma di strisce. Spesso visibili nelle immagini con alti valori ISO, soprattutto nelle zone d'ombra.

Bicromia Processo di stampa con due inchiostri di diverso colore, simulato da funzioni dei programmi di elaborazione digitale.

Bluetooth Standard di connessione wireless ad alta velocità tra dispositivi come telefoni cellulari, tastiere o computer.

Bokeh Qualità o caratteristiche della sfocatura.

Burning-in (bruciare) Tecnica digitale che imita l'omonima tecnica da camera oscura per scurire parte di un'immagine.

Byte Unità di informazione digitale composta da più bit (tipicamente 8).

Calibrazione Processo di adeguamento delle caratteristiche o del comportamento di un dispositivo a valori standard.

Canale Set di dati usati dai programmi di elaborazione dell'immagine per definire colori o maschere.

Clonare Copiare parti di un'immagine in un'altra zona della stessa immagine o in un'altra.

CMYK (Cyan Magenta Yellow blacK) Cyan, magenta, giallo e nero: colori degli inchiostri usati nella stampa.

Colore Qualità della percezione visiva caratterizzata da tinta, saturazione e luminosità.

Colori caldi Tinte come i rossi e i gialli, passando per l'arancione.

Colorizzare Aggiungere colore a un'immagine in scala di grigio senza modificare i valori di luminosità originali.

Compositing Creazione di immagini composite combinando una o più sorgenti con un'immagine di base.

Compressione Processo di riduzione delle dimensioni di file digitali cambiando il tipo di codifica dei dati.

Contrasto Misura della gamma di luminosità di una scena.

Crop (riquadrare) Usare parte di un'immagine allo scopo, per esempio, di migliorare la composizione, riempire lo spazio o il formato disponibile, o raddrizzare un orizzonte inclinato.

Curva di trasferimento Una linea che definisce come i valori in ingresso, per esempio di luminosità, sono trasformati in valori in uscita, per esempio per la stampa. Si usa con il comando Curve e nei calcoli di tone-mapping.

Curve Comando che permette di modificare il rapporto tra valori in ingresso e in uscita di un'immagine; si usa per modificare luminosità e contrasto.

Cyan Colore secondario formato dalla combinazioni dei due colori primari rosso e blu.

D50 Standard di luce bianca; adatto per simulare stampe viste con luce artificiale prodotta da lampadine a incandescenza.

Definizione Valutazione soggettiva della nitidezza e della qualità dei dettagli visibili in un'immagine.

Diaframma Gruppo di lamelle curve che formano un foro centrale nell'obiettivo. Cambiando impostazioni del diaframma si modificano le dimensioni del foro, cioè l'apertura dell'obiettivo.

Digital watermark Filigrana digitale. Marchio o scritta che identifica il proprietario del copyright; può essere visibile o leggibile solo via software.

Display Dispositivo che fornisce una temporanea rappresentazione visiva di dati come un monitor di computer, un proiettore LCD o lo schermo di una fotocamera.

DNG (Digital Negative) Formato per file RAW generati da fotocamere digitali.

Dodging (schermare) Tecnica per controllare il contrasto locale con un aumento selettivo di luminosità.

Dominante cromatica Velatura di colore che interessa un'intera immagine.

DPI (Dots Per Inch) Misura della risoluzione di un dispositivo di uscita: numero di punti indirizzabili dal dispositivo.

Driver Software usato dal computer per controllare una periferica, per esempio uno scanner, una stampante o un dispositivo rimovibile.

Drop shadow Effetto grafico per cui un oggetto sembra staccarsi da una superficie proiettando un'ombra al di sotto e di lato.

DSLR Fotocamera reflex monobiettivo digitale.

DVD (Digital Versatile Disc) Supporto per dati digitali.

Esposizione Quantità di luce che raggiunge il sensore: dipende dal grado di apertura dell'obiettivo e dal tempo di otturazione. Anche il processo con cui si permette alla luce di giungere a contatto con il materiale fotosensibile.

EV (Exposure Value) Un valore che esprime il rapporto tra tempo di esposizione e apertura dell'obiettivo: un EV alto è indice di una luce intensa. Una variazione di un EV equivale a una variazione di uno stop.

EVF (mirino elettronico) Schermo LCD, visto attraverso un oculare, che riproduce quanto visibile dall'obiettivo della fotocamera.

EXIF (Exchangeable Image File Format) Regole per l'inserimento di metadati in un file d'immagine.

F/numero Impostazione del diaframma che regola la quantità di luce che attraversa l'obiettivo.

Feathering (sfumatura) Sfocatura di un bordo o una linea di transizione per rendere meno evidente o brusco il passaggio.

Fill-in (riempimento) Attenuazione delle ombre gettate dalla sorgente di luce principale usando un'altra fonte luminosa o un riflettore.

Filtro In ambito digitale, funzione software che applica un effetto.

FireWire Standard di comunicazione veloce tra computer e periferiche.

Firmware Software integrato in una fotocamera digitale che ne regola il funzionamento.

Flash (1) Dispositivo che produce un lampo di luce molto breve. (2) Tipo di memoria elettronica utilizzata nelle fotocamere digitali.

Flash anulare Flash elettronico disposto ad anello intorno all'obiettivo in modo da fornire un'illuminazione priva di ombre.

Focus stacking (fuoco composito) Ripresa di immagine multiple con la fotocamera leggermente spostata lungo l'asse dell'obiettivo a ogni esposizione e ricomposizione delle immagini via software per avere un aumento della profondità di campo.

Focus tracking Funzione per mantenere a fuoco un soggetto in movimento.

Formato di file Metodo di organizzazione dei dati digitali, come TIFF o JPEG.

Formattazione Preparazione di un hard disk o una memory card per il funzionamento con sistemi specifici.

Fotomontaggio Immagine fotografica composta dalla combinazione di diverse altre immagini fotografiche.

Full-frame (pieno formato) Sensore digitale di dimensioni simili alle tradizionali pellicole 36 x 24 mm.

Gamma di luminanza Gamma di luminosità visibile in una scena, dalla superficie più scura a quella più chiara. In pratica è limitata alle parti della scena fotograficamente importanti.

Gamma dinamica Misura della differenza tra l'energia più alta e più bassa di aree significative di una scena.

Gamma Nei monitor, misura della correzione del segnale del colore prima della sua proiezione sullo schermo. Un valore alto corrisponde a una visualizzazione scura.

Gamut Gamma di colori riproducibili da un sistema o da un dispositivo come un monitor o una stampante.

Gaussian blur (Controllo sfocatura) Metodo di calcolo per l'applicazione di effetti di sfocatura basato su una distribuzione gaussiana o a campana.

Geotag Dati geografici aggiunti alle immagini per identificare le località in cui sono state riprese.

GIF (Graphic Interchange Format) Formato di file compresso sviluppato per l'uso in Internet.

Hard-copy Forma visibile di un file stampato in modo più o meno permanente su un supporto tangibile come carta o pellicola.

HDR (High Dynamic Range) Scena o immagine in cui la gamma di luminosità è più ampia del normale. Può riferirsi a immagini di scene con una gamma dinamica eccessiva sottoposte a tone-mapping.

Hot-pluggable Connettore o interfaccia collegabile e scollegabile "a caldo", mentre il computer e la periferica connessa sono accesi: per esempio, USB e FireWire.

IEEE 1394 Standard di comunicazione veloce tra computer e periferiche. Noto anche come FireWire.

Ingrossamento del punto Aumento del punto di retino dovuto alla diffusione dell'inchiostro nelle fibre del materiale di stampa.

Ink-jet (getto d'inchiostro) Tecnologia di stampa basata sull'emissione di minuscole goccioline d'inchiostro su un supporto ricevente.

Interpolazione Inserzione di pixel in un'immagine digitale sulla base dei dati esistenti.

Interpolazione bicubica Tipo di interpolazione in cui il valore di un nuovo pixel è calcolato in base ai valori degli otto pixel adiacenti.

Interpolazione bilineare Tipo di interpolazione in cui il valore di un nuovo pixel è calcolato in base ai valori dei quattro pixel adiacenti (a sinistra, a destra, sopra e sotto).

ISO Nome dell'International Organization for Standardization: nella fotografia digitale la sigla indica abitualmente la misura della sensibilità del sensore, anche se esistono molti altri standard ISO.

Istogramma Rappresentazione grafica che mostra la quantità relativa dei vari elementi di un certo intervallo di valori.

JPEG (Joint Photographic Expert Group) Protocollo di compressione dei dati per la riduzione delle dimensioni dei file.

Keyboard shortcut Scorciatoia da tastiera che associa a un tasto l'esecuzione di un comando.

K (1) Numero binario pari a 2^{10}, cioè 1024. (2) Gradi Kelvin, usati per la temperatura di colore.

LCD (Liquid Crystal Display) Schermo che usa le particolari proprietà ottiche di materiali chiamati cristalli liquidi.

Lettura Accesso o prelievo di informazioni da un dispositivo di memorizzazione come un hard disk o una memory card.

Livelli Rappresentazione della distribuzione della luminosità dei pixel sotto forma di istogramma: l'altezza della colonna è proporzionale al numero di pixel del valore corrispondente.

Lossless compression Compressione senza perdita di dati. Algoritmo, per esempio LZW, che riduce le dimensioni di un file senza ridurre la quantità di informazioni.

Lossy compression Compressione con perdita di dati. Algoritmo, per esempio JPEG, che riduce le dimensioni di un file eliminando però una parte delle informazioni nel corso del processo.

Lpi (lines per inch) Linee per pollice. Misura della risoluzione usata nella riproduzione fotomeccanica.

Luce ambiente Luce esistente originata da fonti naturali.

Luminosità Qualità della percezione visiva che varia con la quantità o l'intensità della luce..

Lunghezza focale Distanza tra il centro dell'obiettivo e l'immagine nitida di un oggetto messo a fuoco su infinito.

LUT (Look-Up Table) Struttura dati che mette in relazione varie condizioni con le appropriate impostazioni della fotocamera, per esempio le condizioni dell'illuminazione all'esposizione.

Mac OS Sistema operativo dei computer Apple.

Marquee Strumento di selezione nei programmi di grafica e di elaborazione delle immagini.

Maschera Tecnica usata per oscurare parti di un'immagine selettivamente, lasciando apparire altre parti.

Megapixel Un milione di pixel: unità di misura del numero di pixel registrati da un sensore.

Messa a fuoco Regolazione di un sistema ottico per ottenere un'immagine nitida facendo coincidere il piano focale con il piano del sensore.

Metadati Informazioni riguardanti l'immagine: posizione, tempo, creatore e altro.

Metodo di fusione Tecnica di elaborazione delle immagini che determina il modo in cui un livello si combina o interagisce con quello sottostante.

Mirino a visione diretta Tipo di mirino che mostra direttamente il soggetto, attraverso un foro o un sistema ottico.

Mirino ottico Tipo di mirino che mostra il soggetto tramite un sistema ottico invece che su uno schermo.

Moiré Configurazione alternata di strisce chiare e scure o colorate causata dall'interferenza tra due o più retinature sovrapposte, diverse per fase, orientamento o frequenza.

Monocromia Fotografia o immagine composta da bianco, nero e toni di grigio. Può anche avere una colorazione di una sola tinta.

Nero Un'area che non ha tinta perché assorbe la luce in tutto o in gran parte.

Non-distruttivo Intervento che produce un set di istruzioni per modificare l'immagine che viene applicato a una nuova versione, lasciando inalterata quella originale.

Opacità Misura del grado di trasparenza di un livello di un'immagine disposta su più strati.

Out-of-gamut Colori di uno spazio colore che non rientrano nella gamma di colori visibili o riproducibili da un altro metodo di colore.

Output Uscita di dati che produce una copia fisica di un file digitale: una stampa, per esempio, o una raccolta su DVD.

Paesaggio Orientamento dell'immagine in senso orizzontale.

Paint Programmi e funzioni digitali che simulano l'uso di strumenti di colorazione e disegno tradizionali.

Palette (1) Set di strumenti, colori o forme. (2) Gamma o selezione di colori disponibili con una stampante, un monitor o un altro dispositivo.

Pennello Strumento di elaborazione digitale usato per l'applicazione di effetti per colorare, sfocare, schiarire, scurire e altro.

Periferica Dispositivo esterno collegato a un computer, per esempio una stampante, un monitor, uno scanner o un modem.

Pictbridge Protocollo per collegare direttamente una fotocamera a una stampante.

Pixel (picture element) L'unità più piccola di un'immagine digitale.

Pixellatura Quadrettatura di un'immagine digitale in cui sono distinguibili i singoli pixel.

Plug-in Applicazione software che lavora in combinazione con un programma ospite: una volta installato, il modulo si comporta come parte integrante del programma stesso.

Posterizzazione Riduzione di un'immagine a fasce e aree di colore piatto per mancanza di dati.

Ppi (points per inch) Pixel per pollice. Numero di pixel visualizzati o generati da un dispositivo di acquisizione, come uno scanner.

Profondità di bit Misura della quantità di informazione disponibile per codificare o definire i diversi colori, normalmente di 8 bit per canale.

Profondità di campo Misura della zona o distanza alle quali un soggetto posto di fronte all'obiettivo apparirà accettabilmente nitido. La profondità di campo si estende davanti e dietro il piano di messa a fuoco ottimale.

Proxy Versione a bassa risoluzione di un file di immagine, usata come riferimento per la catalogazione e per la visualizzazione di effetti.

RAM (Random Access Memory) Memoria ad accesso casuale. Componente di un computer in cui le informazioni vengono immagazzinate temporaneamente per essere rapidamente accessibili.

RAW (formato) File di immagine prodotto dalla fotocamera con il minimo di elaborazione possibile. Non è un formato standard ma dipende dal modello e dalla marca della fotocamera.

Requisiti di sistema Specificazione della configurazione minima di un computer (per esempio, tipo di processore, velocità e memoria) e della versione del sistema operativo occorrenti per poter utilizzare un determinato programma o dispositivo.

RGB (Red Green Blue) Metodo che definisce i colori in termini della quantità relativa di luce rossa, verde e blu.

Riconoscimento dei volti Tecnologia che individua la presenza di volti umani per determinare la zona di messa a fuoco o per altre funzioni.

Ridimensionamento Cambiamento delle dimensioni o della risoluzione di un'immagine.

Risoluzione Misura del grado di dettaglio e di nitidezza visibile o registrabile.

Ritratto Orientamento dell'immagine in senso verticale.

Rumore Irregolarità in un'immagine che ne riducono il contenuto di informazioni.

Scala di grigio Misura del numero di passaggi distinti tra nero e bianco.

Scalettatura Artefatti che presentano l'aspetto di scalini.

Scanning Scansione. Processo di acquisizione e trasformazione di un documento originale in forma digitale, con la creazione di un file di dimensioni prescelte.

Screenshot Immagine dello schermo, o di una sua parte, per conservare quanto mostrato dal monitor.

Scrivere Registrare dati su un supporto come una memory card.

Scrolling Scorrimento a video di un documento troppo grande per essere rappresentato interamente in una sola schermata.

Sfondo In un'immagine su più livelli indica il livello di base, che sta sotto tutti gli altri.

Sharing Condivisione di immagini via Internet, per permettere ad altri di vederle, commentarle o scaricarle.

Sistema operativo Software che coordina le funzioni di un computer.

Slideshow Presentazione di immagini in sequenza, eventualmente con effetti di transizione, didascalie o musica.

SLR (Single Lens Reflex) Reflex monobiettivo: fotocamera che mostra la scena nel mirino e la registra attraverso lo stesso obiettivo, usando uno specchio per controllare il percorso della luce. Per indicare le reflex digitali si usa anche la sigla dSLR.

Smile Shutter Tecnologia che analizza una scena per scattare la foto nel momento in cui il soggetto sorride.

Snoot Modellatore di luce a forma di cono con un piccolo foro alla sommità, che produce uno stretto fascio di luce e conseguenti ombre nette.

Soft-proof Simulazione a monitor della stampa di un'immagine.

Softbox Modellatore di luce a forma di tenda che si colloca davanti alla sorgente luminosa per fornire una luce molto diffusa con ombre morbide.

Spazio colore Gamma entro la quale i colori sono registrati o elaborati.

Stop Un intervallo nelle variazioni di luminosità o esposizione: uno stop in meno dimezza la quantità di luce e riduce l'esposizione, mentre uno stop in più raddoppia la quantità di luce e aumenta l'esposizione.

Sublimazione termica Tecnologia di stampa basata sul rapido riscaldamento di pigmenti messi a stretto contatto con lo strato di carta ricevente.

Teleobiettivo Obiettivo di lunghezza focale superiore a quella che produce una visione normale.

Thumbnail Anteprima o miniatura. Presentazione di un'immagine in una versione ridotta per dimensioni e risoluzione.

TIFF Formato di immagini digitali largamente diffuso.

Tilt-shift (basculante-decentrabile), obiettivo Obiettivo montato su un meccanismo che permette di alzarlo o abbassarlo, o di inclinarlo verso l'alto o verso il basso, per controllare la collocazione del piano di messa a fuoco. Detto anche obiettivo con controllo della prospettiva.

Tinta La percezione visiva del colore.

Tone-mapping Mappatura dei toni: ridistribuzione dei toni di una scena o immagini con una gamma dinamica eccessiva entro una gamma normale per mezzo di tecniche software di trasferimento o compressione.

TWAIN Software standard di comunicazione usato dai computer per controllare scanner e fotocamere.

Undo (annulla) Inverso di un'azione di editing o di un'operazione analoga compiuta attraverso un programma.

Upload Trasferire, o caricare, dati dal proprio computer a un sistema esterno.

USB (Universal Serial Bus) Porta per la connessione al computer di periferiche come fotocamere digitali camera, dispositivi per telecomunicazioni o stampanti.

USM (UnSharp Mask) Maschera di contrasto: tecnica di elaborazione delle immagini che aumenta la nitidezza apparente.

Veiling flare Riflesso all'interno dell'ottica della fotocamera di una fonte di luce intensa che causa una velatura sull'immagine.

Vicino più prossimo Metodo di interpolazione che attribuisce al nuovo pixel il valore del pixel più vicino.

Wi-Fi card Tipo di scheda di memoria in grado di collegarsi con dispositivi wireless per trasferire file.

Zip Nome di un metodo di compressione.

Termini video

AVCHD (Advanced Video Coding High Definition) Formato di registrazione video.

Backlight (luce posteriore) Parte di un sistema di illuminazione a tre punti, la luce posteriore aiuta a definire il soggetto sullo sfondo.

Boom pole Giraffa: asta microfonica usata per avvicinare un microfono alla fonte sonora.

Cardioide Tipo di microfono che raccoglie il suono con un ampio angolo di copertura, che si estende poco dietro il microfono stesso.

Clip Un segmento di un filmato.

Close-up (primo piano) Inquadratura stretta sul soggetto.

Colonna a vuoto Sonoro registrato nell'ambiente delle riprese senza dialoghi.

Crash zoom Zoomata molto rapida, detta anche zoomata a schiaffo.

Cutaway (inserto) Elemento visivo aggiunto all'interno di sequenza.

Direttore della fotografia Principale responsabile della qualità delle immagini di una ripresa cinematografica.

Establishing shot Inquadratura d'ambientazione. Spesso girata all'esterno, serve a introdurre la scena in cui ha luogo l'azione.

Extreme close-up (primissimo piano) Inquadratura su uno specifico dettaglio, più stretta di un primo piano.

Figura intera Inquadratura che include una persona dalla testa ai piedi.

Fill light (luce di riempimento) Parte di un sistema di illuminazione a tre punti, la luce di riempimento contribuisce a equilibrare la luce chiave e ad attenuare le ombre.

Filtro passa banda Metodo per ripulire l'audio che elimina le frequenze al di fuori di un intervallo specificato.

Foley Rumorista o l'attività di registrare effetti sonori per un film.

Footage Materiale video prima del montaggio. Il termine in origine si riferiva al metraggio della pellicola espresso in piedi.

FPS (Frames Per Second) Numero di fotogrammi al secondo che una camera o una televisione registrano o visualizzano.

Grading Il processo di colorizzare un filmato e correggere colore ed esposizione.

HD (High Definition) Una gamma di standard televisivi con risoluzione superiori a 720 linee.

IRE Unità di misura dell'esposizione in cui 100 corrisponde al bianco puro e 0 al nero.

Jump cut Montaggio discontinuo, con un salto tra due riprese accostate in sequenza.

Luce chiave Componente principale di un sistema di illuminazione a tre punti.

NTSC Standard televisivo adottato nel Nord America.

PAL Standard televisivo adottato in parte dell'Europa occidentale e dell'Africa.

Panoramica Ripresa con rotazione della camera da un punto fisso. Può essere orizzontale (panning) o verticale (tilting).

Piano medio Inquadratura che va approssimativamente dalla vita alla testa del soggetto.

Pistol grip Impugnatura a pistola per microfono o macchina da presa.

Point of view (soggettiva) Tecnica di ripresa cinematografica usata per mostrare al pubblico la scena come appare agli occhi del protagonista.

Proxy file File a bassa risoluzione usato per velocizzare la fase di editing.

Regola dei 180 gradi Convenzione per cui la camera dovrebbe rimanere sempre sullo stesso lato in una scena di dialogo ed evitare così lo scavalcamento di campo.

Rolling shutter Un problema che si presenta nei video girati con reflex digitali, per cui elementi in movimento sembrano inclinati lateralmente.

Scavalcamento di campo Superamento della linea immaginaria tra due elementi della scena che ne provoca l'inversione dei lati destro e sinistro.

SD (Standard Definition) In generale si riferisce agli standard televisivi PAL, NTSC e SECA.

SECAM Standard televisivo adottato in alcuni paesi di Europa e Africa e in gran parte dell'Asia settentrionale.

Soundscape (paesaggio sonoro) Ambiente audio interamente ricreato.

Storyboard Guida visiva per sviluppare le idee per le inquadrature durante la progettazione di un filmato.

Tilting Panoramica verticale.

Timecode Codice di tempo: il sistema di numerazione usato per determinare il tempo su un filmato in ore, minuti, secondi e frame.

Timeline L'area di un programma di video editing che mostra una rappresentazione grafica del contenuto delle riprese per facilitare il montaggio.

Transizione Il modo in cui una clip si collega al successivo nel montaggio.

Wild track Colonna a vuoto.

Windshield (paravento) Cuffia da microfono per attenuare il rumore del vento quando si gira all'aperto.

XLR Tipo di connettori e cavi usati nel campo dell'audio professionale.

Zebra Funzione di visualizzazione a strisce bianche e nere delle aree troppo chiare per il video.

Indice

A

acqua, fotocamere cadute in 339
affollate, scene 154-155, 156
aloni 113, 196, 214, 215
animali, fotografia di 136-137
  close-up 54-55
  composizione e illuminazione 138-139
  e turismo sostenibile 157
  interazione 19, 157
  uccelli e iper-figure 32
apertura 23
  filtri graduati 112
  immagini sfocate 59, 80
  luce forte 66
  profondità di campo 78-79
  ritratti 118
  segni di polvere 192, 194-195
  toni chiave 69
  vedi anche esposizione; obiettivo
architettura, fotografia di
  composizione 158-159
  illuminazione 158, 159, 160-161
  interni 160-161
  linee convergenti 158, 202-203
  obiettivo grandangolare 158, 160-161
  ombre 158, 159
  riflessi e riempimento del primo piano 161
  scelta dell'immagine 181
  scontorni e immagini composite 252-253
arcobaleni 166-167
artistica, fotografia
  blocco creativo 132-133
  colore 130-131, 224-225
  composizione astratta 46, 55
  discipline artistiche 127
  distorsione tonale 128-129
  effetti artistici 274-275
  filtri 276-277
  in bianco e nero 127, 134
  manipolazione dell'immagine 128-129, 274-275
  ombre e ritratti 126-127
  scelta dell'immagine 181
  sezione aurea 30-31, 32, 130-131
  sfondo 128
astratta, composizione 46, 55
  vedi anche artistica, fotografia

B

Bacchetta magica, strumento 239
bambini, fotografia di 122-125
bianco e nero, fotografia
  conversione dal colore 254-255
  effetti da camera oscura 260-261
  filtri colorati 112
  forme astratte 46
  fotografia artistica 127, 134
  paesaggi 162-163, 164
  piante e giardini 134
bilanciamento del bianco
  alte luci 183
  bianco ingrigito e problemi di esposizione 67
  correzione 58, 218-219
  file JPEG 218
  flash 92
  formato RAW 58, 184, 186
  luce da fonti miste 218
  luce scarsa 72
  miglioramento di tono e colore 222-223
  panorami 110-111
  preparazione della fotocamera 21
  riduzione del bianco e alta gamma dinamica 64-65
  scelta dell'immagine 180-181
bilanciamento del colore 104, 218, 219, 220-221
bokeh 80, 82
Brucia e Scherma, strumenti 197, 210-213, 222-223

C

camera oscura, effetti da 260-263
cellulari, telefoni 19, 146
cielo, rimozione 239
Clone, strumento 146-147, 196, 197, 236-237, 244-245
close-up 25, 54-55, 134, 306, 331
colore
  anomalo per problemi di acquisizione 59
  asse cromatico 44-45
  bilanciamento 40, 42-43, 87, 104-105, 204-205, 220-221, 226, 252-253
  bilanciamento del bianco 104, 218, 219, 220-221
  composizione 40-45
  contrasto 34, 42, 44-45, 46-47, 182
  controllo della saturazione 40-41, 42, 197, 220-221, 226-227
  correzione 170-171, 192, 193, 243, 248-249, 337
  differenze culturali 42
  differenze tra occhio e fotocamera 41-42
  effetti del comando Curve 208-209
  effetti del comando Livelli 204-205, 208-209, 276-277
  effetti di elaborazione 264-265
  effetti psicologici 42, 311
  file JPEG 104-105
  filtri polarizzatori 112
  formato RAW 104-105, 186-187
  fotografia artistica 130-131, 224-225
  fuori gamut 170, 178, 192, 242, 288
  gestione e fotografia di paesaggio 178-179
  illuminazione 41, 42, 44-45
  illuminazione da studio 96-97
  impostazioni 104-105
  in high-key e low-key 68-69
  indice di resa cromatica (IRC) 218
  inquadratura stretta 39
  luminosità 40-41
  macchie 41, 44-45, 56-57
  metodi di fusione dei livelli 250-251
  monitor del computer 18-19, 178-179
  nero *vedi* nero; bianco e nero, fotografia
  non previsto 228, 229
  profili 18-19, 178-179, 193
  punto di vista 44-45
  rumore *vedi* rumore
  scelta dell'immagine 180-181
  selezione dei pixel 242
  silhouette 44-45
  simulazione di effetti da pellicola 262-263
  strumenti Brucia e Scherma 210-211
  strumenti contagocce 205, 221
  temperatura e bilanciamento 87, 104-105
  test tecnici 182
  valorizzazione 222-223
commerciali, opportunità 157, 182-183, 189, 286-287, 294-295
composizione, elementi
  architettura, fotografia di 158-159
  colore 40-45
  cornici occasionali 32, 46-47
  forme astratte in bianco e nero 46
  fotografia documentaria 148-149, 182
  iper-figure 32, 33
  narrazione visiva 31-32, 33, 182
  proporzioni 46-47
  prospettiva 36-37, 46-47, 182
  regola dei terzi 30-31
  ritratti 116-119
  sezione aurea 30-31, 32, 130-131
  simmetria 32
  soluzione di problemi 38-39
  visione capovolta 46
computer
  hardware e software 332-337
  monitor e profili colore 18-19, 178-179
  rottura di hard-disk 173
  vedi anche file; Internet
contagocce, strumenti 205, 221
contrasto
  colore 34, 42, 44-45, 46-47, 182

comando Livelli 204-205
correzione dei toni 206-207
correzione e software a confronto 337
detriti sul sensore 196
luce dura 87
strumenti Brucia e Scherma 212-213
tecniche di clonazione 236-237
vedi anche luminosità; ombre
conversione in scala di grigio 254-255, 256, 270
copyright 156, 286-287
culturali ed etiche, considerazioni 42, 146, 156-157
Curve, comando
curve di trasferimento 207, 256, 258
effetti da camera oscura 260-263
effetti sul colore 265
scontorni e immagini composite 252-253
tono 206-209, 279

D

dieci pilastri della fotografia 16-19
distorsione
contromisure 108
effetti di testo 272
manipolazione dell'immagine 202-203
ottica 160, 229
strumenti e deformazioni 158
documentaria, fotografia
composizione 148-149, 182
considerazioni etiche 146
filmati 318-319
manipolazione dell'immagine 146, 157
obiettivi grandangolari 144-145
oggettività 144
precisione delle didascalie 146
sicurezza personale 145
tecniche narrative 145
dSLR 23, 78
effetto foro stenopeico 109
funzione zebra 302-303
messa a fuoco manuale 51, 53
piano focale e strumenti di sfocatura 82
registratore audio esterno 305
riduzione della polvere 195
riprese video *vedi* filmati
scelta 322, 324-325
scelta dell'obiettivo 326-327
sistema Quattro Terzi 51, 82, 324, 327

E

effetti di stampa 262-265
effetti di testo 272-273
esposizione
automatica 21
cattura del movimento 123
close-up 54
comando Livelli 204-205
correzione 170-171, 193
filmati 302-303
flash 94-95
gamma dinamica 63
illuminazione 60-61, 70, 72-73, 88-91
illuminazione da studio 97
impostazioni ISO *vedi* ISO, impostazioni
interni 160-161
lettura 60-61
lunga e filtri a densità neutra 113
macrofotografia 56-57
pittura con la luce 74-75, 135
pose informali 120-121
problemi 66-67
regolazione e manipolazione dell'immagine 193
rumore, cause 103, 228
scatti in sequenza 20
sfocatura 80, 94-95
spettacoli con le luci 142-143
stabilizzazione nella fotocamera 76-77
striature 59, 70
test tecnici 182
tono 68-69, 206-207
vedi anche apertura; obiettivo
esterni, fotografia in 88-89, 100-101, 182
vedi anche paesaggio, fotografia di; viaggio, fotografia di
etiche e culturali, considerazioni 42, 146, 156-157
eventi dal vivo 140-141

F

file
danneggiati 58
elaborazione in formato RAW 186-187
formati 174-175
memorizzazione di 188, 189, 332-337
proxy 177, 194
rimedi a possibili problemi 172-173
TIFF 106, 174-175, 193
vedi anche computer; Internet;
filigrana digitale 273
filmati
attrezzatura 300-301
audio 300-301, 305, 312-313, 316
bambini 122
close-up 306
colonna sonora 312-313
colore ed emozioni 42, 311
editing 308-311, 318-319
formati ad alta definizione 299, 302, 309
frequenza 308
funzione zebra 302-303
grading e titoli 319
illuminazione 301, 302-304
impostazioni dell'esposizione 302-303
impostazioni ISO 303
in movimento 307
interpretazione della sceneggiatura 314, 316-317, 318
lunghezza focale 303, 307
movimenti di macchina 307
narrazione 318-319
nozioni di base 298-299, 306
panning 303, 307
produzione 314-319
profondità di campo 302-303
pulling focus 307
punto di vista 306
regola dei 180 gradi 314
riprese al rallentatore 302
rivelazione progressiva 298-299
scavalcamento di campo 314
schede di memoria e velocità 300, 303, 308-309
stile documentario 318-319
strategie di lavoro 308-309
tecniche di intervista 317
treppiede 300-301, 316
zoomate 307
filtri
a densità neutra 113
Accentua passaggio 232
Correzione lente 203, 229
diffusori 113
effetti artistici 274-275
effetti cromatici 112, 264
fotografia artistica 276-277
fotografia in bianco e nero 112
graduati 112
luce parassita 58
manutenzione 338
passa banda e audio 312
per effetti speciali 113, 265
pixel 276-277
polarizzatori 112
scelta dell'obiettivo 328
Trova bordi 233
finestre, fotografare attraverso 134
fish-eye, distorsione 202-203
obiettivo 108
flash 20
accessori 92, 95, 330-331
bilanciamento del bianco 92
cambiamenti della luce 95
close-up 331
con luce naturale 94-95
di riempimento e luce solare 120
illuminazione da studio 96-97, 331

numero guida 330
occhi rossi 92, 246
ombre schiarite 66
pittura con la luce 74
portatili 92-95, 330-331
retroilluminazione 92
sfocatura 94-95
toni chiave 69
tono 69
vedi anche luce e illuminazione
flusso di lavoro 170-171
didascalie e geotag 171
filmati 308-309
gestione dell'archivio 188-189
formato RAW
batch processing 184
bilanciamento del bianco 58, 184, 186
colore 104-105, 186-187
controllo di luci e ombre 214
convertitori 185
dimensioni e formato dell'immagine 107
elaborazione dei file 186-187
inconvenienti 184
interni di edifici 160
luminosità 184
manipolazione dell'immagine 202
ombre dense 183
posterizzazione 183
qualità tonale 186-187
riprese notturne 72
software a confronto 337
vignettatura 187
fotocamere
accessori 328-329
cadute in acqua 339
compatte 322-323
cura dell'attrezzatura 338-339
dSLR *vedi* dSLR
guasti e colori anomali 59
ibride 323
impostazioni iniziali 20-21
parti fondamentali 22-23
pulizia di obiettivo e sensore 338-339
scelta 322-325
sistema Hasselblad 52
tecniche di ripresa basilari 306
fulmini 72

G

grana della pellicola, effetti 144, 188, 208-209, 262-263
grandangolare, obiettivo
angoli scuri 229
dimensioni del sensore 327
distorsione da fish-eye 202
fotografia di architettura 158, 160-161
fotografia documentaria 144-145
immagine speculare 34
lunghezza focale 84-85
nitidezza dello sfondo 197
profondità di campo 39, 79, 108
proporzioni 38
prospettiva 36-37
ritratti 118
scelta 327
stabilizzazione nella fotocamera 76 77
zoom 49, 327
vedi anche obiettivo

H

HDR 215-216

I

immagini
archiviazione *vedi* file
blog 284
condivisione 26, 27, 182-183, 282-285, 292
dimensioni e formato 106-107
giunzione 39, 188
libri fotografici 26, 282, 292
nitidezza 193, 232-233
organizzazione 176-177, 188, 189, 194
problemi di ripresa 16-17, 58-59, 76-77
qualità 17-18, 50-51, 106-107
rifilatura e ridimensionamento 200-201
scelta e valutazione 180-181, 188-189
stabilizzazione 70, 76-77
infrarosso simulato 261
inquadratura
animali 137
elementi di composizione 32, 46-47
ombre 142-143
profondità di campo 46-47
riduzione del bianco 64
ritratti 118
stretta 39
tagli involontari 38
Internet
condivisione di immagini 27, 182-183, 283-287
e copyright 156
social network 27, 133
vedi anche computer; file
Intervallo colori, strumento 242, 246
invecchiare un'immagine 270-271
ISO, impostazioni 24-25, 102
filmati 303
rumore 102-103, 198-199, 228
vedi anche esposizione; sensori
istogrammi 66, 67, 186, 204-205, 337

J

JPEG, file
artefatti 183
bilanciamento del bianco 218
controllo delle dimensioni 106
dimensioni dell'immagine 107
formato 174-175
impostazioni del colore 104-105
saturazione del colore 226-227
servizi di stampa 193
vedi anche file; TIFF, file

L

libri fotografici 26, 282, 292
linee 34-35
convergenti 201, 202-203
di scontorno 239
di selezione 238-239
incurvate 229
macrofotografia 56-57
oggetti poligonali 243
rimozione 197
livelli
colore e luminosità 250-251
correzioni selettive 239
effetti di testo 272-273
immagini composite 278-279
lavorare con 171, 193, 248-249
maschere protettive 240-241
pixel 249
riduzione del rumore 199
software a confronto 337
Livelli, comando 204-205, 208-209, 252-253, 265, 276-277
luce e illuminazione
atmosfera 182
bilanciamento del bianco *vedi* bilanciamento del bianco
bracketing automatico 90
cielo coperto 90-91
colore e composizione 41, 42, 44-45
condizioni di luce scarsa 25, 72-73, 90-91
controluce 44, 64, 86
diffusa 304
direzionale 90-91
dura e contrasto 87
durata dell'esposizione 70
effetti filtri 112-113
esposizione 60-61, 70, 88-91
filmati 301, 302-304
flash *vedi* flash
fotografia artistica 130-131
fotografia di architettura 158, 159, 160-161
fotografia di viaggio 87, 150
fotografia in esterni 88-89, 100-101, 182
fotografia notturna 72-73, 130-131
fotografia urbana 165
high-key e low-key 68-69
illuminazione a tre punti 304
illuminazione da studio 96-97

invecchiare un'immagine 270-271
luce del sole *vedi* solare, luce
lume di candela 25, 72
morbida 87, 98, 331
nero ingrigito 66
nozioni di base 86-87
ombre *vedi* ombre
piante e giardini 134-135, 331
pittura con la luce 74-75, 135
problemi di luce parassita 58
profondità di campo 88-89
retroilluminazione 87, 92, 96
riflessi nell'obiettivo 196
riflettori 96-97, 98, 331
ritratti 87, 96-97, 123
scrivere con la luce 16, 212-213
silhouette 87
spettacoli con le luci 142-143
strumenti Brucia e Scherma 212-213
tecniche HDR 216-217
temperatura di colore 87, 104-105
vetro 99
luci forti
angolazione 87
controllo 214-215, 223
correzione dei toni 206-207, 223
correzione e software a confronto 337
rimozione 196
strumento contagocce 205, 221
lume di candela 25, 72
luminosità
alta gamma dinamica 62-65
colore e composizione 40-41
correzione 204-205
formato RAW 184
metodi di fusione dei livelli 250-251
ombre *vedi* ombre
riduzione del bianco e gamma dinamica 64-65
riprese con il sole 62
sensori e correzioni nella fotocamera 62-63
software a confronto 337
strumenti Brucia e Scherma 197, 210-211, 222-223
tone-mapping 216-217
velatura e riflessi 64-65
vedi anche contrasto
lunghezza focale 20
filtri graduati 112
interni di architettura 160-161
obiettivi grandangolari 84-85
perdita del contesto 39
posizionamento 84-85
profondità di campo 52, 79, 82-83, 108, 160-161
proporzioni 38
prospettiva 36-37
ripresa attraverso ostacoli 53, 59
ritaglio 268-269
ritratti 118, 247
sensori 51, 82-83
tagli involontari 38
tecniche 84-85
variazioni dello sfondo 84-85
zoom 53
vedi anche obiettivo

M

macro, obiettivi 54, 134
macrofotografia 56-57
manipolazione dell'immagine
aumento di nitidezza 193, 230-231
colore *vedi* colore
comando Livelli 204-205, 208-209, 252-253, 265, 276-277
conversione in bianco e nero 254-255
conversione in scala di grigio 254-255, 256, 270
correzione degli occhi rossi 246
correzione del bilanciamento del bianco 218-219
correzioni digitali 228-229
distorsione *vedi* distorsione
effetti da camera oscura 260-263
effetti da camera oscura e stampa 262-265
effetti di grana della pellicola 144, 188, 208-209, 262-263
effetti di testo 272-273
effetto Sabattier 260
filtri *vedi* filtri
formato RAW 202
fotografia artistica 128-129, 274-275
fotografia documentaria 146, 157
immagini composite 278-279
impostazioni di sfumatura 236-237
infrarosso simulato 261
invecchiamento delle immagini 270-271
livelli *vedi* livelli
Livelli di regolazione 192, 193, 243, 248-249
Maschera di contrasto, impostazioni 231, 232-233
maschere protettive 240-241
metodi di selezione 238-239
oggetti poligonali 243
panorami 110-111
Pennello correttivo 192, 195-197, 244-245, 247, 271
pixel *vedi* pixel
regolazione di luci e ombre 214-215
rimozione del contenuto 192, 195-197, 244-247, 271
ritaglio 192, 201, 203, 268-269
sfocatura *vedi* sfocatura
strumenti Brucia e Scherma 197, 210-213, 222-223
strumento Clone 146-147, 196, 197, 236-237, 244-245
strumento Lazo 238-239, 242, 243, 244
strumento Sfumatura 211
strumento Spugna 223, 246, 264
strumento Toppa 196, 244
tono *vedi* tono
Maschera di contrasto impostazioni 231, 232-233
maschere
di contrasto, impostazioni 231, 232-233
protettive 240-241
matrimoni, fotografia di 100-101
memory card *vedi* schede di memoria
messa a fuoco
aree fuori fuoco 52
close-up 54-55
collocazione del soggetto 52-53
filmati 303, 307
fuoco morbido 109, 247
fuoco selettivo 84-85
macrofotografia 56-57
manuale 51, 53, 54
messa a fuoco sdoppiata e profondità di campo 109
movimento e follow focus 53
nozioni di base 52-53
piante e giardini 82
sfocatura *vedi* sfocatura
spostamento di messa a fuoco e filmati 307
test tecnici 182
microstock, vendita 294-295
moda, fotografia 69, 222-223
movimento
cattura 123
follow focus 53
striature 59
sfocatura 70, 71

N

nero
bilanciamento e colore 104
come grigio, e problemi di esposizione 66
mancanza di e rumore 228
sfondi 99
notturna, fotografia 72-73, 130-131

O

obiettivo
aberrazione cromatica 183, 228
accessori 328
correzione e software a confronto 337
decentrabile 108

dimensioni del sensore 327
distorsione 229
filtri *vedi* filtri
fish-eye 108
grandangolare *vedi* grandangolare, obiettivo
intercambiabile in fotocamere compatte 323
lunghezza focale *vedi* lunghezza focale
manutenzione 338
paraluce e luce parassita 58
riflessi e macchie 196
scelta 326-327
segni di polvere 192, 194-195
zoom *vedi* zoom, obiettivo
vedi anche apertura; esposizione; ISO
occhi rossi 92, 246
ombre
angolazione della luce 87
controllo delle 214-215
controllo di luci e 214-215
correzione dei toni 206-207
correzione e software a confronto 337
dense 183
dettaglio e luminosità 64-65
fotografia di architettura 158, 159
illuminazione 87, 90-91
inquadratura 142-143
piante e giardini 135
precedenza alle ombre e luminosità 62-63
quattro tonalità e manipolazione delle immagini 258-259
riempimento 66, 98
ritratti 126-127
rumore 103, 183
sfondi neri 99
strumento contagocce 205, 221
strumento Scherma 210-211
toni chiave 68-69
tramonto e problemi di esposizione 67
vedi anche luminosità
orizzonte, problemi 38, 201, 203
oscurità *vedi* notte
ostacoli, fotografare attraverso 53, 59

P

paesaggio, fotografia di
angoli scuri 229
arcobaleni 166-167
aumento di nitidezza selettivo 232
bianco e nero 162-163, 164
composizione e prospettiva 163
effetti stagionali 162
formato ritratto 164
gestione del colore 178-179
lavoro in esterni 88-89, 100-101, 182
luce dura 87
obiettivo zoom 164
panorami 39, 110-111
posterizzazione nei cieli 183
punto di vista 163, 164, 166-167
rimozione del cielo 239
ritaglio 269
scelta dell'immagine 181
urbano *vedi* urbana, fotografia
uso di un solo obiettivo 163
panorami 39, 110-111
Pennello correttivo, strumento 192, 195-197, 244-245, 247, 271
piante e giardini 32, 54, 82, 134-135, 331
pixel 22
colore 242
controllo di luci e ombre 214-215
correzione di luminosità 204-205
dimensioni e formato 106-107
filtri 276-277
livelli 249
manipolazione dell'immagine 236, 242-243
profondità di campo 242
qualità 322
ricampionamento 200-201
rimozione di parti dell'immagine 244
ritaglio 268-269
rumore *vedi* rumore
sfumatura 238
standard per la televisione 299
tecniche di clonazione 236-237
polvere, rimozione 192, 194-195
profondità di campo
animali 137
apertura 78-79
applicazione di sfocatura 231
bande colorate 229
close-up *vedi* close-up
illuminazione 88-89
inquadratura 46-47
limitata 108, 113
macrofotografia 56-57
maschere protettive 241
messa a fuoco 52, 79, 82-83, 108, 109
nitidezza dello sfondo 197
obiettivi grandangolari 79, 108
riprese video 302-303
selezione di pixel 242
test tecnici 182
prospettiva
elementi di composizione 36-37, 46-47, 182
taglio e orizzonti inclinati 201, 203
punto di vista
animali 137
colore e composizione 44-45
eventi dal vivo 140-141
filmati 306
fotografia di architettura 159
fotografia di paesaggio 163, 164, 166-167
insolito e pose informali 120-121
perdita del contesto 39
prospettiva 36-37
riflessi 36, 50
scelta dell'angolazione 14

R

regola dei terzi 30-31
riflessi
punto di vista 36, 50
riempimento del primo piano 161
scene affollate 154-155
speculari 34
riflettori 96-97, 98, 331
ritaglio 192, 201, 268-269
ritratto
apertura 118
autoritratti 120-121, 126-127
bambini 122-125
controllo della saturazione del colore 197
di gruppo 116
distanza 118
elementi di composizione 116-119
espressioni 182
formato nella fotografia di paesaggi 164
fotografia in esterni 100-101
fuoco morbido 109, 113, 247
illuminazione 87, 96-97, 123
illuminazione da studio 96-97
informale 120-121
inquadratura 118
liberatorie 157
luce morbida 87
messa a fuoco 118, 247
obiettivo grandangolare 118
occhi rossi 246
ombre 126-127
parti del corpo specifiche 119
pelle con macchie bianche 66
preimpostazione 24
punto di vista, unusual 120-121
ritocco del volto 246-247
schermo verde 238
sfocatura 118
silhouette 44-45, 62, 87, 120-121
soggetti a proprio agio 118
stacco del soggetto dallo sfondo 238, 243
toni chiave 68, 69
rolling shutter 303
rumore
assenza di 102
aumento 199
bande 198, 228

cause 103, 228
ombre 103, 183
riduzione 170, 198-199, 247
sfocatura 80
software a confronto 337
valori ISO 102-103, 198-199, 228

S

Sabattier, effetto 260
schede di memoria 333
file danneggiati 58
lettori 308
manutenzione 338-339
problemi 172, 173
velocità di trasferimento e filmati 300, 303, 308-309
selezione, metodi di 238-239
sensori 23
correzione automatica della luminosità 62-63
cura dei 338, 339
detriti sui 196
dimensioni e gamma focale dell'obiettivo 327
impostazioni ISO *vedi* ISO, impostazioni
lunghezza focale 51, 82-83
piano focale 82
segni di polvere 192, 194-195
sensibilità 20
sezione aurea 30-31, 32, 130-131
sfocatura
apertura 59, 80
applicazione 230-231
controllo 261
da movimento e lunghezza focale 70
dello sfondo con maschere 197
esposizione 70-71, 80, 94-95
flash 94-95
piano focale 82-83
riduzione del moiré 229
rimozione di parti dell'immagine 245
ritratti 118
rumore 80
stabilità 59, 76-77
sfumatura 236-237, 238
silhouette 44-45, 62, 87, 120-121
sistema Quattro Terzi 51, 82, 324, 327
solare, luce
alte luci 183
arcobaleni 166-167
flash 94-95
flash di riempimento 120
fotografare con il sole alle spalle 62
fotografare in controluce 64-65
intensità 90-91
speculari, immagini 34
Spugna, strumento 223, 246, 264
stampe
calibrazione del monitor 334
dimensioni e formato 107
e mostre casalinghe 291
impostazione della stampante 288-289
litografiche 260
online 292-293
presentazione 26, 282, 290-291
profili colore 178-179
restauro 237
scelta della stampante 335
stenopeico, foro 109
strumento Lazo 238-239, 242, 243, 244
studio, fotografia in 87, 96-97, 99, 331

T

texture 212-213, 270-271
TIFF, file 106, 174-175, 193
vedi anche file; JPEG, file
Timbro clone, strumento *vedi* Clone, strumento
Tonalità/Saturazione 220, 223
tono
apertura 69
colore della pelle 246
comando Curve 208-209
comando Livelli 208-209
controllo del colore 223
controllo di luci e ombre 214-215
correzione 206-207, 279
distorsione e fotografia artistica 128-129
due tonalità 256-257, 260-263
effetti da camera oscura 260-263
effetto Sabattier 260
flash 69
formato RAW 186-187
high-key e low-key, e colore ed esposizione 68-69
mappatura 216-217
Maschera di contrasto, impostazioni 231, 232-233
miglioramento 193, 222-223
quattro tonalità 258-259
regolazione e manipolazione dell'immagine 193, 222-223
scelta dell'immagine 180-181
strumenti Brucia e Scherma 210-211, 222, 223
strumenti contagocce 205, 221
tecniche di clonazione 236-237
test tecnici 182
vedi anche colore
Toppa, strumento 196, 244
tramonti 24, 67, 90-91
treppiede
autoscatto 120-121
filmati 300-301
fotografia di fulmini 72
lavorare senza 50
movimento 70, 71
per evitare strisce di luce 59
pittura con la luce 74-75
scelta 76-77, 328-329

U

urbana, fotografia
illuminazione 87, 165
panorami 39, 110-111
sicurezza 164
vedi anche paesaggio, fotografia di

V

velatura da riflessi 48, 56, 62, 87
vendita di immagini *vedi* commerciali, opportunità
vetro
fotografare attraverso 134
illuminazione 99
vettoriale, grafica 272
viaggio, fotografia di
composizione 152-153
condizioni atmosferiche 153
considerazioni culturali ed etiche 42, 146
fotografia in esterni 88-89, 100-101, 182
geotagging 152
gestione del colore 178-179
illuminazione 87, 150
originalità 150-151
protezione dell'attrezzatura 152
scene affollate 154-155, 156
spedizioni scientifiche 152-153
vignettatura 49, 50, 187, 229, 269

Z

zoom, obiettivo 22
aberrazione cromatica 182, 183
apertura 51
deformazione delle linee rette 229
distorsione 49, 50
filmati 307
filtri per effetti speciali 113
fotografia di paesaggio 164
grandangolare 49, 327
impostazioni 48
messa a fuoco 53
normale 49
paraluce e riflessi 51
perdita del contesto 39
proporzioni 46-47
punto di vista fisso 48
scelta 327
strisce di luce 70
teleobiettivo 49
tipi e usi 49
vignettatura 49, 50
vedi anche obiettivo

Ringraziamenti

Da parte dell'autore, Tom Ang

Il mio primo e ultimo grazie va a Wendy: moglie, socia, fotografa, capo del settore finanze come di quello operativo. Grazie per tutto quello che hai portato al mio lavoro. Senza il tuo instancabile sostegno poco o nulla di tutto questo sarebbe stato possibile. E grazie per le tue belle fotografie, che hanno compensato le mie giornate no.

I miei più calorosi, e doverosi, ringraziamenti non bastano a rendere giustizia alla professionalità dello staff di Dorling Kindersley: Jo Clark, Hannah Bowen e Hugo Wilkinson, sotto la guida di Nicky Munro e Sarah-Anne Arnold. Il libro è stato un laboratorio creativo per merito del vostro lavoro, senso di responsabilità e brillanti capacità. Un grosso grazie anche ai manager, Stephanie Farrow e Lee Griffiths, per aver sostenuto il gruppo editoriale. Molte grazie a Wendy Olver per il casting, gli allestimenti e il gusto che hanno triplicato il valore delle riprese. E un ringraziamento speciale a Maureen Ford per il suo supporto alle fasi finali del libro. Agli eroi incontrati in Guyana, Alice Layton (Rupununi), Diane McTurk (Karanambu), Colin Edwards (Rock View Lodge), un grazie speciale per il loro esempio illuminante.

Da parte di Dorling Kindersley

Si ringraziano Toby Richards per la sezione sul video (www.typeb.net); Phil Gamble per le illustrazioni; Bob Bridle, David Summers e Natasha Kahn per l'assistenza editoriale; Katie Eke, Sharon Spencer e Yen Tsang per l'assistenza al design; Adam Brackenbury e Dave Jewell per il ritocco; Gerard Brown per le fotografie complementari; Margaret McCormack per l'indice; Ramesh Suren per l'assistenza in esterni; Rebecca Tennant per essere stata una modella paziente e di buon umore; e Annie Power di The Coal Hole per averci consentito di scattare fotografie.

Avvertenza per i lettori

Il software usato per elaborare le immagini nel corso del libro include Adobe Aperture a Adobe Photoshop, più vari plug-in, ma le tecniche descritte sono generiche. Se avete uno qualsiasi dei programmi di elaborazione delle immagini più comuni, potrete comunque portare a termine probabilmente tutte o gran parte delle operazioni descritte.

Crediti fotografici

Le immagini seguenti sono © Adam Brackenbury: 241; © Dorling Kindersley: 92-95, 98-99; © Wendy Gray: 39 (c), 52, 60, 76-77, 91 (4ª fila, d), 138 (as), 152 (ac), 157 (s), 163 (4 in alto), 166-167 (tranne bc), 240, 276, 287, 292; © Matthew Roy Ing: 59 (d); © Andy Mitchell: 266-267; © Toby Richards e David Waldman: 298-319, tranne © Tom Ang 307 (3ª fila) e © Getty Images 312 (bd).
Tutte le altre immagini © Tom Ang.

Immagini alle pagine 24 (bc), 46 (4ª fila), 68, 79, 109 (d), 113 (c), 118 (b), 120-121 per gentile concessione di Sony DIME, che le ha commissionate per il sito Learn & Enjoy: www.sony.co.uk/hub/learnandenjoy.
Madoka Toguchi (p. 26, pp. 80-81) appare per gentile concessione del Singapore Dance Theatre.

L'attrezzatura impiegata nel libro include: Sony A900 e A100 con Zeiss 16-35mm *f*/2.8, 24-70mm *f*/2.8, 135mm *f*/1.8; Sony 16mm *f*/2.8, 50mm *f*/2.5, 70-200mm; Canon 5D MkII, Canon 1Ds Mk II e MkIII con Sigma 12-24mm, Canon 100mm *f*/2.8 Macro, 24-70mm *f*/2.8, 28-135mm, 70-200mm *f*/2.8, 100-400mm *f*/4-5.6; Leica M6 con 35mm *f*/2; Panasonic LX3; Elinchrom Prolite.
Il software include: Apple Aperture, Adobe Photoshop CS4, Quantum Photomechanic, Photomatix Pro, Topaz Labs, Alien Skin, Image Trends.
Computer: Apple MacBook Pro 17 pollici, Apple Power PC G5.
Grazie per l'aiuto ricevuto da Topaz Labs, Alien Skin, Image Trends.